—沈阳市哲学社会科学专项资金资助项目（SC19002Z）—

清代沈阳十大文学家评传

顾宁 袁绣柏■著

辽宁人民出版社

图书在版编目（CIP）数据

清代沈阳十大文学家评传 / 顾宁，袁绣柏著．— 沈阳：辽宁人民出版社，2021.12
ISBN 978-7-205-10363-7

Ⅰ．①清… Ⅱ．①顾… ②袁… Ⅲ．①作家—评传—沈阳—清代 Ⅳ．① K825.6

中国版本图书馆 CIP 数据核字（2021）第 255753 号

出版发行：辽宁人民出版社
地址：沈阳市和平区十一纬路25号　邮编：110003
电话：024-23284321（邮　购）　024-23284324（发行部）
传真：024-23284191（发行部）　024-23284304（办公室）
http：//www.lnpph.com.cn
印　　刷：辽宁新华印务有限公司
幅面尺寸：170mm × 240mm
印　　张：22.25
字　　数：375千字
出版时间：2021年12月第1版
印刷时间：2021年12月第1次印刷
责任编辑：祁雪芬
装帧设计：留白文化
责任校对：吴艳杰
书　　号：ISBN 978-7-205-10363-7

定　　价：88.00元

序一

初国卿

早春之时，顾宁来我家中小坐，品茶闲谈间，说起他正在做的一个项目《清代沈阳十大文学家评传》，已安排出版，并约我为其作序。推辞不过，只好应允。

顾宁称得上是世家出身，我与其父母多有交往。他的父亲顾奎相先生是著名史学家，曾任辽宁史学会会长，著述颇丰。世纪之交那些年，顾先生主持“辽海文化论坛”，力推“辽海文化”，卓有影响。其史学研究既有宏观视野，又具微观考据。让我印象最深的是他从《元史·洪福源传》等三条史料查到关于“沈阳”一词的记载，确定“沈阳”一词早在1233年就已出现，并由此考订“沈阳”一名并非如许多著述文章所谓“1296年取沈州之‘沈’与辽阳之‘阳’二字合成得来”，而是由我国自古以来地名形成的特定文化因素，即沈水之北故为“沈阳”而名。这一考证翔实且有说服力，由此为沈阳之名的来源画上了一个完美的句号。顾宁的母亲陈涴女士，曾是辽宁社会科学院的资深研究员，多年从事清史和改革史方面研究，所著《中国古代改革史论》是第一部系统的中国古代改革通史专著，学界同仁誉为这一领域的“开山之作”。同时陈涴还是一位很有情致的散文作家，其散文创作既有学者的严谨，又有作家的空灵，文字精湛，叙述曼妙，情节幽婉，只是为其学名所掩，一般人鲜有所知。我当年主编《辽海散文》杂志，曾刊发过多篇陈涴的散文，颇有美声。顾宁的外祖父陈光崇也是中国史学界的知名学者，在中国通史、隋唐史和史学史研究中多有建树，著述亦丰。出生在这样一个史学世家里，顾宁自然先天充盈。他以文学博士身份主持东北大学文法学院新闻学系，承继家传，在深入清代文化研究的同时，又着力新媒体文化论、中日媒体文化比较研究，其学术视野又非父祖之辈可比。这样的家世和学养，自然为《清代沈阳十大文学家评传》做了别人难以企及的铺垫，同时也保证了这部著作不同凡俗的学术质量。

有清一代，沈阳文学不仅是盛京文化的重要组成部分，而且对当朝文学发展有着重要贡献，某种程度说，沈阳是清王朝文学艺术的策源地，同时又具备不同于其他地区的个性特征。因此，沈阳地区的文学创作在清代文坛上具有特殊的地位。

1644年，清王朝首都从沈阳迁往北京，随着“从龙入关”大潮的涌动，清王朝的文化班底几乎都离开了沈阳，所以后来在北京成名的纳兰性德、铁保、唐英、纳兰常安、奕绘、英和、奎照、文康、顾春，包括《红楼梦》作者曹雪芹等人其实都是当年于沈阳“从龙入关”者的后代。而作为陪都的沈阳，在清初很长一段时间里都是热闹过后的冷落甚至荒凉，所以当1648年6月，清朝第一例文字狱受害者函可被流放到沈阳时，他所见的沈阳城是“开眼见城郭，人言是旧都。牛车仍杂沓，人屋半荒芜”。这里人烟稀少，民房荒芜，城市极度萧条。在这个基础上重建的沈阳文学，自然有着不同于以往历史和其他地区的独特性，而作家群体的构成也就比较复杂，其文学创作有着较大的分野，具体可分为三大类型，一是满族文学，二是流人文学，三是市井文学。顾宁《清代沈阳十大文学家评传》入选作家分别是陈之遴、徐灿夫妇，函可，苗君稷，戴梓、戴亨父子，陈梦雷，纳兰常安，缪公恩，爱新觉罗·裕瑞，韩小窗，缪润绂，大致也包括了这三个方面。如纳兰常安、爱新觉罗·裕瑞是满族作家；陈之遴、徐灿夫妇，函可，戴梓、戴亨父子，陈梦雷是流人作家；韩小窗、缪润绂（主要是《沈阳百咏》）的创作影响是市井文学。由此可见，《清代沈阳十大文学家评传》入选的作家有很强的代表性。尽管“清代沈阳十大文学家”的选择，或以仁者见仁，智者见智，略有出入，但顾宁书中所选十位，无论如何都在清代沈阳文学史上占有重要地位，名列前十，自也是实至名归，大致不差。

作家评传主要是记录作家的人生经历与作品内容、风格与成就。《清代沈阳十大文学家评传》每位传主的文本约三万字，在这样短的篇幅内为一位作家立传，需要作者较高的文学修养与文字水平，需要大量的阅读和尽可能全面的材料支持。在这方面，顾宁自是当行。他对《清代沈阳十大文学家评传》中所涉及的传主，无一例外地阅读了其全部作品，查阅了大量典籍，几乎遍阅传主的评论资料，从而让每一位作家的评传具有更丰富的生平内容、更翔实的生活背景、更深入的作品解读、更准确的艺术评价，并充分尊重评传的写作原则，中规中矩，展示了作者良好的史学家风与个人学养。

首先是作者充分掌握了“评传”的写作原则，通过叙述、描写兼考证，抓住写作对象的性格、命运等方面的主要特点，合理剪裁，突出重点，充分揭示传主特有的风貌。

在《陈梦雷》一篇中，作者重点叙述其在流放沈阳期间的所作所为，除编修《盛京通志》外，还注重被后世所忽略的《周易浅述》八卷，并给予高度关注："此著作问世后，或许因其流犯身份并未引起当时学界的重视，今日辽沈学术界可能因为此书艰涩难读亦论及寥寥。笔者认为，认真研究这部著作，对研究陈梦雷和研究沈阳学术史有重要意义，特别是在沈阳学术史领域，可以说此书是首部行世的学术专著，具有里程碑意义和价值，这是陈梦雷对沈阳文化发展做出的又一重大贡献。"这样的叙述与评价，自然使《陈梦雷》一篇丰满而不失新意。

评传的价值很大程度上在于作者对传主生平充分叙述的基础上，进行个人的审美分析与评价，这方面，顾宁自有其不凡之处。如在陈之遴、徐灿一篇中，对陈、徐夫妇二人一生坎坷、结局悲凉的命运有着独到的分析和评价："陈之遴的人生轨迹则未免有铤而走险、咎由自取的意味。或者再宽容一些说，出身'一门三阁老，六部五尚书'的海宁陈氏的陈之遴生不逢时，身处朝代鼎革之际，其人格中重利轻义的一面被放大到极致，其个人的悲剧，毋宁说是时代大悲剧的一个小小的分镜头罢了。"这样的分析十分中肯，也很有见地。再如对缪润绂思想的分析，后世学者一般都认为缪反对康有为变法，是当时的保守派，然而顾宁通过大量事实和作品，尤其是引述缪氏与张之洞之关系，得出与众不同的结论："作为自幼接受正统封建礼教教育的仕宦后裔，缪润绂的思想境界仍然停留在旧时代传统的道德高度上，如果将这种时代的局限性视为保守，亦并非言过其实。然而从其奏折中推崇洋务派的观念，以及后来在地方官任上大力推行新式学堂、训练安保警察等一系列政务举措来看，缪润绂在其忠君保皇的思想深处，仍然保有积极接纳西方先进理念、师夷长技为已用的开明进取的一面。"知人论世，这种评价自然是客观而具说服力的。

有价值质量的人物评价往往离不开精审的学术考证，这方面，当是顾宁的强项。在此书中，多有考证，如纳兰常安的生卒年，此前著述多说"具体生卒年不详"，顾宁根据清人李来泰《莲龛集》所写序文，得出常安的生年为康熙二十年（1681），卒年为乾隆十二年（1747），由此解决了常安的生卒年问题。同时还订正了流行本常安《沈水三春集》校注中的几十处错误，从中可见出作者严谨的治学态度。另如裕瑞在沈时间，学界均认为是25年，并终老沈阳。

顾宁则根据2008年北京诚轩拍卖有限公司秋拍编号0392号裕瑞临王羲之帖卷水墨纸本断定，裕瑞在1828年即获赦回京，其在沈阳时间应当是15年。其他如《沪城岁时衢歌》作者非缪公恩游历江南时的丹徒朋友张秋渚，缪润绂生年非一般注本中的咸丰三年（1853），而是咸丰元年（1951）的考证等，都显示了作者严谨的治学态度与精审的考证功力。

其次是依托于传，深入点评，运用议论的方式，对人物进行评价，借以表明作者的观点与态度。

传是评的基础，评是对传的深化和升华，如果一篇传记作品里没有恰到好处的点评，则顿显作品的空泛和无力。在这方面，《清代沈阳十大文学家评传》将传与评结合得非常好，每一篇作品都是传中有评。如对陈梦雷主持修撰《盛京通志》一事，作者评价道："显然，这是辽宁乃至东北编纂史上首次有组织、有领导、有目标的进行广泛且认真的搜集活动，结果网罗宏富，成果丰硕，为修好各层次通志奠定了内容基础，更为传承辽宁及东北历史文化做出历史性贡献。"又如对常安文学成就的评价："我们通过纳兰常安宏大的著作，可以清楚方便了解，纳兰常安与其说是一代名宦，不如说是有清一代之文学大家。单纯就其文学灵感与名气而论，也许比其同宗纳兰性德乃至享誉清代的'骈文八大家''桐城古文派'等略逊一筹，然而从其洋洋洒洒、博学典雅的文赋创作来看，实在是不遑多让。在此对纳兰常安的生涯与创作做一略传，冀望引起坊间方家之更多关注。"这是目前文学史上对常安文学创作成就最高也是最中允的评价。

其三是笔锋蕴含情感，行文中适当融入作者自身的感受，使传主的精神风貌更好地感染读者，《清代沈阳十大文学家评传》在这方面有着恰当的表现。如作者为陈梦雷所遭遇的不公呐喊道："梦雷为此类书的编纂花费二十二年心血，就这样被雍正帝白白抢去，天理何在，公道何在？然而，历史是公正的，任何封建权势都不可能永久掩盖历史真相。今天学界经过认真研究，以大量事实证明陈梦雷是《古今图书集成》的真正主编，是他为中华民族文化建设做出的又一重大贡献。"又对常安在沈阳留下可观的作品感叹道："常安任上在沈的时间与其他盛京文学家相比，的确过于短促。然而如果从常安赴任沈阳期间留下来的质量可观的文学创作来看，与其他一众与盛京相关的文学家相比，均有过之无不及，因此，从这一点上讲，常安是完全符合盛京风物代言人这一名号的。"在这里，作者将自己的独特感受和审美情感渗透在传记的字里行间，从而使传主人物形象更加鲜明和生动。

同时，顾宁作为沈阳地区著名大学的教授，他在写作此书时，尤其注重每位传主关于辽沈地域的文学创作，几乎每一篇都单列有反映辽沈地方的创作内容。如陈梦雷对沈阳文化建设的贡献；“留都十六景”对后来《陪都景略》《陪都纪略》中“留都十景”以及最终“沈阳八景”的影响；陈之遴的辽河诗；缪公恩的辉山、浑河、万泉诗；缪润绂的千山诗以及《沈阳百咏》的艺术成就和版本形成等，都有浓墨重彩的叙述与评价。

在写作过程中，作者对传主的创作都有着深入浅出的诠释与鉴赏，尤其是采取同时期作家作品比较的方法，突显出传主的创作特色。如在分析裕瑞《暖炕》诗时，将同朝诗人袁枚和钱大昕的同题诗进行比对，别具一格。在鉴赏缪公恩《乌拉草》一诗时，则将缪公恩学生金朝觐和吉林诗坛领袖沈承瑞的同题诗作相印证，进行分析评论，读来饶有情致，颇具别趣。

《清代沈阳十大文学家评传》恰到好处的记叙、议论、抒情，使传与评做到有机结合，充分展示了作者的学术功力与创作才情。此书堪称沈阳地区近些年来文学史研究方面的一部难得的力作，值得认真阅读与典藏。

辛丑蒲月写于盛京浅绛轩

序二

顾奎相

《清代沈阳十大文学家评传》（以下简称《评传》），这是一项值得深入探讨的课题，此课题对沈阳历史、现实及学术研究均有重要价值。

几年来，沈阳学界在沈阳市社会科学规划办设计、组织及资金支持下，沈阳市学术界同仁及考古界朋友不辞辛劳、团结合作，对沈阳历史与文化进行了可贵的学术探索，并取得了相当丰富的研究成果。仅我的案头就有《沈阳通史》《沈阳文化通览》《沈阳文化史》《沈阳城市发展史》等，这些著作卷帙不菲，多者洋洋百万言。这些著作的问世，对沈阳学术繁荣、对认识沈阳历史的缘起和发展历程，对打造沈阳历史文化名城等发挥着重大作用。但是，认真研读这些著作不难发现，沈阳古代史研究还有大段空白，即使有“补白”亦多出自逻辑推理，甚至是主观臆断。例如，新乐文化距今7000年，新乐人生活在一个聚集而居的村落，到公元前300年燕国在沈阳建立侯城，这中间经历了3000多年漫长岁月，按社会发展由小到大、由弱变强的规律，新乐“村落”到“侯城”间应有“聚落”或“城邑”出现，但迄今仍未发现，这是个大空白。还如，从公元121年侯城被高丽兵纵火焚毁，到907年唐朝灭亡，这中间近800年时间，沈阳地域特别是沈阳市区面貌不清不楚，其经济、文化、军事诸方面几乎是一片空白。还如，126年巴蜀安汉人陈禅任侯城障尉，这是迄今知道沈阳史上第一位有名有姓之人，他之前还有无真名实姓可考者呢？除“空白”外，更突出的问题是在叙述沈阳历史的过程中，对若干事和若干人的记载歧异互见，读者看后莫衷一是。比如，沈阳名称的由来；沈阳方城八门与关墙八门是直线相通，还是斜线相通；沈阳方城外修建的“关墙”（亦称“外墙”）是皇太极天聪年间修筑的，还是康熙十九年（1680）“奉旨筑关墙”，等等。这些“歧点”不是鸡毛蒜皮的小事，都是与重大历史事件和历史人物评价相关的大问题。

这些历史“空白”及“歧点”的存在，不管有多么卷帙宏富的大著作，都会存在科学性和学术性的瑕疵，进而影响沈阳历史面貌真实复原。“空白”和“歧点”的存在主要是“个案”研究或“微观”研究的严重短板。原本历史研究法的要义是，对某地域整体史的研究要建立在个体史研究之上，只有把个体史研究进行得深入和扎实，才能构筑起系统、完整和科学的整体史。就我孤陋之见，沈阳学界在微观史学研究方面也做了许多工作，出版了一些学术性很强的著作。如初国卿先生对沈阳陶瓷史的研究可以说至臻至善，达到了阶段性总结，但此类研究的学术著作和论文数量甚微，尤其是进行学术争鸣的文章更少。基于此，我非常欣赏《评传》类的课题，是典型的个案研究，又是非常重要的个案研究。因为盛京文学在沈阳文学史上是一大亮点。而十大文学家是点燃亮点的火炬手，通过对他们的文学成就及在域内外文学史上的地位进行深入挖掘，对世人认识盛京文学乃至盛京文化极具意义，进而会对沈阳文化史及整体史的构建起到节点作用。《评传》作者不畏烦劳，广为收集资料，对十大文学家分别进行细致入微的研究，对他们各自创作历程及创作成果进行了翔实阐释和精慎考据，这对世人提升对十大文学家及盛京文化的认识会有很强的补益作用。这里要赘上的一句是，强调个案或微观研究，有人担心将历史“碎片化”，我认为此事要因地制宜。沈阳往昔个案研究远远不够，因而影响了整体史的学术水平，现在强调个案研究，是在补我们奉行历史研究法的短板，现在进行大补还为时不晚。

我赞成此课题的第二点原因，是因课题核心是研究历史人物，具体说是研究沈阳文学史上的杰出人物。历史是人创造的，特别是杰出人物对历史发展起着重大推动作用。列宁说：“全部历史本来由个人活动构成，而社会科学的任务在于解释这些活动。”又说，“历史必然性的思想也丝毫不损害个人在历史上的作用，因为全部历史正是由那些无疑是活动家的个人行动构成的”（《列宁全集》卷１）。历史是千千万万活动家前仆后继创造的，离开对活动家的研究，任何历史事件都是理不清的谜团。历史上每发生一件大的事项，尤其是引领社会前进的事项，都与一位或多位重量级活动家的卓越活动分不开。因而进行一个地域、一个民族的研究，首要的是研究人物，特别是研究那些杰出人物。否则，历史研究就失去了灵魂，失去了生气。今日，要打造历史名城，首先要打造历史名人，历史上没有名人的城市绝然成不了历史名城。沈阳文化界的同仁们深明此理，为沈阳历史人物研究投入了许多精力。如沈阳市文史研究馆编著的《沈阳历史人物传略》，为沈阳历史上出现的众多人物作传。策划者们极具匠心，把该立传的几乎都立传了。如该书就为清代时期102人作传略，为沈阳历史人物研究做了开创性和奠基性工作。限于著作体例，各人物传十分简略，对他们的不凡业绩难以淋漓展现。《评传》的作者从史论结合角度弘扬各传主的业绩和地位，各传均在两万言以上，内容翔实，观点鲜明，阐幽发微，为十大文学家勾勒出一幅幅绚丽多姿的历史画卷，为沈阳历史人物添色，为沈阳文学史增辉！

再次，《评传》题目本身具有挑战性。清代沈阳文坛群星闪耀，从中选出十位代表性人物并非易事。而《评传》作者在遍览作家群后，用排比手法，兼及盛京文学作家出身多样化的特点，遴选出十大文学家，确是辽沈地区乃至在全国都有重大影响的人物，都是有皇皇业绩的文化名人。诸如，函可是位僧人，当时是盛京文坛公认的领袖。他组织创建“冰天诗社”，开创盛京文化结社之先河。陈梦雷是位文化奇才，谪戍沈阳17年，主持编修东北第一部地方总志《盛京通志》；独自纂著沈阳首部学术专著《周易浅述》，花费22年心血编修我国古代规模最大的一部类书《古今图书集成》，平生所撰诗文收入《松鹤山房文集》《松鹤山房诗集》《闲止书堂集钞》三种行世。戴梓是位文武双全的人物，他是著名的火器制造家，又是著名的诗人和画家，沈阳故宫收藏三百多年前他在沈阳画的两幅人物画像，其艺术价值受到相关专家高度评赞。其子戴亨与他是齐名的诗人，被世人誉为“辽东三老”之一。陈之遴是一位很有特色的诗人，因其“贰臣”身份诗名不显。其夫人徐灿文名甚高，清初著名诗人陈维崧誉其“南宋以来，闺房之秀，一人而已”（陈维崧：《妇人集》），有《拙政园诗集》《拙政园诗余初集》两种行世。以上几位是文化流人中的佼佼者。作者还从沈阳本土作家中选出几位出类拔萃者。如缪公恩，被公认为辽沈诗坛泰斗，“独占骚坛六十年”，诗作《梦鹤轩梅澥诗钞》四卷收入《辽海丛书》。韩小窗，盛京著名子弟书作家，其作品数量和质量荣居子弟书书目之首，奕赓在《狂护国寺》中赞韩为子弟书编著的“开山大师”。缪润绂，27岁时就撰成《沈阳百咏》《陪京杂述》两部著作，一时名声大噪，雄冠辽沈。他亦是盛京著名子弟书作家之一，同韩小窗、喜晓峰被誉为“沈阳三才子”，同其曾祖缪公恩成为沈阳“缪家双星”。盛京文化是以满族文化为核心的多样化文化。作者在遴选作家时，在本土文学家中特选了裕瑞、纳兰常安两位满族作家。裕瑞，姓爱新觉罗，清皇室成员。平生酷爱诗文创作，成果颇丰。有巨著《思元斋全集》存世，收入全集的作品有《萋香轩吟草》《樊学斋诗集》《清艳堂近稿》《眺松亭赋钞》《草檐即山集》《枣窗文稿》《东行吟草》《沈居集咏》等，他的文学成就，标志性地反映和丰富了清代宗室文学的内容和价值。纳兰常安，隶满洲镶红旗，一生笔耕不辍，著有《受宜堂集》《遁甲吾学编》《二十二史文钞》《箕居冷语》《古文披金》《受宜堂宦游笔记》《受宜堂驻淮集》《受宜堂居官集》《居中家说》《澄观楼倡和诗》等著作。任盛京兵部侍郎时，所撰"盛京四赋"即《盛京人物赋》《盛京瓜果赋》《盛京蔬菜赋》《盛京物产赋》名闻盛京文坛。《评传》除选录流人文士和本土文士中的杰出人物外，还有一位奇特人物，即清初沈阳三官庙道士苗君稷，世人誉其"颇有古隐者之风"，称其诗为清朝道教诗人的"正始大家"（高士奇：《焦冥集序》），有《焦冥集》两卷行世。显然，这十位是清代沈阳响当当的文学大家，从中可窥见作者在选择过程中用力之勤、选择之精。毫不夸张地说，这份名单应视为一项有意义的学术成果，对推动清代沈阳文学研究会起到一定的推动作用。当然，仁者见仁，智者见智。可能会有一些专家写出有理有据的学术论文，认为××要高于遴选出的××，果如此，应是《评传》的又一贡献，其结果会使沈阳学术氛围更加浓厚，会使沈阳文学研究更加繁荣！我期待研究沈阳历史与文化的同道们多多欢聚一堂，就沈阳历史上一些重大问题进行热烈讨论久矣！

我今年八十有二，精力所限，没有详览全部书稿。仅认真推敲全部篇目和几篇传稿，加之我平时对盛京文化的一知半解，说了上面那些拉杂的话，姑且为序。不周之处诚望诸方家不吝赐教。

2020年6月6日星期六

于北陵寓所

目录

自信一身同逆旅[①]——苗君稷

明朝末年，满骑叩关。长城内外，烽烟迭起。华夏子民，流离失所。昌平诸生苗君稷为清兵掳掠至沈阳。数辞清太宗出仕之邀，自请入盛京三官庙为道，终身不仕。“不役役于富贵，不陨获于流俗，有古隐者之风。”[②]苗君稷流寓辽东数十载，游历山川，读书交友，唱和高致，居方外而忧心黎庶，谢仕事而终老太庙，堪为一代大隐。辑有《焦冥集》一部，实为盛京文学之宝贵遗产。

一、苗君稷与《焦冥集》

关于苗君稷，《嘉庆重修一统志》记述如下：“苗君稷，昌平人。明季诸生。遭时多难，隶籍黄冠。喜读儒书。居盛京之三官庙。赋诗有隐者风。府丞姜希辙序而刻之。”[③]能够被官修重要文献收录，且在奉天府“流寓”一栏中仅收录了他与郝浴两人，足以说明苗君稷在清代盛京流人中占有重要一席。

而相关苗君稷生平的一些基本问题，刘刚、李德山在《有关苗君稷几个基本问题的考证》一文中做出了较为翔实且有说服力的陈述，主要从五个方面对苗君稷的生平基本情况做出了考证：1. 关于生卒年的推考。结论是苗氏生于明万历四十八年（1620），卒于康熙中叶，具体年份不详。2. 关于字号、籍贯的澄清。

①[清]苗君稷著、姜念思校注：《冬月漫成》，选自沈阳历史文化典籍丛书第六辑之《焦冥集》，沈阳出版社2017年版，第11页。

②转引自张玉兴撰：《苗君稷简论》，选自《明清之际的探索》，社会科学文献出版社2012年版，第182页。

③[清]《嘉庆重修一统志》第三册，《四部丛刊续编》史部卷59-63奉天府1-5。

结论是苗君稷字有部，号焦冥。籍贯是河北昌平。3. 关于身份及归辽左性质的确认。苗君稷的人生经历决定了其身份的复杂性，即兼有诸生、流人、道士、遗民、作家和诗人多种身份。而苗君稷归辽左的性质是被掳掠而至。4. 对被掳辽东时间的再确认。苗君稷“归辽左”的时间为崇德四年（1639）。5. 关于家世情况的考察。苗君稷受家门读书仕进观念的影响至深。儿时深受父母呵护，与三弟感情极深。[①]刘文在借鉴了张玉兴《苗君稷简论》论述成果基础之上，对上述五个方面问题做出更深入全面的考证，从而对苗君稷的生平身世做出颇具说服力的厘清。

然而，在阐述上述相关问题的过程中，刘文虽然引用了《焦冥集》所收录苗君稷的诗文以为佐证，但是并未对苗诗进行全方位的文学价值论述，本文将以此为出发点，通过对《焦冥集》中收录的苗诗进行全面的文学价值论析，从而进一步掌握苗君稷之人品文章，同时达到对明末清初东北社会样貌窥见一斑之目的。

《焦冥集》孤本现藏于广东省立中山图书馆，“两卷四册，线装，书衣为清初习见暗黄色，无书签，内里纸细白有韧性。书皮及每册首尾几页破损较多，当为虫蛀，重者经修补，轻者或当时未补，或补后新蛀。几乎页有虫蛀，然蠹迹在文字者较少，且都约略可识，第一册内里首几页偶有水渍。书高 254 毫米，宽 160 毫米；框高 198 毫米，宽 296 毫米。白口，单鱼尾，四周单边，半页九行，行二至十九字不等。版心上下依次为书名、鱼尾、卷数、页数及‘知白斋’三字。书前有沈荃、姜希辙、高士奇、陈易、孙繁祉序。卷一收诗 161 题 188 首，卷二收诗 196 题 247 首，两卷凡 357 题 435 首。馆题康熙十九年知白斋刻本，查验著录，即目前所见当为海内外孤本”。[②]鉴于此，参见原本书存在一定客观困难，故本论参照沈阳出版社 2017 年付印的由姜念思校注的《焦冥集》，文中对集中所收录诗文的引用亦均出自该印本。

为了更好地通过诗文了解并掌握苗君稷一生遭际与生活状况，在此以沈阳社《焦冥集》为底本，对其中收录的全部诗文加以分类，并在分类基础上，对诗文所述内容做进一步探析，从而达到辨文识人之目的。首先，苗君稷全部 357 首诗根据题材可分为四大类：景物诗（95 首）、交游诗（212 首）、咏怀诗（24 首）、节俗诗（26 首）。本论将依据诗文的四个类别，分别从风景游历、人情

---

①刘刚、李德山：《有关苗君稷几个基本问题的考证》，选自《西安电子科技大学学报（社会科学版）》2013年第6期，第156-162页。

②刘刚、李德山：《孤本〈焦冥集〉的版本、内容及文献价值》，选自《古籍整理研究学刊》2013年11月第6期，第12页。

交际、表达志向抱负、表现时令节俗四个方面，对苗君稷一生的世事往来与情感内心加以评析。

二、寄身山林，情系家国

《焦冥集》中景物诗共95首，占到集中全部诗文的约27%。从数量上看，仅次于数量最多的交际诗（212首，后文详述），居于第二位。这一点也符合古代诗人作诗灵感多发于四时风物的特征。在这里，值得我们注意的是，《焦冥集》所收录苗君稷诗文的开始时间。前文提到刘刚、李德山论文中称“《焦冥集》所收诗按编年排列，起于顺治十五年（1658）”①，但文中并未指明所据。沈阳社《焦冥集》前言中就此问题做出进一步考证，指出“《焦冥集》所收诗起于顺治十四年（1657）”，理由如下：“刘刚、李德山《孤本〈焦冥集〉的版本、内容及文献价值》定《焦冥集》收诗起于顺治十五年（1658），可能根据《戊戌清明后一日送剩公归山》一诗。然诗集排列顺序并非严格按年排列，在该首诗后，还有《剩公留南塔志喜》《赠郝侍御同剩公居南塔》《访复阳郝侍御、剩公遇雪》等几首。这些都是发生在顺治十四年冬天的事。此时，函可已开始常住海城金塔寺。与郝浴在南塔回见后，本欲返回金塔寺，因焦冥等一再挽留，直住到顺治十五年戊戌清明之后才回金塔寺。”②

由此可见，苗君稷生涯诗文创作主要从37岁开始。当然尽管诗集所收录的是苗君稷37到59岁之间的诗作，但并不意味着苗氏在之前或者之后就没有过诗文写作，至于说37岁之前的诗作未能收录，原因应该是一方面诗文写作较少，另一方面作者也许认为之前的诗作水平不足以收录付梓以示人，这一点从《焦冥集》姜希辙序文中或可窥见一斑：“焦冥当崇德之世，以诸生而隶籍黄冠，朝夕编摩，究心史学，且受剩公上人之友助，而规抚近体。”另外一篇陈易的序文也很能说明问题：“剩公常言焦冥及余诗必成，成必告我塔。时作者林列，弗取也。余为忧患所缠，不得悉力从事。焦冥沉吟慷慨，晦暝不辍。

①刘刚、李德山：《孤本〈焦冥集〉的版本、内容及文献价值》，选自《古籍整理研究学刊》2013年11月第6期，第14页。

②[清]苗君稷著、姜念思校注：《焦冥集》，沈阳历史文化典籍丛书第六辑，沈阳出版社2017年版，第9页。

数年，或谓‘横行何李间，当公之天下’。焦冥曰：‘余始知诗之难，未可以告剩公也。’又数年，归故乡昌平，故垒丘墟，以诗歌为涕泣。游长安，荐绅先生之诗，鸣者自视缺然，有愿得焦冥稿勒诸金石，焦冥谦让东来。筑知白斋，谢人事，读书其中。……而焦冥忽卧病几危，起而襟怀淡泊，尘务一无所问。和姜公赠越上人诗，得‘随意参禅即此心’句，余告之曰：‘可以告剩公矣。’焦冥笑而应之。”①可见少年苗君稷虽“髫年入泮，文章议论乡先生咸器重之”，而工于诗者却是在流徙盛京，得遇诗僧函可之后了。至于60岁之后，一定还会有诗文创作（刘刚、李德山认为康熙三十年即1691年苗君稷当尚在人世，时年71②），未见流传于世的原因，不过是因为未能付印成集，今人无从见到罢了。

关于苗君稷诗文创作水平逐步提高的过程，刘文做出如下分析，笔者以为然。“而从陈易的序，我们可以总结出苗君稷诗艺的成长过程。第一阶段，‘时作者林列，弗取也’。第二阶段，或谓‘横行何李间，当公之天下’。焦冥曰：‘余始知诗之难，未可以告剩公也。’第三阶段，‘游长安，荐绅先生之诗，鸣者自视缺然，有愿得焦冥稿勒诸金石，焦冥谦让东来。筑知白斋，谢人事，读书其中’。第四阶段，‘余告之曰：“可以告剩公矣。”焦冥笑而应之’③”。

在基本厘清了苗君稷诗文创作过程的前提下，我们回过头再来看他的具体诗文作品，则更有利于理解与认识苗诗中所反映出的其自身及当时的社会情况。首先来看风景诗。其中以“雨”为主题者占最多数，共14首，包括《春雨郊行》《苦雨》《夜雨》《秋雨》《雨》《花朝夜雨》《立秋夜雨》等，通观苗君稷所作“雨”诗，可以看出诗人寓居辽海的心境变迁。如早期诗作：

苦雨④

穷阴暝不散，辽左雨淋漓。

①这一段陈易序文转引自刘刚、李德山《有关苗君稷几个基本问题的考证》一文，之所以未引用姜念思校注本，是因为姜注本中将“焦冥沉吟慷慨，晦暝不辍。数年……”一句句读为“焦冥沉吟，慷慨晦暝，不辍数年”，显然后者的句读不合文理。

②刘刚、李德山：《有关苗君稷几个基本问题的考证》，选自《西安电子科技大学学报（社会科学版）》2013年第6期，157页。

③刘刚、李德山：《有关苗君稷几个基本问题的考证》，选自《西安电子科技大学学报（社会科学版）》2013年第6期，160页。

④[清]苗君稷著、姜念思校注：《苦雨》，选自沈阳历史文化典籍丛书第六辑之《焦冥集》，沈阳出版社2017年版，第24页。

万井无完壁，三农欲断炊。
水深鱼浪阔，树压鸟声悲。
伫立空骚首，凄然想二仪。

夜雨①

日暮阴云合，殷雷起半宵。
苍龙时上下，山鬼漫喧嚣。
梦入金台暗，愁添易水遥。
晓听风雨息，花落更无聊。

秋雨②

渺渺心无际，萧萧秋雨来。
风驱归燕急，云卷蛰龙哀。
衰鬓谁能紧，乡书不易裁。
晓看篱下菊，还似旧年间。

以上三首雨题诗，总体情感抑郁，忧时伤人之情充塞字里行间。叹天时不利，孑身一人流寓辽左，思念故园情切，望天地苍茫“伫立空骚首，凄然想二仪”，徒唤奈何。真切地反映出苗君稷被掳辽左之后，内心忧伤郁结，人生失意无奈之情状。从诗文写作角度来看，此三首诗当属于苗君稷研习诗文早期作品，整体上遣词造句以及用韵的水准尚嫌滞涩，只“梦入金台暗，愁添易水遥”句颇佳。之后数年间，此种怀乡思亲之情仍时时萦绕于焦冥胸际，如甲辰年所作《花朝夜雨》诗云：

寂寞对花朝，冥濛雨半宵。
蛟龙舒震气，冰雪涌春潮。
风乱宵钟湿，山沉野火消。

①[清]苗君稷著、姜念思校注：《夜雨》，选自沈阳历史文化典籍丛书第六辑之《焦冥集》，沈阳出版社2017年版，第27页。

②[清]苗君稷著、姜念思校注：《秋雨》，选自沈阳历史文化典籍丛书第六辑之《焦冥集》，沈阳出版社2017年版，第30页。

忽闻归去雁，失侣漫相招[①]。

尾联“忽闻归去雁，失侣漫相招”句，以归雁失侣相邀为喻，极言归乡心切，令人唏嘘。而随着苗君稷逐渐习惯盛京的生活，看到社会逐渐安定，尤其在康熙时代，出现了难得的治世，他对清朝的态度也发生了改变。尽管心中仍有因清兵杀戮而留下的悲哀和伤痛，却敢于直面现实，对于清统治者取得的成就仍然给予肯定，这些情愫则反映在后期的一些诗作中。如作于康熙八年（1669）以及康熙十七年（1678）前后的同题《喜雨》：

好雨唤愁醒，风沙此日宁。
林花犹片片，陇麦倍青青。
天意回丰岁，王师扫朔庭。
翛然歌自放，不下草玄亭。[②]

禹步吹龙出，波翻碧海渊。
东都一夜雨，米市不争钱。
禾黍秋光薄，关山霁色鲜。
疏篱时引客，坐待菊花前。[③]

前一首以落雨阻风沙为喻，抒发了诗人因清军剿平布尔尼叛乱而欣喜的心情。表明了此时的苗君稷已经接受并认可清康熙政权，渴望康熙治下国泰民安，而极端厌恶刀兵乱世。后一首则对及时雨带给农家好收成，使得“米市不争钱”的喜人形势进行了描述，表现了焦冥虽身处方外，实则心系民生的济世情怀。此二首“喜雨”整体基调轻快，自在舒展，与前期诗文相比，清晰反映出诗人心态趋向积极乐观的变化。

苗君稷景物诗中除咏雨诗外，描写四季节气变化，并借以抒发心境之作亦

①[清]苗君稷著、姜念思校注：《花朝夜雨》，选自沈阳历史文化典籍丛书第六辑之《焦冥集》，沈阳出版社2017年版，第102页。

②[清]苗君稷著、姜念思校注：《喜雨》，选自沈阳历史文化典籍丛书第六辑之《焦冥集》，沈阳出版社2017年版，第225页。

③[清]苗君稷著、姜念思校注：《喜雨》，选自沈阳历史文化典籍丛书第六辑之《焦冥集》，沈阳出版社2017年版，第257页。

不少。比如《暮春偶成》《立秋夜》《冬月漫成》《春兴四首》《秋前三日夜月》《秋兴》《立秋前一夜闻残蛬》等，其中《暮春偶成》作为《焦冥集》所录第一首诗，诗中句“廖廖观世外，箕踞漫吟诗”反映了苗君稷流徙辽左后，逐渐开始适应恬淡闲适、与世无争的隐居生活。而《冬月漫成》一首则堪称苗君稷流寓盛京后力作，全诗如下：

凛冽寒风起大荒，官乌啼雪乱回翔。
逡巡玉历催时短，悲切金笳入夜长。
自信一身同逆旅，谁知两鬓共秋霜。
相逢莫论当年事，回首家山各渺茫。①

尾联“相逢莫论当年事，回首家山各渺茫”句，真切反映了苗君稷对自己早年遭际的哀叹与无奈。且此诗从文学创作的角度来看，状写北国寒冬景象肃穆，悲怆苍凉之感扑面而来，颇得初唐边塞诗三昧。七律《秋兴》尾联“回忆故国甘作客，乱离无复旧遗氓”表明了焦冥对前朝故国的怀恋，同时对清政权统治渐趋稳固的无奈认可。焦冥行将天命之年所作《立秋前一夜闻残蛬》中有句“览镜年华在，人生易白头”，则慨叹人生易老，岁月无情。

《焦冥集》景物诗中有43首生动记述了苗君稷游历辽海之足迹见闻。诗中对盛京风物与郊野风光的描绘，不仅是窥见焦冥心路历程的窗口，对于今天了解清前期辽海地区之人文地理亦是多有助益。如《辽阳》一首，指出作为燕国辽东郡首府的辽阳，历史悠久，山河壮丽。诗的下半阕则感叹江山易主，物是人非，岁月悠悠。作为辽宁境内最主要的山脉——千山，自古以来为风景名胜，历代文人骚客流连忘返，赋诗题字者众多。苗君稷曾数次与好友会同登临千山，于千山各主要景点都题诗留念。如顺治十七年(1660)前后两次游览千山所作《入山初宿祖越寺二首》《龙泉寺》《大安寺》《仙人台》《窟山九峰圆觉寺》《临别千山》《祖越寺》《登大安石磴》《大安寺》《中会寺》《宿香岩高顶》等组诗，对千山“五大禅林”祖越寺、龙泉寺、大安寺、中会寺、香岩寺都进行了描写，其中对祖越寺和大安寺前后两次赋诗记之。整体上看，焦冥的千山组诗，咏祖越寺“深岩不见寺，老衲自相迎。携手花间坐，殷勤世外情”冲淡自然，

①[清]苗君稷著、姜念思校注：《冬月漫成》，选自沈阳历史文化典籍丛书第六辑之《焦冥集》，沈阳出版社2017年版，第11页。

飘然世外；咏仙人台“俯视乾坤合，凌空斗宿清。仙人不可见，遥夜似闻声”，气势磅礴，想象幽远；咏香岩寺“窗寒泉漱石，谷静气沉松。咫尺仙台近，笙箫下九重”松泉辉映，道骨仙风。从诗文中可以看出苗君稷对千山的喜爱之情，同时，诗人文采斑斓的描绘，也为秀色天成的山岳平添了人文光晕。另外，这些纪行诗中对苗君稷的北京之行也进行了记述。由诗文可知苗君稷不止一次进京会友，其中较早的有《四月入长安》《重经燕山》。《重经燕山》全诗如下：

军都畿辅重神州，曾记当时向此游。
一代山陵盘虎峪，百年风雨护龙湫。
松杉郁郁栖乌晚，禾黍离离过客愁。
极目高原空怅望，桑干河水自东流。①

诗中指出燕山对于京师地理位置的重要性。下半阕文辞高古，意象沉郁，可称苗君稷纪行诗中力作。而作于康熙九年（1670）的一组游历诗，则较为详尽地记录了苗君稷的北京之行，其诗共八首：《西湖泛舟》《玉泉山》《裂帛湖》《玉泉山石洞》《功德寺》《宿烟霞窟》《卧佛寺》《西山石窝》，此一组诗对京郊名胜逐一进行了吟诵，辞句清丽，写景状物自然写意，而于山水庙堂之外，怀古惜今之意流露笔端，余音绕梁。除此之外，苗君稷的纪行诗中，如《望医巫闾》《大凌河》《秋日望昭陵三首》等，在对辽沈境内自然风光、文物遗迹进行歌咏的同时，可以看出诗人在由一个前朝遗民变身为方外散人的过程中，对于清王朝由最初的忧愤抗拒到接纳肯定的心路历程，如《秋日望昭陵三首》中其一“揽辔秋风听野歌，雄图开辟太宗多。遥知王气归辽海，不战中原自倒戈”，对清太宗皇太极的雄才伟略尽显赞颂之意。

《焦冥集》景物诗中有 17 首为咏物诗，多反映诗人对日常生活中所闻所见之事物的细致观察与情感，如《咏莲》《玉环》《古镜》《玉碑》《咏春雪》等，其中先后创作的两首咏松诗《开原松》和《咏西会双松》，堪称焦冥咏物诗之双璧，诗文如下：

亭亭开原松，独立忘年岁。

---

①[清]苗君稷著、姜念思校注：《重经燕山》，选自沈阳历史文化典籍丛书第六辑之《焦冥集》，沈阳出版社2017年版，第85页。

几经陵谷迁，不与群芳计。
根柢伏龟精，枝干盘龙势。
潇洒自成阴，空城岂能闭。
仙令来江东，乘闲每游憩。
五柳渺难追，千载情可继。
杯酒起波涛，雷雨交会际。
感兴欲扶筇，苍茫一凝睇。
迴风如疎钟，明月有鹤唳。①

招提多景色，青荫两株松。
夜籁侵禅榻，晨风洒面容。
孤高谁傲世，盘错尔为龙。
一听秋涛沸，浑如大壑淙。
修鳞分片片，偃盖复重重。
苔润浮图秀，沙暄落子茸。
告归时抱恨，无计日相从。
更惜身将老，幽思兴愈浓。②

《开原松》作于康熙五年（1666），时苗君稷46岁；《咏西会双松》则作于康熙十四年（1675）前后。两首诗均拟写古体，上半阕都是状写松之挺拔，历经岁月侵蚀而能卓然独立，赞誉松之高洁坚韧，遗世独立之风骨。然而前者下半阕追思靖节先生，欲以淡泊隐逸为志向，然世事变幻难料，天有不测风云，徒增无奈之感；后者下半阕则表达了诗人从些许无奈转向顺其自然，淡泊功名，从容度日的心境。两首诗吟咏同一事物，前后相差近10年的岁月，则作者不同时期的心路变化鲜明呈现。另外，焦冥的咏物诗中还有饶有趣味的内容，《鱼皮（二首）》对东北地区少数民族赫哲族的生活习性，以及清政府对其进行安抚管理的情况进行了生动的描绘，不失为史料价值颇高的文学记述。

①[清]苗君稷著、姜念思校注：《开原松》，选自沈阳历史文化典籍丛书第六辑之《焦冥集》，沈阳出版社2017年版，第125页。

②[清]苗君稷著、姜念思校注：《咏西会双松》，选自沈阳历史文化典籍丛书第六辑之《焦冥集》，沈阳出版社2017年版，第235页。

三、敢惜平生泪，难忘一字师

苗君稷一生命运多舛，身历二朝，而能不卑不亢、泰然处之，得以善终者，与他居内则研读经史，出外则结交师友贤达的处世之道密不可分。这一切，在他的诗文中得到充分反映。如前文所述，《焦冥集》所录诗文中，交际诗有212首，占到全部357首诗的60%，可见交友访贤在苗君稷的生活中占据相当重要的位置。下面将结合具体诗文对苗君稷的“朋友圈”做出细致的分析与评价。

通过对全部交际诗的研读，可知苗君稷与生涯好友（主要为苗氏流徙辽海之后）及至亲骨肉的交往情况。在苗君稷一生交往的友人当中，其最尊敬，甚至以师礼相待的，即诗僧函可。函可（1611—1660），字祖心，号剩人，俗名韩宗騋，广东博罗人，明崇祯十二年（1639）出家为僧。顺治四年（1647）因罪被流放辽东，开始了一段与苗君稷历时十数年的师友情。作为东北流人文学活动的引领者，顺治七年（1650），函可借给好友左懋泰过生日之机，邀集辽沈地区的“流民遗老”集会，成立清代东北地区第一个文人结社组织——冰天诗社。冰天诗社成立时，参加者共33人，苗君稷便位列其中。在诗社成立当日，诗社成员为左懋泰所写祝寿诗中，焦冥诗云：

何人清晓扣柴扉，不是闲僧定羽衣。
笑溢中庭斑共舞，谈倾四座麈频挥。
关门又见青牛度，辽海今看白鹤归。
未有丹砂堪作供，一觞聊取伴山薇。[①]

左懋泰生日后第五日，即顺治七年十二月初四（1650年12月26日）函可生日，“诸公和者亦如前数”，前往祝寿。左懋泰首倡，众人奉和，函可答赠，存诗33首。其中焦冥诗云：

百炼曾经骨愈坚，孤身迢递出长边。
生死既了人伦系，忠义仍凭祖道传。

①[清]释函可撰、杨辉校注：《千山诗集校注》（下卷），辽海出版社2007年版，第501页。

枯寂无心时咄咄，氍毹破衲亦翩翩。
丹砂欲作如来供，只恐如来不羡仙。①

如果说苗君稷为左懋泰所作贺寿诗中应酬的成分更多一些，那么，苗氏为函可所作贺寿诗则堪称充满敬意，真情表露。诗中高度赞扬了函可的坎坷身世与坚定忠义的品格，同时表达了作者对剩公的崇高敬意。能够得到函可的邀请成为冰天诗社的首期成员，说明函可对于苗君稷的人品、文章都是认可的。

关于函可与苗君稷之间的交往，函可所著《千山诗集》中亦多有反映。如长诗《与希、焦二道者夜谈漫纪》②记述了函可和焦冥、希与二位道士彻夜长谈的情景。全诗共65句，计325言。诗开篇“崔嵬丹凤阙，旁耸大罗宫……疑尔食字化，又疑白鹤双”12句，对焦、希二人进行了描写式的介绍，虽不免有夸饰之辞，以三人友情观之，亦在情理之中。接下来“忆我初来时，萧索若飘蓬……乞者固无厌，施者意方隆”8句，函可回想流放盛京之初，焦、希二人对他隆重相待，盛赞二人高义。接下来“共坐论南华，麈柄各横纵……二仙寂不言，怪涕亦无从”40句，记述三人夜谈的内容，话题从《庄子》引发，天马行空，气势磅礴，于挥斥空想之中，亦不乏心忧黎庶之语，表现出剩人和尚高绝的思想境界。最后“暗风吹窗棂，残月若朦胧……一个寒冰佛，长伴两木公”4句，回到现实中来，东方欲晓，一僧二道，谈兴未尽。此诗较为全面地反映了函可与苗君稷、希与道人交往的情形，平素在一起谈玄论道的情景跃然纸上，读之如临其境。另有如苗君稷回河北探亲时，函可赠诗《送苗炼师入燕》③，下半阕诗云“残雪填沙碛，悲心满壑沟。何时垂鹤翅，尽驾入云游”，可谓深情悲怆，既是寄语友人，亦是自己内心期望。再有《同诸公夜集希、焦二师室》及《又过希、焦二师》二首，反映函可在盛京与希与、焦冥频繁交往，相知相敬、过从亲密的情形。再如为苗君稷祝寿诗《寿苗炼师》及《赠苗炼师》《寒食偕诸子访苗、李二炼师，归见木斋，留诗同赋》《苗炼师雪中入山相访》《闻李、苗两道友有唱酬篇什，虽未得读，知非凡响，遥有此贺》《柬焦冥》《怀苗炼师》《大雪，李、苗二炼师同诸子过谈竟日》等，《千山诗集》共收录与苗君稷相关诗13首（其中2首为苗君稷所作），可见函可与苗君稷亦师亦友的亲密关系，而

①[清]释函可撰、杨辉校注：《千山诗集校注》（下卷），辽海出版社2007年版，第515页。
②[清]释函可撰、杨辉校注：《千山诗集校注》（上卷），辽海出版社2007年版，第47页。
③[清]释函可撰、杨辉校注：《千山诗集校注》（上卷），辽海出版社2007年版，第155页。

这些通过诗文传达的二人间的交往情谊，在苗君稷所著《焦冥集》中都得以印证。

《焦冥集》所录苗君稷交际诗中涉及函可的有《剩公同陈子心简、季子心雪十五夜月过我》等22首，占到其全部交际诗的十分之一，同时时间跨度近二十年之久，《剩公同陈子心简、季子心雪十五夜月过我》约作于顺治十五年（1658），最后一首《秋怀（四首）》约作于康熙七年（1668）。在这22首诗中，满溢着苗君稷对函可的敬仰、怜惜之深沉情感。比如《留剩公》中有句“三春风日好，把臂动深情”，“把臂”一词令人印象深刻，古人以拱手为礼，鲜有肢体接触者，非至亲至近之人很难想象做出“把臂”的动作，此一动作细节的描述，足见二人关系之亲密非比寻常。《立秋前二日怀剩公》中句“凉风送残暑，吾欲扣禅扉”，天凉风起，却欲登门相见，表达了焦冥对函可时时刻刻的思念与牵挂。《新晴同剩公、心简、孝臣夜话》中“吟诗浑不寐，来日恐分歧”描述了焦冥与函可及友人竟夜吟诗，切磋诗意的生动景象。此诗也印证了前文所言苗君稷曾向函可学诗一事。函可于顺治十七年（1660）辞世，苗君稷惊闻噩耗，悲痛万状，如丧考妣。作诗二首：

哭剩公[①]

悲君已是再生身，脱去仍怀未了因。
孤鹤泪倾辽海雪，十年魂度岭南春。
云浮古塔还萧寺，风逐残钟自水滨。
怅望杳然终不见，空留明月照松筠。

又

强作吞声别，其如泪眼何。
漫看花径在，无复老僧过。
抱病情难遣，飧霞事已讹。
城南钟声里，日落旧山河。

七言《哭剩公》上半阕恸哭函可往生的同时，概言剩公流寓辽海十数年之生涯。下半阕极言挚友西归，空留古塔残钟，明月松筠，怅望思念之情，深切

①[清]苗君稷著、姜念思校注：《哭剩公》，选自沈阳历史文化典籍丛书第六辑之《焦冥集》，沈阳出版社2017年版，第33-34页。

肺腑，绵延不绝。其二直言闻噩耗欲哭无泪，叹物是人非，长恨死生无常，斯人已去，山河依旧。两首诗写来直抒胸臆，无过饰辞藻，声泪可闻，哭悼函可之情，可鉴日月。在函可仙逝之后的岁月中，苗君稷写作了大量怀念哀悼的诗，比如《心简、孝臣过我，怀剩公得秋字》《清明心简过我，同怀剩公》《同陈子心简、左子子愚过南塔怀剩公》《游南塔怀剩公二首》《宿向阳怀剩公》《龙泉怀剩公》《宿大安塔院怀剩公》《十二月怀剩公》以及集中收录的最后一首缅怀函可的诗《怀剩上人》。在这一系列怀念函可的诗中，表达了苗君稷对亦师亦友的诗僧函可的深切怀念之情，无论是每逢节气，还是旧地重游，抑或是与友人共同缅怀，其思念之深切、内心之哀恸，于诗文中表露无遗。比如“交情终古言难尽，诗学于今愧未成”①句，对于斯人已去，诗学未成仍耿耿于怀，虽个中亦有谦恭之意，然于函可指点焦冥学诗却是明证。如“清芳吹满坐，犹是故人风”②句，下笔处，诗僧函可潇洒飘逸之姿历历在目。如“强欲浩歌悲益壮，郁陶终日似沉酣”③句，表达了平素对函可的思念之情极深，欲歌而不能发声，终日沉郁苦闷，令人动容。如“永怀深此日，雨雪别君时。敢惜平生泪，难忘一字师”④，逢剩公祭日，怀念之情油然而生，雨雪纷飞，化作别泪，愈加难忘剩公在诗学上对自己的指点。在函可逝去10年余之际焦冥作《怀剩上人》诗以记之：

白云一去绝归期，徒倚高台无尽时。
稍喜于陵能灌园，独惭元度未成诗。
曹溪水落梅花满，华表松沉夜月悲。
每到千峰礼孤塔，风林幽谷倍增思。⑤

---

①[清]苗君稷著、姜念思校注：《清明心简过我，同怀剩公》，选自沈阳历史文化典籍丛书第六辑之《焦冥集》，沈阳出版社2017年版，第55页。

②[清]苗君稷著、姜念思校注：《龙泉怀剩公》，选自沈阳历史文化典籍丛书第六辑之《焦冥集》，沈阳出版社2017年版，第73页。

③[清]苗君稷著、姜念思校注：《八月一日心简过我，同怀剩公、希与先生，得酣字》，选自沈阳历史文化典籍丛书第六辑之《焦冥集》，沈阳出版社2017年版，第90页。

④[清]苗君稷著、姜念思校注：《十二月怀剩公》，选自沈阳历史文化典籍丛书第六辑之《焦冥集》，沈阳出版社2017年版，第119页。

⑤[清]苗君稷著、姜念思校注：《怀剩上人》，选自沈阳历史文化典籍丛书第六辑之《焦冥集》，沈阳出版社2017年版，第165页。

写作此诗时，苗君稷亦近天命之年。尽管时光流逝，但对剩公怀念之情丝毫未减，这可以从诗的上半阕知道，恨剩公一去不返，而自己学诗未成（此处当为自谦之词），徒唤奈何。而诗的下半阕表达了每次到千山孤塔祭拜剩公，都会愈加勾起焦冥对逝去先师挚友的深沉怀念之意。《焦冥集》中收录的最后一首苗君稷怀念函可的诗，是作于1668年前后的《秋怀（四首）》。苗君稷作此诗时，函可已经仙逝15年之久，而诗文中所反映出作者对函可的思念之情未曾有半分衰减，毋宁说时间愈久愈加悠长。现录其中二首：

其三

故心人去后，客泪每沾襟。

出塞同餐雪，谈玄不点金。

松花时可摘，药饵老相侵。

安得晨风翮，蓬瀛岛上寻。

其四

感激事无穷，清秋忆上公。

自从当日别，遂觉世间空。

画绝凌云笔，诗留博雅风。

淡园频极目，忍见旧花丛。[①]

秋色萧索，最是令人思前怀旧之季节。想起故人去后，每每涕泪沾襟，从前盘桓交游的情景历历在目，恨不能肋生双翼，乘风出海，遍寻宇内。“自从当日别，遂觉世间空”一句将故人离去、万念俱灰之情渲染至无以复加。淡园花草依旧，只不见上公身影，睹物思人，何其悲哉。苗君稷作此诗时也已55岁，大半生沉浮荣辱，使得其诗风日渐老成，而正是这样返璞归真、似拙实巧的写作技巧的成熟与提高，更增添了其作品的艺术感染力。

与苗君稷关系最为亲密的友人当中，陈易应当排在函可之后居于次席。陈易（1634—？），字掖臣、心简，江苏溧阳人。顺治十一年（1654），因父（陈名夏）罪被遣戍盛京。《清世祖实录》载“顺治十一年……四月己巳……诸王

①[清]苗君稷著、姜念思校注：《秋怀》，选自沈阳历史文化典籍丛书第六辑之《焦冥集》，沈阳出版社2017年版，第228页。

贝勒及廷臣鞫讯大学士陈名夏子掖臣恃父势恣行不法诸事，俱实，掖臣应论死。得旨：陈名夏已正法，不忍又戮其子，著免死，决杖遣戍盛京”[①]。至于陈氏父子获罪的原因，《清世祖实录》录有宁完我弹劾陈名夏的上疏：“陈名夏父子，居乡暴恶，士民怨恨……故明吏部吴昌时女奸逃执讯，名夏子陈易嘱江宁各上司释放为尼，因而包占。又掖臣横行江宁城中，鞭责满州，破面流血，闹至总督公署，赔礼释放。又掖臣坐大轿，列棍扇，说人情，纳贿赂，掣肘各官俱敢怒不敢言。无名冤揭，贴遍城内，上写名夏不忠不孝，纵子肆虐。”[②]疏表中所录陈易是一个典型的仗势欺人、无恶不作的“官二代”形象。但是《辽左见闻录》则记其“工诗善书，好弈，兼通音律。家酷贫，而豪迈如故，不治家产。在戍籍者垂四十年。丙子（康熙三十五年 1696），援捐马例放还”[③]。如果从苗、陈二人的交往过程中苗君稷对陈易的认识和描述来看，明显符合《辽左见闻录》所载。而据前文刘刚、李德山考证，陈易被流放到盛京时苗君稷已至盛京 16 年，而直到康熙三十年（1691）焦冥尚在世，时年 71 岁[④]，可见二人的友情几乎持续 40 年之久。在如此长时间的交往当中，应该说苗对陈的了解是十分深入的，而从苗君稷所作有关陈易的诗作中，所反映的陈易为人，毋宁说与《辽左见闻录》所记更加吻合。在《焦冥集》收录诗中，与陈易相关者达到 45 首，占到全部交游诗的 20%，单纯从数量上说超过函可诗很多，不过很显然这是因为苗陈的交往时间要大大超过苗函。在《焦冥集》的 5 篇序文中，陈易所作序文，着重讲述了陈与苗的诗文之交，寥寥数语，将苗君稷后半生致力学诗而终有所成的经历交代得很清楚。下面来看看陈、苗二人持续了近半世纪的友情是怎样一种情形。苗诗《剩公与陈子心简、季子心雪十五夜月过我》，记述了十五月圆之夜，函可与陈心简、季心雪造访，4 人围炉夜话、焚香吟诗的情景，通首诗意阑珊，清新雅致，然首句“春月春天上，同人好耐寒”[⑤]，却一语道破同为流人，惺惺相惜、报团取暖的无奈境况，而末句“不知长塞隔，犹作故乡看”则进一

①[清]《世祖章皇帝实录》卷83，《清实录》第3册，中华书局1985年版，第650页。

②[清]《世祖章皇帝实录》卷82，《清实录》第3册，中华书局1985年版，第640-641页。

③[清]苗君稷著、姜念思校注：姜希辙序，选自沈阳历史文化典籍丛书第六辑之《焦冥集》，沈阳出版社，第9页。

④刘刚、李德山：《有关苗君稷几个基本问题的考证》，选自《西安电子科技大学学报（社会科学版）》2013年第6期，第156-162页。

⑤[清]苗君稷著、姜念思校注：《剩公与陈子心简、季子心雪十五夜月过我》，选自沈阳历史文化典籍丛书第六辑之《焦冥集》，沈阳出版社2017年版，第5页。

步渲染了虽身居异乡，心有不甘，也只能随遇而安。在苗、陈交往诗中，显而易见，虽然苗君稷与函可、陈心简年纪相差十几岁，但是流人这一共同身份背景使得他们走到一起，成为同病相怜的忘年之交。类似的诗句还有“余生随所寄，辽海一遗民”①“强欲登高谁作伴，不堪霜露老蒹葭”②“寥落不堪吾共汝，虚窗几度换流莺”③。苗君稷在1659年前后，写过一系列有关陈易的诗，包括《怀心简》《和心简》《九日怀心简、剩公》《心简生日》《赠陈大心简时奉诏免死二十韵》以及《九日怀心简》6首诗。此6首诗的核心内容，都是为陈心简遭难而抒发悲痛、怜惜甚至不平之情，如《怀心简》中句“独坐清秋夜，悲君羁滞中”，以及《和心简》中句“拘系身当惜，沉忧益怆神。素心谁见信，悬望有慈亲。……怜君重得罪，方外几同人”，句中“羁滞”“拘系”等词，表明了陈心简身陷囹圄的状况。而长诗《赠陈大心简时奉诏免死二十韵》则表现了苗君稷为皇上开恩赦免陈心简感到愉快的心情。如诗中句“君难今虽脱，怜君意更深”表达了苗君稷对陈心简躲过一劫的庆幸、怜惜之意。“触网情由误，全躯喜不禁”则再一次强调陈氏所犯之罪实为冤枉，对其能够保全性命，喜之不胜。“青蝇时作玷，白璧自难侵”则表明苗君稷对于陈心简的人品极为推崇，坚信陈氏清白无辜，为小人陷害。“萋菲凌霜露，鲲鹏起陆沉”“处世才多忌，持身道贵钦”表达了对陈心简怀才不遇、壮志难申的不平，尽管处世才多遭忌，但是持身之道仍然以自重为贵。末句“漫弹流水曲，此外少知音”慨叹人生在世，知音难觅，再一次表达了视陈心简为知音的真挚情感。而之后的《九日怀心简》中“多难已荒元亮菊，深交忍负惠休诗”句则一再强调陈心简徙居辽海，然历尽磨难，不得悠然度日的窘境。《雨后访心简二首》中“雨随人意足，初日更晴和”“更怜新雨歇，小筑益清芳”等句，使得通篇给人以清新明朗，愉悦快意之感，表达了陈心简重归田园后，苗君稷探访友人新居的畅快心情。作于康熙七年（1668）前后的《赠陈子心简二首》，反映了苗君稷在与陈心简相知相交十数年后，对陈心简的为人更加了解与欣赏，“陈君如伯玉，家世本儒宗”“读书知要理，图画必

①[清]苗君稷著、姜念思校注：《陈子心简新居》，选自沈阳历史文化典籍丛书第六辑之《焦冥集》，沈阳出版社2017年版，第3页。

②[清]苗君稷著、姜念思校注：《九日怀心简、剩公》，选自沈阳历史文化典籍丛书第六辑之《焦冥集》，沈阳出版社2017年版，第31页。

③[清]苗君稷著、姜念思校注：《清明心简过我，同怀剩公》，选自沈阳历史文化典籍丛书第六辑之《焦冥集》，沈阳出版社2017年版，第55页。

摧锋”“青门成大隐，寂寞有谁誉”等句指出陈心简出身名门望族，通晓诗书，处穷困而能甘之如饴，堪称大隐。苗君稷晚年多病，陈心简不辞探望，反映出二人情谊深挚，《和陈子心简赠答诗原韵》中“一抱沉疴经半载，常来安慰不弥旬”句便是上述情形的直接反映。陈心简于康熙三十五年（1696）援捐马例得以放还故里时，已是六旬老者，而《焦冥集》所收录诗为苗君稷60岁前写作，故诗集中无所提及亦属自然。像这样，苗、陈二人的友情深深植入东北的黑土地之中，如果说苗君稷对函可的感情更多的是对师长的敬重，对大师的崇敬与感恩，那么苗对陈的感情，则可以说是志同道合者之间的休戚相关，是同为天涯沦落人之间的同病相怜，是对潇洒豪迈的友人的赞赏与倾慕。

《焦冥集》中苗君稷通过诗文表达了他与同胞兄弟之间深厚的亲情。涉及胞弟的诗共11首，在整部诗集中为数不少。苗君稷未及弱冠被掳掠至辽东，对故乡和亲人的思念一刻未曾停歇。《雪夜忆弟》中句“一书犹未寄，魂梦已先归”，表达了寒风雪夜中对弟弟的思念，同时也说明苗君稷经常给家乡写信。《别三弟》首句“河梁难作别，忍涕更何词”表达了回乡探视后依依不舍的离别之情，此诗与诗集中前面的两首诗《四月入长安》及《重归》，均为描写苗君稷离家多年后重返故里的激动、喜悦而又带有伤感的情形，其中《重归》前四句“重别乡园十载余，归来两鬓益萧疎。亲朋翻似初相识，弟妹称言早得书”，表明了苗君稷相隔10年才重回家乡探亲，形容衰老，邻里几乎认不出来，弟妹说早就收到书信，再次说明苗君稷经常给家乡写信。此3首诗均未标注明确写作时间，如果以其后《送蘧林西还》诗（作于康熙二年，1663年）为参照，则前3首诗亦应为该年所作。作于康熙五年（1666）的《怀舍弟病三首》，表达了对病中弟弟的深切关念之情。“抱病难为弟，相携愧作兄”，想到病中弟弟艰难，作兄长的无能为力，于心愧疚。“吾宗幸有托，独尔荐遗型”表明苗君稷颇为欣赏弟弟，认为弟弟能够肩负起延续苗家血脉，继承苗氏家业的重任。康熙六年（1667）苗君稷得以先后两次返乡，“最喜今年内，乡园两度游”①，诗中明确记录了当年春秋两次返乡探亲，教导弟弟爱惜身体，安贫乐道的情况。康熙十二年（1673）苗君稷53岁，收到弟弟死去的噩耗，含悲忍痛作《哭舍弟》，“汝病吾长念，吾归汝不知”表明胞弟病势沉重，卧床昏迷，作为兄长连弟弟离去都不知道，而“回看原上鸟，顾影泪空垂”句极言弟兄故去，独剩一人，

①[清]苗君稷著、姜念思校注：《寄别舍弟》，选自沈阳历史文化典籍丛书第六辑之《焦冥集》，沈阳出版社2017年版，第150页。

顾影垂泪的凄凉景象。“望汝收兄骨，谁期别我先。家门贫若洗，子女命如悬”两句慨叹弟弟先我而去，空留下一贫如洗之家，孤苦伶仃之子女。弟弟一家之悲惨命运，令人为之泪目。从《焦冥集》序文[①]中可知，苗君稷晚年还曾回乡，这一点从其晚年所作《谯楼感怀》（其二）诗中亦有所提及，“六十还乡叹废兴，悲歌北望汉诸陵”，可见苗君稷对故乡亲人的思恋从未曾断绝，故园飘零，兄弟已去，斯人不在，只能将内心思念换做竟夜苦吟罢了。

苗君稷早年流徙盛京，“时太宗文皇帝旁求俊乂，数欲官之，而焦冥谢不就。因请为道士，居旧京之三元观。一时公卿贵人敬奉先生，咸执弟子礼。而先生黄冠羽衣，疏食饮水，泊如也”[②]此沈荃序文中所言，较为形象地反映了苗君稷在盛京三官庙做道士时与达官显贵的交往状况。而序文中所说“公卿贵人”的代表人物当为镇国公爱新觉罗·高塞。高塞（1637—1670），号敬一道人，敬一主人，清太宗皇太极第六子，顺治皇帝福临皇兄。王士禛《池北偶谈》称其“性淡泊如枯禅老衲，好读书，善弹琴，工诗画，精曲理，乐与文士游处。常见其仿云林小幅，笔墨淡远，摆脱畦径，虽士大夫无以逾也”[③]。王士禛所记这位皇兄的情况，在苗君稷与高塞的来往诗文中亦有所反映。在高塞仅存的15篇诗作中，就有一首赠予苗君稷的诗——《赠御院焦冥道士》：

蓬壶连魏阙，羽客侍金门。
丘壑心宁遂，烟霞气自存。
谈经清漏永，扫径落花繁。
西出函关叟，何曾返故园？[④]

此诗的首联指明了苗君稷道士身份的特殊性，即其所居道观与皇家宫殿毗

①据《焦冥集》沈荃序言“己未冬，先生过旧里，暂憩辇下，因尽出所著诗，属余为序”记载，苗君稷于己未（1679）冬曾回昌平。高士奇序“去年冬十月，复来都下……”高序作于康熙十九年（1680）二月，由此知苗君稷昌平之行当在康熙十八年（1679）冬。

②[清]苗君稷著、姜念思校注：沈荃序，沈阳历史文化典籍丛书第六辑之《焦冥集》，沈阳出版社2017年版，序1页。

③[清]王士禛：《敬一主人诗》，选自《池北偶谈》（下册）卷十五谈艺五，中华书局1982年版，第362页。

④[清]王士禛：《敬一主人诗》，选自《池北偶谈》（下册）卷十五谈艺五，中华书局1982年版，第362页。

邻。颈联表示了对焦冥道士仙风道骨的赞赏之情。而诗的下半阕则对苗君稷的身世及生涯经历表现出同情之意。以贵为皇兄的身份赠诗于一介道士，可见二人平素交往匪浅。《焦冥集》中收录与高塞有关的诗作共计20首，从数量上看十分可观。如《上辅国公十三韵》《陪辅国殿下夜坐赐橘》《怀辅国殿下》《恭迎辅国殿下二首》……到最后一首《送辅国殿下还朝十六韵》。总观苗君稷写给高塞的诗作，由于高塞特殊的身份（因高塞直到康熙八年才得以晋镇国公，故苗诗中一直以辅国公相称），总体上是一种以下敬上的口吻，诗中不乏赞颂高塞虽然身份高贵却能远离庙堂，恬淡自适的生活态度，如“养晦升平日，游心翰墨场”[①]；“屏藩敦孝友，虚怀如水就。远近疏璇源，爱客忘贵富。探道博古今，图史供左右，复礼鄙条目，精心无遗漏”[②]称颂辅国公敦厚仁孝、虚怀若谷、平易近人、潜心经史。除去这些以庶民身份赞颂皇戚的敬呈之作外，一些在与辅国公亲密交往中的细微之处，令人印象深刻，比如“每坐春深夜，摊书不厌劳。月邻双阙迥，星映二陵高。推食常分橘，还丹愧种桃。欲眠情未已，无那晓鸡号”[③]整首诗给我们描绘了一幅苗君稷春夜陪伴辅国公高塞读书，获辅国公赐橘的温馨静谧的画面，颔联“推食”一词犹妙，言辅国公将自己正在吃的橘子推送到苗君稷面前，与其分享，这一细微动作的描写，将辅国公与苗君稷二人之间的亲密关系展露无遗。《同恒心、石菴从辅国殿下游千山，晓渡浑河之作》《辅国殿下观猎敬赋二律》是苗君稷诗作中为数不多的大气磅礴的作品，前者首联“萧萧落木涌清波，风卷鸾旗晓渡河”化用杜子美名句，展现萧瑟壮美之浑河秋景，尾联“自此垂鞭随马去，南山高下引狂歌”则进一步表现了诗人虽自知身为方外隐者，但却怀揣一颗追求自由、昂扬奔放之心。后者“弓悬惊鸟落，笳吹蛰虫奔”“地卷旌旗肃，风鸣涧壑愁”“聊记归来日，青春染翠裘”等句铿锵激越，如闻金戈铁马声，尾句颇得东坡《江城子》神韵，极具感染力。当然面对壮美的自然景观，能够产生恣肆奔放的情绪，也从一个侧面说明了随从辅国公高塞出游的愉悦心情。《送辅国殿下岁祠永陵》《辅国至自永陵》二首以崇敬颂扬的笔调记述了辅国公祭祀祖先一事，其中如“不尽

①[清]苗君稷著、姜念思校注：《上辅国公十三韵》，选自沈阳历史文化典籍丛书第六辑之《焦冥集》，沈阳出版社2017年版，第50页。

②[清]苗君稷著、姜念思校注：《寿辅国殿下》，选自沈阳历史文化典籍丛书第六辑之《焦冥集》，沈阳出版社2017年版，第113页。

③[清]苗君稷著、姜念思校注：《陪辅国殿下夜坐赐橘》，选自沈阳历史文化典籍丛书第六辑之《焦冥集》，沈阳出版社2017年版，第52页。

祖功开大业，年年拜舞报春晖”句高度赞颂了清王朝先代帝王的开国伟业，一方面表达了对有私人交谊的辅国公的崇敬之意，另一方面也表现出作为先朝遗民的苗君稷，在看到清初政权在治理国家方面取得的一些成就后，逐渐改变对清统治阶级的看法。如果说作为一介方士的苗君稷与贵为皇兄的高塞之间的交往，更多地表现为来自辅国公的垂爱的话，那么从一些诗作当中，亦反映出二人无关身份地位的真挚的友情，如《岁暮怀辅国殿下》：

满怀非一事，惊岁复惊春。
总为从游客，何如感激人。
山林传笔札，剑佩引星辰。
莫更闻嘶马，河梁细草新。[①]

诗的上半阕写出作者适逢岁末，想到冬去春来，感时伤事，对于心中思念的友人常怀感激之情；诗的下半阕则进一步渲染与友人平素诗文交谊，而时值辞旧迎新之际，仿佛依稀听见友人所乘之马嘶鸣，愈加增添对友人的思念之情。全诗情感真挚淳朴，若不看题目，单纯从诗文层面并不能见出作者与友人身份地位之悬殊，正因为此，与其他颂扬赞美成分较多的诗作相比，这种真情流露的作品，才是苗君稷与当时达官文士之间君子之交的可贵写照。

在苗君稷交往的官宦士族当中，与当时数任奉天府尹几乎都有过交集，如首任奉天府尹张尚贤（1661）[②]、继任王印祚（1667）、陈一炳（1671）、耿效忠（1673）、苏铨（奉天府丞兼学政1673）、金鼐（1674）、姜希辙（奉天府丞兼学政1678）等，从苗诗中可见当时苗君稷与这些朝廷命官地方大员的交往，大都是一些共同出游或者唱和赠答之类附庸风雅的内容。比如送首任奉天府尹张尚贤迁右副都御史的《送京兆张公开府淮阳》七律二首，从内容上看，虽然以称颂天子圣明、张尚贤为官胜任为主，但是从律诗创作技巧而言，无论是格律、用典还是情感抒发，可以看出苗君稷的诗词写作水平逐渐提高。《送别王京兆拜大理卿二十韵》句“元都闲里到，花树眼中明。清静闻高论，关键得至精。果能追柱使，当为养彭铿。桑梓归何处，濠梁此独行”则叙话如常，

①[清]苗君稷著、姜念思校注：《岁暮怀辅国殿下》，选自沈阳历史文化典籍丛书第六辑之《焦冥集》，沈阳出版社2017年版，第162页。

②钱实甫：《清代职官年表》，中华书局1980年版，第1119—1340页。

娓娓道来，赞王印祚之功绩，而无虚妄夸饰之嫌，颇得靖节先生真味，令人感佩。苗君稷和时任奉天府丞兼学政（1673—1675）的苏铨，在短短的两年时间里有过较为频繁的交往。苏铨，字次公，直隶（今河北）交河人。崇祯十年（1637）丁丑科第二甲第40名进士。历礼部郎中、山西道监察御史。授光禄寺少卿。再迁奉天府丞兼学政，后改左通政。江西按察使司按察使。随后归降清朝，官礼部郎中。……顺治三年（1646），任苏松学政、安徽布政使司都事。……康熙十二年（1673），任奉天府丞兼学政①。苏铨乃河北名士，虽历明清两朝身为贰臣，却还是能够凭借自身才学及正直人品受到皇上赏识，计六奇《明季北略》记载顺治五年（1648），苏铨任苏松学政期间，为贞女郑氏上疏建坊旌表一事，虽是苏铨封建道德观的反映，却也可以说明苏氏为民请命的为官作风。《焦冥集》中共收录6首与苏铨相关诗作，虽多为记述二人共同出游或者赏花饮宴之类，但《送别苏少京兆拜大理卿二律》，则是对苏铨为官奉天府丞兼学政期间的政绩人和做出了高度评价，其二云：

国事如今重老成，公迁廷尉自和平。
敢怀中水归乡邑，遥采边风答圣明。
礼乐深传辽子弟，文章一变鲁诸生。
异时相访知何处，杖底烟霞任我行。②

作为送别诗固然存在对友人的赞誉成分，但是颔联言及推行礼乐文章教化辽海一节，却是对苏铨学政任内作为的极高评价。

其实对于身历两朝的学人志士而言，在以怎样的原则及方式安身处世的问题上，往往表现出极大的不同。和苗君稷同时代的吕留良与黄宗羲（当然后二人的名声要远远胜过焦冥），在这一问题上各自的主张，颇能够代表明清之际和他们具有相同际遇的士人的心声。吕留良（1629—1683），是明末清初的思想家和著名学者、诗人及出版家。黄宗羲（1610—1695），同样是明末清初的著名思想家、史学家和文学家，学博识广，著述丰富，名重当时，开创了著名的浙东学派，对后代学术影响极为深远。黄、吕皆为明代遗民，早年都曾从事

①[清]《世祖章皇帝实录》19卷，29卷，30卷《清秘述闻三种》中册补2卷，945癸巳。

②[清]苗君稷著、姜念思校注：《送别苏少京兆拜大理卿二律》，选自沈阳历史文化典籍丛书第六辑之《焦冥集》，沈阳出版社2017年版，第226页。

武装抗清斗争，二人都主张严防夷夏之辨，治学须根本六经，光复三代之治。正因为有这样共同的思想基础，二人一度交往甚密，论文谈理，惺惺相惜。然后来二人之间渐生嫌隙，终致形同陌路。而导致吕留良对黄宗羲之所作所为产生不屑的重要原因之一，就是二人同样身历两朝，却遵循不同之安身处世哲学。吕留良早年抗清，一生视清朝统治者为蛮夷，宁弃诸生而自清，亦不为清廷所用，绝不同清朝官员往来。相反，到了康熙朝，黄宗羲开始与清朝官员频繁交往，康熙六年（1667），黄宗羲在同门姜定庵府邸开设学馆，此见诸记载“九月，公与同门友姜定庵、张奠夫两先生复为讲会”。①而对于太冲与清廷官员过从甚密，吕留良极为不满，作《问燕》《答燕》诗，把太冲比作朝三暮四的燕子，痛斥太冲趋炎附势，中伤旧主之德行。黄宗羲曾经这样阐述自己的价值观：“亡国之戚，何代无之？使过宗周而不悯黍离，陟北山而不忧父母，感阴雨而不念故夫，闻山阳笛而不怀旧友，是无人心矣。故遗民者，大地之元气也。然士各有分，朝不坐，宴不与，士之分亦止于不仕而已。”②在黄宗羲看来，朝代更迭属于社会演进之必然，身为旧朝遗民，能够做到心怀故国，不仕新朝就可以了。古往今来，每逢改朝换代，持节守志、矢志不渝者有之，顺应大势、甘为贰臣以经世报国者亦有之，孰是孰非，却不是本文评说处。

上文中提到康熙六年黄宗羲坐馆姜定庵府，此姜定庵即后来做了奉天府丞兼学政的姜希辙。姜希辙（1623—1698），字二滨，浙江会稽人，明崇祯间举人。师承明末著名理学家刘宗周（1578—1645），与黄宗羲均为刘氏高弟，著有《两水亭余稿》二卷、《左传统笺》二十五卷、《理学录》，另与黄宗羲共著有《历学假如》。姜希辙在任奉天府丞兼学政期间，敢于直谏，上疏改善军供制，所言切中时弊。之所以说姜希辙是苗君稷晚年交友中重要一人，一方面苗君稷素仰姜希辙为官治学之盛名，钦重已久，姜希辙于康熙十七年（1678）甫至盛京赴任，苗氏即赠诗曰“千里神交常计日，偶然相对各忘情”③，虽末句“补衮况留封事在，行看早晚入持衡”稍嫌有恭维意，然诗中对姜氏之总体评价尚不失中肯；另一方面从姜希辙一方来说，作为朝廷命官，为政一方，以学政的身份，与苗君稷结交并为其出版诗集，无论在公在私都不失为一桩美事。不过从姜氏

①[清]黄炳垕撰、王政尧点校：《黄宗羲年谱》，中华书局1993年版，第34页。

②[清]黄宗羲《谢时符先生墓志铭》，选自《南雷文定后集》卷二，第62页。

③[清]苗君稷著、姜念思校注：《赠少京兆姜公》，选自沈阳历史文化典籍丛书第六辑之《焦冥集》，沈阳出版社2017年版，第254页。

为苗君稷诗集《焦冥集》所作序文内容来看，姜希辙使用官银为焦冥出版诗集，更倾向于将此事作为发掘地方文化人才，繁荣地方文化事业而为之。序文前半部分阐述姜氏自己的诗文观，强调诗言志，慨叹今人过分追求格律，以至于“所谓兴观群怨之间，往往有远若河汉者”。后半部分略述了为苗君稷出版诗集的经纬：“余视学陪京，闲与论诗，得二士焉，曰心简陈子、焦冥苗子，杰士也。……焦冥当崇德之世，以诸生而隶籍黄冠，朝夕编摩，究心史学，且受剩公上人之友助，而规抚近体。……今焦冥年逾六十，手不释卷，暇与盘桓，发为声诗，骎骎乎盛矣！”[①]除姜序之外，《焦冥集》尚有4篇序文，而以此序文与陈易、孙繁祉辈序文比较，则公私之分明矣。很显然，姜希辙对于苗君稷而言，是称得上有知遇之恩的，这一点从姜氏在盛京并不算长的为官任期内，与苗君稷有过较为频繁的诗文往来上得以体现。《焦冥集》中与姜希辙相关的诗一共有12首，单纯从数量上看，在苗君稷晚年的诗文创作中已经占到较大份额，这一点也反映出苗氏十分看重与姜希辙的交往。比如苗君稷为姜希辙母亲八十寿辰献祝寿诗，是《焦冥集》中唯一一首苗君稷为友人母亲所作贺诗，诗中句云“趋车敢负晨昏训，补衮曾传姓字香”称赞姜氏一族母贤子孝，世代奉公，朝野留香。尾联“愧非做吏金门下，共祝如椿寿一觞”可称内涵丰富，令人玩味。从诗文文意来看，作者自称惭愧身为布衣，不能以官吏身份行祝寿礼。此语出自一个曾刻意拒绝朝廷出仕邀约的人之口，总觉得有自相矛盾之处，莫非近乎耳顺之年的苗君稷对自己终生未仕一事心生悔意了吗？当然这种可能性不大，之所以诗中那样写，不过是适逢喜庆典礼，刻意以自轻口吻拜上，以彰显主家之贵罢了。不过即便如此，亦可见苗君稷虽为方外之身，于俗世之人情世故却也驾轻就熟。除去《焦冥集》序文之外，在苗君稷60岁生日时，姜希辙写过一首祝寿诗，此诗也是目前能够见到的仅存的一首姜希辙写给苗君稷的诗作。诗文如下：

寿苗君稷并序

焦冥，昌平州人。州有军都山，汉卢植高隐处。

焦冥以诸生避世为方外士，居三官庙，老而读书不辍。

汉庭高隐在军都，子干流风未有殊。

汗漫黄冠游帝里，编摩青简重吾儒。

①[清]苗君稷著、姜念思校注：姜希辙序，选自沈阳历史文化典籍丛书第六辑之《焦冥集》沈阳出版社2017年版，第8页。

心存虚室恒知白，手稳骊龙欲探珠。
坐卧松风忘甲子，月明鹤唳响笙竽。[①]

此诗将苗君稷与东汉大儒卢植相提并论，实在是对苗氏的莫大嘉许，尽管卢植曾在苗君稷籍地隐居，而苗君稷一生也避世方外，但是与在“立德”“立功”“立言”三方面都近乎圣人的卢植相比，苗氏的生涯实在是平淡无奇。当然，特为祝寿写作的贺诗，有些许过誉之处，属可理解之常情，不过从给苗君稷寿辰写诗祝贺一事本身来看，也可看出姜希辙对苗君稷还是十分看重的。对于府丞的美意，苗君稷不敢怠慢，作和诗回应：

和姜少京兆见赠六十初度原韵

旧里山河接故都，残山断垒迥相殊。
始生愁记当正月，投赠何劳一大儒。
身寄林丘延老病，世空象罔失元珠。
回头伫望调元者，为止干戈听凤竽。[②]

苗氏和诗相当低调，上半阕尊称姜希辙为大儒，极力表达对姜氏的敬重之意；下半阕则哀叹自身老去，生平碌碌，每有茫然若失之感。像这样的诗文唱和，在苗君稷与之交往的官吏当中亦数少见。其后还有苗君稷为姜希辙寿辰所作《祝姜少京兆初度二十韵》，亦堪称用心之作。苗君稷晚年一度肺病沉重，而姜希辙特意赠诗问安（姜诗未见），苗君稷感激之余和诗回赠《酬和姜少京兆见赠病后之作原韵》，赠答诗的内容暂且不论，单纯从朝廷的一方命官对一介布衣病中作诗问候这件事本身来看，一方面显示了姜苗二人的友情有更深的层次；另一方面也说明姜希辙作为地方教育长官，的确对地方的文人儒士礼敬有加。

从苗君稷与清朝皇族贵戚及官吏的交往情形来看，其所奉行的处世哲学应当与黄宗羲相类，即作为前朝遗民，与当朝的不合作止于不仕。然后周旋于俗世，退可守柴米之实，进可取文章之名。至少有一点是明确的，倘使没有来自姜希辙的友助，今天我们读到《焦冥集》的概率微乎其微。

①王树楠、吴廷燮、金毓黼：《艺文》，选自《奉天通志》卷251，第5452页。

②[清]苗君稷著、姜念思校注：《和姜少京兆见赠六十初度原韵》，选自沈阳历史文化典籍丛书第六辑之《焦冥集》，沈阳出版社2017年版，第277页。

除以上与苗君稷交往频繁的人物之外，《焦冥集》中也记录了另外一些与苗君稷有过交往的当时的名士，如郝浴、戴孝臣、陈之遴、李吉津等，其中尤以郝浴名气最大。郝浴（1623—1683），比苗君稷小3岁，直隶府定州（河北定县）人。少有志操，负气节。清顺治进士，授刑部主事，后改湖广道御史，巡按四川。因疏劾吴三桂获罪免死流徙奉天，后迁铁岭。读书讲学于银冈寓所，潜心于义理之学，注周义解古。士人宗之，称为“复阳先生”。郝浴在奉天结识剩人函可，并积极参与到函可所创“冰天诗社”的活动中，和其他诗社成员如陈心简等往来唱和。苗君稷应该就是这一时期结识郝浴的，《焦冥集》中收录有两首与郝浴相关的诗，分别是《赠郝侍御同剩公居南塔》《访复阳郝侍御、剩公遇雪》，前者诗云：

暂憩青骢马，投闲祇树林。
行藏同老衲，冰雪沁雄心。
塔依诸天近，钟闻午夜深。
回思蜀道险，身度几千寻。①

此诗的写作背景是顺治十四年（1657）四月，朝廷置奉天府于盛京陪都，盛京大赦。郝浴遇赦后离开尚阳堡，到盛京拜会正做禅事的函可，与函可共同暂住于南塔。全诗古朴遒劲，铿锵有力，表达了对郝浴遭际的理解与支持。后者诗描述拜访郝浴和剩公函可遇雪的情景，诗人笔下宾主言谈欢愉，流连忘返，以至于不知不觉间，天色欲晚，瑞雪降临的图景，是对平素文友间交往的一次诗意描摹。

四、狂来歌一曲，足自老愚顽

《焦冥集》中还有一类诗文——言志诗。这一类诗最能体现出苗君稷平生的抱负与志向。正如《焦冥集》姜希辙序中所言：“凡触类言情，有不能不藉以明吾之志，故上而君父，幽而鬼神，无不可感通而昭格，盖非以诗言诗而以诗言

①[清]苗君稷著、姜念思校注：《赠郝侍御同剩公居南塔》，选自沈阳历史文化典籍丛书第六辑之《焦冥集》，沈阳出版社2017年版，第13页。

志也。”[①]事实上，对于中国古体诗这一短小精悍、浓缩洗练的文学形式而言，叙事状物并非其所擅长者，而抒情言志才更符合其艺术特质。从这一角度出发，考察诗人的感怀言志作品，才称得上是对诗人内心世界真正的探究。

《焦冥集》共收录苗君稷咏怀诗22首。在22首咏怀诗中共有三首除夕感怀诗，分别是《戊戌除夕有感》（顺治十五年，1658年）、《癸卯除夕感怀》（康熙二年，1663年）、《戊午除夕咏怀》（康熙十七年，1678年），从第一首到第三首，时间跨度长达20年，从三首诗的内容上可以清晰地看到苗君稷对自己流寓辽海大半生的生平遭际的忧愤无奈。如其一首句“每岁当除夕，偏增风木悲”，总括了每到岁末苗君稷都会因想到自己被掳至盛京，背井离乡，不能在父母身前尽孝而悲从中来，而尾句“园花虽寂寞，犹发向南枝”则呼应首句，表达了作者发自内心的思乡之情。其三作于1678年，苗君稷时年58岁，是临近花甲之年的年终感怀之作，也是对自己半生过往的一次总结性回顾与感慨。“欷歔六十春，流光一梭掷”，慨叹光阴似箭，六十年转瞬即逝。“生我排行仲，抚摩时绕膝……爰及稍长时，问事晓顺逆”六句，忆述儿时父母对自己宠爱有加。“弱冠通一经，长杨期射策……歌罢泪纵横，牵衣强自适”九句，痛述家乡罹遭兵患，骨肉分离，对自己不能孝敬高堂深感自责。不过“侥幸隐金门，踈狂讬圣泽”一句，则体现出苗君稷后期对清廷统治态度的转变与认识，这一点在苗君稷后期的诗作中多有反映。

苗君稷所作咏怀诗中，因时令变换有感而作者为数不少，如《甲辰立春感赋》《秋夜有怀》《秋怀二首》等，共有9首之多。孔子指出诗之功能除兴观群怨之外，还可多识于鸟兽草木之名。而识鸟兽草木之名，实际上是指诗人对大自然万物生长、四季变化始终保持敏感丰富的觉察与响应，所以陆机说“遵四时以叹逝，瞻万物而思纷。悲落叶于劲秋，喜柔条于芳春”，正是对孔子诗论的进一步诠释。中国自古以来的诗人，且不论诗文造诣之高下，葆有这样一颗四时敏感之心，却是基本素质。这一点同样反映在苗君稷的诗作中：“不知春又到，唯觉鬓添丝”[②]“不寐千门晓，乡心老大悲……闻钟惊过隙，自顾几人知。”[③]诗人

①[清]苗君稷著、姜念思校注：姜希辙序，选自沈阳历史文化典籍丛书第六辑之《焦冥集》，沈阳出版社2017年版，第7页。

②[清]苗君稷著、姜念思校注：《甲辰立春感赋》，选自沈阳历史文化典籍丛书第六辑之《焦冥集》，沈阳出版社2017年版，第101页。

③[清]苗君稷著、姜念思校注：《元夕感怀》，选自沈阳历史文化典籍丛书第六辑之《焦冥集》，沈阳出版社2017年版，第123页。

有感于四季流转，年华逝去，思乡之情日盛，无奈身老辽海，归乡无望，内心悲凉落寞之情，表露无遗。像这样将自身的喜怒哀乐寄托于流转变换的季节，是中国文人雅士共同的审美诉求。在苗君稷所作的咏怀诗中有两首生日感怀诗，分别为康熙七年（1668）所作《戊申生日咏怀》和康熙十八年（1679）所作《己未生日咏怀》：

戊申生日咏怀①

回首军都问此身，闲过四十九迴春。
独愁兄弟深相忆，不是当时去国人。

己未生日咏怀②

行年六十又知非，白首无成愿已违。
一自垂髫亡怙恃，每逢初度恋庭闱。
石河水咽双桥断，沙涧风寒古木稀。
小筑金门聊寄迹，春明花鸟漫依依。

此二首生日诗写作时间相隔十年，一为49岁生日所作，一为60岁生日所作。从两首诗的内容上看，能够较为明显地看出相隔十年之久，苗君稷内心情感的微妙变化。戊申生日诗，一味渲染离乡经年，碌碌无为，岁月蹉跎之情境；而己未生日诗上半阕虽然仍旧感叹年少离乡，痛失双亲爱护，思乡念亲之情弥久犹炽，但是诗的下半阕却表达了寓居盛京多年，已经基本习惯了异乡的风土，尽管这种习惯当中仍然含有某种无奈，但人生已至耳顺之年，与其对故国家园耿耿于怀，不如面对现实、随遇而安。

苗君稷所作咏怀诗中有数首地理怀古诗，如《广宁感怀》《辽阳怀古》《宁远怀古》等。地理怀古诗是古代诗人非常喜欢的一种诗歌题材，一些著名的诗人都写过一些脍炙人口的怀古诗，如杜甫的《蜀相》，刘禹锡的《西塞山怀古》，杜牧的《赤壁》《泊秦淮》等。怀古诗之所以为历代诗人喜爱，是因为以前朝

①[清]苗君稷著、姜念思校注：《戊申生日咏怀》，选自沈阳历史文化典籍丛书第六辑之《焦冥集》，沈阳出版社2017年版，第160页。

②[清]苗君稷著、姜念思校注：《己未生日咏怀》，选自沈阳历史文化典籍丛书第六辑之《焦冥集》，沈阳出版社2017年版，第268页。

人事为歌咏对象，一方面可以向自己敬仰的前朝人物表达缅怀崇敬之情，这一类如杜甫的《蜀相》；另一方面也可以指斥前代旧事为名行讽刺当下社会之实，达到所谓“借古讽今”之目的。苗君稷生于河北，流徙盛京，一生主要活动地区集中在沈阳、鞍山、北镇，以及数次回河北昌平老家探亲，因此他所创作的怀古诗也集中在这几个地方。如《广宁感怀》便是途经北镇有感而作，诗中以感叹北镇作为古来用兵重地，烽火不断，尾句“但是经过懒词赋，不胜怀古笑封侯”表现出方外人对世俗功名的不屑。《宁远怀古》同样指出辽西重镇兴城常年历经战火洗礼的历史，不过尾联“却思圣代怀柔远，不遣征人永备边”中，称康熙帝为“圣代”，则表现出晚年苗君稷对清朝统治态度的改变，当然，这种思想认识上的变化，来自苗君稷亲眼看到、亲身经历了康熙朝统治者在治理国家方面取得的成效，这也为作为命运多舛的前朝遗民却与当朝官吏保持交往提供了解释。不过作为明遗民改变对清廷看法的当然不只苗君稷一人，即便前文提到的大儒黄宗羲在文章中也称誉康熙帝为“圣天子”[①]。

在全部苗君稷所作咏怀诗中，《咏怀二首》是值得关注的作品。此二首大约作于康熙五年（1666）的诗作，与生日、节俗、游历都无关，而是纯粹的抒怀言志诗，从这一层意义上说，是能够真正反映苗君稷内心世界的作品：

咏怀二首[②]

其一

大隐惭无术，忘机幸有年。
尘随云不杂，情与世相牵。
风落苍松劲，霜侵白发延。
近来心迹静，潇洒一冷然。

其二

善闭日开关，心清知白闲。
安期空炼石，蒋诩不居山。
倚牖窥天运，凌风羡鸟还。

①[清]黄宗羲：《与李郡侯辞乡饮酒大宾书》，选自《南雷文定三集》卷一，第62页。

②[清]苗君稷著、姜念思校注：《咏怀二首》，选自沈阳历史文化典籍丛书第六辑之《焦冥集》，沈阳出版社2017年版，第130－131页。

狂来歌一曲，足自老愚顽。

此二首诗的整体延续性很强，无论从内容上还是气势上，基本上可称是一气呵成之作。其一表达了诗人大隐于金门，身居俗世之中，而能葆有清高洒脱之境界。其二以安期、蒋诩自诩，暗察天机，啸傲寰宇，尽显诗人桀骜狂放的一面。纵观《焦冥集》中所收录言志诗作，包括纪行、交游等题材诗作，抒发描写苗君稷忧伤沉郁、哀叹自身命运者居多，因此，在这样一种总体消沉的基调中，《咏怀二首》给我们展示了焦冥道士不同的一面，或者与忍辱保身、自怨自艾、消极遁世的一面相比，洁身自好、睥睨尘俗、遗世独立才是苗君稷更加真实的一面。

纵观苗君稷的一生，年少罹遭离乱，流寓沈阳数十载，可谓历尽世态炎凉。而能寄身方外，游刃世俗，而得善终者，与其洁身自好，诚挚交友，以诗书涵养性情大有关系。其身后所遗之华章辞彩，亦不啻为沈阳文学史上之宝贵财富。

冰天雪地一剩人——函可

剩人和尚像

①

清朝前期，即顺、康、雍三朝，中原和南方一些文人学士及官员因文字狱及某种政治原因，被清统治者以“免死减等”的罪名流放到沈阳、铁岭、尚阳堡（今开原清河水库地）、宁古塔（今黑龙江宁安市）、卜奎（今齐齐哈尔市）、瑷珲（今黑河市爱辉区）等地，先后多达数百名。其中流放到辽沈地区、有名姓可考的文化流人百名左右。流放，对那些志存高远的文人学士在政治上是一次生死打击，特别是从风光旖旎的南方，骤然被遣送到荒凉困苦的塞北，在生活上陷入难以逾越的困境。然而，这批文化流人在不可言状的逆境中，意志

①图像引自汪宗衍撰：《新编中国名人年谱集成》第20辑，《明末剩人和尚年谱》，台湾商务印书馆1986年版。

弥坚、迎难而上，不忘初心，不废吟诵，谱写了一篇篇意蕴深邃、感人肺腑的诗作，为沈阳乃至东北文学发展和繁荣做出了前无古人的贡献。在众多流人文士中，著述之多、节义之高、影响之大者，首推诗僧函可。他是被清廷流放到沈阳的第一人，堪称流人文士中之佼佼者，其身后留下的丰厚文化遗产，值得学界持续关注和深入研究。

一、出身世家　少年英才

函可，字祖心，号剩人和尚。流放到沈阳后，又自号搕𢶍（厄杂）、罪秃（出家后的名号）。函可一生怀有深深的家国情怀，因文字罹祸被流放，回天无力，壮志难酬，自嘲是活在世上多余的人，是被丢弃在深山中的一块废物，故有“剩人和尚”“搕𢶍和尚”之称。函可俗姓韩，名宗騋，字犹龙，明万历三十九年（1611）十二月初四日，出生于广东惠州府博罗县浮碇冈，今人多称其广东博罗人。博罗韩氏家族，在明朝时累世显赫、诗礼传家。受到良好传统教育的函可，是沐浴着满门书香度过他的青少年时代的。

汪宗衍先生编撰的《明末剩人和尚年谱》首页载有《博罗韩氏世系表》，到宗騋（函可）这一辈计五代人，入《世系表》者共 27 人，其中进士 1 位，举人 10 位，诸生（即秀才）5 位，贡生（于京师国子监读书者）2 位。中国古代奉行“学而优则仕”，由于韩氏一门多读书人，且成绩优异，自然世代都有人在朝中做官，宗騋一系在韩氏家族中尤为显赫。其远祖韩桀明系明宪宗成化二十二年（1486）举人，桐庐县令。高祖韩孟魁，世宗嘉靖七年（1528）举人，官户部主事。祖父韩鸣凤，神宗万历元年（1573）举人，官沅州知州。父亲韩日缵，神宗万历三十五年（1607）进士，官至礼部尚书。仲弟韩宗驎是崇祯十二年（1639）举人。显然，韩氏家族文脉绵绵，是中国封建社会典型的“诗礼簪缨之家”。

在函可的成长过程中，父亲韩日缵对其影响极大。韩日缵，字绪仲，号若海，明万历二十五年（1597）举人第三名，万历三十五年（1607）进士，选翰林院庶吉士，授检讨。按明永乐二年（1404）规定，庶吉士专属翰林院。新考中的进士只有参加翰林院的专门考试，即所说“馆选”，考取后才成为庶吉士。庶吉士要在翰林院继续学习三年，学成后成绩优秀的可留在翰林院内任官，次一等的则充任给事中、御史等官，叫作“散馆”。自英宗天顺以后，又规定非进士不入翰林，非翰林不入内阁。礼部尚书、侍郎皆须由翰林出身。这样，凡由进士经馆选而为庶吉士的人，便被人们视为储相（即未来的宰相）。可见，庶吉士的馆选虽然要晚几年才能授官任职，却处于相当优越的地位。韩日缵考取庶吉士后，经过几年学习和历练，很快迁升翰林院检讨，继之两次充会试同考官，名宦洪承畴、倪元璐、冯元飚、黄道周等皆出其门下。至明熹宗天启四年（1624），晋升礼部右侍郎（礼部的三把手），兼侍读学士，充两朝实录馆副总裁。

明初，朱元璋裁撤中书省后，以六部为最高行政机构，分理国家各项有关事务。其中礼部的职能相当于今天的外交部和教育部，具体分管礼仪、祭祀、封爵、学校、贡举及外蕃朝贡等。礼部设尚书1人、左右侍郎各1人。礼部尚书、侍郎是相当重要的职位，礼部长官要求文化素质甚高的人士充任。当韩日缵官运亨通、执掌要职之时，适逢年少熹宗在位，小皇帝终日痴迷木匠活儿，将朝政交给目不识丁的秉笔太监魏忠贤。魏借皇帝信任之机，勾结内外廷官僚，形成一股操控朝廷的邪恶势力，为维护他们的罪恶统治，利用东厂和锦衣卫两个特务机构钳制百官，排斥异己，使朝廷陷入空前的恐怖之中。为躲避魏忠贤制造的祸端，韩日缵“乃乞官于南，授南京礼部尚书”。原来，明成祖永乐十九年（1421）迁都北京后，北京称京师，改南京为陪都，构成南北两京的规制。南京原有的各机构仍然存在，故日缵得任南京礼部尚书，时在1626年，韩在南京任上七个春秋。

明崇祯六年（1633）韩日缵奉调回到北京，以礼部尚书充任筵讲官、实录馆总裁。此时，熹宗已病死，崇祯作为新皇帝为挽救摇摇欲坠的王朝大厦，将魏忠贤贬谪凤阳，魏畏罪自杀，其班底被定为“逆案”，分别定罪惩处，朝廷危机一时得到缓解，韩日缵就是在此环境下回京履职赴任。次年，实录馆开馆，韩奉旨教习馆员。在此任上，韩呕心沥血、尽职尽责，大展才华。为办好实录馆，编纂好实录，精心制定馆规六款：一曰端心术，二曰习启沃，三曰敦素风，四曰政文体，五曰练经济，六曰养器识。显然，这六条馆规是大手笔，是专家之言。上奏后，“奉旨嘉奖，著为令”。同时，“与诸馆员相切磋，暮归，秉烛修实录，撰次讲章，敷陈旃厦”。由于积劳成疾，于1635年五月十八日卒于京邸，享年58岁。逝后，朝廷追赠其“太子太保”，谥号文恪，遣官护葬回乡，赐祭葬于松柏冈①。

①上引均见汪宗衍撰：《新编中国名人年谱集成》第20辑，《明末剩人和尚年谱》，台湾商务印书馆1986年版。

韩日缵中进士后所任的一系列官职，说明他是位学养深厚、知识广博的官员。韩为官前后，勤奋好学，手不释卷，尤爱古诗文的写作和研究。有《韩文恪公文集》《韩文恪公诗集》传世，还编辑首部《博罗县志》。韩不论官名还是文名，在岭南家喻户晓，与杨起元、叶梦熊二人被誉为“惠州三尚书”。

“虎父无犬子”。韩日缵在北京、南京为官时，宗騋都曾侍奉左右，受到其父耳提面命的教育、耳濡目染的影响是不言而喻的，特别是他本人聪慧过人，酷爱学习，于书无所不读，尤其喜读诗歌。据他的门徒今辨说：宗騋少时就“好吟咏于诗，独喜杜少陵”，稍长后，“天姿英迈，悟门超越，而血性淋漓，不拘小节。与客雄谈快论，则目无古今。时或慷慨高歌，又心悲物类”[①]。从这短短39个字，不难看出宗騋是位“英迈”“血性”“雄谈”“高歌”的英才少年。虽年少，但襟怀大度，行侠仗义，豪爽疏阔。在他16岁那年发生过两件事：一件是，他得知一位贫士蒙冤被投进监狱，贫士认为自己家境贫寒，孤立无援，必死无疑。宗騋知悉后，通过私人关系进行疏通，使贫士冤案昭雪。此事是秘密进行的，事成后宗騋也毫不张扬，贫士出狱后还以为“有司廉断”，许久以后，才“知韩公子所为”。另一件是，一天，宗騋独自一人走出里门，被几位市井小孩拦住纠缠。当时有认识宗騋的人急忙去韩家报告，韩家人赶来，要同这几位小孩经官评理。这时，宗騋立刻阻止说：“彼为弗知，故敢尔。岂有吾辈不能忘人误犯？”[②]意思是说，他们不知道我是谁才敢刁难我，难道我们不能原谅他们不是故意犯的过失吗？小小年纪，如此豁达，实属难能可贵！

一般来说，出身豪门的公子哥自恃显贵，常常不把别人放在眼里。然而，少年宗騋却喜广交朋友。在家乡岭南及侍父于南京时，就与梁朝钟、黎遂球、张穆、顾梦游、邢昉、余怀等名士频频交往，酬唱不断。由于宗騋超凡的才华、豪爽疏阔的性格，外加其尚书公子的身份，于是“声名倾动一时，海内名人以不获交韩长公騋为耻”[③]，是说当时海内名人都以能同宗騋交往感到荣耀，此言虽有一定夸张成分，但至少说明宗騋当时名气很大，文人名士非常希望同他交往。

---

①[清]今辨：《重梓千山和尚语录序》，选自《千山诗集校注》（下册），辽海出版社2007年版，第551页。

②[清]函昰：《千山剩人可和尚塔铭》，选自《千山诗集校注》（上册），辽海出版社2007年版，第1页。

③[清]函昰：《千山剩人可和尚塔铭》，选自《千山诗集校注》（上册），辽海出版社2007年版，第1页。

明熹宗天启六年（1626），宗騄于博罗县考取生员，俗称秀才、相公。在明代，中了秀才就脱离了平民阶层，开始进入统治阶级圈里，见了县太爷可以不下跪，官府也不能随便对他们动用刑罚，成为走上仕途的起点。况且，宗騄秀才还有强大的家庭背景，加之自身才能，可以想见他的仕途会越走越宽，平步青云，大展耀祖报国之志！

二、厌世态　痛改人生轨迹

然而世事无常，韩宗騄考取秀才后，并没有沿着科举阶梯一往直前，进入官署当官为宦，而是走了另一条路，即跳出红尘，皈依佛门，出家当了和尚。如前所述，宗騄“天姿英迈”“目无古今”“雄谈快论”，那么，是什么原因使得性格“豪爽疏阔”的他“斩断三千烦恼丝”遁入空门的呢？

正值韩宗騄英才焕发、名动一时、海内名士争相攀附之时，他高居礼部尚书的父亲韩日缵于崇祯八年（1635）积劳成疾，病逝于京邸。宗騄闻讯后，犹如五雷轰顶，哀毁至极。宗騄师兄函昰描写他当时状态是“奔丧入都，往返万余里，哀毁未尝一日间”[①]。高官显宦子弟，青年丧父者累世不绝，难以计数，但鲜有因丧父就出家当和尚的。看来，宗騄皈依佛门有丧父的原因，但不是唯一原因。据今天看到的资料，主要还有两条。一是《千山剩人和尚语录》卷三中宗騄自己说：先君谢世后，“山僧奔讣途中，便见得人间世半点也靠不得，遂决志向此门中求个下落”[②]。在此宗騄说他在奔丧途中，“见得人间世半点也靠不得”，于是“决志”投向佛门。问题是究竟何事使得他对人间世如此绝望，语录中没有明言，其他资料也未见记载。是怪朝廷靠不住吗？不会。其父死后，朝廷给予很高礼遇，特追赠太子太保，谥号文恪，遣官护丧归乡。笔者认为他父亲死后，当年一些攀附他的势利小人作鸟兽散去，使他门前冷落、形单影孤，乃至有“叫天天不应，叫地地不灵”之切肤之痛。正是这种前后巨大的反差，让宗騄深切体会到世态炎凉，人心凉薄，最终促使他痛下决心，“决

①[清]函昰：《千山剩人可和尚塔铭》，选自《千山诗集校注》（上册），辽海出版社 2007年版，第1页。

②[清]函可著、杨辉校注：《千山剩人和尚语录》卷3，选自《千山诗集校注》（下册），辽海出版社2007年版，第622页。

志”离开红尘投入佛门。此处的分析纯属笔者臆断，并无可资佐证之文献资料，尚有待方家补正。另一个材料是，郝浴《奉天辽阳千山剩人可禅师塔碑铭》曰：宗騋“扶父榇过阊门（今苏州市阊门），堕水鸥没，反眼视黛黑，皆髋然骷髅矣，遂哑然褰裳而去”①。意思是说他扶父榇过苏州阊门时，不慎坠落水塘中，眼中所见的不是鱼翔浅底，而是一具具黑色骷髅，吓得他说不出话来，提着衣服跑掉了。此处郝浴只是记述了宗騋落水所见骇人之状，至于当时宗騋有何感悟却只字未提。笔者认为，“此时无声胜有声”，宗騋见到如此骇人惨状，内心自然是苦不堪言。其实，迢迢旅途之上，所见所闻岂止几具骷髅。由于明朝末期统治腐败，中原大地饿殍塞道，哀鸿遍野，民不聊生。加之天启、崇祯两朝北方连年发生天灾，飞蝗遍地，庄稼颗粒无收。在饥荒的折磨下，甚至有“炊人骨以为薪，煮人肉以为食者”。死者枕藉，臭气熏天，如此惨状，宗騋必然耳闻目睹。1635 年他奔丧北上时，正值李自成统领的农民起义军 13 家 72 营大小首领在“荥阳”开会。会后兵分五路向明王朝发起进攻，焚毁明朝皇帝的祖坟，明朝统治风雨飘摇。宗騋一路上，满目疮痍，加之“人间世半点靠不住”的感受，使他回到博罗后，大肆宣泄，痛不欲生。函昰用十一个字概括：“闭户绝交游，悒悒无生人趣。”②

当时，岭南文人面对明朝岌岌可危的险恶态势，为保持清名志节，纷纷秉持“大道失而求诸禅”的处世哲学，出家进入佛门，似乎一时成为文人志士的主要取向。此种倾向对宗騋影响甚大，促进或加速了他出家为僧的意向。直接影响人是他的朋友曾起莘（1608—1685）。曾起莘字天然，番禺（今广东番禺县）人。明崇祯六年（1633）中举人，出家前为“孝廉”，能诗，著有《瞎堂诗集》。此人好交游，喜谈天下大事。出家前就十分崇敬岭南禅宗领袖道独禅师。宗騋同起莘十分投缘，二人经常在一起纵论天下大事。当二人谈论人生等话题时，起莘常常引用道独禅师的观点。

宗騋扶榇回到博罗老家时，曾起莘正在匡山（今庐山）拜谒道独禅师，待他回到番禺时，宗騋立刻去见起莘。两人一见面，宗騋就急不可待地表示，自己居家吃斋饭已有数月，心意已定，就想“发梵行终吾世矣”。起莘劝阻说：

①[清]郝浴：《奉天辽阳千山剩人可禅师塔碑铭》，选自《千山诗集校注》（上册），辽海出版社2007年，第1页。

②[清]函昰：《千山剩人可和尚塔铭》，选自《千山诗集校注》（上册），辽海出版社2007年版，第2页。

那些白莲社的男居士在家中修行，你怎么能“区区属望耶”？[①]第一天没谈成，第二天又找起莘恳谈，再次表达出家心意已定，遂邀请起莘来博罗。起莘到后住止园（又称祇树园）。此时，金堡道人亦隐于止园，三人共处一园两个月，相谈甚欢。

崇祯十一年（1638），道独禅师来广州，住东官（今广东东莞市）双林寺，宗騋和起莘一起谒见道独禅师。道独，字宗宝，法号空隐，俗家南海陆氏，为南派禅宗曹洞宗三十二传法嗣，岭南文人名士多受戒于道独名下。宗騋拜谒道独禅师后，问其佛学诸识义。谈话间，道独禅师要宗騋“参赵州无字”，宗騋答曰：“道有道无老作精，黄金如玉酒如渑。门前便是长安路，莫向西湖觅水程。”道独听后高兴地说：“得子不疑，吾宗振矣。”[②]翌年，即崇祯十二年（1639），宗騋跟随道独禅师赴匡山，路过曹溪（位于韶州府城东南）拜谒禅宗六祖慧能（638—713）大师当年修行的南华寺，并于六月十八日于舟中剃发，受戒出家。按道独制定的世偈“道函今古传心法”之序，取名“函可”，字祖心，号剩人，时年29岁。自此，宗騋正式进入佛门，做了和尚，成为剩人禅师。

函可自崇祯九年（1636）有出家为僧之意，到崇祯十二年（1639）六月，正式皈依佛门，中经三个春秋。此期间，虽口说要出家，但在内心还是苦苦挣扎，难于做出抉择。很显然，若削发为僧，将舍掉大好前程，舍弃奢华浮艳的世俗生活，舍掉那些交游唱和的朋友，住进清冷肃寂的庙堂，伴着青灯过苦行僧的生活，这对一个曾经富贵加身、友人簇拥的贵公子而言谈何容易。然而，面对腐败无能、摇摇欲坠的明王朝，他报国无门，加之老父谢世后，函可倍感世态炎凉，经反复探寻，“知道世间更无有第二条路”可走。正是在这种“万不得已”、万念俱灰的情况下，决计向佛门“拼身拼命”！关于为何出家当和尚，函可在沈阳向僧众开法时说得很清楚：“山僧为儒时，虽不敢诋，亦尝易视之，以为是藏愚守拙之地。后来遇我和尚睁开眼孔，方知道世间更无有第二条路。万不得已将世间极难舍者舍之，极难行者行之，拼此身命求个着落”；“假使世间除却作佛，更别有可作，山僧又何必舍难舍，行难行，决定向此门中拼身拼命

①[清]函是：《千山剩人可和尚塔铭》，选自《千山诗集校注》（上册），辽海出版社 2007年版，第2页。

②[清]函是：《千山剩人可和尚塔铭》，选自《千山诗集校注》（上册），辽海出版社 2007年版，第2页。

耶？”[1]此一番话虽出自函可一人之口，却代表了明末清初皈依空门文人学士的共同心声。就连曾起莘拉他进入道独门下时也并没有削发为僧，而是在函可为僧后的第二年，即崇祯十三年（1640），函可住匡山归宗寺，此时曾起莘才礼道独，削发受戒于匡山归宗寺，法名函昰，字丽中，别号天然，后为道独第一法嗣，曹洞宗第三十四代传人，确定函可为道独第二法嗣。这些足以说明许多文士为寻找精神寄托，无奈而皈依佛门。正因为这样，即便他们踏入佛门后，也很难做到真正的“六根难净”，仍然时时关注、牵挂红尘间事，其中函可就是典型代表。

三、因文字遭灾

函可出家后的第二年，即1640年住匡山归宗寺，届时攀上金轮峰，进入古松堂（均在庐山）。次年，跟随道独禅师和函昰师兄还罗浮（今广西东兴县东）华首台，任都寺（寺院中统管总务的执事僧）。清顺治元年（1644），函可于广州城东黄华塘创建“不是庵”，作为静修之所。在他静心修行之时，李自成起义军攻陷北京，崇祯帝吊死万寿山（今景山，又称煤山），统治中国276年的大明王朝宣告灭亡。噩耗传来，对函可打击甚大，其“悲恸”之情还没消除之时，母亲车太夫人于八月病逝，使函可更加悲痛不已，“立解条衣，披麻泣血以葬之”。然而就在函可沉浸在巨大的悲痛中时，一则消息令他为之一振。即明神宗的亲孙福王朱由崧逃至南京，利用明在陪都的老班府，在南方建立第一个南明政权，因取年号弘光，故称弘光政权。函可闻讯后，虽不及“漫卷诗书喜欲狂”，但也是高兴之至，即刻收拾行囊，于同年十二月以请藏经为名搭坐官舟北上。翌年正月到达南京，住在好友顾梦游家中。他到南京后，所看到的弘光政权，不是朝野一心，重振朝纲，收拾旧山河的壮丽景象，而是在阉党马士英、阮大铖操控下，以复兴为名，贪婪腐败，大肆搜刮，卖官鬻爵。弘光帝置国事不闻不问，终日躲在深宫纵情声色，“饮醇酒，选淑女”。为幻想清兵停止南侵，不惜派一个使团，带上10万两白银、1000两黄金、1万匹缎绢，向清朝乞求议和。清王朝为一统天下，拒绝了弘光朝的和议，在打败大顺军之

①[清]函可著、杨辉校注：《千山剩人和尚语录》卷5，选自《千山诗集校注》（下册），辽海出版社2007年版，第658页。

后，便进攻弘光政权。清兵攻破扬州后，明廷防守长江的将领逃之夭夭，清军五月十六日攻进南京城，弘光帝已于五月十一日仓皇出逃，后被俘斩首。弘光政权再变，被清所取代，前后仅一年时间。亲身经历了弘光政权从建立到覆亡的全过程，耳闻目睹了清军攻打南京的血腥经过，以及南明志士为抗击清军而捐躯的英勇事迹，函可怀着无比失望和震动的心情，将所见所闻撰成一部私史，命名为《再变记》。

因战事阻隔，函可数次欲南归而不能。到顺治四年（1647）春，去往南方的道路可以通行了，函可便准备返回广东。朋友们闻讯后，纷纷赋诗抒发惜别之意。顾梦游诗云：

一春风雨愁中去，春去还添送别愁。
心事两年同下泪，莺声明月独凭楼。
舟车已断寻前路，城郭重归失旧游。
祇恐经台也荒草，吾庐何不且淹留。

余怀诗曰：

万里孤云返故关，一帆春草渡江湾。
几年浪迹干戈里，何处藏身瓢笠间。
愁听笳声吹白日，苦留诗卷伴青山。
罗浮此去非吾土，须把篷茅手自删。[①]

由于此去前途未卜，除去“春去还添送别愁”“城郭重归失旧游”的惜别之情外，更让友人担心的是“罗浮此去非吾土”“万里孤云返故关”，深恐将来难以相见。

世事难料，常常是怕什么就来什么。函可经过一番准备于同年十月从南京动身，刚行至南京城门就遭到横祸。原来，函可为了保证旅途顺利，特从招抚江南大学士洪承畴处办了个“印牌”，类似通行证。行至南京城门，守卫并不介意印牌，照样检查函可所携箧笥，从中翻出《再变记》及《福王答阮大铖书》。守门者认为这是“逆书”，不容函可分辩，当即将其师徒押送到江宁驻防提督巴山帅府。巴山得知原委后，如获至宝，因他同洪承畴不睦，欲通过此案挖出

①汪宗衍撰：《新编中国名人年谱集成》第20辑，《明末剩人和尚年谱》，台湾商务印书馆 1986年版，第15页。

函可同党，更欲借此案获取攻击洪承畴的口实。于是下令严加拷问，办案人心领神会，对函可师徒严刑拷打，“拷掠至数百”，但函可宁死不屈，始终咬定“某一人自为”“夹木再折无二语”。更甚者，办案者将其押送二十里外“发营候鞫”，函可“项铁至三绕，两足重伤，走二十里如平时”，沿街百姓目睹者，“悉含涕不敢发一语”①。面对将生死置之度外的函可师徒，巴山亦无计可施。

洪承畴知道函可遭遇后，不露声色，将原给和尚牌文及书帖送内院，乞敕部察议。同时说明他同函可有“世谊”，因徇私发给印牌，请求“革职”处分。朝廷鉴于洪奉使江南，“劳绩可嘉”，没有追究洪的责任，同时下旨将函可师徒械送京师，下刑部狱。按刑部初制，“坐以妖言律，弃市”。而结果免于死罪，遣送盛京沈阳慈恩寺焚修。

这一次函可真的是鬼门关前走了一遭。而最终能够免遭灭顶之灾，应是摄政王多尔衮从中运筹的结果。为调动洪承畴效力朝廷的积极性，而从轻发落函可，既给足了洪的面子，同时将函可流放到苦寒之地修行，也算堵住了巴山的嘴巴。当然，将函可流放还有更深一层意义，即杀一儆百，以此震慑那些不满清朝统治的文士，小心文字狱。

四、弘扬佛法

经过几个月的长途跋涉，函可于顺治五年（1648）四月二十日抵达盛京沈阳。由于朝廷事先有旨，故函可到沈后，便直接到慈恩寺修行。慈恩寺位于今沈阳德胜门（大南门）外大河沿边，创建于后金天聪二年（1628），后因损坏，到顺治元年（1644）众人捐资重修。重修过的慈恩寺有正殿5间、两廊10间，还有山门、韦驮殿等建筑。函可住进慈恩寺时当是该寺重修后不久，虽然建筑物十分宏伟，风景又很奇特，但僧众生活非常清苦，即便是难以下咽的高粱米，有时还是上顿不接下顿。为生存，函可不得不“托钵乞食”。时而“飘飘无定止，处处得安居”，时而“得饱良不易”“往往饱欲死”。这种饱一顿、饥一顿的化缘生活，极大地摧残了函可的身体，最终“腹病由此起”，患了胃病。这位当年赫赫有名的岭南公子哥，在南京受酷刑时，“血淋没趾无二语”，而在托

①汪宗衍撰：《新编中国名人年谱集成》第20辑，《明末剩人和尚年谱》，台湾商务印书馆1986年版，第15页。

钵化缘时却沉吟："从今托钵向何门"，"举头多局促，那(挪)步独踌躇"，"逢人强笑谑，暗地足唏嘘"[①]。可见，函可在讨饭的时候，不仅求讨无门，食不饱腹，更痛苦的是精神饱受折磨。函可是在春末夏初到沈阳的，没有御寒衣物，当寒冬到来时，他仍穿着在南京受刑时穿的衣服，冰天雪地，寒冷刺骨，幸有好心的同行及南方来的朋友全力接济，总算没有被严寒夺去生命。就这样，函可在饥寒交迫中于慈恩寺生活了近一年时间。

函可到沈阳后的第二年转至广慈寺（又称南塔），这是皇家寺院，僧众衣食由皇家供寄。因此，生存条件略好于慈恩寺。虽然穿的是"多年烂布纳"，吃的高粱米饭，还要"挑水烧锅"，但能填饱肚子。他自己风趣地描述说：早餐，"高粱米饭连汤搅""两个钵头撑肚饱"；中餐时，"斋堂板响群僧聚，纷纷大酱蘸生茄"；晚餐时，"炒面筋，煮白米，檀越（施主）相邀心便喜"。由于三餐有了基本保证，不用为乞食烦恼，到了晚上"……烂绵布被连头盖。有时一觉到天明"[②]。

函可在广慈寺修行一年后，约于顺治七年（1650）又住进普济寺。该寺位于沈阳小南门外风雨坛，此寺规模壮观，且内藏《大藏经》。由于函可来沈时日渐多，又接连住进几家寺院，接触的僧俗也日渐增多，函可的"节义学问"在各层次的僧俗中引起广泛关注，于是出现了请他讲佛和向他学佛的客观形势。函可在饥寒交迫、蒙冤受屈的困境中没有沉沦，没有颓废，仍振作精神，砥砺前行，将他深厚的佛学理论和知识贡献给了当时辽沈佛学界。关于函可弘扬佛学的情形，郝浴、函昰所撰剩人《碑铭》中有概要且记载生动，综合两篇《碑铭》相关文字，其情形大致如下：函可入慈恩寺不久，南塔老喇嘛"吾上人"恭请函可到普济寺阅《大藏经》，同时请其向僧众讲解《楞严》《圆觉》两部佛经，结果听众"四辈皆倾"，即在座的男女出家人及男女居士听到函可精彩演讲都为之倾倒。

函可首讲成功，引起轰动效应。沈阳各大寺院"掌教"纷纷邀请函可到本寺讲法。于是，函可忙起来了，他自普济寺后，于广慈、大宁、永安、慈航、接引、向阳七大寺刹依次宣讲佛法，凡"七坐道场"，听众"如河鱼怒上"，每场听者"五七百众"。这些赞美之词若不是铭刻在塔碑上，令人难以置信。

①[清]函可著、杨辉校注：《千山诗集校注》（上册）卷8，卷11，卷4，辽海出版社 2007年版。

②[清]函可著、杨辉校注：《十二时歌》，选自《千山诗集校注》（下册）《千山剩人和尚语录》卷6，辽海出版社2007年版，第697-698页。

问题是函可讲的是什么，又为何赢得如此效果呢？郝、函所撰碑铭因文体和文字量限制，未做展开说明。但可喜的是从《千山剩人和尚语录》中能找到宝贵的答案。

函可生前曾将自己开法说辞辑为《千山剩人禅师语录》二卷，于顺治十一年（1654）刊行。函可圆寂后，又由今辨和尚等进行增补，名曰《千山剩人和尚语录》（以下简称《语录》），凡6卷6万余言，于康熙二十九年（1690）刊行。该《语录》简单说就是函可向僧众授经说法的记录。虽然卷帙不宏，但内涵非常丰富，充分表达了其佛学理论和思想，还生动地展现了函可精彩风趣的讲法风格。

函可讲法成功的关键是主讲禅宗。由于明朝初年重视佛教的传播，各佛教宗派如禅宗、净土、天台、贤首、律宗等竞相发展，至明中叶后，天台、贤首等诸宗渐渐衰息，而禅宗颇为盛行。禅宗不立文字，专指心源。禅宗创始人慧能（638—713）大师，认为佛既不在彼岸，也不在此岸，就在人的心中。心中之佛，才是真佛，才会为人所用。慧能进而认为，修行者想成佛，不必选择外求的路向，在“心”上下功夫即可。慧能还认为，众生都有“佛性”，只要领悟此点，人人都可以成佛，特别是不用累世修行，也不需要布施大量财物，即可“顿悟成佛”。如何能“顿悟”，关键要做好“禅定”即修行者“静坐敛心”“专注一境”，久之达到身心“轻安”、观照“明净”的状态。

慧能大师以“见性成佛”为宗旨，提倡不立文字，弘扬“顿悟”禅宗教义，为禅宗制定了理论框架和思想基础。他身后多位禅宗大师弘扬不辍。到憨山禅师（1546—1623）时尤大力弘扬禅宗，力倡“儒佛合一”。此观点大大拉近了僧俗之间的距离，更加增强了岭南文士对佛教的兴趣。聪明过人的函可经多年研修，对禅宗宗旨深谙娴熟，笃信不疑，完全融入自己的讲法中。由于禅宗颇具人性化的教旨，特别是讲到能否成佛，强调众生平等，没有高低贵贱之分。此教旨不仅适应精英层的口味，也适应社会下层的诉求，所以为函可开法成功奠定了基础性前提。

然而，任何宗教派别的经文都是艰涩、枯燥的，禅宗经文也不例外。那么，函可演讲为什么能吸引僧众呢？细品《语录》内容，可发现函可开法时，有精妙的讲经艺术，即不是背诵枯燥的经文，而是用平实、通俗的语言，讲解他所要讲的经文。特别是不就经文注经文，而是针对僧众存在的“活思想”，将自己摆进去，有理有据地娓娓道来。《语录》卷五《普说》篇颇有代表性。比如，针对一些出家人担心“作佛不成，反被他人耻笑”而“虑得虑失”“屡进屡退”的现象，函可打个比喻进行规劝：“譬如人家生个孩子决定与他乳吃，难道怕人耻笑道者个才出胞胎底孩子，知他后来长得成长不成，便索性不与他乳吃不成？又如学堂里学生，决定教他读书。难道怕人耻笑道者几个学生知他后来中得中不得，便索性不教他不成？”针对一些出家人急于成佛的心态，函可比喻说：“世间百工技艺也无有一日二日学得底，何况作佛，最尊最大一件事。譬如种稻最易，见功也须春耕夏耘而后秋收有望。宁有今日下种明日收割之理？”针对两种现象，函可的结论是：“汝但辨一片决定心，长久心，切不得怕人耻笑，不得要求速效”，“诸兄弟只恁作去，不愁不成”。

函可讲法时不是一言堂，常伴有互动环节。如《普说》篇记载，函可说法中间，李居士插话问和尚：“历来士大夫学道多不得力，病在何处？”对此问，函可滔滔不绝回答了好多话，道出许多病因，其中两点说得非常恳切：一是“要学此道必须发个狠毒，将无始来一点习气，千难割万难割处，痛下一刀，如破竹头一节，节节皆破，一切缠缚不得”。另一影响士大夫学道的原因，是将儒、佛对立起来，即“真儒不必为佛，真佛不必为儒”。针对此函可明确主张：“但为真儒，即为真佛。必为真佛，始为真儒。文章、风节、学问、经济，无不在此”，“倘其半信半疑欲前且却，则并无病痛之可指，至如阴窃先哲之绪余，假张学道之旗帜，招罗少俊私立朋党，以致荆棘丛生，戈矛互起，国家之败蔑不由之是，又无药可疗，无方可治”。函可开法互动环节，效果甚好，李居士听后思想包袱解开了，“不觉唏嘘涕下，命笔纪之。以为士大夫学道者鉴”①。

函可开法过程中，又一可贵之处不是空疏说儒谈禅，而是在说教之外身体力行，为僧众做言行表率。函可阐释儒学核心“仁”时，调子很高，认为“仁者人也，非人外别有能谓仁”，“皇天无二道，圣人无二心，何止六经皆仁注脚，三藏十二部亦仁注脚也。何也？非此则断断不可谓人，非此则断断无别有可以为人之道”②。函可将学仁做好人作为自己最高的价值观，作为自己毕生的追求。所以，开法时向僧众信誓旦旦地说：“罪秃之心不过求所以为人，庶几无愧吾亲，无愧于吾君，即无愧于孔孟，即无愧于佛祖。”本来，是为僧众讲佛经，应大讲

①[清]函可著、杨辉校注：《普说》，选自《千山诗集校注》（下册）《千山剩人和尚语录》卷5，辽海出版社2007年版，第659-669页。

②[清]函可著、杨辉校注：《普说》，选自《千山诗集校注》（下册）《千山剩人和尚语录》卷5，辽海出版社2007年版，第659-669页。

佛教教义、戒律、经典等，而函可常常把话锋转到儒学上，而且再三强调不学儒就难学佛，不“欲仁”就难“为人”。一般意义上说，调子如此之高，内容又如此空疏，很难让受众信服，很难不使听者厌烦。可是结果恰恰相反，函可讲佛受到极大欢迎，“四辈皆倾”，究其原因这同函可说到做到、身体力行关系甚大。一年，盛京城从春天至夏季久旱不雨，城市外发生瘟疫，患者头痛腹胀、忽冷忽热、上吐下泻，几乎每天都有死于瘟疫者被送至城外掩埋，由此城中百姓惊恐万状，人们不敢出门，搞得大街小巷一片萧条。函可和尚见此情景，情急之下，大爱之心油然而生，他不辞辛苦，带领僧人奔赴盛京郊外东山嘴，采集马齿、霍香草等中草药材，经过加工煎制后，挨门挨户施送。有些患者持怀疑态度，函可等托言“观世音菩萨送来的救命草”，耐心劝人饮用。结果许多患者转危为安，全城瘟疫传播得到有效控制。这件轰动盛京城内外的大事，为函可倡导的“学仁”“为人”等说辞提升了公信力，更为他成功传法推波助澜。

函可和尚的《语录》是部内涵丰富的佛学著作，也是他开法传教的生动记录，在辽沈佛教史乃至中国佛教史上有着举足轻重的地位，深入研究《语录》，对我们全面认识函可有着重要意义。由于函可成功开法传经扭转了辽沈僧众只知礼佛而不知佛法的局面，奠定了函可和尚辽沈乃至东北佛教禅宗传播鼻祖的地位。

五、结社

函可和尚因撰写《再变记》触犯了清朝文字狱，饱受皮肉之苦，还险些被弃市，即使保住了性命，终究还是从四季如春的南方被流放到“冰天雪窖”的北方，戴罪修行。可以说有如此惨烈的遭遇，正是拜文字所赐，而函可在度过劫波之后，又是如何对待文字的呢？函可友人桐城人方文劝他说：“自昔书皆废，从今口莫开。”就连监管他的满人妇女张氏，在函可师徒被押解北上时，都真心劝慰道：“师出万死几不生，不择于字，其祸至此。师生无论好字丑字，毋更著笔。”[①]想必当时有此心肠者不会是少数。俗语说“一朝遭蛇咬，十年怕井绳”，但对函可和尚不管用。国破家亡，九死一生，不仅没有摧毁他的意志，反而使其斗志更坚，创作欲更“狂”。可以说，悲惨遭遇成为他奋笔高歌

①汪宗衍撰：《新编中国名人年谱集成》第20辑，《明末剩人和尚年谱》，台湾商务印书馆 1986年版，第15页。

的不懈动力。在《解嘲》一诗中尽显他高于常人之处：“莫笑孤僧老更狂，平生奇遇一天霜。不因李白重遭谪，那得题诗到夜郎？”[①]后又咏了一首姊妹篇：“白日歌声满大荒，于今斯道属辽阳。翻嫌李白归来早，不得长吟向夜郎。”[②]在函可眼中，李白被贬至偏僻的夜郎，满腔忧愤激励他吟诵出许多壮美诗篇，如果不是提前被赦，应该还会吟出更多关于夜郎的诗作。函可如此言行，是不是真的在自我解嘲、自我精神安慰呢？非也。这是一名意志如铁的大丈夫面对清王朝血腥统治发出的呐喊！在南京被残酷审讯时，“夹木再折”，“血淋没趾”，仍宁死不屈，“屹立如山”的铮铮男儿，怎么会就此搁笔投降？对于早已向佛门“拼身拼命”的函可和尚而言，生死二字亦早已置之度外。“自笑出家余习在”、“破帽长歌《正气篇》”[③]，事实上，就像他的诗歌创作从来没有停止过一样，这些发自函可心灵深处的呐喊也从来没有停止过。

函可居金陵期间，已经是名气很大的“诗僧”，他在写作《再变记》的同时，还创作了许多诗篇。仅收入《千山诗集补遗》卷中的“七言律”就多达31篇，另外《千山诗集》卷九中还有十余首也是他在金陵时创作的。被遣送沈阳的途中，早爱不变，初心不改，每到一处都有诗作。从北京出发前夕，作《初释别同难诸子》；离开京城时，吟诵《初发》五言律；行至今河北卢龙县时，逢旧时孤竹园，作《至永平》；到山海关时，作《宿山海关》。以上四首五言律诗，主要抒发诗僧离情别意，首先告诉“同难诸子”“终岁愁连苦，生离且莫哀”，接着诉说途中的心情“计日边城近，伤心故国赊”，“故人从此尽，秃鬓自今斑”，待出关时，慨叹“乡书万里绝，鼓角五更酸。敢望能生入，回头仔细看”。体味这四首诗，主要抒发内心感受，并未谈及自身牵涉的案子。至于“佛道千秋重，汤仁一面开”[④]，“低头思二士，一望首阳山”等句，不过是讲佛道重要的同时，赞扬商汤灭掉无道的夏桀王，开创商王朝。到永平过首阳山，想起不食周粟饿死的伯夷、叔齐。从这些写实性诗句可以看出，在押解赴沈的路上，诗僧的创作还是较为谨慎的。

---

①[清]函可著、杨辉校注：《解嘲》，选自《千山诗集校注》（下册）卷15，辽海出版社2007年版，第404页。

②[清]函可著、杨辉校注：《寄江南诸同社四首》，选自《千山诗集校注》（下册）卷15，辽海出版社2007年版，第414页。

③[清]函可著、杨辉校注：《辛卯生日》，选自《千山诗集校注》（上册）卷10，辽海出版社2007年版，第265页。

④[清]函可著、杨辉校注：《辛卯生日》，选自《千山诗集校注》（上册）卷6，辽海出版社2007年版，第119-120页。

顺治五年（1648）四月二十八日，函可进入沈阳，立吟《初至沈阳》：

开眼见城郭，人言是旧都。
牛车仍杂沓，人屋半荒芜。
幸有千家在，何妨一钵孤。
但令舒杖屦，到此亦良图。[①]

直观此诗是写实。清顺治元年（1644），沈阳乃至辽东八旗官兵及广大民众“从龙入关”后，沈阳等地人烟稀少，城市萧条，所以说函可写的是事实。然而仔细体味诗文字里行间，似乎隐约可以听到诗人的发问：难道眼前这个“牛车杂沓”“人屋荒芜”的城市就是传说中清廷的旧都吗？透过文字我们似乎可以看到浮现在函可和尚嘴角的一丝带有嘲讽意味的微笑。到沈后“奉旨焚修慈恩寺”，一入慈恩寺，就高吟：“幸无牛马后，仍许见浮屠。礼佛欢如旧，逢僧笑尽呼。”刚刚感到一丝安慰的诗僧，面对“高粱恣啖嚼，土塌任蹁跌”[②]的现实，旋即陷入无语。

从上述可以看出，函可虽因文字而罹祸，但心中并无余悸，依然是走到哪写到哪，见什么写什么。在慈恩寺及其他各寺，当地管理机关监督渐渐宽松下来，函可创作欲与日俱增。在“拈锤竖佛”之余，笔耕不辍，一篇接一篇写作诗歌。一位大僧见状好言相劝：“师胡为乎来，祸根慎不速锄，乃复滋其苗耶。”大僧见函可只轻描淡写地“唯唯”两声，很生气，便厉声呵斥道：“吾侪自有来业，贝叶（贝叶经）之弗翻，木槵（即菩提子）之弗数，而安事此毛锥（毛笔）为。”[③]僧人见函可专心作诗，便呵斥其“不顾正业”。不过函可被训斥后，似乎不以为意。弟子今羞见状，也担心师父写诗会惹来麻烦，劝其不要再写了。函可听后从容对弟子说：“而不见夫黑毛而长耳者乎？虽霜雪在背，鞭策在后，而犹不禁振鬣而鸣也，剩人之为诗，亦若是而已矣。”[④]函可以黑毛长耳的骏马自喻，表明自己

①[清]函可著、杨辉校注：《初至沈阳》，选自《千山诗集校注》（上册）卷6，辽海出版社2007年版，第121页。

②[清]函可著、杨辉校注：《初入慈恩寺》，选自《千山诗集校注》（上册）卷6，辽海出版社2007年版，第121页。

③汪宗衍撰：《新编中国名人年谱集成》第20辑，《明末剩人和尚年谱》，台湾商务印书馆1986年版，第34页。

④[清]函可著、杨辉校注：《初入慈恩寺》，选自《千山诗集校注》（上册）卷6，辽海出版社2007年版，第121页。

写诗，就如同骏马“振鬣而鸣”，是天性使然，别人是干涉不了的。

函可作诗内容不拘一格，创作了大量反映清王朝统治下人民的苦难生活以及鞭笞残暴的清廷统治者的现实主义作品。但他清醒地知道，他痛斥的对象太强大，仅靠他一支笔、一张嘴是远远不够的，只有组织起命运相通的流人一同战斗，才能够力量倍增。原来，在函可被流放沈阳之后，因各种罪名被流放到沈阳乃至东北的流人越来越多，其中不乏学识丰富的文人志士。诸如，原四川巡抚郝浴因参劾吴三桂，先谪沈阳，后徙铁岭；原明吏部郎中左懋泰“为仇家所讦”，举家被流放铁岭；原弘文院大学士陈之遴因贿结内监举家被流放沈阳。还有才能出众的李呈祥、季开生、戴国士等。尽管他们被流放的罪名不同，但大都怀有仇清情结。共同的命运将他们紧紧连在一起，相互往来，遥相唱和，“凭柔翰以消忧，托长歌而申恨”①，即借咏诗发泄思乡离愁及悲苦遭遇。在频繁的交往中，函可和尚凭“节义文章”赢得流人推崇，特别是被奉为辽沈文坛泰斗的左懋泰对函可赞赏有加，对其声望的提高作用甚大。

左懋泰，明崇祯朝进士，官至吏部郎中。清兵入关后，他避而不降，遂于顺治六年（1649）举家数百口被流放铁岭。左懋泰工诗善文，常与友人唱和，多有佳作问世。函可除钦佩他的诗文才能，对其反清斗志更为崇敬，赋诗赞其为“塞外高松”“东海大老”②。顺治七年（1650）十一月二十七日，适逢左懋泰55岁诞辰，函可借此良机，邀请了辽沈地区文化流人33人聚集沈阳，为左懋泰祝寿。他率先咏诗祝贺，并倡议成立“冰天社”（后多称“冰天诗社”），其提议立即得到左懋泰和与会者一致赞同。此次集合，得诗32首。七天之后，即十二月初四日为函可39岁生日，由左懋泰出面，召集诗社众人为函可祝寿，到会者相互唱和，场面热烈，共得诗54首。前后两次集会共得诗86首，全部收入《千山诗集》卷20“冰天社诗”中。

函可为什么要借祝寿之机成立“冰天诗社”呢？在祝寿宴上他没有明说，但在《冰天诗社诗·序》中明确道出玄机：“尽东西南北之冰魂，洒古往今来之热血”，“聊借雪窖之余生，用续东林之胜事”③，即要把来自四方八面的“冰

①[清]吴兆骞撰：《秋笳集杂著》卷八《孙赤崖诗序》，http://www.bookinlife.net/book-16700-viewpic.html#page=67。

②[清]函可著、杨辉校注：《搕擂》，选自《千山诗集校注》（下册）卷20，辽海出版社2007年版，第499页。

③[清]函可著、杨辉校注：《冰天诗社诗·序》，选自《千山诗集校注》（下册）卷20，辽海出版社2007年版，第497页。

魂”“热血”凝聚在一起，继承和发扬东林党[①]的“胜事”。函可倡导成立冰天诗社，就是要效仿东林党，以诗社为中心，形成对抗当局的重地，从而获得斗争的胜利。

函可组建的冰天诗社是沈阳乃至东北第一个文人结社，诗社加强了流人间的沟通和联系，更激发了各自的创作热情，从而对沈阳及东北文化的发展和繁荣起到了重大促进作用。通过此举，函可名声更大，威望更高，越来越多的文人学士自觉靠拢在函可周围，日渐成为诗坛密友乃至莫逆之交。诗社成立后的第四年，即顺治十一年（1654），四川巡抚郝浴因参劾吴三桂被贬谪沈阳。到沈不久，就闻知函可大名，特来拜见函可。关于两人初次见面的情形，郝浴这样描写：“甲午九月，浴始得见师于高丽馆。海口钟发，眸子电烂，一接谈彻三昼夜，粹白潇洒，不闻只字落禅。”[②]这一段文字描述了函可的外貌，声音洪亮，目光如炬，风度高雅，谈吐不俗，给郝浴留下深刻印象。关于诗社社友间唱和交往的情形，郝浴在其诗作中亦有提及，如《同陈心简看月》（其一）云：“四更天不夜，满眼月分明。尽撒银河影，独悬潮海声。疏钟一度落，白发几根生。妒杀南征雁，双双片羽横。”[③]饶有兴趣的是，在另一组诗《暮春过酒垆取醉》五首的序文中，郝浴对此次与陈心简看月的背景情况进行了简要叙述：“癸丑春二十九……忽忆剩人在日，愚与陈心简夜宿奉天普济院，看月吟诗至四更不寐。是年己未，距今十有九年矣，时寺僧厌其恶声、闻群犬夜吠，皆嗤为狂。”[④]这一段文字记述了当年郝浴与陈心简（陈名夏长子）同宿普济院，赏月吟诗，因声音大，引起寺内群犬夜吠，遭到寺僧呵斥的一段逸事。由上文可见，当时

①明吏部文选郎中顾宪成因忤神宗意旨，被罢官回老家无锡。回家后，顾宪成同他的弟弟顾允成及高攀龙、钱一本等志同道合的朋友在无锡城中东林书院讲学。在讲学之余，一道讽议时政、臧否人物、自负气节，同当局相对抗。他们的言行，得到退处林野的士大夫、不满现实的知识分子及朝中部分官员大力支持并遥相呼应，使东林书院成为当时社会舆论中心，反对派将他们称为“东林党”。以魏忠贤为首的阉党祸乱朝纲之时，东林党冒死上疏，交章弹劾，招致阉党疯狂报复。到崇祯帝继位时，东林党人借阉党失去靠山之机，纷纷上疏弹劾，结果使魏忠贤被贬谪凤阳，畏罪自杀，遭受迫害的东林党官员恢复名誉。

②[清]郝浴：《奉天辽阳千山剩人可禅师塔碑铭》，选自《千山诗集校注》（上册），辽海出版社2007年版，第3页。

③[清]郝浴撰：《同陈心简看月》二首，选自《中山诗钞》卷之二，http：//www.guoxuemi.com/gjzx/910258kdyz/95713/。

④[清]郝浴撰：《暮春过酒垆取醉》五首序，选自《中山诗钞》卷之二，http：//www.guoxuemi.com/gjzx/910258kdyz/95713/。

冰天诗社社友间相互唱和的场面是何等的激情四射。像这样，冰天诗社的社友们围绕在函可的身边，以极大的热情和乐观主义精神，为冰天雪地的辽海诗坛谱写出繁花似锦的春天。

艰苦的流放生活，创作诗歌成为友人间的精神食粮，成为彼此交流的重要媒介。尤为可叹者，诗文甚至成了彼此见面赠送的礼品。如函可诗言："入门先索袖中诗，未出还疑句过奇。"[①] 由于诗社社员如痴如醉的吟诗作赋，多人有丰硕成果传世。诸如左懋泰《徂东集》、李呈祥《东村集》、陈之遴《浮云集》、丁澎《扶荔堂诗文集》《扶荔堂词》等。当然，众人之中佼佼者还数函可，他视"诗句真同续命丹"。到沈阳后，勤奋创作，未曾有一刻停歇，即使卧病在床，仍吟诵不止。顺治十四年（1657）腊月初一，大雪纷飞，47岁的函可抱病卧床，还《病中口占》："已近予生日，弥天大雪飞。年年惟抱病，泪湿破僧衣。"侍者看他生病，劝他"罢吟"。函可听了侍者的话后，这次不是用"唯唯"应付，而是写诗代答，诉其衷肠："我死终无恨，我生良独艰。不因频得句，何以破愁颜？"[②] 此诗言简意赅，通透明了，寓意深邃，读来让人心痛。正所谓"死去元知万事空"，死亡何尝不是一种解脱，但活在世上，一想起生气勃勃的韩氏家族，想起当年风靡江南的韩公子，想起花开四季的故乡山水，再看看现在孑孓一身于冰天雪窖中，吃难咽的高粱米，睡冰凉的土炕，饥寒交迫，内心之煎熬与苦楚，岂是他人所能想象，心中之郁结苦闷唯有借助诗词才得以一吐为快。诗，之于函可，是化解郁闷的灵药，是寄托乡愁的符语。能够阻止他写诗的，恐怕只有生命的终结。

皇天不负苦心人。函可自顺治五年（1648）四月谪居沈阳，历时十余个春秋，笔耕不辍，吟诵不停，创作了大量诗篇，其弟子今羞见证了函可禅师痴迷咏诗的情形："第见师拈锤竖拂之余，目有触，境有所会，辄不自禁。或累累千言，或寥寥数语，日积成帙。"[③] 看到多年积累的诗篇数量不少，加之常年体弱多病，自知来日无多的函可，决定完成来沈后要做的第三件大事，即编辑自己的诗集。为集中精力编好诗集，特去僻静的金塔寺居住。时在顺治十四年（1657）九月，

①[清]函可著、杨辉校注：《大翁再过》，选自《千山诗集校注》（上册）卷9，辽海出版社2007年版，第231页。

②[清]函可著、杨辉校注：《侍者劝予病中罢吟，赋此示之》，选自《千山诗集校注》（下册）卷14，辽海出版社2007年版，第387页。

③[清]函可著、杨辉校注：今羞序，选自《千山诗集校注》（上册），辽海出版社2007年版。

是年函可 47 岁。

金塔寺位于今海城市析木镇西北一座小山的半山坡上。该寺始建于辽代，初始塔下有寺院，后因战火损毁。值函可到寺时，寺已十分荒凉，全寺只有孤零零的一座塔，寺院不复存在。寺内僧人很少，只有一位老僧，名叫正羞，是冰天诗社社员。此人曾经在函可“衰病”体弱、“飘飘无定止”之时伸出援助之手，“招我入庐”，为函可提供栖身之所①。老僧有两间自建的茅屋，可以开荒种地，辅之以化缘，基本上能够保障两人生存，这应是函可到金塔寺的直接原因。还有一层原因也值得重视，即函可似乎是在有意规避“啰唆”（即麻烦）。函可曾言：“藏主开藏，强山僧主席，方才惹出无限络索（啰唆）。”②函可在辽沈传法，名声大噪，被奉为辽沈佛教禅宗的开山鼻祖。俗语说树大招风，众口难调，每次讲座，倾服者有之，想必诘难者或不以为然者亦会有之。此时的函可虽才 47 岁，但是长年的艰苦生活，使得他“须白齿落，耳聋目聩”③，身体状况已经不允许他花费更多精力与时间，和那些“麻烦”制造者辩白正非曲直。在这一大前提下，住进僻静的金塔寺，集中精力整理诗作编辑成集，自然是明智的选择。

金塔寺原有两间草房不够住，老僧又给接出半间，使得函可不仅有栖身之所，还有存放诗稿的空间。诗稿有多少呢？“残编堆几满，寒月映窗虚。”④函可是顺治十四年（1657）重阳节前在弟子们的帮助下离开市区住进金塔寺的，安顿下来后，过了重阳节，“于金塔尽遣诸子”，开始整理编辑他的诗集。在编辑之余，对院中孑然挺立的金塔情有独钟，常常伫立于塔前赋诗，多于“明月在天，寒风习习”的夜晚“绕塔高歌”。进寺不久，就咏出《住金塔寺十四首》，其中有四首抒发了颂塔、爱塔的心境。如第三首曰：“亦是前朝寺，寺毁空浮图。嵯峨插霄汉，寂寞守山隅。”第八首曰：“掘地得塔铃，摇之音寂然。细想隆平日，众铃竞高悬。但借微风力，声响远近传。铃去声亦尽，销沉在何年。此虽蒙尘土，乃复睹青天。静默信可久，舌存安能全。”第十二首曰：“人

①[清]函可著、杨辉校注：《偶述二十韵》，选自《千山诗集校注》（上册）卷8，辽海出版社2007年版，第204页。

②[清]函可著、杨辉校注：《上堂》，选自《千山诗集校注》（下册）《千山剩人和尚语录》卷1，辽海出版社2007年版，第577页。

③[清]函可著、杨辉校注：今羞序，选自《千山诗集校注》（上册），辽海出版社2007年版，第1页。

④[清]函可著、杨辉校注：《偶述二十韵》，选自《千山诗集校注》（上册）卷8，辽海出版社2007年版，第204页。

尽称金塔，塔亦有虚名。以此得实祸，残毁无完形。吁嗟复吁嗟，三匝涕泪零。”最后一首曰：“安居金塔寺，高吟金塔篇。主人情缱绻，老病意留连。今冬又且过，不敢拟来年。”[①]仔细研读这四首诗，与其说函可是写在金塔寺的遭遇，毋宁说是诉说自己的遭遇。一位曾经被人竞相攀附的岭南贵公子，就像前朝“嵯峨插霄汉”的金塔，如今“寺毁空浮图”“寂寞守山隅”；一位英才勃勃的少年，一呼百应，名声远播，难道不正像当年“众铃竞高悬”“声响远近传”的塔铃，而今蜗居在荒僻的残寺里，“铃去声亦尽”“残毁无原形”？两两相较，何其相似乃尔！原来如此，这正是函可将自己诗集命名曰《金塔铃》之原因所在，诗集原序中说“辄不自禁绕塔高歌，正如风吹铃鸣”。诗集名和诗序所言“风吹铃鸣”，其深刻寓意在于“铃鸣”，金塔寺虽塔残寺毁，塔铃被土埋蒙尘，但从地下挖出，“乃复睹青天”，再借助“风吹”仍然会响起“铃鸣”的声音。函可用“金塔铃”命名诗集，喻言自己和诗集总有一天会如出土之金铃，“复睹青天”“声响”远播。斗转星移，函可的企盼终究梦想成真，清朝统治者强加在他身上的不白之冤早已被时间的流水冲洗得一干二净，他和他的诗集已经化成辽沈乃至中国文学宝塔上的金铃，不断发出悦耳的鸣响。

诗集名之《金塔铃》还有一层含义，即函可在这里生活了两年，生活虽然艰苦，但函可深深感受到“主人情缱绻”“见予多笑颜”，老僧为了二人生计，不辞辛苦，“日日荷锄出，日日负薪还”。正是由于老僧在精神上的安慰、生活上的照顾，才使得函可能够“安居金塔寺，高吟金塔篇”。显然将诗集冠名“金塔”，也隐含一份对老僧、对金塔寺的感谢和纪念之情。

历两年时间，函可将平生撰写的诗篇整理编辑完毕，不久安然圆寂。离世前将编好的诗稿拜托好友李呈祥设法刊刻。顺治十七年（1660），即函可圆寂后一年，李呈祥“释归”，携带《金塔铃》南来，恳请显宦著名诗人王士祯、杜濬帮助刊刻行世。王、杜二位认为函可诗集“违碍”当局的诗句太多，不敢“剞劂”（即雕版），尽管李呈祥“流涕拜致词”[②]，但《金塔铃》在李手上未能刊刻问世。如果剩人和尚在佛国有灵，该用何诗句抒发其感慨！

---

①[清]苗君稷著、姜念思校注：《住金塔寺十四首》，选自《千山诗集校注》（上册）卷4，辽海出版社2007年版，第82-85页。

②汪宗衍撰：《新编中国名人年谱集成》第20辑，《明末剩人和尚年谱》，台湾商务印书馆1986年版，第40页。

六、《千山诗集》的内容与价值

李呈祥携带《金塔铃》诗集稿本没能刊刻，之后不知经哪些人辗转到江南。直到康熙四十二年（1703），函可弟子今羞、今何等在《金塔铃》原本的基础上，吸纳其他和尚手中存有的稿本，汇集成一书“镂板广为流通”①。今羞等编辑成的新诗集，可能考虑先师生前酷爱千山，死后又葬于千山，故新诗集没用原书名《金塔铃》，而冠名《千山诗集》。该诗集凡二十卷，补遗一卷，共收诗一千五百余首。卷一至卷十九为函可自撰，卷二十为“冰天诗社诗”。补遗卷后有一小段跋语“右七言近体诗三十一首，皆禅师丙丁间寓金陵所作者，稿存黄华寺，沈阳原集未之载也。梓事将竣，黄华主人始出相示，不及依次编入，附诸卷末，另为补遗一卷云”②。是说补遗一卷为函可在南京时所作，函可自编《金塔铃》时没有收入。《千山诗集》附有好友顾梦游、侄儿函静分别撰写的序言，还有二位编者所写的序言。诗集最后附有今羞、今何二位一段跋语，称“是集自沈阳传入岭南，历今四十余年，录更多手，藏不一人”，使诗稿有些旧损，出现“鸟变乌形”等“难辨”字句。但二位尽力“悉依原稿”，精心编辑，“不敢妄更”。还有，今羞、今何二位跟随函可禅师多年，曾于顺治十四年（1657）编刻《剩诗》三卷。可以断言，今羞、今何等编辑刊刻行世的《千山诗集》是忠于函可原著的好版本，是网罗函可和尚平生所撰诗篇较全的版本。

函可弟子今何在《千山诗集》序中说：“古之为诗者多矣，未必罪；古之得罪者多矣，未必诗。吾师以诗得罪，复以罪得诗。以诗得罪，罪奇；以罪得诗，诗愈奇。”真是知师父者徒弟也，弟子今何寥寥数语便总结了师父函可一生遭际。函可因文字获“罪”后，不仅没有三缄其口，反而诗兴大发，在忧愤中得诗千余首，可以说篇篇都是“以罪得诗”，以血化诗。精研《千山诗集》诗作，绝非无病呻吟，而是他戴“罪”修行间所遇、所感、所悲、所喜汇成的交响曲，称得上辽沈乃至东北诗歌发展史上一朵“奇葩”。不仅卷帙恢宏、内容丰富，

①[清]函可著、杨辉校注：今羞序，选自《千山诗集校注》（上册），辽海出版社2007年版。

②[清]函可著、杨辉校注：补遗跋，选自《千山诗集校注》（下册），辽海出版社2007年版，第543页。

而且意蕴深邃、价值甚高。下面对诗集的主要内容和价值略做阐释。

1. 记录清初社会

函可和尚奉旨流放沈阳时，正值清朝初年。由于他同辽沈社会有直接接触，目睹了后金（清）连年战争给辽沈社会带来的严重破坏，对没有入关的辽沈贫苦百姓造成严重灾难，对这些都如实地吟录在册。如《关山月》云："月向巫闾山上出，不照人间照死骨。死骨千年更不还，魂随山月度重关。关山叠叠归魂苦，苍茫不记来时路。闺中少妇独夜眠，心心嘱梦去寒边。梦去魂归不得遇，明月如霜草虫语。"[①]战争使多少家庭骨肉分离，多少男儿殒命沙场，白骨蔽山。诗僧认为，战争给百姓带来的苦难何止闾山一地，放眼神州大地，"叹息人间劫尽灰，惠州天上亦荒莱。只拚如此家声在，无可奈何笑口开。是处总堪埋骨地，从今不上望乡台。漫言出世除烦恼，悟到无生觉转哀"[②]。叹息人间连年战争，到处都是"劫尽灰""埋骨地"的悲惨景象。那么，幸免于难的贫苦百姓又是如何呢？《老人行》一诗就是对苟活者悲苦遭遇的淋漓展现：

噫吁戏，危哉！老人是百千万劫之馀灰。
问其生时朝代不敢说，但云少壮尚无为。
眼看富贵贫贱流，三番两番肉作堆。
儿孙丧尽亲戚死，剩此零星干枯骸。
纷纷眇者扶跛者，跛者扶眇者，面凹骨削背复鲐。
离城十里，五日乃至，登阶一尺如天台。
敢希鸠杖与糜粥，但愿脱籍归蒿莱。
堂上赫怒声如雷，叩头出血谁汝哀。
昔日汉家天子威海宇，父老子弟还相聚。
酒酣歌罢帝亲语，丰沛世世无所与。
老人兮老人，尔既赤手今且回。
生守官园喂官马，死作泥土填官街。[③]

①[清]函可著、杨辉校注：《关山月》，选自《千山诗集校注》（上册）卷2，辽海出版社2007年版，第18页。

②[清]函可著、杨辉校注：《遣愁》，选自《千山诗集校注》（上册）卷10，辽海出版社2007年版，第250页。

③[清]函可著、杨辉校注：《老人行》，选自《千山诗集校注》（上册）卷5，辽海出版社2007年版，第109页。

这是一首咏叹为八旗贵族庄园喂马老包衣悲惨遭遇的诗歌。通篇只一个字——“惨”。这位招致“百千万劫”“儿孙丧尽”的身残老人，最后唯一乞求“脱籍归蒿莱”，结果招致主人雷鸣般地怒骂，吓得老人“叩头出血”。这首用血和泪写成的诗篇，语言质朴自然，感情诚挚深厚，深刻表达了诗僧对清初统治者的愤怒控诉与谴责，充分表达了诗僧对贫苦百姓悲惨遭遇的深切关怀和同情！函可在辽阳城里目睹百姓出官差，将辽阳特产“冻秋梨”送往京城的辛劳情景，感慨万分。遂在《送梨》中写道：

不重紫花能消热，不羡张公大谷希。
只爱关东土上长，汁酸肉涩墨作皮。
王公一张口，走杀百群黎。
满筐二百或三百，昼夜担向玉京驰。
天下何处无冻梨，王公何不一念之？[①]

整首诗明白如话，通过对百姓千里迢迢向京城给王公贵族“送冻梨”一事的描述，进一步揭露清初社会的不公及平民的苦难。虽文辞稍嫌粗浅，与杜牧《过华清宫》却有异曲同工之妙。再有如《老僧》《老叟》《清晓》等诗篇，均从不同侧面揭露清初统治者给穷苦百姓带来的苦难。面对清初辽沈大地黑暗的现实，诗人频频发出悲愤的呐喊：“是处皆肠断，无时免泪零”，“四海皆秦坑”，“举世令人闷”。

尽管如此，函可和尚对清初统治者并非无差别的鞭挞和声讨。比如对清廷招关内汉族人出关开垦土地一事，函可不仅给予肯定，还对率众积极垦荒的官员陈达德给予高度赞誉。清初由于明清战争的破坏，“诸城堡军民尽窜，数百里无人迹”[②]。加之清帝迁都北京，八旗官兵及眷属“从龙入关”，使辽东地区“土旷人稀，生计凋敝”[③]。针对此，清廷发布招民开垦令，效果不错，使辽东人丁大增，土地面积大增。积极执行垦田令的辽阳首任县令陈达德，“招来民户

①[清]函可著、杨辉校注：《送梨》，选自《千山诗集校注》（上册）卷5，辽海出版社2007年版，第112页。

②[清]魏源撰，韩锡铎、孙文良点校：《开国龙兴记二》，选自《圣武记》（上）卷一，中华书局1984年版，第18页。

③[清]徐世昌编纂：《东三省政略》卷六，吉林文史出版社1989年版，第967页。

一百四十家”[①]，且不顾身体消瘦，廉洁奉公，率众垦荒，令函可对其十分赞赏：“圣朝恩旧里，孤客宦边庭。官冷兼冰冷，身形似鹤形。升堂除积雪，编户补疏星。衣剪残荷碎，厨炊野蕨馨。寻僧分钵饭，对吏读棋经。新市凭鸦集，重关畏虎扃。草荒连砌白，山近到床青。采木探幽谷，弓田步远坰。人贫惟有爱，讼少不须听。立德存华表，书名在御屏。伫看寒碛上，丹凤下天廷。”[②]由于陈令公真抓实干，使“大荒到处应犁遍，一钵从今莫浪嗟”[③]，“云水满堂春满野，乐郊今在大关东”[④]。函可首肯清初招民开垦令，赞扬垦田有功官员陈达德，说明函可和尚关心民间疾苦，为处于水深火热中的百姓有地种、有饭吃而高兴，更雄辩地说明，函可是位是非清楚、爱憎分明、堂堂正正的诗人，他对清初统治者的鞭笞并非出于个人恩怨，而是对清初社会真实面貌的客观写照。

2. 记录流人遭遇

此部分内容十分丰富。身为流人一分子，函可从亲眼所见、切身体会出发，对辽沈流人情况的记录全面而翔实。众多文化流人从四季温暖的南方来到荒凉寒冷的北方，持续遭遇寒冷和饥饿，特别是遇到大雨和严寒，流人生活苦不堪言。一场秋雨过后，函可沉痛地吟道：

去年秋涝淼茫茫，鱼鳖沙虫登我床。
瑶宫巨室皆漂没，何况流民茆札房。
死者横流生者泣，千口仅留不得食。
努力高山挖草根，至今面带黄泥色。
眼看麦短黍差长，虽未入口心有望。
上帝岂忧沟壑剩，其雨其雨乃复狂。
翻盘沉灶不肯止，庭户无光天重翳。
谁能拔剑斩顽云，捧出日轮头上置。

---

①[清]杨镳：《辽阳州志》卷12，选自《辽海丛书》，辽沈书社1985年版，第735页。

②[清]函可著、杨辉校注：《赠辽阳陈令公十韵》，选自《千山诗集校注》（上册）卷8，辽海出版社2007年版，第203页。

③[清]函可著、杨辉校注：《赠陈令公二首（之二）》，选自《千山诗集校注》（上册）卷11，辽海出版社2007年版，第287页。

④[清]函可著、杨辉校注：《浴佛日寿陈令君二首（之二）》，选自《千山诗集校注》（上册）卷11，辽海出版社2007年版，第290页。

流民流民奈若何，生世坎壈何其多。
兵革遗馀乡国绝，又见辽海鼓风波。
老僧德薄命更鄙，偃卧若遭毒龙戏。
夜半滚滚浮枕头，不知是泪还是雨。[①]

面对“涝淼茫茫”“雨乃复狂”“茅房漂没”“翻盘沉灶”“死者横流”的惨状，诗僧发出“流民流民奈若何”的悲鸣。如果说秋雨带给流人的是一次令人沮丧的经历，那么随之而来的严冬，带给流人的则是一场生与死的考验。诗僧笔下的严冬是这样的：“日光坠地风烈烈，满眼黄沙吹作雪。三更雪尽寒更切，泥床如水衾如铁。骨战唇摇肤寸裂，魂魄茫茫收不得。谁能直劈天门开，放出月光一点来。”[②]茅屋坏了需要修缮，防御严寒需要添置衣被，但流人一贫如洗，只好典卖衣物解决燃眉之急。左懋泰与其堂兄弟左懋绩、左懋晋三家百余口被流放沈阳，为养家糊口，衣物早已典光了，只好把从老家带来的琴、画、砚、帖等心爱之物拿出典卖。诗僧闻知后，感慨万分道：

年来欲典已无衣，诸友相随愿尽违。
霹雳只从梦里听，云烟不向冷边飞。
田荒池涸端溪远，鸟死虫枯枣木稀。
独有老身无卖处，好携破卷共僧扉。[③]

戴国士被流放尚阳堡，其子戴遵先为服侍父亲，随父至铁岭。家中“无食”后，往昔挥金如土的“豪华子”为一家活命，只好“卖衣买粟”。对此情此景，诗僧满含深情地说：

昔日豪华子，挥金如粪泥。
举箸常千命，山海罗珍奇。

①[清]函可著、杨辉校注：《大雨》，选自《千山诗集校注》（上册）卷5，辽海出版社2007年版，第105−106页。

②[清函可著、杨辉校注：《寒夜作》，选自《千山诗集校注》（上册）卷5，辽海出版社2007年版，第114−115页。

③[清]函可著、杨辉校注：《大翁携来琴画砚帖俱典尽，感赋》，选自《千山诗集校注》（下册）卷12，辽海出版社2007年版，第309页。

宾客归必醉，僮仆厌甘肥。
一朝窜绝域，无食但解衣。
解衣衣复贱，粒米如玉饴。
身口择所急，未寒先疗饥。
己饥尚可忍，所苦妻与儿。
老僧有破衲，朝夕幸得披。
仰面看皇天，霜雪不能飞。①

戴氏一家为糊口，把穿的衣服卖了买粟，到霜天雪地时该怎么办呢？诗僧只有一件“破衲”，无力相救，只好请求苍天，“霜雪不能飞”。从以上诗文可以看出诗僧对流人悲苦遭遇的深切同情，也是对清统治者给流人造成灾难的辛辣控诉。

许多流放到辽沈的文士流人在冤屈、饥寒面前仍铁骨铮铮，不改其志，用读书写诗打发艰苦的岁月。函可有许多诗篇赞扬流人朋友的气节和文采。其中最为推崇的是张春。张春原为明朝监军兵备道、太仆寺少卿。在明清大凌河之战时被俘，后被软禁在沈阳三官庙达十年之久。张春对亡明忠心耿耿，最后绝食而死，留下永垂诗史的《不二歌》。诗僧一再写诗抒发他对张春及其《不二歌》的敬仰之情。函可到沈阳后第一个冬天，一个严寒的夜晚，他到三官庙同李箓元和苗君稷两位道士彻夜长谈。事后，函可将三人谈话内容以长诗的形式翔实追记，其中谈到义士张春时的情形是：“三读《不二歌》，声声噎寒钟”，“鸡声催天衢，妄谈犹未终。吁嗟此一时，万年想高踪。”②正因为对张春刚毅不屈的精神崇敬备至，才反复吟诵《不二歌》，慷慨激昂的读诗声，足以“声声噎寒钟”。还有为流人鸣不平的诗篇。流人李裀原是清朝官员，因独自上疏力陈“逃人法”之弊，而被流放到尚阳堡。李裀上疏是想为朝廷除弊政，而顺治帝也“深知逃人法过苛重”，竟然还遭贬谪，且到戍所后的第二年就蒙冤死去。诗僧闻知后，挥笔写下《哭李给谏》（注：李给谏即李裀）：“山中愁未了，走马哭孤臣。白发随江水，青云逐塞尘。史留忠愤疏，天丧老成人。幸有绨袍在，

①[清]函可著、杨辉校注：《戴子卖衣买粟》，选自《千山诗集校注》（上册）卷3，辽海出版社2007年版，第56页。

②[清]函可著、杨辉校注：《与希、焦二道者夜谈漫记》，选自《千山诗集校注》（上册）卷3，辽海出版社2007年版，第47-49页。

年年渍泪新。"[①]痛哭一次没能止住不平的泪水，当见到李裀遗书时，又再拜"老成人"："举世令人闷，斯人以死争。开眸沧海窄，点笔老天惊。佛祖无酸气，英雄有至情。遗书今尚在，再拜李先生。"[②]

函可还写有多篇赞扬一些文化流人在饥寒交迫中仍坚持读书和撰著者。如左懋泰长子左暐生、次子左昕生在随父流放期间，不管生活如何艰困，仍读书不停，对此诗僧大为赞赏，特赋诗《赠两公子》："总角遭乱离，高冈无凤鸣。从父窜东海，赤脚走层冰。虽乏金与粟，卷帙犹满籯。斗室足咿唔，晨夕披不停。"[③]身处逆境中诗僧不但自己吟咏不停，还大力颂扬他人读书写诗，甚至成立冰天诗社发动更多文化流人吟诗作赋，这其中何尝不深藏诗僧的良苦用心。首要之点，欲借此激励流人秉承儒家精神，不论在何种恶劣环境中始终坚持"身死固足悲，身辱亦足耻。与其辱以生，毋宁饥以死"[④]的高尚气节；再一点是希望通过写诗唱和寻找共同的精神寄托，挨过愁苦岁月。后一点函可在诗中写得非常明白："何物堪延岁，携将数卷书"[⑤]，"以此为良计，终年足疗饥"[⑥]。

函可诗集中写有大量他同流人交往的诗篇。函可流放到沈阳后，同许多流人建立了深厚友谊，他们以诗为纽带，相互唱和，相互帮助，共度时艰。据不完全统计，函可给百名左右流人写过诗，诗文篇数难以确计。粗查，写给左懋泰的多达50余篇，写给李呈祥的近20篇，写给戴三的近10篇。写给戴三的诗，题目十分醒目，如《赠戴三》《慰戴三病》《戴三移居铁岭》《闻戴三将入长安》《喜戴三谒文庙》《送戴三》，等等。这些写给友人的诗篇，往往是函可发自肺腑的真情表露，读来令人感动。顺治十三年（1656）三月，左懋泰卒于戍所，函可悲痛之情不可言状，连续吟得《哭左吏部大来八首》《重哭左吏部八首》《送

①[清]函可著、杨辉校注：《哭李给谏》，选自《千山诗集校注》（上册）卷7，辽海出版社2007年版，第167页。

②[清]函可著、杨辉校注：《读李氏遗书（之二）》，选自《千山诗集校注》（上册）卷7，辽海出版社2007年版，第159页。

③[清]函可著、杨辉校注：《赠两公子》，选自《千山诗集校注》（上册）卷3，辽海出版社2007年版，第46页。

④[清]函可著、杨辉校注：《即事十首》，选自《千山诗集校注》（下册）卷14，辽海出版社2007年版，第377页。

⑤[清]函可著、杨辉校注：《寿寒还》，选自《千山诗集校注》（上册）卷6，辽海出版社2007年版，第138页。

⑥[清]函可著、杨辉校注：《八日雪中怀北里》，选自《千山诗集校注》（上册）卷6，辽海出版社2007年版，第131页。

大来先生葬六首》《雨中同诸老衲为左公持诵经咒》等，如此送别诗，在诗史上是罕见的，足见函可同朋友交往感情之深、情谊之切！顺治十六年（1659），桐城望族方拱乾，因受“江南科场案”株连被流放宁古塔，途经沈阳，仰函可高名，特拜会函可作《晤剩和尚四首》[①]：

其一

函公先我窜，回首十余年。
忽漫相逢日，悲哉塞外天。
惊心看白发，往事指青莲。
绪乱难宣说，无言不为禅。

其四

前途余更远，此地可为邮。
万一通鱼雁，无令隔马牛。
法幢宜永日，客枕易惊秋。
未别先当语，聊纾去国愁。

其一说函可比自己早十几年流放塞外，今日相见，已然鬓生白发，感叹岁月无情。两人之间有许多话要说，头绪纷乱不知从何说起，并且剩公的话“无言不为禅”。这样的描述与郝浴初见函可时的记述“不闻只字落禅”完全一致，再一次证明了剩人和尚佛学修养高深，为得道高僧。其四说自己还要继续向北，此一去恐怕相见时难，今后希望能够互通书信，以缓解去国之愁。函可不仅同左懋泰、郝浴、李呈祥、季开生等知名流人有密切交往，还同一些名不见经传的文化流人有密切交往，如在已知文献中鲜有提及的苏筑、寒还、薪夷等，都有交往诗篇。如《怀苏筑》《柬苏筑》《寿苏筑》《同苏筑看月》《再题苏筑斋》《苏筑得丽服》等，不少于15首。咏《怀薪夷》《看薪夷病》《喜薪夷病起》《与薪夷同榻不寐》《薪夷暮过》《接薪夷书》6首以上。咏《怀寒还》《送寒还》《得寒还札》《寒还将行过宿》《寿寒还》《题去雁送寒还二首》7首以上。仅从诗题都能感受到函可与友人之间的温暖友情，再审视内容，更不是逢场作戏，

①[清]方拱乾撰：《方坦菴先生诗后集·何陋居集》，《清代诗文集汇编》10，上海古籍出版社2010年版，第369页。

为写诗而写诗，每一首作品都折射出患难中结成的真情。如《寒还将行过宿》诗云:

忆初与子遇，我命如悬丝。
子时顾我泣，岂意共边陲。
三岁相形影，孤雁常双栖。
是夜足风雨，来将与我辞。
人情欲分手，先问后晤期。
子今从此去，心知见无时。
死别在一割，生别长苦思。
子生必思我，我死子安知。
同是笼中翼，一伏一出飞。
人鬼不容发，安能复迟迟。
努力事前路，勿为儿女悲。
孤灯久已灭，起视夜何其。
开户天地黑，鸡声惨以凄。①

这首五言古诗，读来何其感人。函可初来沈阳，“命如悬丝”，这位祖籍陕西的流人寒还向函可伸出援手，形影不离地陪伴他长达三年时间。寒还被释还，来同函可辞别，函可明知“子今从此去，心知见无时”，二人好似度过一个生离死别的夜晚，最后还叮嘱寒还“努力事前路，勿为儿女悲”，充满了正能量。函可类似题材的诗作，常用“哭”“怀”二字为题。当我们静下心思，认真吟读诗篇，进入诗中意境时，常常令双眼湿润。

在函可众多友人当中，有一位身份特殊的人物，此人既非流人，亦非布衣，而是一位闲居辽海的清王爷——爱新觉罗·高塞。据《清史稿》载：“镇国悫厚公高塞，太宗第六子。初封辅国公。康熙八年，进镇国公。高塞居盛京，读书医无闾山，嗜文学，弹琴赋诗，自号敬一主人。九年，卒。子孙递降，至曾孙忠福，袭辅国将军，坐事夺爵。”② 另据王士禛《池北偶谈》载，敬一主人“性淡泊如枯禅老衲，好读书，善弹琴，工诗画，精曲理，乐与文士游处。常

①[清]函可著、杨辉校注：《寒还将行过宿》，选自《千山诗集校注》（上册）卷3，辽海出版社2007年版，第41页。

②[清]赵尔巽主编：《清史稿》列传6，中华书局1977年版，第9051页。

见其仿云林小幅，笔墨淡远，摆脱畦径，虽士大夫无以逾也”。[①] 还说“（高塞）有《恭寿堂集》一卷，颇多警策”，可惜高塞所著《恭寿堂集》作品大多散佚，数种文献中都只收录 15 首诗。而这 15 首诗作在清初享有很高的声誉。知道高塞的身份与简要情况之后，就不难理解函可缘何能够和这位身份高贵的王爷成为友辈。其中有两点重要因素：（1）高塞虽贵为镇国公，不过其生性恬淡，“嗜文学”，根本不参与国家大事，而是闲居山水之间，行附庸风雅之事。虽然函可遭冤情流放后，对清朝统治者视如寇仇，但是正是因为高塞有着这样一种独特的气质与品格，才使得函可并没有将其与一般的清朝权贵等而视之。（2）高塞自身文学修养高深，同时又喜欢结交文士，尤其与当时被放逐辽海的文士流人多有往来，从物质和精神上都给予这些境遇凄惨的流人以极大的帮助。如冰天诗社成员孙旸与高塞“有十年宾从之雅”，苗君稷亦是高府的座上宾。函可正是在这样一种机缘之下与高塞结识，得到高塞的赏识与敬重，与苗君稷一样成为镇国公的方外友人。顺治十六年（1659），得知函可圆寂的消息后，高塞登上千山，悲恸地站在诗僧塔前，哀悼曰：

一叶流东土，花飞辽左山。
同尘多自得，玩世去人间。
古塔烟霞在，禅关水月闲。
空悲留偈处，今日共跻攀。[②]

像这样，函可在流放沈阳期间，同众多文人志士结下了深深友谊。从某种意义上说，《千山诗集》完全可以看作是一部记录了函可以写诗、礼佛以及交友为中心的流放生活的自传。

3. 讴歌抗清志士气节

函可流放到沈阳后，对家乡亲友的怀念无时无刻不萦绕心头。翻开诗集，满眼都是他的思乡之情：“铁桥西畔即吾家，回首黄云万叠遮。四百峰峰皆有梦，空从笛里见梅花。”[③] “山中兄弟几人留，料得堂前草已秋。欲把尺书凭雁足，

①[清]王士禛：《池北偶谈》卷十五，中华书局1982年版，第362页。

②刘伟华：《悼剩和尚》，选自《千华山志》，辽宁民族出版社1999年版，第401-402页。

③[清]函可著、杨辉校注：《怀罗浮》，选自《千山诗集校注》（下册）卷15，辽海出版社2007年版，第391页。

又愁飞不到罗浮。”① 由于关山阻隔，久久没有老家的信息，函可心急如焚。到顺治八年（1651），函可流放到沈阳的第四年，也就是他阔别罗浮的第七个年头，终于收到道独禅师的亲笔信，函可这才知悉他离家后发生的惨剧：顺治三年（1646）三月，清军攻入博罗县，陈子壮、张家玉率众愤起抗清。函可叔父日钦率韩氏一族参加抗清队伍。清军再陷博罗城后，进行血腥屠杀，函可举家罹难。函可得知噩耗后，悲痛欲绝，挥动饱含血与泪的大笔，仰天放歌，抒发丧失亲人的悲痛之情及对清军暴行的愤怒之情：“几载望乡信，音来却畏真。举家数百口，一弟独为人。”② “八年不见罗浮信，阖邑惊闻一聚尘。共向故君辞世上，独留病弟哭江滨。白山黑水愁孤衲，国破家亡老逐臣。纵使生还心更苦，皇天何处问原因。”③ 曾经显赫一时的大家族，竟仅剩得他一身，每念此，函可都不禁以泪洗面，这种状态几乎伴随他尔后的全部岁月。“我有两行泪，十年不得干。洒天天户闭，洒地地骨寒。不如洒东海，随潮到虎门。”④ 然而巨大的悲痛并没有击垮函可，相反国难家仇使他更加认清统治者的残暴，更加激起他对统治者的愤怒。虽不能投笔从戎，但他不顾身家性命，大义凛然，极力讴歌那些英勇献身的抗清志士，歌颂誓死不向清统治者屈服的高尚气节。好友张家玉，字玄子，于顺治三年（1646）七月于东莞起兵抗清，后兵败投野塘而死。函可盛赞玄子的气节和精神，堪比东汉开国元勋邓禹及南宋抗元失败投海而死的名臣陆秀夫。《遥哭玄子》诗云：“龙髯一坠恨身存，万里崎岖哭主恩。邓禹未能追邺下，秀夫终合殉崖门。词林尚吐文章气，沙碛频招忠义魂。从此千秋沧海上，风涛怒卷血犹浑。”⑤ 好友梁朝钟，字未央，清兵过江后，他毅然投入抗清队伍，清兵攻陷广州，他死难于兵火。函可赞咏未央的“节义”精神，堪比唐代睢阳（今河南商丘）县令张巡，在敌我力量悬殊的情势下仍然顽强守城，后城陷被俘。敌军劝其投降，张巡宁死不屈，被敌军残酷杀害。函可

①[清]函可著、杨辉校注：《怀华首》，选自《千山诗集校注》（下册）卷17，辽海出版社2007年版，第481页。

②[清]函可著、杨辉校注：《沈阳杂诗二十首（之十七）》，选自《千山诗集校注》（上册）卷6，辽海出版社2007年版，第149页。

③[清]函可著、杨辉校注：《得博罗信三首（之一）》，选自《千山诗集校注》（上册）卷10，辽海出版社2007年版，第248页。

④[清]函可著、杨辉校注：《泪》，选自《千山诗集校注》（上册）卷3，辽海出版社2007年版，第33-34页。

⑤[清]函可著、杨辉校注：《遥哭玄子》，选自《千山诗集校注》（上册）卷9，辽海出版社2007年版，第224-225页。

大抒悲愤，作《遥哭未央》："飞云顶上忆同游，风雨相期苦不休，自向虚空明节义，何妨平等别恩仇。宰官忽现睢阳齿，祖道唯悬狮子头。未了团圞他世事，白山黑水日悠悠。"① 好友黎遂球，字美周，明末著名文士，著有《莲须阁诗文集》。清兵攻打南明弘光政权时，美周据南昌抗清，城破后英勇战死。函可对其英勇抗清精神赞曰："一身许国气无前，贡水波漫热血溅。菩萨道穷皈马革，孝廉船覆失龙泉。家馀老母西方泪，梦绕孤僧北塞烟。节义文章浑泡影，莲须重结后生缘。"② 好友徐世溥，字巨源，为明末学者所仰慕的大才。明亡后，隐居山中，清廷曾以礼币征召，巨源拒不接纳，后被盗贼所害。函可闻知巨源不同清廷合作的节操后，遂咏诗曰："方笻把赠大江滨，垂涕相看各怆神。我窜异方生亦死，君从前代鬼成人。西山雨过书堂寂，南浦云横古道堙。叹惜旧游谁复在，独留双眼哭高旻。"③ 等等。

函可这四首悼亡诗的诗题，在玄子、未央、美周、巨源之前均冠以"遥哭"二字，以示他在遥远的北方对江南诸友人的深切悼念，更彰显他对诸友人抗清事迹和精神的礼赞。函可笔下赞颂的抗清志士何止以上四位，凡他熟知的无不咏之笔端。对拒不降清的南明使臣左懋第颂之为"耿耿丹心千古后，茫茫正气万山颠"④，对拒不降清而惨遭磔刑的陈子壮沉重哀悼曰："云淙一出人皆望，天宇频倾势莫收。若水挝唇无二日，文龙指腹定千秋。忍将礼乐随身去，尽把心肝报主休。自有容台遗稿在，长偕正气世间留。"⑤ 对兵败被俘而拒不降清的张春，仰慕备至，一再吟诵表现张春崇高气节的《不二歌》，"三读《不二歌》，声声噎寒钟"。函可耳闻一个个抗清志士殒命沙场，马革裹尸，在讴歌抗清志士献身精神的同时，还隐隐透出对抗清形势的悲观无助，"叹葺旧游谁复在"，"天宇频倾势莫收"。但骨硬意坚的函可并未绝望，他深情赋诗激励他人和自己："此道于今竟莫论，当年鲍叔幸犹存。气倾渤海潮头水，手挽阴

①[清]函可著、杨辉校注：《遥哭未央》，选自《千山诗集校注》（上册）卷9，辽海出版社2007年版，第225-226页。

②[清]函可著、杨辉校注：《遥哭美周》，选自《千山诗集校注》（上册）卷9，辽海出版社2007年版，第225页。

③[清]函可著、杨辉校注：《遥哭巨源》，选自《千山诗集校注》（上册）卷9，辽海出版社2007年版，第226页。

④[清]函可著、杨辉校注：《山中读萝石先生家书》，选自《千山诗集校注》（下册）卷13，辽海出版社2007年版，第355页。

⑤[清]函可著、杨辉校注：《遥哭秋涛》，选自《千山诗集校注》（上册）卷9，辽海出版社2007年版，第224页。

山雪底魂。白草尚多缠野恨，黄沙无计借馀暄。人间岂必奇男子，肯惜春风散五原。”[①] 进而劝勉同道：“春风迟亦到，且莫发长叹！”[②]

4. 歌咏千山

千山以千峰奇秀、嵯峨翠嶂而名闻辽沈域内外，素有“无峰不奇，无石不峭，无庙不古”的美誉。特别是千山有龙泉、祖越、中会、大安、香岩五大禅林，是辽沈地区佛教中心。故函可一到沈阳，就朝思暮想游千山。由于开始官府对其管理较严，不允许他离开沈阳城区，游千山的愿望迟迟未能实现。但人未到心却到了，身未到诗却到了。未游千山前，函可就写了《思千山》《梦游千山》《答千山诸老》等诗篇，抒发他对千山的思念之情：“最怜同出塞，不得上千山。”[③] “咫尺白云隔，千山未许游”，“洞壑愁中见，烟岚梦里收”[④]，“夜半分明到，千山万木中”[⑤]，等等。可见，函可对游览千山的期盼。到顺治九年（1652），即函可到沈阳后的第五个年头，管理限度有所宽松，终于等到可以游览千山了。于是，就在当年二月，携着徒弟，冒着漫天飞舞大雪，函可第一次登千山。一到千山，函可就被似海的松涛、林立的奇石所吸引、所陶醉：“一到山中便不同，山翁只合住山中。”“寸寸都堪屐齿留，此中何处觅边愁?饥来无限青松叶，更汲寒泉煮石头。”“何必浮山归便好，病躯今已委寒岩。”[⑥] 自此，函可游千山的勃勃兴致一发不可收，直至他圆寂。先后十一次游览了大安寺、祖越寺、龙泉寺、驻跸寺、香岩寺、向阳寺等，到顺治十三年（1656）八月，他在郝浴等人帮助下，“历尽诸险”，登上了千山第一峰仙人台，饱览了自然和人文胜迹。

函可一路游千山，随之一路吟千山，游后还忆千山、梦千山。先后留下了

---

①[清]函可著、杨辉校注：《寄赠宗尉》，选自《千山诗集校注》（上册）卷10，辽海出版社2007年版，第264页。

②[清]函可著、杨辉校注：《岁暮同阿字得寒字四首（之四）》，选自《千山诗集校注》（上册）卷7，辽海出版社2007年版，第177页。

③[清函可著、杨辉校注：《还山忆旧十首（之十）》，选自《千山诗集校注》（下册）卷14，辽海出版社2007年版，第381页。

④[清]函可著、杨辉校注：《思千山》，选自《千山诗集校注》（上册）卷6，辽海出版社2007年版，第121页。

⑤[清]函可著、杨辉校注：《梦游千山》，选自《千山诗集校注》（上册）卷6，辽海出版社2007年版，第135页。

⑥[清]函可著、杨辉校注：《千山寄诸子五首》，选自《千山诗集校注》（下册）卷15，辽海出版社2007年版，第409页。

许多吟咏千山的诗篇。据张玉兴先生统计，《千山诗集》中有咏千山及与千山有关的诗达一百六十余首，占全集的十分之一以上。在百余首诗篇中，有首《忆暮春同阿字诸子游千山》，此诗是函昰大弟子阿字（今无）奉函昰之意由匡山来沈阳，探望师叔函可。函可携阿字等人一起游千山，心情很好，特赋诗一首：

到处青山尽有名，大家抖却旧乡情。
溪边觅路花千树，驴背迎人鸟一声。
石顶松风凭管领，峰头诗句任交横。
于今竹杖萧萧去，又向何山踏雪行。①

青山、溪水、花树、鸟鸣等美景令游人陶醉，竟忘了“旧乡情”，到了峰顶诗兴大发，彼此唱和“任交横”。可以说，此诗是函可游千山诗的代表作，通过此篇可窥其全貌。函可对千山为何有如此深情厚意，这同他的天性有关：“生来山野性，万死不离山”②，“一到千山便不同，山翁只合住山中”。如此爱千山和歌千山的诗人，非函可莫属。函可圆寂后弟子之所以将他葬于千山，将他的诗集冠以千山之名，就不难理解了。

除以上四大方面外，《千山诗集》中还有若干首长诗，诸如《示学人三十首》《住金塔寺十四首》《沈阳杂诗二十首》《与希、焦二道者夜谈漫记》《和栖贤山居韵》《秋思新泪》等。这些诗最长者含三十首（组诗），77 句，154 行；最短者一气呵成，为 56 句，112 行。这些长诗体裁不一，内容庞杂，多体现诗僧的人生观、社会观、历史观和价值观，很值得研究和关注。如《示学人三十首》，主要告诫学人做人的道理和规则，是函可人生哲学和价值观的集中表现。此长诗首句为“古人有良规，不可去斯须”，接下来从多方面告诉“学人”自古传承下来的良规“岂不闻哲言，水清则无鱼”，“根实枝乃茂，源深流自长”，“浮云一千里，难掩赫日光”，“不知千万程，近在足趾间”，“人生各有病，深浅惟自知”，“言亦不可甚，行亦不可极。行极无余地，言甚无余旨。大人处世间，常留不尽意”，“处安且毋喜，处危且无患。得失无定形，祸福掌一

①[清]函可著、杨辉校注：《忆暮春同阿字诸子游千山》，选自《千山诗集校注》（下册）卷13，辽海出版社2007年版，第352-353页。

②[清]函可著、杨辉校注：《和栖贤山居韵》，选自《千山诗集校注》（上册）卷7，辽海出版社2007年版，第172页。

反”，“逆流易自持，顺流多失措”，“江海本无波，飙风不停吹”①。这是一代代先人总结和流传下来的人生哲学，函可用诗的语言加以概括和总结，十分精彩，尽可成为座右铭。《秋思新泪》的内容较为特别，是一首用叙事的体裁咏诵中国古代文人志士高尚气节的长诗。此诗从黄帝写起直至文天祥，中间涉及的有明确姓名的人物不下三十余人。开篇颂扬的是远古时代的黄帝、神农、蚩尤、大禹，其中最称道的“大哉夏禹功，泽流应万祀”；西周时期称颂的是伯夷、叔齐，“直待采薇人，兄弟标忠义”；春秋战国时期咏及的有荀息、蒯聩、豫让，对于这三位一些行为函可不甚赞同，甚至认为“将以愧后世”；东汉时，董卓专权，青州刺史臧洪、东郡丞陈容奋起讨伐，后兵败被杀，在函可笔下，此二人“汉祚当衰微，英雄纷举事”；魏晋南北朝时，晋惠帝司马衷昏庸愚暗，酿成八王之乱，只有尚书左仆射周顗、尚书令卞壶辅政而死，“此外亦寥寥，闲居谈名理”，显然函可认为此段表现平平；到了唐代藩镇割据，引发安禄山、史思明叛乱，众多义士挺身而出，报效朝廷，函可一口气咏赞了八位“唐有藩镇难，诸公何慷慨。张兴解其尸，张巡抉其齿。杲卿更愤激，钩舌詈不已。阿弟死希烈，自草表与志。屈强德宗朝，刘乃段秀实。夺笏直唾面，投床遂不食。乃有孙节度，受锯无绌志”。最为函可赞誉的是宋代，“宋代光前古，编简难尽纪”，“第一欧阳珣，恸哭深州外”，“痛惜岳家军，十年一朝弃”。“淮宁向子韶，建康杨邦乂。不作他邦臣，宁作赵氏鬼。北兵括地来，屈指数李芾”，“广王终崖门，陆张随入海。于赫文文山，义尽仁乃至”。精忠报国的岳飞，狱中做《正气歌》的文天祥，背赵昺在崖门投海的张世杰、陆秀夫等，所以有赫赫的爱国精神，是“平日读诗书，庶几可无愧。乾坤扫荡来，圣神广栽植”。函可走笔到此，没有接着历数以后各朝涌现出的志士，而用一句话概括：“烈烈复轰轰，又非宋代比”，是说宋代之后，还有许多节义志士，演绎出一幕幕轰轰烈烈超越宋朝的壮举。函可放眼历史，思潮滚滚，忆起许多志士仁人，在国家危难之际，为效忠朝廷，或英勇战死，或兵败而死，或饥饿而死，结果“地上反奄奄，地下多生气”，此态势使函可无限悲痛，“新泪拭不干，古泪已及趾”，“我欲从头哭，泪尽东海水”②。此诗内容同前文所说的四个方面完全不同，

①[清]函可著、杨辉校注：《示学人三十首》，选自《千山诗集校注》（上册）卷3，辽海出版社2007年版，第34-37页。

②[清]函可著、杨辉校注：《秋思新泪》，选自《千山诗集校注》（上册）卷3，辽海出版社2007年版，第25-27页。

就时间而论，前文讲的是现实，而此诗讲的全是历史。此首长诗，反映出函可具有广博的历史知识及鲜明的历史发展观，还说明函可咏诵现实的诗篇是建筑在深厚的传统文化基础上，所谓根深才能叶茂。

诗集中还有一些篇章，如《采菊》《采蜜》《采药》《对菊》《采石耳》《笔管花》《散淡花》《豆叶》《苦瓜》《网罟菜》《狗奶子》《摘藤菜》《黄熟香》等。这些咏诵自然物产的诗篇，不仅增强了诗集的趣味性，丰富了诗集的内容，还为我们认识和了解物产提供了宝贵资料。还有特殊的价值是，有的物种出生南国，到辽沈落户时间不算久，人们对它的价值不甚明了，函可赋诗进行推介。如《苦瓜》："苦瓜生五岭，赖以解炎毒。塞外亦繁生，不能悦群目。我来无故人，见之等骨肉。畏苦乃常情，甘兹信予独。"[①]今天苦瓜早已成为辽沈人民喜爱的家常菜肴，这其中应该少不了函可和尚当年所作"广告"的一份功劳吧。从这些诗作中我们似乎看见，流寓辽沈十余年的诗僧函可，身披破旧的僧衣，迈开双脚，睁大双眼，行走在沈阳城的大街小巷，行走在辽沈大地的山川河流，仔细观察，用心体悟，而最终这些发出自灵魂深处的声音，化作绚丽多彩的诗章。

5.《千山诗集》的价值

古人云"言之有物"，评价一部诗集的价值如何，根本之点是看它有没有实实在在的内容。如果言之无物，无病呻吟，即使格律、平仄、词藻再讲究也毫无意义。而《千山诗集》内容丰富，触及清初辽沈社会政治、经济、文化等各个方面，俨然一部诗歌体的清初辽沈简史，至少是反映清初辽沈社会若干方面的资料汇编。诸如，清初统治者统治下的辽沈社会情况、人民生活情况、流人遭遇情况及佛教传播情况都有大量记录。而这些是函可十余年间所见所闻、所思所感的直接记录，为史家研究和认识清初辽沈社会提供了丰富且真实的资料，此方面具体内容，前面已讲了许多，兹不复述。这里仅举两个小例子。一是关于清初八旗官兵"从龙入关"后，往昔作为后金（清）都城的沈阳还有多少人口，城市面貌又是什么状态？当时文献缺乏记载。但函可在《初至沈阳》中明言："牛车仍杂沓，人屋半荒芜。幸有千家在，何妨一钵孤。"说明清入关后，沈阳城荒芜一片，仅剩千户人家，如果一家按五口计算，约有五千人，此处的"千户"虽是诗化语言，但是仍然极具参考价值，对研究沈阳城市发展史及盛京历史，显得弥足珍贵。另一件是，函可成立冰天诗社，这是辽沈文学

①[清]函可著、杨辉校注：《苦瓜》，选自《千山诗集校注》（上册）卷4，辽海出版社2007年版，第72–73页。

发展史上的重大事件。对诗社举办的时间、地点、参加者及各位献诗都有明确记载。特别是函可为“冰天社诗”所作序言的后面列有“同社名次”，即冰天社社员的名录。此名录不仅清楚写着社员名字，还在名字后面注明籍贯。其中来自山东 8 人、陕西 5 人，还有的来自浙江、江西、广东、朝鲜、南直、北直、辽东等地。这对研究辽沈乃至东北流人问题提供了翔实资料。从这个意义上讲，诗集不仅在辽沈文学史上占有重要地位，而从史学方面说，它还有存史、证史、补史的重要价值。可以说，从函可诗集所包含的丰富内容审视，对其价值如何评估都不会过誉。

当然，仅就内容丰富与否评价一部诗集价值自然有失偏颇，毕竟诗集是文学作品，还要评说它的艺术性。一部文学作品若缺乏艺术性，读来索然无味，内容再丰富也将大失水准。一般说来，文学作品的艺术性主要体现在作品有无震撼力和感染力。函可写诗不过分拘泥于格律，也不有意卖弄才学，而是在深厚文学功底的基础上，以老到的笔触，直抒胸臆，所得之句惟妙深邃，读来能引起读者遐思和共鸣，爱不忍释。如写清初文字狱“四海尽秦坑，诗书同一炬”，联想到冰天诗社 33 位社员竟来自 20 多个省区，不禁为其高度凝练概括的笔法拍案叫绝；写清廷各级贪官污吏敲诈勒索百姓的情形“画阁已空搜白屋，小民欲尽索穷儒”①；写清军进至江南实行血腥屠杀，结果“叹息人间劫尽灰，惠州天上亦荒莱”，“半壁山河愁处尽，一家骨肉梦中圆”②；写清统治下人民遭遇的苦痛“是处皆肠断，无时免泪零”③，以上诗句，句句情真意切，具有极强的艺术感染力，形象勾勒出清统治下的社会状貌，吟后无不令人难以忘怀。

托物抒情，借物言志，是诗歌艺术性的又一重要体现。如在《经言》中曰：“朝出见歌舞，暮归见黄土。此事未足奇，所奇在何处？朝出见歌舞，暮归见歌舞。”④《古意二首》：

①[清]函可著、杨辉校注：《与治书来言为徐氏田累寄慰》，选自《千山诗集校注》（上册）卷10，辽海出版社2007年版，第252页。

②[清]函可著、杨辉校注：《得博罗信三首（之三）》，选自《千山诗集校注》（上册）卷10，辽海出版社2007年版，第249页。

③[清]函可著、杨辉校注：《偶感》，选自《千山诗集校注》（上册）卷6，辽海出版社2007年版，第126页。

④[清]函可著、杨辉校注：《经言》，选自《千山诗集校注》（上册）卷3，辽海出版社2007年版，第32页。

其二

作花莫作菊，东篱成荒丛。
作木莫作松，孤高孰与同。
何如萧与艾，雨露亦丰茸。
节序暗易换，只恐是秋风。

其二

作鸟莫作凤，举世无梧桐。
作兽莫作麟，唐虞不再逢。
何如鸡与鹜，饮啄亦从容。
鼎俎久相候，安能长自雄。①

这些诗句乍读起来，颇似佛家偈语，细细品味，其中蕴含的对社会和自然界万事万物的观察与参悟，颇值得令人玩味，身为出家人的函可，不经意间使用掺杂有佛教意味的创作手法写作诗歌，形成其独特的文学创作风格。《经言》告诉世人，世事本无常，尤其在腐朽残酷的黑暗社会里，人们生活的常态不是从早至晚都在载歌载舞，而是朝不保夕。《古意》旨在说明自然界的万物没有十全十美的，各有短长利弊。这种托物言志的写作手法，反映出函可在认识论层面上具备一定的辩证意识。诗集中还有一些诗篇，诗僧对咏记的无生命对象采取拟人化手法，得句幽默风趣，妙喻传神，令人百读不厌。旧时东北家家户户有供“灶君”（又称“灶王爷”）的习俗，每年农历腊月二十三小年这天，灶君要升天。凡供灶君者都要用丰盛的食品祭祀，同时在灶君像两旁写一副对联，祈求灶君“上天言好事，下界保平安”。对此习俗函可赋诗一首：“绝塞为神亦可怜，一瓢冰雪献尊前。经年佳节同寒食，莫把清贫诉上天。”②流人生活在“绝塞”，日子过得“清贫”，只能用“一瓢冰雪”祭祀灶神。尽管如此，函可还是企盼灶神不要把民间悲苦，特别是流人的凄苦告诉“上天”。看来，诗僧颇有大局观，还是希望灶神上天多言民间“好事”，以此换得广大苍生的

①[清]函可著、杨辉校注：《古意二首》，选自《千山诗集校注》（上册）卷3，辽海出版社2007年版，第31-32页。

②[清]函可著、杨辉校注：《祀灶》，选自《千山诗集校注》（下册）卷15，辽海出版社2007年版，第405页。

“平安”。再如《摘藤菜》一诗，先说藤菜是他家乡栽种的一种可吃食物，每次进家中的芳园，就看到“中有满架藤，稠叠铺绿云。不雨色常润，无风叶自翻。圆实间深紫，灿烂吐奇文”，但是移植到塞外后“地瘠饶霜雪，弱质焉久存”。因此，需要好好呵护，采摘时要十分经心，“摘密休摘疏，聊以删芜繁。轻指莫动摇，恐或伤其根。虽知冷必死，且护眼前安”，接着，诗僧睹藤抒情“予今窜远碛，旧国变荒榛。亲朋无一在，见尔如故人”。函可特意采摘一筐送给好友左懋泰品尝，旨在“甘苦味共分”，同时不忘幽上一默“尔藤亦不幸，处处逢逐臣”[①]，原本是写如何栽藤菜，如何摘藤菜，尾句拟人一语，读来令人笑中带泪，可谓神来之笔。

七、身后尊享和劫难

顺治十六年（1659）十一月上旬的某一天，函可突然向僧众说“我十日后必去”，并说些告诫和勉励的话，同时把自己所蓄衣物、拂尘、如意、杖笠分付侍僧。十日后，孑然一身从金塔寺赶往辽阳驻跸寺（今名清风寺），对僧众感叹地说：“释儿知西来意乎，追念吾在家时，曾刺臂书经以报父，及出家而慈母背（意死亡），反立解条衣，披麻泣血以葬之，岂愚敢先后互左而行怪，顾创巨痛深，皆不知其然而然也，是西来意也。丙戌岁，本以友故出岭，将挂锡灵谷，不自意方外臣少识忌讳，遂坐文字有沈阳之役，是亦不知其然而然也，是西来意也。”函可这段话的主旨是，他一生遭逢都是佛意决定的。讲完这段话后，出示了临终偈语：“发来一个剩人，死去一具臭骨，不费常住柴薪，又省行人挖窟，移向浑河波里赤骨律，只待水流石出。”[②]偈，佛经中的颂词。临终偈，即僧人垂危时做的遗嘱。僧众听后，环跪乞留肉身，哀恳再三，函可默语，便“端坐而逝”。享年49岁，僧腊20。函可圆寂后，好友郝浴及他的弟子于同年十二月初四日，龕其肉身迎至千山龙泉寺。顺治十八年（1661）迎至大安寺。不久，在千山璎珞峰西麓双峰寺建塔。康熙元年（1662）塔建成，

①[清]函可著、杨辉校注：《摘藤菜》，选自《千山诗集校注》（上册）卷3，辽海出版社2007年版，第54–55页。

②汪宗衍撰：《新编中国名人年谱集成》第20辑，《明末剩人和尚年谱》，台湾商务印书馆1986年版，第39页。

六月十九日入塔。康熙十二年（1673）四月郝浴从铁岭来千山，装香塔，并撰写《奉天辽阳千山剩人禅师碑铭》，碑上还有函昰撰写的《千山剩人可和尚塔铭》。

函可深通儒佛两道，曾说过一句饱含哲理的名言："世人只知出胎为生，盖棺为死。殊不知一念有一念之生死，一日有一日之生死，一生有一生之生死。前念迷惑为死，后念惺悟为生……前半生迷惑为死，后半生惺悟为生。倘只一生迷惑，虽生若死；倘其一念惺悟，虽死若生。"① 考察函可一生，所言、所行、所思、所悟，皆为"惺悟"而非"迷惑"。所以，他的肉身在人间消失了，但他的精神、品格以及他的作品却在世间永久流传，恰如郝浴所言："一自吟风后，源源说剩人。"② 事实上，同时代及后来的诗人和学者，都纷纷悼念清初辽沈诗坛领袖函可和尚。原弘文院大学士，谪居沈阳的陈之遴亲临安葬仪式，并沉痛吟道："朔雪萧萧祇树林，紫衣长掩石龛深。公真圣果身如寄，我自凡情涕不禁。电火难留方外友，风霜偏集客中心。千山尚有莲花座，夜夜松涛想法音。"③ 值函可龛肉身入塔时，陈之遴又赋诗道："几年踪迹叹飘蓬，短鬓萧萧紫塞东。又向朔风挥老泪，一天冰雪送支公。"④ 函可好友孙赤崖特登千山谒塔，悼词云："寂寂曹溪水，东流不复还。一瓢轻万里，孤塔重千山。院冷花迎客，松深月闭关。禅心何处问，木落翠微间。"⑤ 将函可视为亦师亦友的三官庙道士苗君稷惊闻噩耗，悲痛万状，如丧考妣，赋诗二首，痛陈哀悼之意。其一：

哭剩公⑥

悲君已是再生身，脱去仍怀未了因。

---

①[清]苗君稷著、姜念思校注：《小参》，选自《千山诗集校注》（下册）《千山剩人和尚语录》卷4，辽海出版社2007年版，第652页。

②[清]郝浴：《暮春过酒垆取醉五首》之三，选自《中山诗钞》卷之二，https：//www.bookinlife.net/book-92278-viewpic.html#page=9。

③[清]陈之遴：《悼剩公》，选自《浮云集》卷8。http：//read.nlc.cn/OutOpenBook/OpenObjectBook?aid=892&bid=107879.0。

④[清]陈之遴：《送剩公入塔》，选自《浮云集》卷11。http：//read.nlc.cn/OutOpenBook/OpenObjectBook?aid=892&bid=107879.0。

⑤[清]孙旸：《谒剩和尚塔》，选自《孙蔗庵先生诗选》之《沈西草》，https：//www.bookinlife.net/book-92278-viewpic.html#page=88。

⑥[清]苗君稷著、姜念思校注：《哭剩公》，选自沈阳历史文化典籍丛书第六辑之《焦冥集》，沈阳出版社2017年版，第33-34页。

孤鹤泪倾辽海雪，十年魂度岭南春。
云浮古塔还萧寺，风逐残钟自水滨。
怅望杳然终不见，空留明月照松筠。

苗君稷对函可的哀悼与怀念之情，山长水远，历久不衰。每每想起剩公便赋诗吐露心声，诸如《心简、孝臣过我，怀剩公得秋字》《清明心简过我，同怀剩公》《同陈子心简、左子子愚过南塔怀剩公》《游南塔怀剩公二首》《宿向阳怀剩公》等诗篇，无不饱含对函可的追思抚念。在函可逝去10年余之际，焦冥作《怀剩上人》诗以记之：

白云一去绝归期，徒倚高台无尽时。
稍喜于陵能灌园，独惭元度未成诗。
曹溪水落梅花满，华表松沉夜月悲。
每到千峰礼孤塔，风林幽谷倍增思。[①]

写作此诗时，苗君稷亦近天命之年，尽管函可已仙逝多年，从诗中可以看出，诗人对剩公的怀念之情丝毫未随岁月流逝而有所减弱。痛悼函可者，不仅有辽沈友人，还有远在宁古塔的方拱乾，在得知函可圆寂讯息后，写诗悼念：“只道顽躯老玉关，那堪趺印示千山。寝门难作桑门哭，塔影长随峰影闲。乡国百年惟塞外，须眉何日不人间。珠林曾读伤心句，知尔今朝快我还。”[②]函可圆寂讣告传到家乡，其师兄函昰赋《哭千山剩人法弟三首》，其二曰：“乌玄鹄白尽乾坤，侠骨平心欲并论。至性自应投绝域，深悲何必恨中原。十年膻雪酬先泽，七刹幢铃答后昆。觉范子卿终一死，空余骸骨吊关门。”[③]函可死后的第十四年，郝浴自铁岭再登千山，冒暑装香塔下，并撰写《奉天辽阳千山剩人可禅师塔碑铭》。函可死后第三十一年，门人今庐等重梓《千山剩人和尚语录》六卷于广州黄华寺。一位普通僧人和诗人，一无钱二无权，又是戴罪修行，

①[清]苗君稷著、姜念思校注：《怀剩上人》，选自沈阳历史文化典籍丛书第六辑之《焦冥集》，沈阳出版社2017年版，第165页。

②高齐东主编：《千山诗词选》，选自《千山大观》（下），沈阳出版社1994年版，第1035页。

③[清]函昰：《哭千山剩人法弟三首（之二）》，选自《瞎堂诗集》卷11，http：//www.bookinlife.net/book-144284-viewpic.html#page=33。

在他身后能赢得如此众多的流人和亲友长久的悼念，这在中国宗教史及文学史上都是十分罕见的。辽沈流人中另一位大学者陈梦雷于康熙三十二年（1693），即函可死后34年，往游千山，特至函可僧塔前拜谒，他深情地说：一位平民和尚居然能够“使道俗老幼咸生敬信，桀骜椎鲁悉受范围，余心愧之，不觉其膝之屈也”①。能够让鼎鼎大名的陈梦雷在塔前心生惭愧并为之屈膝，足见函可和尚生前死后的声望是如何深入人心。康熙四十二年（1703），即函可死后的44年冬，函可一生心血之结晶《千山诗集》二十卷终于镂版问世，随着《千山诗集》流传于世，极大地推动了辽沈和东北文学的发展和繁荣，为辽沈乃至中国文学史上又平添了一部皇皇巨作，更使得函可的大名及其诗篇永远定格在史册上。由于篇幅所限，本论未能将函可身后受到的尊享悉数收录，最后引用函可师兄函昰的一段话作为追悼函可的结束语：“杲日方中，忽然西逝。道俗涕滂，涌塔千山。为存为殁，松鸣珊珊。朔方少室，今古斯一。”②英年早逝的剩公函可，赢得世间人的爱戴，建塔为之纪念。无论是生前还是身后，剩公都有如北方的少室山，巍峨屹立，“松鸣珊珊”。

函可生前因文字罹祸，遭遇十二年九死一生的流放生活，经过炼狱般的“焚修”，终于肉身得以脱离苦海，魂归天国。然而可怕的清廷文字狱，却连剩人的灵魂都不放过。乾隆年间编纂《四库全书》时，诏令收集天下藏书，同时诏令各省收缴上报应毁书籍。乾隆四十年（1775），好大喜功的乾隆帝在翻检各省上缴的书籍时，认为《千山诗集》“语多狂悖”，便诏令盛京将军弘响和盛京工部侍郎兼奉天府尹富察善：“千山名函可，广东博罗人，因获罪发遣沈阳，刻有诗集，恐无识之徒目为缁流高品，并恐沈阳地方或奉以为开山祖席，于世道人心甚有关系”，遂命富察善详查函可在沈阳时，“曾否占住寺庙，有无支派流传，承袭香火，及有无碑刻字迹，查明据实覆奏”③。富察善领旨，立即派人调查，然后上奏：并无支派流传，双峰寺内所遗碑塔尽行拆毁，并将《盛京通志》中载有函可的事迹“逐一删除”。就这样，函可在他身后116年再次遭受文字狱。他的《千山诗集》和《千山语录》被付之一炬，并列入全国《禁

①[清]陈梦雷：《游千山记》，选自《松鹤山房文集》卷15，http：//www.bookinlife.net/book-128940-viewpic.html#page=29。

②[清]函昰：《千山剩人可和尚塔铭》，选自《千山诗集校注》（上册），辽海出版社2007年版，第5页。

③[清]李桓辑：《富善察传》，选自《国朝耆献类征初编》卷78，http：//www.bookinlife.net/book-244528-viewpic.html#page=141。

书目录》。幸好函昰、郝浴、李呈祥、陈梦雷等人早已作古，得以幸免，当时信奉函可的“僧人法员”，被富察善有意无意说成“务农山僧”“实皆愚蠢”，没有被株连。

野火烧不尽，春风吹又生。清朝覆亡后，清代的文字狱随之淡出历史舞台，函可及其著作又得到重生，时至今日，《千山诗集》《千山语录》在社会上广为刊行。其事迹及诗篇不断见著史籍，仅笔者案头就有汪宗衍先生编著的《明末剩人和尚年谱》，还有姜念思先生所著的《函可传》、杨辉先生的《千山诗集校注》上下册，以及顾奎相先生主编的《辽海历史名人传》、张成良先生主编的《辽阳历史人物》，沈阳市文史研究馆编著的《沈阳历史人物传略》等著作，函可作为传主之一名列其中。函可已远去三个多世纪了，但他“虽死若生”，他的“节义文章”仍鲜活地闪耀在史籍间，引得一代又一代学人的关注与研究，其人其诗深深影响着人们的言行修为和文学发展！

函可和尚因文字罹祸，谪居沈阳十二年。其间，以满满的家国情怀，虽处逆境，不改初心，逆向而行，成为僧俗共同推崇的辽沈文坛领袖，成立冰天诗社，撰著内容丰富、艺术特色甚高的《千山诗集》，开创了沈阳文学史上一个特殊的时代，对沈阳文学繁荣和发展产生深远影响。还以广博的儒学和佛学功力，应佛界邀请，开法七大寺，被誉为鸭绿江以西数千里佛教禅宗开宗鼻祖，留有充满哲理性的佛学典籍《千山剩人和尚语录》六卷。函可身后再遭文字狱，《千山语录》《千山诗集》被列为禁书。然而“青山遮不住，毕竟东流去”，随着腐朽清王朝的覆灭，《千山诗集》《千山语录》重放光彩，函可和尚全面恢复在诗史上的特殊地位。函可一生真是悲哉，壮哉！

真觉此身如一粟[①]——陈之遴　徐灿

清代沈阳文坛，除有戴梓、戴亨父子齐名的杰出文学家外，还有陈之遴、徐灿夫妇，堪称一对耀眼的文学伉俪。尤其是徐灿被誉为清代以来第一位女词人，堪与南宋李清照比肩。陈、徐二人一生遭际比之同为流人的陈梦雷、戴梓、函可等人有过之无不及，时浮时沉，四上四下，其中两次流放盛京，流放生活艰苦万状。国家不幸诗家幸。自身之悲惨命运，关外之独特气候，从另一层面激发了他们的创作激情，催生出用血和泪书写而成的诗篇，成为后人津津乐道的文学珍品。本文着重叙述陈、徐二人在一生的坎坷遭遇中如何不废吟咏，抒发内心纠结复杂的家国情怀。借此典型透视封建专制社会里那些有真才实学者的人生命运。

一、江南世家

陈之遴、徐灿夫妇二人，皆为江南文化世家之子。

陈之遴，字彦升，号素庵，明神宗万历三十三年（1605）生于浙江海宁（今浙江海宁）。渤海陈氏家族为明清两代海宁望族，尤其到了清代曾盛极一时。家族里中进士者 31 人，举人则过百，有“一门三阁老，六部五尚书”之誉。可以说，海宁陈氏称得上海内第一望族。

其父陈祖苞（1586—1639）为万历四十一年（1613）进士，授昆山知县，廉政爱民，颇有政绩，后累官至北直隶顺天巡抚。其祖父陈与相为万历五年（1577）进士，官至贵州左布政使。伯祖父陈与郊（1544—1611）为万历二年

①[清]陈之遴：《冬日过一粟斋怀李尊师》，选自《浮云集》卷8，http：//read.nlc.cn/OutOpenBook/OpenObjectBook?aid=892&bid=107879.0。

（1574）进士，官至太常少卿，为明代后期著名戏曲家。陈之遴便降生在这样一个诗礼簪缨之家。自幼受到的熏陶，加之天资聪颖，年纪不大时就有超常人的表现，史称“才性英敏，湛于经术，早负公辅之望”①。明天启四年（1624）中举，崇祯十年（1637）高中一甲第二名进士，授翰林院编修，自此进入仕途。

徐灿，字湘蘋，又字明霞，号深明，据考证，约于明万历三十九年（1611）前后，生于苏州城外支硎山下一座幽美的山庄内，亦出身苏州名门。其曾祖父徐泰时（1540—1598）是万历八年（1580）进士，苏州著名园林留园的营造者。其祖姑徐媛（字小淑）亦是吴门才女，《列朝诗集小传》载“徐媛……与寒山陆卿子唱和，吴中士大夫望风附影，交口而誉之。流传海内，称吴门二大家”②。吴骞称赞徐媛所著《络纬吟》“盛称于时”③。其父徐子懋为明代天启、崇祯年间的光禄寺丞。光禄寺，是负责皇帝和皇后膳食的机构。丞是其部门首长，级别不高，为从六品。徐子懋经史皆通，为文学世家，他非常钟爱小女儿徐灿，徐灿自幼聪悟过人，在家族浓厚文化氛围的熏陶及父母的谆谆教诲下，熟读“四书”“五经”，勤于书画，尤工诗属文，很早就尽显一代才女风范。良好的社会环境，对年轻的徐灿亦影响甚大。自唐宋以来，经济中心南移，江浙一带逐步成为经济最发达地区。经济发展促进了文化繁荣，特别是江浙的文化氛围极为浓厚，其中女性文人结社之风兴起，大力促进了女性文学的发展。浙江钱塘“蕉园诗社”开风气之先。徐灿不仅参加了蕉园诗社，还积极参加诗社各项活动。或即席赋诗，或徘徊香径，或扁舟泛湖。结社使她走出了闺阁，开阔了视野，激发了她的创作热情，使她的诗词水平迅速提高，被认为是“蕉园五子”之首（五子即徐灿、柴静仪、朱柔则、林以宁、钱云仪），“而徐湘蘋为之长……分题再韵，接席联吟，极一时艺林之胜事”④。此时的徐灿，诗词已达到一定水平。陈廷焯赞之曰：“闺秀工为词者，前则李易安，后则徐湘蘋”⑤，“宛转娴雅，丽而不佻，足以并肩李易安，俯视朱淑真。”⑥一时之间，徐灿的词名同“蕉

①陈赓笙《海宁渤海陈氏宗谱》，《清代民国名人家谱选刊续编》第75册，北京燕山出版社2005年版，第459页。

②[清]钱谦益：《列朝诗集小传》，上海古籍出版社1983年版，第751－752页。

③[清]方薰、吴骞撰：《山静居诗话·拜经楼诗话》卷4，商务印书馆1936年版，第58页。

④梁乙真：《姑苏徐小淑》，选自《中国妇女文学史纲》第六章第六节，开明书店1932年版，第348页。

⑤孙克强主编：《白雨斋词话全编》，中华书局2013年版。

⑥孙克强主编：《白雨斋词话全编》，中华书局2013年版。

园诗社”一道“有声大江南北”。

明崇祯二年（1629），即陈之遴举孝廉的第三年，因原配沈夫人早逝，便“请继室于徐”，即向徐灿求婚。之遴为望族公子，且年轻有为，徐氏愉快应允。二人于是年成婚。之遴时年24岁。按照当时江南望族婚嫁习俗，女孩在及笄后即可成婚，及笄通常指15岁，据此徐灿成婚年龄不会低于15岁，或为二八之龄。

陈、徐成婚后，堪称郎才女貌。二人在文学上志趣相投，感情深厚。其后九年间，夫妻二人往返于苏州与海宁之间。这一时期，之遴专注举业。但科举之途颇为不顺，屡试不第。从天启四年（1624）到崇祯七年（1634）十年间，先后四次参加会试，结果都名落孙山。尽管如此，之遴仍不放弃，徐灿相夫教子，尽心尽力支持丈夫通过科举求取功名。皇天不负苦心人，崇祯十年（1637），之遴一举高中榜眼，即一甲第二名。朝廷授之遴为翰林院编修，自此踏入仕途，夫妇高兴至极。徐灿特填词，贺素庵及第，时中丞翁抚蓟奏捷。先太翁举万历进士，亦丁丑也，表达对丈夫的祝贺：

满庭芳

丽日重轮，祥云五色，噌吰玉殿名传。紫袍珠勒，偏称少年仙。最喜重华奕叶，周花甲、刚好蝉联。泥金报，龙旂虎帐，歌凯沸春筵。

瑶池初宴罢，冰肌雪骨，文彩翩然。拜木天新命，紫禁亲诠。道是鸡窗别也，从今始、再理芸编。篝灯话，丝纶世掌，何以答尧天。①

徐灿怀着无比喜悦的心情，恭贺丈夫“紫袍珠勒”，金榜题名，盛赞丈夫“冰肌雪骨，文彩翩然”，衷心希望丈夫“再理芸编”，竭力报效皇恩。这是陈之遴第一次登上人生高峰，徐灿所表达的词意是他们夫妇此时的共同心声！

二、宦海沉浮　四起四落

封建社会跻身仕途，可谓波谲云诡，起伏无常。累代达官显宦因功名而显赫者有之，同样因功名而沉沦者亦屡见不鲜。陈之遴一生命运多舛，夫人徐灿

①[清]徐灿撰：《满庭芳》，选自《拙政园诗余》卷下，http：//www.bookinlife.net/book-35121-viewpic.html#page=69。

相伴相随，共同经历了四起四落的坎坷历程。

陈之遴考中进士后，授翰林院编修，踏上了令人艳羡的仕途。夫妇从苏杭搬进京都，这是他们夫妇第一次升迁。论之遴的才学，本应自此大展宏图，夫人徐灿自然也会妻凭夫贵。然而天有不测风云，意想不到的灾难很快降临到他们头上。崇祯十一年(1638)冬天，即陈之遴在翰林位上的第二年，清军攻破长城，进入今河北衡水一带。之遴父陈祖苞时任顺天巡抚，在墙子岭一战中，因上司贻误战机，导致陈祖苞发兵迟缓，致使要塞被清军占领。陈祖苞等三十二人，以坐失城池罪被崇祯帝逮捕下狱。之遴利用各种关系竭力营救，没有奏效。当得知父亲即将被处斩时，为免除父亲遭戮刑而尸首不全，便买通狱卒，暗中投毒，“陨其父命于刑部福堂”。不久，此事败露，陈之遴旋即被罢官，“永不叙用”。崇祯十二年(1639)，之遴携妻扶父灵榇回归故里。这是陈、徐夫妇第一次浮沉，二人在京都生活仅一年多的时光。

明崇祯十七年(1644)三月十八日，李自成大顺军攻入北京城，次日，明思宗朱由检自缢于煤山，立国276年的朱王朝至此亡灭。明神宗孙子福王朱由崧(1607—1646)南逃淮安，由凤阳总督马士英等拥至南京，建立南明弘光政权。一心报效朝廷的陈之遴立即投奔南明朝廷，被授为左春坊左中允，即文学侍从之臣，时在金秋八月。此次距他被贬回乡为5年时间。他上任不久，清军挥师南下，迅速攻进南京，在弘光政权岌岌可危时，陈之遴以主考福建乡试为借口，离开南京，逃回海宁家中隐藏起来，以待时局变化。弘光元年，即清顺治二年(1645)弘光政权覆灭，弘光帝在芜湖被俘，次年被杀于北京。陈之遴所任南明的官职自然解除。在此任上最多为一年时间。这一年徐灿没有来南京，仍在苏州老家。这是陈之遴的二起二落。

南明政权垮台后，清军横扫江南，明清易代已成不可逆转之势。善于观察局势的陈之遴，始终对自家父子在明朝的遭遇耿耿于怀，便于顺治二年(1645)十二月，主动向清朝浙闽总督张存仁请降，并表示愿为新朝效力。经张存仁向朝廷推荐，之遴于顺治四年(1647)六月只身北上入朝，被授予内翰林院侍读学士，进入玉芝宫参与修史。其间，向清廷出谋献策，并依据明代典籍为清王朝制定了一系列朝廷典章制度。之遴满腹才华甚得摄政王多尔衮的器重，屡屡加官晋爵。六年(1649)九月，“恩诏加都察院右都御史”。时隔不久，位高权重、年仅39岁的多尔衮突然病逝。顺治帝对他素怀不满，不久即以谋逆之罪状剥夺其爵位，并对他昔日身边的亲信进行清算。由于顺治帝爱惜之遴的才华，不仅没有追究，反而信任有加，接连擢升。顺治八年（1651）官其礼部尚书，相当于今日的文化部长兼教育部长，再加太子太保。顺治九年（1652）授弘文院大学士，调户部尚书。大学士在明清两代都是备受尊崇的官职，相当于过去的宰相，故后人称之遴为阁老或相国。夫贵妻荣，徐灿被册封为“一品夫人”。一时间陈之遴可谓春风得意。

此时住在苏州拙政园的夫人徐灿，对丈夫的飞黄腾达却并没有第一次那样欣喜，其内心深处对丈夫降清做了“贰臣”充满了矛盾和歉疚，所以迟迟不赴京师。在之遴一再催促之下，不得不携儿女北上京城与丈夫团聚。顺治帝亲政后，对朝中激烈的朋党之争非常厌恶。于顺治十一年（1654）以结党营私罪处死原复社首领陈名夏（1601—1654），陈之遴是复社社员，先后遭到多名大臣揭发上奏。顺治十三年（1656）三月，之遴受到吏部严查，被上报拟革职，永不叙用处分。因顺治帝惜其人才，改为以原官发往盛京。此次之遴在朝廷居要职十年，徐灿跟着丈夫享受了十年优裕的“相国夫人”生活。这次算是三起三落。

陈之遴于顺治十三年（1656）三月离开京师流徙盛京。当年十月，顺治帝诏令他回京入旗。经过七个月清苦的谪居生活，陈之遴重新坐上了相国宝座，还加入了旗籍，可谓失之复得，有惊无险。此次回到朝廷，之遴自感受重用程度不如以前，便以行贿的方式结交权力甚大的内监吴良辅，企图重获器重。但当时陈之遴在朝中政敌颇多，此事很快被揭露出来，经查实，按罪“鞫实论斩”。上报后，还是顺治皇帝免其死罪，籍没家产，全家八口遣戍沈阳。此次为四上四下。本次回朝廷仅有两年时间。

陈之遴第二次谪戍沈阳后，时刻盼望朝廷将他召回，可惜没有等到那一天，直至康熙五年（1666）在戍所病逝，享年62岁。之遴离世前一年第四子容永去世。后一年第六子堪永撒手人寰，徐灿身边只剩下“茕茕一身，屡滨于死而未死”的第五子奋永，丈夫、儿子的相继离世，使得徐灿陷入极度哀伤悲痛之中，万念俱灰，自此不再吟诗填词，“晚益皈依佛法”，亲手绘制了近万幅观音大士的画像，当时的善男信女争相宝之。

康熙十年（1671）康熙帝第一次东巡谒陵祭祖，驻跸盛京城。徐灿“跪道旁自陈。上问：‘宁有冤乎？’徐曰：‘先臣惟知思过，岂敢言冤？伏惟圣上覆载之仁，许先臣归骨。’上即命还葬”。[1]关于徐氏引咎陈情，乞还归骨一节，

①[清]赵尔巽等撰：《陈之遴妻徐》，选自《清史稿》卷508列传295列女1，中华书局1977年版第14019页。

陈之遴侄子陈元龙在其所撰《海宁陈氏宗谱·家传》中有较为详细的陈述，“卒能哀吁动天，扶榇以还，当时同被谪者，例不得还，即家属叩阍，悉不准，准者惟徐夫人一疏。夫人归时，宗人逆于境，问夫人何以得此，夫人曰：‘君父之恩，天高地厚，雷霆雨露，无非教也。人疏鸣冤，我独引咎，故荷鉴怜耳。’其卓识过人如此。”[①] 由此记述可见，正是因为徐灿超过常人的见识与胸襟，才最终打动康熙帝，获准扶之遴棺柩回归故里，葬丈夫于祖茔。此时徐灿 60 岁左右，卜居之遴家乡浙江桐溪南楼上，晚年“皈依佛法，更号紫管氏，绘写几及万卷，人争宝之。静坐内养，神明不衰。迨殁，异香满室，虽盛暑颜色如生。于戏夫人，历患难，出险阻，不慑不竦，虽大丈夫不是过也”。正所谓历尽人间贫富宠辱，而能静养神明，超然物外，修得善终，观其人品文采，堪称一代奇女子。

陈之遴从明崇祯十年（1637）高中榜眼，第一次跃上仕途顶峰，到清康熙六年（1667）病死盛京戍所，历经 30 年，一路走来风霜雪雨，四浮四沉。曾几何时，居一人之下，万人之上；曾几何时，仓皇逃遁，几位阶下囚。在这坎坷的 30 余年中，徐灿始终伴随丈夫升沉起伏，无怨无悔，共度时艰，特别是先后两次与丈夫谪戍盛京，饱尝清苦的流宦生活。丈夫走后，孑孓一身生活了 20 余年，一代才女最后凄凉离世。卒年约在康熙三十五年（1696）秋。

三、伴随一生的诗词创作

陈之遴、徐灿二人都是出身江南文化世家的子弟，自幼受浓厚世家文化的濡染，爱好文学和诗词创作成为他们共同的兴趣和追求。从青少年时代起，直至辞世时止，即便命运多舛，亦从未中断过文学创作。无论是在人生顶峰还是跌落低谷，夫妻感情始终如一，无怨无悔，共享荣华，共度时艰。诗词记录了二人的真挚感情和辛苦遭逢，但由于二人价值取向的差异，特别是在明清易代之际，在是否该出仕清廷问题上，夫妇二人存在明显分歧，徐灿在诗词中隐隐流露出劝阻丈夫仕清的思想倾向，故陈之遴降清后，夫妇二人诗词中蕴含着不和谐元素。具体表现在之遴入仕前，仕明、仕清、仕弘光、两次回乡、两次谪

①[清]陈元龙：《海宁〈陈氏宗谱·家传〉》，选自徐灿著《拙政园诗集》卷上，http：//www.bookinlife.net/book-35120-viewpic.html#page=4。

成盛京等不同时段。将不同环境、不同心态吟诵的诗作稍加串联，就是一部淋漓展现夫妇二人一生坎坷的史诗，二人在沈阳诗史乃至东北诗坛史上都是鲜见的伉俪诗人。

1. 入仕前的诗词创作

陈之遴入仕前，主要精力集中在举子业上，这一时期的诗作多为忙中偷闲之作。如从天启四年（1624）到崇祯十年（1637）的十四年间，陈之遴一连参加三次会试结果都名落孙山。这三次落第后均赋诗纪之：《戊辰下第作》《辛未下第作》《甲戌下第作》①。三首诗的主调是抒发失意的情怀。此间，除科途不顺外，还有原配沈氏病逝，同沈氏所生一子一女先后亡故，亡妻丧子对他精神打击甚大。恰在此时佛教禅宗在江浙一带勃兴，许多显宦宿儒倾心佛门，陈之遴为慰藉郁结的心灵，同一些朋友常游海宁附近的山寺，久之同佛门产生感情，写有多篇诗作，如《含雨上人过访赋赠》《伏虎禅师塔》《真歇禅师塔院》《寄汰如上人》《再谒密云师》《碧云寺》《憩月明庵》《秋日侍大人同诸公宿云栖寺礼莲大师塔》《虞美人·有感》《少年也道空门好》② 等诗篇。从以上诸诗中可知，他频至佛寺，一是礼佛静修，二是向禅师问道。其间得受明末著名高僧汰如明河、密云圆悟禅师讲经传法，为年轻的陈之遴播下了信佛种子，流放盛京后在诗僧函可等人影响下，早年播下的佛学种子迅速萌发生展，详情见后题。

陈之遴这一时期作品的另一主题是歌咏家乡秀丽风光。无论是家乡海宁，还是毗邻的杭州以及徐灿的故乡苏州，均是风景如画的地方。之遴常去西湖游览，每睹西湖美景，则诗情大发，吟诵频频，留有多篇畅游西湖的诗篇。《西湖杂诗三十二首》为其中代表作。仅举五例，以管窥其一斑。其九曰："湖上掉舟回，晚风稍凄冷。斜阳带清波，泛泛雷峰影。"其十一曰："烂烂五色鱼，游戏花港中。欣欣观鱼人，罗襦动春风。"其十二曰："不知一泓水，窅然三潭深。风吹白云尽，月照天中心。"其十三曰："南屏夕岚没，平湖益清远。几杵疏钟声，世界忽已晚。"其二十四曰："秋光满碧溪，秋水漾金堤。明月怜歌舞，逡巡未肯低。"③ 从以上五首诗可看出，深爱西湖的之遴，用质朴清

①[清]陈之遴：《浮云集》卷5，http：//read.nlc.cn/OutOpenBook/OpenObjectBook?aid=892&bid=107878.0。

②上11首均见陈之遴：《浮云集》卷5或卷7。

③[清]陈之遴：《西湖杂诗三十二首》，选自《浮云集》卷10，http：//read.nlc.cn/OutOpenBook/OpenObjectBook?aid=892&bid=107879.0。

新之笔将西湖断桥、苏堤、花港、南屏、孤山、双峰、柳浪、天竺诸美景尽收笔端，描绘得秀润清丽，优美动人，全诗弥漫着幽绵馨恬的韵味。

身为苏州大家闺秀的徐灿，同丈夫一样对西湖含有浓浓的深情。她从多角度赞诵西湖之美："成阴绿叶将迎眼，青子累累绕翠楼"①，咏西湖主色调为碧绿；"春朝湖水碧连天，桃柳枝枝各斗妍"②，咏广阔的湖面碧水连天；"看梅步屧淹，折荷笑相饷"③，咏整个西湖的自然景观五彩缤纷、赏心悦目。徐灿受儒家的"入世"思想影响，积极鼓励丈夫求取功名，丈夫三次落第，心情不悦，她特赋词《满庭芳·寄素庵》，词曰："……惟有梅花耐雪，堪冷淡，伴我黄昏。鹊声喜、传来凤阁，重典旧丝纶。"④旨在劝说丈夫不要灰心气馁，要积极拼搏，只要坚持不懈一定会功成名就。这一时期徐灿诗词创作活动主要是在钱塘御史钱肇修之母顾玉蕊创建的蕉园诗社，入社社员常常"分题解韵，接席联吟，极一时艺林之胜"，其中徐灿表现尤为突出，被誉为"蕉园五子"之首⑤，足见徐灿在陈之遴入世之前在文坛已经脱颖而出。

2. 仕明时期的诗词创作

明崇祯十年（1637），陈之遴高中榜眼，平步青云，授翰林院编修，迁太子中允，徐灿携子进京与丈夫团聚。之遴位居显官，夫妇二人生活自然十分惬意。但北方的气候和环境迥异于温暖宜人的江南。因此，无法抑制地对故乡的怀念，浓厚的思乡之情，渐渐成为二人诗文创造的共同主题。陈之遴有多篇有感而发的怀乡之作。如"维吴有山，鸿则戾之。维越有川，鱼则萃之。提提者鸿，尔飞尔休。悠哉鱼矣，尔潜尔浮"⑥。诗中赞颂吴山越水间，鱼鸟潜翔，一派宁谧平和的景象，同朝廷中官宦间钩心斗角、尔虞我诈的丑恶之态形成鲜明对照，隐隐流露出诗人进入官场的无奈。当诗人的视线停留在宫墙外的秋天景色时，

---

①[清]徐灿：《画梅偶题八首时在湖上》之七，选自《拙政园诗集》卷下，《清代诗文集汇编》105，上海古籍出版社2010年版，第356页。

②[清]徐灿：《西湖春望》之七，选自《拙政园诗集》卷下，《清代诗文集汇编》105，上海古籍出版社2010年版，第355页。

③[清]徐灿：《西湖》，选自《拙政园诗集》卷上《清代诗文集汇编》105，上海古籍出版社2010年版，第329页。

④[清]徐灿：《满庭芳·寄素庵》，选自《拙政园诗余》卷下，http：//www.bookinlife.net/book-35121-viewpic.html#page=72。

⑤梁乙真：《中国妇女文学史纲》，上海书店1990年版。

⑥[清]陈之遴：《吴山》，选自《浮云集》卷2，http：//read.nlc.cn/OutOpenBook/OpenObjectBook?aid=892&bid=107878.0。

随口吟出的却是苏州的横塘："菊候迟霜月，林容肃野塘。共携秋兴出，不觉画杯长。一径踏幽翠，数枝霏静香。重寻恐萧瑟，郑重把斜阳。"① 忆想当年，每逢横塘秋深，总要相约出游，竹径幽翠，斜阳晚照，秋兴正浓。尾句流露出感慨人生苦短，应当把握当下之意。更有趣的是，位居朝廷高官，尽尝宫廷珍馐美馔之时，常常想起少年朋友在一起欢天喜地品尝鲜鱼水菜的场景："何必穷珍错，湖头故饶味。素鳞随手得，碧藕人唇消。铃语烟中塔，箫过柳外桥。胜流多集此，晨夕易相邀。"② 几位要好的朋友欢聚一堂，无拘无束，轻松自在地品尝着水乡特产"素鳞"和"碧藕"，这种场景和感受不论身居何处都难以忘怀!

徐灿自幼就住在苏州城外秀美的支硎山麓，过着闲适、幸福的生活。离开家乡进了京城，人地两生，气候别样，故而诗词作品中常常充满了思念故乡的情愫。其中有怀念所居山庄景物和赏游胜事的篇什，如《有感》诗云："少小幽栖近虎丘，春车秋棹每夷犹。"③《秋感八首》之六云："几曲横塘水乱流，幽栖曾傍百花洲。采莲月下初回棹，插菊霜前独倚楼。"④ 还有遥念少小时在家乡过节日时的快乐，如《满庭芳》词云："当年娇小日，屠苏争饮，肯让他人。紫钗花胜子，镜里宜春。"⑤ 还有多篇描述了梦回故乡的情境："梦魂曾到水云乡。细风将雨，一夜冷银塘"（《临江仙·闺情》）；"梦里乡关云满路，钗压绿鬟蝉半亸"（《木兰花·秋暮》），"梦归宵短路迢迢，今夜梦归须早"（《西江月·十五夜雨》），"水咽离亭，梦寻归渡。今春曾向江南去"（《踏莎行·梦江南》）。作品中倾诉梦回家乡频率之高，在古今词作中还是罕见的，足见身居京城的诗人，无时无刻不怀念着故乡江南。在众多演绎思乡情怀的作品中，以下两篇词作颇具代表性，一是《一斛珠·有怀故园》，其词曰：

---

①[清]陈之遴：《横塘寻菊》，选自《浮云集》卷5，http：//read.nlc.cn/OutOpenBook/OpenObjectBook?aid=892&bid=107878.0。

②[清]陈之遴：《追旧》之四，选自《浮云集》卷6，http：//read.nlc.cn/OutOpenBook/OpenObjectBook?aid=892&bid=107878.0。

③[清]徐灿：《有感》，选自《拙政园诗集》卷上，《清代诗文集汇编》105，上海古籍出版社2010年，341页。

④[清]徐灿：《秋感八首》之六，选自《拙政园诗集》卷上，《清代诗文集汇编》105，上海古籍出版社2010年，344页。

⑤[清]徐灿：《满庭芳》，选自《拙政园诗余》卷下，http：//www.bookinlife.net/book-35121-viewpic.html#page=74。

恁般便过元宵了。踏歌声杳。二月燕台犹白草。风雨寒闺，何处邀春好。

吴侬只合江南老。雪里枝枝红意早。窗俯碧河云半袅。绣幕才牵，一枕梅香绕。①

京城的元宵节很热闹，然而节日一过又恢复了往日的冷清。天气进入了二月，北国仍衰草茫茫，冷风寒雨袭人。而此时的江南已春意盎然，“枝枝红意早”。清晨起来打开窗户就能闻到浓浓的梅花香。对上下两阕稍加比照，就看出诗人对故乡风景的赞美和思念，对北国“风雨寒闺”的无奈。

此词咏诵的是京城的春天，那么湘蘋笔下京城的秋天又是怎样一番景象呢？《浪淘沙·庭树》词曰：

庭树又秋花。做弄年华。满城霜气湿青笳。眼底眉头愁未了，去数归鸦。

残月霭窗纱，莫便西斜。雁声和梦落天涯。渺渺濛濛云一缕，可是还家。②

此词抒发诗人清晨看窗外秋花，傍晚听到乌鸦啼暮，日复一日、年复一年地过着冷清生活，心情寂寥不已，尤其听到飞越天涯海角的鸿雁声，更激起诗人渺渺茫茫的思乡之情！类似的诗作还有《南乡子·秋雨》《望江南·燕来迟》《洞化歌·望江南》等，因篇幅所限，兹不尽举。仅从上述，可以看出陈之遴、徐灿夫妇第一次宦游京城期间，在享受政治上荣宠、生活上优裕之外，闲时便舞文弄墨，填词作赋，从中抒发对桃红柳绿、鸟语花香、四季如春美好江南的怀念，更准确地说是对江南美好生活的追忆。虽有时思乡情切，未免流露出些许伤感和怅惘，然而这种发自温柔富贵乡的略带矫情意味的情愫，同夫妇二人被贬后发出的深彻肺腑的思乡之情究竟不能同日而语。

陈之遴仕南明弘光朝为翰林院编修时间不长，但感慨甚多，留有不少诗作。他刚进弘光朝廷时，还是雄心勃勃，立志重整朱明江山。但不久就发现马士英等内阁大员倒行逆施，排斥异己，祸乱朝纲，其希望之火花很快被熄灭，内心

①[清]徐灿：《一斛珠·有怀故园》，选自《拙政园诗余》卷上，http：//www.bookinlife.net/book-35121-viewpic.html#page=42。

②[清]徐灿：《浪淘沙·庭树》，选自《拙政园诗余》卷上，http：//www.bookinlife.net/book-35121-viewpic.html#page=48。

感到无限烦闷。此间，即崇祯十七年（1644）孟冬，之遴乘小船由云间到姑苏，行驶中遇到雄猖的石尤风（逆风、顶头风），给行船造成极大风险。面对此情，他作《遡风赋》抒发胸臆。此赋前半节描述石尤风势不可挡的狂暴。请看其赋：

……乘元冥以作威，属幽昏而为暴，鼓六鳌兮怒嘘，啸万马兮奔蹈。于时阳侯借神，冯夷助虐，层波岳摇，骇浪霆戛，其始至也，千斛之舰，一苇之刀，莫不骀荡挤触，苍黄惕号；其既也，桡擢交错，绋纚縶维，迫则击石而碎，纡则随波而靡。迨夫羿不能缴，奡（音傲，上古人名，传说中的大力士）不能荡，泛彼中流，贲育沮丧，时则胡越之人，回惑颠倒，或蹙额而呻，或崩角而祷。然而风伯方拥翠旌，驾苍蜺，以遨以嬉，袖若充耳。

陈之遴逆风行船时，狂风卷起的惊涛骇流犹“万马奔蹈”“层波岳摇”“迫则击而碎”，对此险势，就是古代善荡舟的大力士奡亦“不能荡”，战国时的勇士孟贲和夏育，也要“沮丧”。即使善玩水的胡越人，逢此逆风也只能“蹙额而呻”。此节寓意仕途不顺之人再遭逢狂风险浪，更是雪上加霜，苦不堪言。赋的后半节，诗人笔锋一转，行船所遇的逆风变为顺风，船只一帆风顺地驶入新天地：

……于时翕河效顺，清风徐起，榜人坐啸，一日千里，别有金穴中饱，郿坞暂还，舳舻蔽河，舸艆如山，珠锣犀贝之货，玉声钗色之班，瑰奇珍怪，充牣其间，谓波臣之必攫，固灵祇之所祐，陆为清尘，水若决溜，振箫鼓于中洲，咏穆如而清奏，虽或涉广之属，蹻跖之徒，昼出而御宝赂，宵济以窥神都，莫不安流如驶，顺风而呼。向者落魄蹇滞之士，屏息嗟咨，虽一涉其必淹，驾桂檝以安之，既而揽碧芷兮芬香，抚紫澜兮滉漾，虽顺逆之殊遇，何余怀之弗广？①

行船遇到顺风后，同逆风行船迥然不同，“清风徐起”“陆为清尘”“榜人（划桨的船工）坐啸，一日千里”“顺风而呼”。这一段文字昭示人生就像江河上行驶的小船，无论是面对狂风怒吼、浊浪排空的逆境，还是一日千里、顺流而下的顺境，船中人都应从容面对，不为所动。正如赋文收尾所言：“虽顺逆之

①[清]陈之遴：《遡风赋》（并序），选自《浮云集》卷1，http：//read.nlc.cn/OutOpenBook/OpenObjectBook?aid=892&bid=107879.0。

殊遇，何余怀之弗广？”表明诗人已经认识到时局态势，既然看到南明政权大势已去，自己何不随遇而安呢？尽管如此，陈之遴目睹马士英等权奸治国无方，乱国有术，陷南明政权于岌岌可危，仍然坐立难安，只有借助吟诗填词，怀古伤今，排遣胸中郁闷，《虞美人》九首，即为彼时心境之表达。试看其中两词。

感兴

红颜绿酒年年好，只做今年老。短筇扶我又登台，但有北风千里共愁来。

寒波宛转金堤曲，杨柳无多绿，残花莫怪玉杯迟。试看江山何处似当时。[①]

芜城

梦魂只合黄尘住，怕向江南去。玉萧金管杂琵琶，还有持杯听唱后庭花。

吴宫陈苑旌旗乱，只好音编看。西风吹冷鬓间霜，眼见芜城斜日落寒江。[②]

像这样，陈之遴怀着满腹愁情恨绪，眼见南明政权日渐衰亡，伴随着仕明生涯的结束，夫妇二人的文学创作也转入了一个新时期。

3. 第一次被贬后的诗词创作

明崇祯十一年（1638），陈之遴因其父陈祖苞守备失责案受牵连被贬官，“永不叙用”。次年，之遴偕夫人扶父祖苞灵榇回乡。其后七年，他们夫妇就住在自家别墅苏州拙政园中。拙政园乃明清时期苏州最大、最气派的园林，陈之遴用 2000 两白银从园主人徐树启手中购得。陈之遴在《拙政园诗余序》中描绘拙政园的状貌是：“丁丑通籍后，侨居都城西隅。书室数楹，颇轩敞。前有古槐，垂阴如车盖。后庭广数十步，中作小亭。亭前合欢树一株，青翠扶苏，叶叶相对。夜则交敛，侵晨乃舒。”陈氏夫妇在这幽美的园林中，约“觞咏”六七年时光，过着“时史席多暇，出有朋友之乐，入有闺房之娱”[③]的甜蜜生活。这七年，是夫妇诗词创作的高峰期。

陈之遴被遣回故乡，“永不叙用”，深彻感受到官场的险恶和君恩的凉薄，

①[清]陈之遴：《虞美人·感兴》，选自《浮云集》卷12，http：//read.nlc.cn/OutOpenBook/OpenObjectBook?aid=892&bid=107879.0。

②[清]陈之遴：《虞美人·芜城》，选自《浮云集》卷12，http：//read.nlc.cn/OutOpenBook/OpenObjectBook?aid=892&bid=107879.0。

③[清]陈之遴：《拙政园诗余序》，选自《拙政园诗余》卷上，https：//www.bookinlife.net/book-35121-viewpic.html#page=4。

心情自然很愁郁。游西湖后，咏《念奴娇・西湖雨感二阕》[①]，其一云：

廿年光景，叹鬓毛非故，镜湖犹昨。送绿催红弦管急，几度画桥琼阁。吹断情丝，洒添离血，风雨回回恶。酒疏花倦，但供西子轻薄。

那更繁声碎点，向酣余唤醒，半生漂泊。锦帐钿车珠勒马，是处旧欢萧索。强按银筝，勉敲檀板，绠涕胸中落。蓦然惊眼，数峰青黛如削。

徐灿看后，针对丈夫失意的心境，和其韵咏词《念奴娇・西湖雨感次素庵韵》[②]：

雨窗闲话，叹浮生何必，是今非昨。几遍青山酬对好，依旧黛眉当阁。洒道轮香，润花杯满，不似前秋恶。绣帘才卷，一楼空翠回簿。

拟泛烟中片叶，但两湖佳处，任风吹泊。山水清音听未了，隐岸玉筝金索。头上催诗，枕边滴梦，漫惜瑶卮落。相看不厌，两高天际孤削。

读到之遴词中慨叹“半生漂泊”，徐灿劝慰他“叹浮生何必”，现今我们畅游西湖，“洒道轮香，润花杯满，不似前秋恶”，避开官场的艰辛，何乐而不为？针对丈夫因失去往日荣华富贵发出“旧欢萧索”的叹息，徐灿又劝丈夫说，自此以后，我们天天相聚一处，“头上催诗，枕边滴梦”，永远是“相看不厌”。徐灿这些劝慰之词，完全是发自内心对丈夫的体贴和劝慰。通过这次共同经历的挫折，她对仕途的险恶有了切肤之感，正如她在诗中吟道“飞去流月总无情”，说明此时徐灿已经对官场产生反感和厌恶，这种情绪表露和当初积极鼓励丈夫求取功名的情形形成强烈反差。明朝灭亡后，清军横扫江南，陈、徐两家陷于狼烟之中。陈、徐夫妇“逮沧桑后，流离患难，匿影荒村，或寄身他县”。亲历山河破碎、家庭流徙的国仇家难，徐灿对儒家倡导的入仕思想愈加不以为然，此时她所渴望的是像祖姑徐媛那样归隐山林，走道家“无为”“遁世”之路。为此作《答素庵西湖有寄》：

①[清]陈之遴：《浮云集》卷12，http：//read.nlc.cn/OutOpenBook/OpenObjectBook?aid=892&bid=107879.0。

②[清]徐灿：《拙政园诗余》卷下，https：//www.bookinlife.net/book-35121-viewpic.html#page=80。

霜鸿朝送锦书还，知向寒灯惨客颜。
从此果醒麟阁梦，便应同老鹿门山。
十年宦态争青紫，一旦君恩异玦环。
寄语湖云归岫好，莫矜霖雨出人间。③

此诗较为明确地表明了徐灿旨在劝说丈夫归隐山林，安稳过余生的心迹。

徐灿居拙政园期间写诗填词，留下上百首脍炙人口的词作。顺治七年（1650），陈之遴亲自为妻子编辑诗集，题名《拙政园诗余》，凡3卷，收词99首，并作序。细读其词作，多为后期作品，主题是感叹江山易代，愁肠百结，凄婉低回。据人统计，《拙政园诗余》中直接出现“愁”字60次，“泪”字22次。含“愁”和“泪”两字的词作，不尽是此时期内的作品，但多数为之遴遣放回乡、明清易代后之作当无问题。正如陈之遴在序言中所说：“寻以世难去国，绝意仕进。湘蘋吟咏益广，好长短句愈于诗……频年兵燹散佚，今冬搜辑，得百余首。……毋论海滨故第，化为荒烟断草，诸所游历，皆沧桑不可问矣。……自通籍去国，迨再入春明，不及一纪，而人事变易，赋咏零落若此，能不悲哉。……余与湘蘋流离坎壈，借三寸不律，相与短歌微吟，以消其菀结感愤。”④深知徐灿的陈之遴，将其“愁”“泪”之源说明白了。陈氏后人还从徐灿前后诗词作品艺术风格特色角度做出评说：“窃为夫人始历恬愉，晚遭坎壈，其境有顺逆之殊，故其诗有哀乐之异。然其乐也，宁静可风；其哀也，和平有度；洵乎《葛覃》《卷耳》之遗音，而彤管之极则也。”⑤无论写于“顺境”还是“逆境”，无论“乐”时还是“哀”时，徐灿的词作都堪称“极则”之作。这是对陈之遴和徐灿夫妇在第一次被遣后诗词创作水准的高度概括。

4. 仕清时期的诗词创作

陈之遴仕明蒙冤被遣回乡后，虽然难免偶尔流露出“绝意仕途”之意，但其内心深处对政治仍抱有极高的热情，追求功名利禄的野心并未发生根本动摇，一旦出现机会就会抓住不放。清军攻入江南，陈之遴凭着敏锐的政治嗅觉，判

③[清]徐灿：《答素庵西湖有寄》，选自《拙政园诗集》卷上，《清代诗文集汇编》105，上海古籍出版社2010年，338页。

④[清]陈之遴：《拙政园诗余》序。https：//www.bookinlife.net/book-35121-viewpic.html#page=4。

⑤程郁缀编著：《徐灿词新释辑评》，中国书店2003年版，第222页。

定朱明王朝大势已去，便不顾士人的反清态度，迅速投向清朝怀抱。不久，便平步青云，官高位显。对于丈夫的这些行为，徐灿早就不以为然。她多次劝阻丈夫不要仕清，不要做贰臣。不过追求官位和利禄胜过一切的陈之遴，把士人的鄙夷和妻子的劝阻完全抛诸脑后。作为自幼接受封建礼教教育的大家闺秀，同时又身为朝廷命官之妇，徐灿不能够直面丈夫陈述厉害，只有利用夫妻诗词唱和之机，围绕出世还是入世，是忠君还是贰臣委婉表达自己的见解，尽量劝诫丈夫。此间，由于政治上的分歧，曾经浪漫温情的夫妇唱和再不像之遴仕明前那样相向和谐，对徐灿来说，更多的是抒发内心郁闷和苦苦挣扎。之遴仕清后，徐灿赋词《满江红·感事》赠给丈夫：

过眼韶华，凄凄又、凉秋时节。听是处，捣衣声急，阵鸿凄切。往事堪悲闻玉树，采莲歌杳啼鹃血。叹当年，富贵已东流，金瓯缺。

风共雨，何曾歇，翘首望，乡关月。看金戈满地，万山云叠。斧钺行边遗恨在，楼船横海随波灭。到而今，空有断肠碑，英雄业。①

词人自肺腑发出国破家亡的感叹，“叹当年”美好的一切都付之东流，“到而今，空有断肠碑，英雄业”。面对妻子的不解和悲情，之遴赋《满江红·感兴次湘蘋韵二阕》，其一曰：

万紫千红，自合有，飘零时节。看世事、梦梦难问，不须悲切。龙战十年犹未了，乾坤洒尽玄黄血。但寒风、吹卷五陵云，西山缺。

中夜舞，而今歇。诉往恨，邀明月。望江南欲赋，锦笺还叠。一代河山何许事，天心只等花开灭。叹围棋、赌墅是何人，东山业。②

之遴想通过此词劝慰妻子，“看世事，梦梦难问，不须悲切”，人生如梦，充满不确定因素，做人需要随时局变化做出改变和适应，并且以谢安围棋赌墅的典故晓谕妻子，同时也是勉励自己遇大事需从容镇定，举重若轻，才能立于

①[清]徐灿：《拙政园诗余》卷下，https://www.bookinlife.net/book-35121-viewpic.html#page=6。

②[清]陈之遴：《满江红·感兴次湘蘋韵二阕》，选自《浮云集》卷12，http://read.nlc.cn/OutOpenBook/OpenObjectBook?aid=892&bid=107879.0

不败之地。陈之遴这种为达到个人成功不择手段的思想，以及为自己甘心做贰臣的行为辩护的言论，并未能同化妻子的价值观以及化解妻子内心的悲情。徐灿接连赋词，除表达自己的政治见解外，于字里行间对丈夫进行讽喻。如《苏幕遮·秋老》：

雨深深，秋自老。旧苑新花，莫问愁多少。玉爪侵弦寒料峭。才奏南音，阵阵惊风搅。

袖红单，翠屏小。剪剪清霜，不许芙蓉好。故国烟芜昏复晓。尚有青山，强向江城绕。①

表面上看这是一首深秋怀乡词，上片隐指词人久居异乡，风雨深深，秋霜相逼，暗催“秋自老”。下片写故园之思，漂泊之苦，滞仕之忧。“不许芙蓉好”句，据《徐灿词新释辑评》载底本作“夫容”，若从底本的字面意思理解，貌似指丈夫之遴生不逢时，总不能遂平生所愿。另南北朝时期的民歌中，亦常以“芙蓉”喻为夫婿。末句说尽管故国凋敝，可是还有人不甘沉沦，勉强向权力中心靠近。词中流露出词人无力劝阻夫婿仕清的无奈。

陈之遴北上干谒求宦时，徐灿并未随行。于是填词寄妻，以示想念之情并再次安慰妻子。词曰：“渡雪丹鳞，排云青鸟，飞来尺素津门。缄题披览，两地各黄昏。学得愁风怕月，孤衾薄，杯酒难温，无边梦，啼痕笑靥，着枕便逢君。　　淹留因底事，初非羁宦，岂是从军，叹须眉七尺，潦倒羞论。犹有红笺数叠，闺中友，彤管催春，归来也，屠苏满引，醉抚石麒麟。”②之遴寄此词，一来向妻子表白日夜思念之情，“着枕便逢君”，希望妻子能理解他的选择，身为七尺男儿，岂能潦倒甘心居于人下，而这一次一定会成为麒麟阁中的人物，衣锦还乡，痛饮庆功酒。

无论陈之遴如何劝解和安抚，仍然无法完全排解徐灿内心的不满和抑郁，这使得她迟迟不想来北京。这种心迹在《满江红》六首中有明显表露。仅举第三首《有感》：

①[清]徐灿：《苏幕遮·秋老》，选自《拙政园诗余》卷中，https：//www.bookinlife.net/book-35121-viewpic.html#page=60。

②[清]陈之遴：《满庭芳·寄湘蘋》，选自《浮云集》卷12，http：//read.nlc.cn/OutOpenBook/OpenObjectBook?aid=892&bid=107879.0。

乱后家山，意中愁绪真难说。春将去、冰台初长，绮钱重叠。炉烬水沉犹倦起，小窗依约云和月。叹人生、争似水中莲，心同结。

离别泪，盈盈血。流不尽，波添咽。见鸿归阵阵，几增凄切。翠黛每从青镜减，黄金时向床头缺。问今春、曾梦到乡关，惊鶗鴂。①

从此词更明显看出，丈夫降清，徐灿心中平添无限愁绪，一人留守故乡，叹光阴流逝，难免勾起思念夫君之情。末句以问句形式，借用杜鹃夜啼的意象（“鶗鴂”即杜鹃鸟，相传为蜀帝杜宇的魂魄所化，常常在夜里啼鸣，声音凄切），隐约流露出责备丈夫一去不返的情绪。徐灿的此种感受自然不是无中生有，妻子是最了解丈夫之人，陈之遴降清后，对故国亡灭漠然视之的态度，徐灿看在眼里，劝诫之辞也只能隐含于词文中。《念奴娇·初冬》曰：

黄花过了，见碧空云尽，素秋无迹。薄薄罗衣寒似水，霜透一庭花石。回首江城，高低禾黍，凉月纷纷白。眼前梦里，不知何处乡国。

难得此际清闲，长吟短咏，也算千金刻。象板莺笙犹醉耳，却是酒醒今夕。有几朱颜，镜中暗减，不用尘沙逼。燕山一片，古今多少羁客。②

陈之遴单身赴任，争为人上人的心志如铁，面对来自故乡妻子的嗔怨，也只能委婉应和安抚：

依然明月，照茫茫万里，几多陈迹。战鼓无声江静夜，惟见插天秋石。元亮荒凉，子山流落，尚有头堪白。花茵蝶友，此身曾卧香国。

无奈剪梦罗帏，刺肌锦辔，偏有霜风刻。击筑燕台谁把臂，安得狗屠朝夕。柴棘填胸，红尘扑面，试问谁相逼。江南欲赋，可怜何处词客。③

徐灿因家国之难，深深感叹自己“朱颜暗减”，“不知何处乡国”，不知“古

①[清]徐灿：《满江红·有感》，选自《拙政园诗余》卷下，http：//www.bookinlife.net/book-35121-viewpic.html#page=76。

②[清]徐灿：《念奴娇·初冬》，选自《拙政园诗余》卷下，http：//www.bookinlife.net/book-35121-viewpic.html#page=79。

③[清]陈之遴：《念奴娇·和湘蘋韵》，选自《浮云集》卷12，http：//read.nlc.cn/OutOpenBook/OpenObjectBook?aid=892&bid=107879.0。

今多少羁客”；而陈之遴认为虽然“花茵蝶友，此身曾卧香国”，但是现实却是“柴棘填胸，红尘扑面，试问谁相逼。江南欲赋，可怜何处词客”，更多地表现出成王败寇，应当接受现实的功利态度。两词稍加比较，不难看出夫妻二人对江山易代、明亡清兴的态度落差很大。清人谭献在《箧中词》中感慨“兴亡之感，相国愧之”①，谭氏之评当未失公允。

在陈之遴一再催促下，徐灿携儿女北上京城与丈夫团聚，途中吟作《满江红·将至京寄素庵》。全词多描写旅程的艰辛，开篇“柳岸欹斜，帆影外、东风偏恶”一句，总领全篇郁结不乐的基调，接下来“人未起，旅愁先到”，愁绪塞胸，无可化解，及至“满眼河山牵旧恨，茫茫何处藏舟壑。记玉箫、金管振中流，今非昨”，则再无回旋余地。加之旅途劳顿，内心煎熬，词人倍感“征途憔悴”，“病腰如削”。通篇读来，竟无半点赴京与久别丈夫团聚应有之喜悦之情。

徐灿于顺治五年（1648）到达京城与丈夫团聚。在北京虽过着优裕的“相国夫人”的生活，但远离家乡，眷恋故国和故乡之情叠加泛起，使得徐灿情不自禁发出河山易主、国亡家破的沉重感喟，“几日愁风和恨雨，乡梦教留住”（《醉花阴·风雨》）；“日望南云，难道梦归无据”（《风中柳·春闺》）；“记江南，熟吴蚕。芍药开时，花满澄潭……梦魂甘，是烟岚。西子湖头，结个花龛”（《惜分钗·旅怀》）。与之前丈夫仕明时赋成的多篇思乡之作相比，跟随丈夫仕清后的思乡之作，已经不再单纯停留在对青少年时代江南美好生活追忆的层面上，而伴随对故乡思念之情的，更多的是家国之思、兴亡之恨、人生之叹，个中情愫不可同日而语。

四、陈、徐夫妇笔下的沈阳

如前文所述，陈之遴先后两次被清廷流放沈阳，徐灿都伴随身边，之遴在沈居住9年，最终卒于戍所。徐灿在沈居住13年，前9年同丈夫相濡以沫，诗文唱和。之遴屡遭挫折后有所醒悟，将原来一门心思追求功名的价值观转到文学创作上来，似乎以诗为精神寄托，诗词创作不仅数量大增，而且作品内容由以往泛泛应酬交际之作居多，转而更加注重真情实感、才情兼备，为辽沈诗坛平添许多新曲。

①程郁缀编著：《徐灿词新释辑评》，中国书店2003年版，第10页。

顺治七年（1650），之遴在戍所编纂自己的诗集，以《论语》中“不义而富且贵，于我如浮云”之经言，冠名《浮云集》。凡12卷，录诗775首，前有之遴自序。《浮云集》卷12为词作，录词100首。粗查诗集中有七言绝句89首，吟咏辽沈的诗篇就有63首之多。下面，我们来看看陈、徐夫妇二人笔下的辽沈大地是怎样一幅景象。

1. **盛咏沈阳风物**

陈之遴夫妇自幼于水暖山温的江南长大，所吟诵的多是江南的山水和习俗。当流放到荒凉寒冷的塞北后，感观殊异，面对生平从未见过的关外风景，以独特之视角、敏锐之目光，描绘出一幅别样的辽沈风景习俗画卷。顺治十三年（1656）严冬，陈之遴第一次被遣送盛京居住。不久奉命回京，途中经过辽河，赋《渡辽河》一首：

残星黯淡月微棱，短晷长途每夙兴。
气息着髯皆积雪，唾珠脱口即坚冰。
总缘寒暑催人老，况复悲欢逐岁增。
却忆方舟东渡日，迅湍回卷白波层。①

北方的冬季，日短夜长，天气寒冷得“唾珠脱口即坚冰”。这些北方的自然现象，令诗人感到十分惊奇。再看《杪冬感兴六首》之四：

连宵猎火烛云黄，羽骑初回木叶旁。
四座割鲜争鹿尾，八珍陈馈益麅肠。
茅斋故让穷庐暖，椽笔难争舞剑长。
听曲每怜征客苦，不知垂老到沙场。②

杪冬，即暮冬（农历十二月）。猎人在冬季围猎，猎到野鹿后，猎手们兴高采烈地围坐在木叶山下，烧烤新猎的猎物，猎人们争抢切割“酒肴之最”，

①[清]陈之遴：《渡辽河》，选自《浮云集》卷7，http：//read.nlc.cn/OutOpenBook/OpenObjectBook?aid=892&bid=107879.0。

②[清]陈之遴：《杪冬感兴》之四，选自《浮云集》卷8，http：//read.nlc.cn/OutOpenBook/OpenObjectBook?aid=892&bid=107879.0。

即野鹿的尾巴。当时辽沈人酷爱野味珍馐，痛饮豪放之风令诗人耳目一新。如此鲜活生动的生活体验，令陈之遴的诗路从居京城时惯用的台阁式转向更加宽广的领域，诗词格调也一改先前的颓靡怨郁，转向苍劲豪放，颇有唐边塞诗韵味。类似风格的诗作还有《出猎歌三首》：

其一

旌麾八部蔽霜空，万里奔腾喜逆风。
高雁数行惊不定，半天霹雳起雕弓。

其二

四山组练合如云，虓虎骁腾独逸群。
千骑弯弧谁敢发，首功长让大将军。

其三

割鲜争奋鹂鹈刀，乳酒三巡杀气豪。
木叶山前风转急，松花江上月初高。①

其一写围猎旌旗蔽空的雄壮场面。其二写射猎时万马奔腾的浩大场面及大将军弯弓射雁的威武气势。其三写狩猎后将士争先啖肉、豪饮奶酒的痛快场面。此组诗生动描绘了八旗将士出猎时的盛大场景，鲜活再现了清初满族的尚武精神和剽悍气概。

陈之遴出身江南，塞北景物和气候的巨变，特别是北方冬季的严寒，深深触动这位命运多舛的老人的神经，正因为有了如此深刻的体验，陈之遴的笔下诞生出多篇震撼人心之作。如《苦寒》诗曰："滚滚黄沙卷戍旗，暮天风劲雁飞迟。重裘浑似绨衣薄，不到庭边那得知。"② 黄沙滚滚，沙卷戍旗，暮天风劲，鸿雁迟迟南飞。这四组镜头描绘出塞外冬季的常态景象。字里行间透出刺骨的寒气，即使身穿厚厚的裘皮衣，仍像穿着薄薄的绨衣一样难以御寒。关外苦寒，

①[清]陈之遴：《出猎歌三首》，选自《浮云集》卷11，http：//read.nlc.cn/OutOpenBook/OpenObjectBook?aid=892&bid=107879.0。

②[清]陈之遴：《苦寒》，选自《浮云集》卷11，http：//read.nlc.cn/OutOpenBook/OpenObjectBook?aid=892&bid=107879.0。

正如尾句诗人的一声感叹，不是身临其境是感知不到的，诗句也说明此时诗人的双脚是实实在在地踏在了辽沈大地之上。再如吟诵诗人平生未曾见过的北国风光："朔风驱雪雁群高，咫尺银州望郁陶。千局虎争惟我敌，百觚鲸吸让君豪。更无嘉客愁悬榻，谁向衰龄问鼓刀。闻道卜居殊适意，恰逢春色到东皋。"[①]此诗写给好友陆庆曾（字子渊）。时逢早春，诗人站在高地上，放眼展望，天空"朔风驱雪"，群雁高翔，地上"千局虎争"，两两对峙。此情此景，很容易让人联想到毛泽东的著名词句"山舞银蛇，原驰蜡象"。既然"嘉客"不能来这千里之外的"银州"，只好通过诗文和诗人一起分享这"千里冰封，万里雪飘"的北国风光了。与七律相比，陈之遴所作五言诗在描绘沈阳景物方面显得更为简洁明快，生动鲜活。如"寒服暄犹着，春花夏始舒"（《至盛京》）；"未到黄花发，先看白雪飞"（《八月二十五日雪》）；"日短山常暗，风高雪渐微"（《日短》）；"风轻横俊鹘，沙软卧明驼"（《大凌河》）；"短墙驰马度，斗室共鸡栖"（《塔山》），等等。诗人初来乍到，北方独有的景观风物在诗人眼中完全是闻所未闻、见所未见的奇观，这或许激发了诗人的创作欲望，写作了篇幅可观的诗文作品，而这些吟咏当时沈阳气候和景物的诗文，一方面表现出陈之遴流戍沈阳后的心境，同时也成为记录沈阳历史风貌的珍贵资料。

徐灿随丈夫到沈阳后，夫妇彼此感同身受，诗词创作内容和风格又渐趋一致。顺治十六年（1659）三月初，徐灿随丈夫第二次流放沈阳，即将到达戍地时，遥望沈阳城，颇生感慨，赋诗《望沈城》：

遥望层城带落晖，昔年曾此一枝依。
别来已见梅三发，到日惊看柳半肥。
莫向殊方悲失路，暂离尘网幸忘机。
秋空杲日中天照，旅雁征人却共归。[②]

远远望见落日余晖中沈阳城高大的城阙，离京时梅花正开放，到达沈城时柳叶已经半肥。尽管再一次被发配沈阳，可是诗人却并不感到悲伤，因为这样

①[清]陈之遴：《寄子渊》，选自《浮云集》卷8，http：//read.nlc.cn/OutOpenBook/OpenObjectBook?aid=892&bid=107879.0。

②[清]徐灿：《望沈城》，选自《拙政园诗集》卷上，《清代诗文集汇编》105，上海古籍出版社2010年，343页。

反倒可以忘掉俗世间的种种烦恼，过上与世无争的恬淡生活。当诗人经过辽阳城北的衍水，想起荆轲刺秦王的故事，荆轲举事失败被杀，策划者燕太子丹随父燕王亡命辽阳。太子丹为躲避秦军追杀匿于衍水间，燕王惧秦，杀太子于衍水以求全，结果燕依旧被秦亡国，因此事衍水更名太子河。面对夕阳下烟波浩渺的太子河，诗人感慨良多，赋《太子河》诗曰：

易水荆卿去，辽河太子来。
当时风色异，千载水声哀。
夕照斜荒渡，寒烟断古台。
燕秦俱寂寞，缅想重徘徊。①

身为亡国贰臣之妇，面对曾经上演国仇家恨悲剧的太子河水，怎能不勾起内心哀痛之情？想到无论成王败寇，终将随历史长河滚滚东逝，荣华富贵又何足挂怀？

2. **流放沈阳后复杂心态的表露**

前文对陈之遴、徐灿二人在仕明前、仕明期间、第一次被遣回乡以及仕清等不同时期的心态进行分析探讨。以下将结合二人的诗文作品，对两次流放沈阳期间，陈、徐二人的内心世界加以剖析。

陈之遴作为传统文化世家出身的士人，做出违背士大夫信条的行为，主动降清，成为贰臣，无论表面上如何为自己开脱辩解，其内心必然承受巨大心理压力，尤其是跌落到人生低谷时，心生悔恨之意在所难免。而这种无奈与悔恨体现在其戍沈后所作诗篇中尤为明显，如《冬夜》诗云：

风雪孤城戍鼓迟，平生心事一灯知。
相韩家世羞先烈，入洛声名误盛时。
万卷读残今若此，百年过半欲何为。
近来入梦多尘境，白石青松岂易期。②

①[清]徐灿：《太子河》，选自《拙政园诗集》卷上，《清代诗文集汇编》105，上海古籍出版社2010年，336页。

②[清]陈之遴：《冬夜》，选自《浮云集》卷8，http：//read.nlc.cn/OutOpenBook/OpenObjectBook?aid=892&bid=107879.0。

孤城中风雪交加的夜晚，诗人面对一盏如豆的油灯，一句“入洛声名误盛时”，以东吴名士陆机（261—303）在吴亡后仕晋之举自喻，表示自己因仕清，半世盛名毁于一旦，此处一个“误”，将悔恨之意表露无遗。就是这一个“误”字，在贬戍沈阳后，频繁出现在陈之遴的诗作中，再如《冬日感兴》：

朔风驱叶乱黄沙，宫树喧喧散晓鸦。
冠盖幽都仍帝里，雪霜孤宦自天涯。
南书涕尽山阳笛，北酒心寒塞上笳。
不为浮名谁误我，异时春苑悔看花。[①]

“不为浮名谁误我”句，表达诗人已经认识到从前一味追逐虚名浮利，给今天带来的无限悔意。再有“请看鸡树虚名误，莫向青云羡一飞”[②]。“鸡树”指宰相府邸中的树。此句说明，陈之遴对以往追逐功名确有悔意，不过虽然对过于追逐“浮名”“虚名”感到悔恨，但是仍然对清廷的召唤留有一线期待，企盼着再被朝廷召回。此种微妙的情绪还表现在写给友人的诗中，如《寄怀吴子汉槎》一首：

已度重关更出边，江东才子独颠连。
流年转眼人三十，故国伤心路八千。
拔帐怒风深夜里，没阶飞雪季秋前。
金鸡莫道无消息，只在天心一转圆。[③]

吴子汉槎，即文化流人吴兆骞。陈之遴对吴氏远戍边地深表同情，因此寄诗宽慰友人耐心等待“金鸡赦”。所谓“金鸡赦”是古代帝王大赦时举行的一种仪式。即在一高杆上立一金鸡，让被赦的刑犯围杆而站，敲一阵鼓后宣读赦令。凡服刑的罪人都企盼“金鸡赦”这一天的到来。陈之遴写此既是安慰友人，

---

①[清]陈之遴：《冬日感兴》，选自《浮云集》卷7，http：//read.nlc.cn/OutOpenBook/OpenObjectBook?aid=892&bid=107879.0。

②[清]陈之遴：《春暮赠郭彦深三首》之二，选自《浮云集》卷7，http：//read.nlc.cn/OutOpenBook/OpenObjectBook?aid=892&bid=107879.0。

③[清]陈之遴：《寄怀吴子汉搓》，选自《浮云集》卷8，http：//read.nlc.cn/OutOpenBook/OpenObjectBook?aid=892&bid=107879.0。

也是宽慰自己。徐灿也有同样的企盼，如“金鸡为报归期早，柳色依依引客程”（《庚子元日》），“秋空杲日中天照，旅雁征人却共归”（《望沈城》）。也许是因为陈之遴初次被贬沈阳，数月即见诏回，即便夫妇二人再次被流戍，仍然对朝廷会很快开恩召回充满期盼。然而世间事往往期盼越多，失落越大。这一次，直到陈之遴夫妇垂老之年，却再也没能等到来自君恩寡薄的顺治帝的一纸诏书，内心中无比凄凉的陈之遴发出绝望的哀吟：“千秋遗恨华亭鹤，五夜哀啼蜀国鹃。惭愧九京应念我，白头如雪滞重边。”[①]千秋遗恨，白首戍边，真可谓字字血、声声泪，一代才子怀着一颗至死不甘之心病死戍所。五年后，心中默念“悔杀双飞翼，误到瀛洲”的徐灿，强抑悲痛之情，扶丈夫之遴灵榇返回江南。

如果说陈之遴一生做官以失败告终的话，在文学创作上，绝对称得上比肩“前后七子”的杰出诗人。青年时期，陈之遴的笔下是风光旖旎的西湖美景；仕南明罢官返乡隐居拙政园时期，陈之遴的笔下是纤美忧郁的吴侬软语；谪戍辽海时期，陈之遴的笔下是凄苦悲痛的绝望之辞。具有讽刺意味的是，贬居沈阳后，终日无事可做，眼见回京无望，深陷无边无际思乡情绪中的陈之遴，反倒有了大把的赋诗填词的时间。每当萧索的秋季到来，面对窗外秋叶飘零，秋风瑟瑟，思乡之情化作沉郁凄婉的诗文自然抒发，一唱三叹，萦回不绝，如《秋日偶成》之一：

幽燕东北古营州，乱碛惊沙起客愁。
万里关山重出塞，一天风雨漫登楼。
吟诗每共哀蒲咽，伴老空怜短剑留。
昨上荒原醉萸菊，萧森满目故园秋。[②]

再如《秋日感怀》之一：

漫空木叶下龙沙，萧瑟孤城日易斜。
三载樵渔长混迹，九秋霜露独思家。

---

①[清]陈之遴：《读故友诗有感》，选自《浮云集》卷8，http：//read.nlc.cn/OutOpenBook/OpenObjectBook?aid=892&bid=107879.0。

②[清]陈之遴：《秋日偶成》，选自《浮云集》卷8，http：//read.nlc.cn/OutOpenBook/OpenObjectBook?aid=892&bid=107879.0。

平原忽过追风骑，古戍谁吹向月笳。
醉眼不惊乡土异，依然篱菊放黄华。[①]

《秋日闻鹤》之一：

黑山白水暮萧森，树树寒烟聚乱禽。
八月短衣无壮色，三年长铗有归心。
回肠月下龙城笛，素手霜前汉苑砧。
万里秋空同骋望，几行霜鹤度哀音。[②]

远在天边的“萧瑟孤城”“万里关山”“平原忽过追风骑”，难道是朝廷诏回的信使？不是，除了城头夜色中孤独的吹笳人，再有就是几行哀鸣的南飞鹤，是的，现实是如此残酷，被遗忘的诗人唯有借助酒精麻醉自己，与“篱菊”“霜鹤”为伴，“身老沧洲”。时光荏苒，年复一年，朝廷既不召回，又不赦免，回乡无望的诗人，精神几乎崩溃。“簿书扰扰过初春，满眼风波满面尘。却笑年年做归计，十年犹是未归人”[③]，一首《偶成》以自嘲的口吻直写诗人年年做归乡计划，却年年落空，沮丧绝望之情令读之者无语。嫁鸡随鸡的才女徐灿无辜受牵连，随夫远戍塞外，对故国、故乡的怀念比起夫婿来只多不少。如《踏莎行·初春》词曰：

芳草才芽，梨花未雨，春魂已作天涯絮。晶帘宛转为谁垂，金衣飞上樱桃树。

故国茫茫，扁舟何许？夕阳一片江流去。碧云犹叠旧河山，月痕休到深深处。[④]

①[清]陈之遴：《秋日感怀》，选自《浮云集》卷8，http：//read.nlc.cn/OutOpenBook/OpenObjectBook?aid=892&bid=107879.0。

②[清]陈之遴：《秋月闻鹤》，选自《浮云集》卷8，http：//read.nlc.cn/OutOpenBook/OpenObjectBook?aid=892&bid=107879.0。

③[清]陈之遴：《偶成》，选自《浮云集》卷11，http：//read.nlc.cn/OutOpenBook/OpenObjectBook?aid=892&bid=107879.0。

④[清]徐灿：《踏莎行·初春》，选自《拙政园诗余》卷上，http：//www.bookinlife.net/book-35121-viewpic.html#page=51。

人终究是能够做出改变以适应环境的。随着流寓北方时间的推移，陈之遴对北方的环境和气候逐渐适应，加之回京无望的感觉愈发清晰，接受现实，安于现状的心绪暗中萌生。这种情绪上的微妙变化，从其写给友人吴兆骞的诗作中可见端倪：

藜藿充盘短褐完，殊方风俗渐相安。
新诗率意成篇易，旧疾多端饵药难。
仅有东林堪憩息，翻思北寺共盘桓。
黄花不异乡关色，那得持杯共尔看。①

又如《寄陆鸣五》云：

陆生诗兴近如何？绝塞春残候渐和。
万里归心乡月冷，一天愁望岭云多。
擅场句好争年少，作客怀宽恃酒歌。
寄语赤城诸俊彦，莫因佳节感蹉跎。②

从这两首诗看出陈之遴进入“殊方”“绝塞”后，经过时日的打磨，开始习惯吃粗茶淡饭，穿布衣麻袍，同当地习俗也已“渐相安”，虽然旧疾在身，写起诗来仍畅快了许多，此地的黄花与家乡并无分别，只是不能和老友共同举杯赏花罢了。随着气候逐渐暖和，诗兴渐起，尽管思乡之情犹炽，还是劝慰各位诗友吟诗唱和，随遇而安。

综上，陈之遴流放沈阳期间可谓跌至人生谷底。从其所作诗文中，能够窥见其悔恨、思乡、盼诏，以及由绝望而生的一丝随遇而安的复杂纠结的心态。而此种复杂心态亦是当时一些流人文士内心状态的典型体现。

3. 参加冰天诗社，结缘诗僧函可

陈之遴流放到沈阳后，同盛京流人、流宦、文士等开始频繁交往，相互唱

①[清]陈之遴：《寄怀吴子汉槎》其二，选自《浮云集》卷8，http：//read.nlc.cn/OutOpenBook/OpenObjectBook?aid=892&bid=107879.0。

②[清]陈之遴：《寄陆鸣五》，选自《浮云集》卷8，http：//read.nlc.cn/OutOpenBook/OpenObjectBook?aid=892&bid=107879.0。

和。虽然他们各自经历不同，被贬谪的原因亦不同，但却有一个共同的身份——流人（流宦），正是这种同病相怜的共同境遇，使得他们一见如故，彼此唱和，直抒胸臆，相互慰藉，借用今天的一句流行语就是——抱团取暖。其中诗僧函可是当时辽沈文坛公认的领袖，陈之遴与其交往甚多。顺治七年（1650）冬，函可创建盛京地区第一个文人结社——冰天诗社，陈之遴应邀参加诗社活动，成为诗社社员。在不断接触中，陈之遴同函可等文士结下深厚友谊。顺治十六年（1659）十一月，函可和尚圆寂后，陈之遴赋《悼剩公》挽诗一首：

朔雪萧萧祇树林，紫衣长掩石龛深。
公真圣果身如寄，我自凡情涕不禁。
电火难留方外友，风霜偏集客中心。
千山尚有莲花座，夜夜松涛想法音。①

此诗不仅述说了二人之间的深厚友谊，还抒发了对诗僧平生遭遇的深切同情。三年后，陈之遴又同流人郝浴等亲送函可法身入塔，并赋诗为纪："几年踪迹叹飘蓬，短鬓萧萧紫塞东。又向逆风挥老泪，一天冰雪送支公。"②陈之遴同函可不仅是诗友，还有很深的佛缘。前文讲过，陈之遴在少小时经常到佛刹礼拜静修，并同一些高僧保持往来，直接得到密云圆悟（1566—1642）禅师的开示。彼时他对佛学感兴趣，更多停留在附庸风雅阶段，中举当官后庶务繁忙，对佛学的追求几乎停止。而流放到盛京后，生活艰辛，内心无主，恰在此时，好友函可禅师在沈阳七大法寺传道布法，颇受受众欢迎，陈之遴在聆听了函可讲法之后，使得原本藏于内心的佛学种子重新萌发，"终焉依贝叶，天外一茅庵"③。从这时起，礼佛参禅不再是装饰门面的雅事，而成为生活中的一部分。如《秋日漫成》曰：

晚岁诸缘尽，逢秋更不悲。

①[清]陈之遴：《悼剩公》，选自《浮云集》卷8，http：//read.nlc.cn/OutOpenBook/OpenObjectBook?aid=892&bid=107879.0。

②[清]陈之遴：《送剩公入塔》，选自《浮云集》卷11，http：//read.nlc.cn/OutOpenBook/OpenObjectBook?aid=892&bid=107879.0。

③[清]陈之遴：《春暮》，选自《浮云集》卷9，http：//read.nlc.cn/OutOpenBook/OpenObjectBook?aid=892&bid=107879.0。

虚窗含月好，凉簟席云宜。
瀹（音越，煮意）菊充香茗，羹葵佐薄糜。
偶从山寺憩，懒屐暮归迟。[①]

又如《挽许霞城年伯》曰“……净土元非幻，浮生孰肯寻。近来羁远域，颇亦托禅林。客况安辽俗，乡心寄越吟……”[②]还有多篇记载与方外友人的交往活动。如《含雨上人过访赋赠》《过上人精舍》《柬上人》《冬日柬上人》《寿上人》《老僧贻一笋》《寄山僧》《山寺偶成》《登观音阁》等。而此时与陈之遴苦难相守的徐灿，也开始随陈之遴诚心向佛，《和素庵写金刚经作》诗曰：“朝朝探般若，尘念醒心头。渐解经中义，浑忘塞上秋。慈光元普照，法相可追求。但得依三竺，何须访十洲。”[③]“金刚经”，即《金刚般若经》或称《金刚般若波罗蜜经》，为禅宗主要经典。此时的徐灿已经能够做到“朝朝探般若”，“渐解经中义，浑忘塞上秋”，从诗中描述看，较之夫君，徐灿笃信禅宗大有后来居上之势，这也为徐灿在陈之遴死后，送丈夫遗骨归乡皈依佛门打下了伏笔。

与陈之遴交往密切的方外人士中，除剩人函可外，还有两位时居沈阳的上师道人——李希与、苗君稷。李、苗二人俱为三官庙道士，函可发起冰天诗社时，李、苗与陈之遴都加入诗社成为诗友，加之陈之遴晚年参禅信佛，经常与函可、李希与、苗君稷三人学佛论道，诗文唱和。函可圆寂不久，李希与相继羽化，陈之遴悲恸赋诗《冬日过一粟斋怀李尊师》：

去年冒雪恸支公，此日乘云失葛翁。
世外有交皆寂寞，人间何事不虚空。
霜封玉匣残经在，月冷瑶琴雅奏终。
真觉此身如一粟，莫从沧海问西东。[④]

---

①[清]陈之遴：《秋日漫成》，选自《浮云集》卷6，http：//read.nlc.cn/OutOpenBook/OpenObjectBook?aid=892&bid=107878.0。

②[清]陈之遴：《挽许霞城年伯》，选自《浮云集》卷9，http：//read.nlc.cn/OutOpenBook/OpenObjectBook?aid=892&bid=107879.0。

③[清]吴骞辑：《和素庵写金刚经作》，选自《拙政园诗集》卷上，上海博古斋民国壬戌年影印本，第46页。

④[清]陈之遴：《冬日过一粟斋怀李尊师》，选自《浮云集》卷8，http：//read.nlc.cn/OutOpenBook/OpenObjectBook?aid=892&bid=107879.0。

陈之遴对李希与以尊师相称，足见对其尊敬之意。在连失师友的情形下，陈之遴悲恸之余，愈加看破红尘，深感“人间何事不虚空”，进一步认识到人之于天地宇宙，不过如沧海一粟罢了，人生在世，又何必蝇营狗苟，追逐虚名浮利？再如《秋日感怀》之七云：“闻说罗浮有洞天，瞿真灵阙俯龟渊。石楼挂月青霄上，玉树凌霜白凤边。曼倩取容终弃俗，景纯多故欲游仙。临风颇发骖螭兴，华发盈头已数年。”[①] 诗中想象奇瑰，辞藻华丽，抒发了步入老年的陈之遴，幻想能够像东方朔、郭璞那样驾骖螭跃上幽清灵异的仙境，成为无拘无束、没有人世烦忧的仙人的渴望之情。关于丈夫对羽化成仙的渴求，徐灿诗中亦有所反映：

游戏尘寰六十秋，几回荣辱总浮沤。
偶耽翰墨仍无著，独信神仙必可求。
霜后橘红怀震泽，月中梅白忆罗浮。
共寻云际琼台路，不向昆仑十二楼。[②]

此诗写于康熙三年（1664），为丈夫陈之遴六十岁生日而作，叙述陈之遴六十年荣辱沉浮，“偶耽翰墨”终老他乡，而今却“独信神仙必可求”，尾联则表明徐灿本人同样笃信佛法，要和丈夫“共寻云际琼台路”，说明此时陈、徐夫妇二人在渴望脱离凡尘苦海、得道成仙方面已经达成了高度一致。同时为陈之遴六十寿诞祝贺的还有苗君稷，作为相知多年的诗友，苗君稷作贺诗一首：

由来宠辱不惊身，闲伴渔樵复几春。
白发至今怀圣主，斑衣遥望恋慈亲。
云停天畔吴歌起，酒泛花前玉露新。
漫谓沧桑同野梦，三山曾记有灵椿[③]。

---

①[清]陈之遴：《秋日感怀》之七，选自《浮云集》卷8，http：//read.nlc.cn/OutOpenBook/OpenObjectBook?aid=892&bid=107879.0。

②[清]徐灿：《素庵六十初度》，选自《拙政园诗集》卷上，《清代诗文集汇编》105，上海古籍出版社2010年，347页。

③[清]苗君稷：《祝素庵陈老居士六十初度》，选自姜念思校注《焦冥集》，沈阳历史文化典籍丛书第六辑，沈阳出版社2017年版，第107页。

颔联直写陈之遴身老关东，犹念皇上，思亲怀乡，可谓深知之遴心者。而在另一首《和素庵居士自寿原韵》中有句“慷慨漫言深岁月，殊恩应许玉关回”，对之遴始终期盼皇上诏回之心极力安慰，读来令人唏嘘。也许正是因为从佛法中寻找到精神上的慰藉，以及来自诗朋文友的关怀勉励，谪戍沈阳后精神肉体承受极度痛苦的陈之遴开始逐渐面对现实，适应北方生活，这一点其诗文中亦有所反映：

野人今渐狎，杯酌屡逢迎。
塞酒兼甘酢，村庖半熟生。
日长余暮色，溪暖动春声。
共卜西成好，清明永昼晴。①

此诗反映了诗人经常到郊外与农夫饮酒，时间久了，农人也变得狡猾，学会逢迎说好话，诗人也不介意乡村饭菜“半熟生”，还在一起占卜秋天的收成，预测清明的天气。整首诗格调轻快，朴实清爽，看得出诗人的心情始终是愉悦的。说明这一时期，诗人不仅仅同文人方士交往，还开始走进乡村，同纯朴热情的村民喝酒聊天，让我们看到生活中陈之遴真实的另一面。正因为如此，无论是被动还是主动，陈、徐夫妇居沈期间，留下了许多内容丰富、才情飚举的诗篇，一方面为今人了解他们夫妇提供了文字资料，另一方面这些优美深情的作品，无疑成为沈阳文坛宝贵的财富。

五、陈、徐诗词评价

陈之遴、徐灿夫妇平生都酷爱诗词，吟诵不辍。陈之遴有《浮云集》存世，徐灿有《拙政园诗余》《拙政园诗集》存世。后人对于二人诗词造诣的评价，亦是一个有趣而值得关注的内容。

---

①[清]陈之遴：《饮郊外》，选自《浮云集》卷6，http：//read.nlc.cn/OutOpenBook/OpenObjectBook?aid=892&bid=107878.0。

关于徐灿，文学界几乎一致认为她是清代第一位女词人，“盖南宋以来，闺房之秀，一人而已”，就算将陈维崧这一句评语延伸至今时今日，恐怕亦不为过。坊间关于徐灿作品的论说文字连篇累牍，本论不再赘言。而对陈之遴的诗词评价则有两种声音，可谓泾渭分明。一种认为陈之遴诗词水平不高。如邓之诚（1887—1960）认为：“……其人不足道，而诗词意捷语新，稍嫌才累。诗格颇似吴伟业。”[①]《四库全书总目提要》亦评说：“其诗才藻有余，而不出前、后七子之格。”[②]概括二位评家的意见，均认为陈之遴的诗词作品才学有余，而格调不足。另外陈之后人在为陈之遴诗集《浮云集》所作序文中提到“相国学有根底，诗、古文、辞皆卓然可传世。或以制义一体掩其全学，而相国之真不见，顾其全集既未遑辑刊，而所传《浮云诗集》亦以流播不广未得人人读之”。[③]此序文中首先肯定陈之遴有大学问，其次指出人们更多注意他的科举文章，而忽视了其他，再加上陈之遴的文集一直没有刊印，致使很多人对陈氏的文学成就知之甚少。序文所述有其一定道理。相反对陈之遴诗词持赞扬观点者亦有之。袁行云在《清人诗集叙录》中称其“《高梁篇》《姑苏元夜篇》《汴梁行》《白靴校尉行》《冰车行》《羊皮半臂行》，华实相副，酷似吴伟业”[④]。邓汉仪在《诗观三集》中称“其诗雄浑清壮，固堪建帜词坛”[⑤]，当属江南三大家之一。徐世昌在《晚晴簃诗汇诗话》中赞其“七律才情飚举，实过梅村……前人选本仅选一二小诗，殆犹多忌讳也”[⑥]。

上述给予陈之遴诗词较高评价中饶有兴味的是，大多指出陈诗与吴伟业诗相近。既然提及吴伟业，这里有必要谈谈陈之遴和吴伟业二人的关系。作为得到康熙帝御诗亲赞的吴伟业，乃明清之际文学大家，长歌《圆圆曲》脍炙人口，学白乐天，而能青出于蓝，创“梅村体”。吴伟业在《亡女权厝志》一文中，对于吴、陈两家的渊源有过简略叙述，“陈，海宁大姓也。今相国初在翰林，与余同官，其生子女也，又同岁。相国之父中丞公以婚请，年十八，始礼成，归于相国子孝廉容永，字直方，时相国守司农卿，而直方北闱得举，施衿之夕，

①钱仲联：《清诗纪事（顺治朝卷）》，江苏古籍出版社1987年版。

②《四库全书存目丛书》，齐鲁书社1997年版。

③[清]陈之遴：《浮云集》序，http：//read.nlc.cn/OutOpenBook/OpenObjectBook?aid=892&bid=107878.0#reloaded。

④袁行云：《清人诗集叙录》，文化艺术出版社1994年版。

⑤[清]邓汉仪辑：《诗观三集》卷一，http：//www.guoxuedashi.com/guji/zx_5112386yxos/。

⑥[清]徐世昌《晚晴簃诗汇诗话》卷二十一。转引自http：//www.guoxuedashi.com/shijian/302313pqdv/。

以高门勉之。既馈，而翁姑交贺，曰‘此贤妇也’”。[①] 这段文字叙述了吴、陈两家联姻的经过，可知在吴伟业眼中，陈氏属望族大姓，女儿能够嫁到陈家，属于嫁入豪门，并且，女儿的品行德才也得到陈家的认可。志文的后半部分则主要讲述陈之遴一家犯案被贬，导致女儿与丈夫陈容永人隔两地，终不得相见，女儿病势沉重，呕血而死。对于女儿女婿及亲家一家的悲惨命运，吴伟业以一组七律[②] 表达其哀痛之情，试看其中三首：

其一

诏书切责罢三公，千里驱车向大东。
曾募流移耕塞下，岂迁豪杰实关中。
桑麻亭障行人断，松杏山河战骨空。
此去累臣闻鬼哭，可无杯酒酹西风。

其四

浮生踪迹总茫然，两拜中书再徙边。
尽有温汤堪疗疾，恰逢灵药可延年。
垂来文鼠装绵暖，射得寒鱼入馔鲜。
只少江南好春色，孤山梅树罨溪船。

其一哀叹陈之遴因犯案被贬戍关外，千里之外，荒凉之地，此去恐怕凶多吉少；其四则明知关外生活艰苦，只能勉强安慰曾经官高爵显的亲家，东北物产丰富，自然资源优越，不如入乡随俗，随遇而安吧。

其六

齐女门前万里台，伤心砧杵北风哀。
一官误汝高门累，半子怜渠快婿才。
失母况经关塞别，从夫只好梦魂来。
摩挲老眼千行泪，望断寒云冻不开。

①[清]吴伟业著：《亡女权厝志》，选自《梅村家藏稿》卷四十九，《清代诗文集汇编》29，上海古籍出版社2010年，220页。

②[清]吴伟业著、吴翌凤注：《吴梅村诗集笺注》，世界书局印行1936年版，第413页。

后一首写自己女儿夫妻分离，不能相见。老父眼睁睁看着女儿历经不幸却帮不上忙，怜惜女儿、内疚自责之辞，读来实在令人痛心。吴伟业这一组七律诗，既是为亲家陈之遴惋惜，也是为自己女儿哀痛，同时也是为同样身为贰臣的自己处境险恶而忧心忡忡，这几种复杂的情感交织在一起，使得诗文读来情真意切，正如前人评语“真一字一泪”。由此可见，论者以为陈诗格调似吴梅村，而居梅村之后，多半还是从陈之遴做官为人多有为士人不耻处出发，尽管吴梅村迫于压力违心仕清，总体上表现得远不如陈之遴急功近利，处心积虑，而事实上，如果不算吴伟业颇负盛名的“梅村体”长篇歌行，单纯就诗词创作，尤其是七律的水平来看，陈之遴未必居于吴梅村之下。在此来比较吴、陈两组七律，试看其格调如何：

长安杂咏①

玉泉秋散鼎湖龙，
世庙玄都閟御容。
绛节久销金灶火，
青词长护石坛松。
运移梅福身难去，
道向麻姑使未逢。
重过竹宫闻夜祭，
徐无仙客话干封。

燕京杂诗②

幽燕都会历元明，
九鼎迁来自旧京。
天子待边常自将，
通侯出塞几专争。
南包百粤开荒服，
东引三齐达大瀛。
谁使金瓯终缺陷，
赤眉青犊满都城。

其三

鼓角鸣鞘下建章，
平明猎火照咸阳。
黄山走马开新埒，
青海求鹰出大荒。
奉辔射生新宿卫，

其五

神宗中页久熙康，
龙战元黄在庙堂。
从此群公轻国恤，
终令剧贼乱天常。
八鸾晚出金堤月，

①[清]吴伟业撰：《长安杂咏四首》，选自《清代诗文集汇编》29之《梅村家藏稿》卷16，上海古籍出版社2010年版，第86页。

②[清]陈之遴《燕京杂诗》选自《浮云集》卷七，http：//read.nlc.cn/OutOpenBook/OpenObjectBook?aid=892&bid=107879.0。

带刀行炙旧名王。　　　　五凤秋芜粉堞霜。
侍臣献赋思遗事，　　　　莫叹簪绅刀俎尽，
指点先朝说豹房。　　　　鼎湖遗憾杳难偿。

以上两组七律分别是吴伟业的《长安杂咏四首》和陈之遴的《燕京杂诗十二首》，从选取二人的各两首咏帝都诗来看，无论从立意、格律、文辞、对仗还是气势来看，客观地说难分伯仲。而像陈之遴之《秋日杂感十首》《秋日偶成八首》《秋日感怀八首》等七律组诗，均为谪戍沈阳后之作，无不哀婉悲凉，慷慨凄壮，似此等心血之作，非亲身经历者固难名状，此系列作品，却非梅村能为之者也。

谈及陈诗之格调，还有一人可做参照，就是陈之遴、吴伟业二人共同的友人——吴兆骞。吴兆骞（1631—1684），字汉槎，号季子，吴江松陵镇人。少有才名，顺治十四年（1657）科场案无辜遭累，遣戍宁古塔二十三年。若论荒凉苦寒，沈阳与宁古塔（黑龙江宁安）相比，只能是小巫见大巫。正因为身处八月即飞雪、九月河水冻的苦寒之地，才使得兆骞诗作慷慨悲凉，“胡笳羌管，独奏边音”，有“边塞诗人”之誉。陈之遴与吴兆骞是旧相识，知道吴兆骞远戍宁古塔，陈之遴不止一次寄诗问候，兆骞亦回赠和诗：

奉寄陈相国素庵先生①

昔岁从公别蓟门，短衣涕泪日双痕。
谁怜阮籍居穷路，独向平津感旧恩。
空碛冰横秋未晏，乱山沙起昼长昏。
侧身西望临屯塞，满目寒云断客魂。

答吴汉槎②

乌龙江外海东陲，白月黄沙夜夜悲。
自是汉家常远戍，相传唐将有丰碑。

①[清]吴兆骞《奉寄陈相国素庵先生》，选自《清代诗文集汇编》122之《秋笳集》卷3，上海古籍出版社2010年版，第252页。

②[清]陈之遴：《答吴汉槎》，选自《浮云集》卷八，http：//read.nlc.cn/OutOpenBook/OpenObjectBook?aid=892&bid=107879.0。

千群鸣镝凌风出，四野哀笳带雪吹。
犹有惊人诗句在，醉濡柔翰一扬眉。

吴诗在表达对相国陈之遴的感激之余，描述了宁古塔恶劣的自然环境。陈之遴的和诗对黑龙江地区的极端气候表现出无奈之外，尾联却在安慰兆骞的同时，激励其勇敢面对命运之挑战，颇见大丈夫气概。试想彼时兀自身陷穷地的陈之遴，尚能发出如此振奋人心之语，指其“格调不高”，恐有失公允。

康熙六年（1667）一个安静的黄昏，简陋清冷的盛京戍所内，行将走到生命尽头的陈之遴横躺在卧榻之上，口中缓慢地吟道“如今真老矣，看双鬓，憔悴不须秋……”虚弱的握住妻子徐灿的手缓缓地松开……

陈之遴、徐灿夫妇二人一生坎坷，结局悲凉。如果说妻子徐灿的不幸是因为一朝错嫁、遇人不淑的话，那么陈之遴的人生轨迹则未免有铤而走险、咎由自取的意味。或者再宽容一些说，出身“一门三阁老，六部五尚书”的海宁陈氏的陈之遴生不逢时，身处朝代鼎革之际，其人格中重利轻义的一面被放大到极致，其个人的悲剧，毋宁说是时代大悲剧的一个小小的分镜头罢了。幸而本论记述评价的是作为文学家的陈之遴，而不是作为政治家的陈之遴，陈、徐夫妇二人在沈阳的所吟所诵，同函可、陈梦雷、戴梓等流人作家一样，为沈阳的文学宝库平添了一份光彩夺目的文学瑰宝，而陈之遴、徐灿夫妇二人的名字同样将长久地镌刻在沈阳的文学丰碑之上。

遭逢荣辱未须论[①]——陈梦雷

在清代沈阳作家群中，有位文化奇才，一生笔耕不辍，著述颇丰，迄今有《松鹤山房文集》二十卷、《松鹤山房诗集》九卷、《周易浅述》八卷、《闲止书堂集钞》二卷行世。还主持修纂《盛京通志》及审定《承德（沈阳）县志》《海城县志》《盖平县志》，主持编修巨型类书《古今图书集成》。此人为沈阳乃至中国文化发展做出巨大贡献，他就是大名鼎鼎的陈梦雷。

一、英才少年

陈梦雷，字则震，号省斋，晚号松鹤老人，别号天一道人。清顺治七年（1650）出生在福建侯官（今福州）一个书香门第之家。

家庭环境的熏染对孩子如何成长关系甚大。陈梦雷之所以能够成长为一位人品、学品均超凡的大学者，除却自身超人的天赋外，同他自幼受到父亲严格教诲、精心呵护不无关系。其父陈会捷，字斌侯，号宾廷。会捷的父亲，即梦雷的祖父谢世较早，他是由母亲林氏“抚育教诲”长大。关于其母如何教诲会捷尚不见资料记载。但会捷自身表现也能说明一定问题。文献说他天资颖悟、磊落不群，小小年纪颇识礼数，父亲病逝时，年仅七岁的陈会捷“哀毁如成人礼”，稍长便显出“器识过人”，“超然自远，纵观史传百氏外乘诸书”。这位饱读诗书的会捷，“见明季天下多事”，“遂不事举子业”，而朝夕侍奉母亲膝下。尽管时逢明清鼎革之际，天下离乱，但是老母亲仍然能够做到“甘旨

①[清]陈梦雷：《杨道声赠余六十初度四律依韵奉答》，选自《清代诗文集汇编》179之《松鹤山房诗集》卷5，上海古籍出版社2010年版，第125页。

无旷”，这其中“吾父（陈会捷）力居多”。并且婚后与夫人一同侍奉老母“奉养益加备至”，然而老母终因年老体弱，于八十一岁病逝，会捷“号恸不欲生”①。由此可见，会捷自幼时起就受到良好家教，也足证会捷具备为人师、为人父的资格。会捷得子较晚，直到四十多岁才有梦雷、梦熊、梦鹏三兄弟。

陈会捷决意放弃科举入仕之后，将全部精力和学问都倾注到培养和呵护孩子身上。梦雷还在襁褓中时，就教他学读《论语》《孟子》及“五经”古文辞各数篇，结果小家伙听后竟能“成诵”，父亲对梦雷的聪明感到惊奇，更加钟爱和督促梦雷学习。到梦雷六岁就塾师时，已经“粗晓文义”。见此状，父亲对其益加爱护，同时加强了管教力度，“督课蚤夜不少休，以至起居坐立稍轻跛必戒，语言动作稍轻率必惩”。不仅督导课程，起居、坐立、语言、动作等稍有“轻跛”“轻率”不合礼数之举，就要受到惩戒。俗语云，严师出高徒，由于父亲严加管教和督导，梦雷的聪明才智得到快速有效的开发，学业大进，竟在十二岁参加院试时，一举“倖列泮宫”②。何谓泮宫？院试是国家科举考试最初一级，参加院试成功者称为生员。考生成为生员后要进府一级或县一级的国家学宫学习，清代各地学校称之为学宫。学宫中有半椭圆形水池，所以考取的生员称之入泮宫。生员，俗称秀才、相公。做了秀才身份就不一般了，表明已脱离了平民阶层，开始进入统治阶级队伍之中，这也是进入仕途的起点。

按清代科举制度，院试分岁试和科试两场，通过岁试仅是获得进入宫学读书的资格，还必须通过科试，只有通过科试才准许参加更高一级的乡试。而此时科试内容有很大更革，即“易八股为策论，策问多时务经济”③。这对各生员来说是很大的挑战。长久以来，生员们把全部精力消耗在八股文上，从形式到内容全部禁锢在“四书五经”中，“代圣贤立言”，对社会生活、国家大事茫然无知。经此变革，将考试内容转到“时务经济”，使考生特别是那些所谓饱学宿儒不知所措，即使聪明绝顶且博览诸子百家的梦雷，一时也“患博而靡所折衷”。其父见状后，及时送他一部明人胡广等撰著的《性理大全》，并提示说，宋儒有关“内圣外王之学，具是究心焉，可矣”。梦雷谨遵父嘱，认真

①[清]陈梦雷：《皇清原刺封徵仕郎翰林院庶吉士乡饮大宝七十四寿斌侯二府君行状》，选自《清代诗文集汇编》179之《松鹤山房文集》卷19，上海古籍出版社2010年版，第494页。

②[清]陈梦雷：《皇清原刺封徵仕郎翰林院庶吉士乡饮大宝七十四寿斌侯二府君行状》，选自《清代诗文集汇编》179之《松鹤山房文集》卷19，上海古籍出版社2010年版，第494页。

③[清]陈梦雷：《原皇清刺封儒人先室李氏行述》，选自《清代诗文集汇编》179之《松鹤山房文集》卷19，上海古籍出版社2010年版，第499页。

翻读《性理大全》，用心感受宋儒学说，很快从中领悟要旨，“始知学有本源”①。

时值学政进宫学“月课”，面对新的测试内容，诸老先生亦面面相觑，“或多谦让，彼此疑义相质”，而尚在“稚年”的梦雷坦然自若，条理清晰地应对了考官诸项发问，赢得满堂喝彩，自然成功通过了科试，取得了参加乡试的资格，时年梦雷十五岁，这该是他人生中一件大喜事，而他事先并不知情的是，就在他精彩回答主考官策问时，使一位从旁“窃听”者李木长公大为惊异，结果给梦雷带来又一桩大喜事。

李木长公是当时福清县（今福建福清市）大富商，长期经营海外生意，家境富裕。由于清初实行海禁，无法“翱游海外”，便侨居浙江永嘉（今温州市），膝下仅有一女。此女“自幼明慧，善承父母意。稍长勤女红习书史，言笑不苟”，深得木长公钟爱，一定要给爱女找个好郎君，“遂远遊觅婿久之无可意也”。康熙四年（1665）复还侯官学宫之南赁房而居，平时常常偷闲到学宫教室外听诸生应对考官策问。当听到梦雷对答如流时引起他很大兴趣，接着请学宫书吏找出梦雷另外文卷，阅后“益心赏”，遂请人向梦雷父亲表示愿为爱女择婿之意。而梦雷父亲会捷久慕木长公“令德高风”②，便欣然答应这桩婚事。梦雷顺利通过科试，又同大富商之女订婚，可谓双喜临门。

梦雷取得乡试资格后，便为迎接乡试做准备。在科举途中，参加乡试者很多，录取名额有限，故竞争非常激烈，有许多生员至耄耋之年不曾中举，久困场屋，这种情况在清代笔记小说中屡见不鲜。而梦雷于康熙八年（1669）参加乡试，又一举考中举人，时年仅十九岁。

按清代科举制度，生员中举人后，就有资格参加次年在礼部举行的会试，时间多为二月，所以又叫“春闱”。梦雷是康熙八年（1669）八月中举人，要参加翌年二月会试，必须马上启程北上。千里迢迢，只身远行，严慈的父亲担心他“稚不更事”，便不辞辛劳陪同梦雷北上。梦雷才华横溢，没有辜负老父的辛苦和期望，又一举成功考中二甲第三十名进士，馆选翰林院庶吉士，读书庶常馆。庶吉士为七品官，按清制有品级官员授予至亲封号的规定，加之正值为已故的慈和皇太后进谥号，升祔太庙，实行覃恩封赏，梦雷父会捷得封征仕郎、

①[清]陈梦雷：《原皇清刺封儒人先室李氏行述》，选自《清代诗文集汇编》179之《松鹤山房文集》卷19，上海古籍出版社2010年版，第499页。

②[清]陈梦雷：《原皇清刺封儒人先室李氏行述》，选自《清代诗文集汇编》179之《松鹤山房文集》卷19，上海古籍出版社2010年版，第499页。

翰林院庶吉士。梦雷的未婚妻李氏因事先呈报吏部，吏部又题请上奏，奉旨封李氏为孺人。梦雷安顿好后，其父南归，他跪在父亲乘坐的舟旁送别，老父谆谆告诫他时时要“以褊激浅露为戒”[①]。陈父回乡一年后携夫人和李孺人返回京都，当即令梦雷同李氏在北京完婚，时在康熙十年（1671）十一月。

按清初规定，新进士要在庶常馆学习三年，期满后由御试分别等第再授官，“优者留翰林为编修、检讨，次者改给事中、御史、主事、中书、推官、知县、教职”[②]等。梦雷学习期满后，皇帝授官翰林院编修，说明梦雷在庶常馆学习期间，刻苦努力，成绩优秀，又一次没有辜负父亲的嘱教。梦雷在编修上任不久，其母不服北方水土，思归故里，梦雷请假同妻子孺人一起送二老返乡，腊月抵福州。进城时受到热烈欢迎，“具仪仗鼓吹，家人抱三岁男乘马以从，城内外观者如堵”。梦雷此次回乡，算是衣锦还乡，受到倾城欢迎，可谓盛况空前。可悲的是，这位大才子平生仅享受这一日尊荣，尔后就厄运连连。正如他自己所言：“盖孺人自归余，仅享此一日之荣，而此后之颠连困苦，有不可问者矣。”[③]陈梦雷自幼就聪明过人，稍长在严父陈会捷严厉督教和精心呵护下，才智得到充分开发，使其茁壮成长，十二岁成秀才，十九岁中举人，二十岁中进士，虽不比连中三元（解元、会元、状元），也是科举入世的佼佼者，称得上名副其实的英才少年。

二、流放沈阳

康熙十二年（1673）八月，梦雷携李孺人送二老回到福州老家。第二年遇到靖南王耿精忠叛乱，为借助名人欺骗社会，收拾人心，耿氏极力诱逼梦雷出任伪翰林院编修，梦雷拒不接受，耿氏大怒。梦雷父为防不测，建议他入城内乌石山僧寺，削发披缁。耿氏以拘其老父相威胁，甚至扬言杀梦雷全家，梦雷无奈，欲以死殉国，其父劝道，“耿逆庸劣下才，兵微饷寡，势必穷蹙自败。

---

①[清]陈梦雷：《原皇清刺封征仕郎翰林院庶吉士乡饮大宾七十四寿斌侯二府君行状》，选自《清代诗文集汇编》179之《松鹤山房文集》卷19，上海古籍出版社2010年版，第495页。

②[清]赵尔巽等撰：《选举志》三，选自《清史稿》卷108，中华书局1977年版。

③[清]陈梦雷：《原皇清刺封孺人先室李氏行述》，选自《清代诗文集汇编》179之《松鹤山房文集》卷19，上海古籍出版社2010年版，第499页。

不如阴行侦谍，散其人心，离其将帅，遣人从间道出通消息，以报国家”[①]，梦雷听从父亲指点，为“防杜不测，遂胁以伪官”，但“不受事而归，辞其印札，不赴朝贺，瘠形托病”[②]。就这样同耿氏集团虚与周旋，从中借机侦伺叛党情形，以期向朝廷通报信息，尽早平定叛党。

康熙十四年（1675）五月，梦雷正受煎熬之时，李光地回乡探亲。李光地（1647—1718），福建安溪人，字晋卿，号厚庵，又号榕村，与陈梦雷同榜进士，授编修。由于两人是同乡，又同朝为官，往昔就结为好友。李光地一回到家乡就被叛军逼至福州投见耿精忠，后至梦雷家中。梦雷认为李光地此时回乡是自投罗网，故一见面非常生气，两人大吵起来，经梦雷父母从中调和，两人才冷静下来，共同商量脱险之策，结果决定：“不孝（梦雷）身在虎穴，当结杨道声以溃其腹心，离耿继美以隳其羽翼，阴合死士以待不时之应，年兄（光地）遁迹深山，间道通信，历陈贼势之空虚，与不孝报称之实迹，庶几稍慰至尊南顾之忧。”[③]梦雷怕光地担心他走后的事，便磊落说道：“万一贼疑，怒至发兵拘捕，吾宁扶病而出，以全家八口为保”[④]，光地听后放心地走了。二人分别之际，相互约誓。梦雷说：“他日幸见天日，我之功成，则白尔之节；尔之节显，则述我之功。倘时命相左，郁郁抱恨以终，后死者当笔之于书，使天下后世知国家养士三十余年，海滨万里外，犹有一二孤臣，死且不朽。”光地接着发誓说：“果能保全者，本朝恢复日，君之事予任之。”[⑤]两人把话说明白后，光地借口父病，携带梦雷设计的“蜡丸密疏”离开福州北上，自此梦雷开始苦苦等待年兄光地的消息。

光地进京后，向朝廷呈上“蜡丸密疏”。他在此疏上做了手脚，只书他自己名字，没有梦雷名字[⑥]。康熙帝看见蜡丸密疏后十分赏识光地，将他由编修

①[清]陈梦雷：《抵奉天与徐健菴书》，选自《清代诗文集汇编》179之《松鹤山房文集》卷13，上海古籍出版社2010年版，第388页。

②[清]陈梦雷：《与李厚菴绝交书》，选自《清代诗文集汇编》179之《松鹤山房文集》卷13，上海古籍出版社2010年版，第382页。

③[清]陈梦雷：《与李厚菴绝交书》，选自《清代诗文集汇编》179之《松鹤山房文集》卷13，上海古籍出版社2010年版，第383页。

④[清]陈梦雷：《与李厚菴绝交书》，选自《清代诗文集汇编》179之《松鹤山房文集》卷13，上海古籍出版社2010年版，第383页。

⑤[清]李光地：《本朝时事》，选自《榕村语录续集》卷10，http：//www.bookinlife.net/book-57974-viewpic.html#page=3。

⑥此“蜡丸疏”全文载于李光地著《榕村全集》卷二十六。全文只字未提陈梦雷。

擢升为内阁学士，因密疏上无梦雷名字，自然升赏无份。待清军平定耿精忠叛乱后，李光地戴着大学士的头衔荣归故里。到梦雷家时，先对梦雷父亲说：密疏上面没写梦雷名字是出于安全考虑，“彼恐事泄，俱斃无益”，对梦雷则说：“尔时假道汀州，恐为耿氏捉获，则我可幸全，尔立齑粉矣”，所以密疏上未署你的名字。接着安慰梦雷说：“今幸见天日，尔报国之事非一，吾当一一入告。尔俟吾奏闻之后，然后进都。”[①]李光地此时所言，后来发生的事实证明全是欺骗梦雷的鬼话。

为尽快向朝廷澄清一切，陈梦雷邀李光地与己一起进京上奏朝廷，开始光地也满口答应。正要乘舟北上之时，光地接到父卒的噩耗，当即回乡奔丧。时间又过去半年，光地没有任何信息，梦雷遂于康熙十七年（1678）春独自入都。所以敢如此，“自信三年心迹，舆论共嗟，不必待人而白”，梦雷天真地认为自己忠于国家之心不会被误解。殊不知梦雷来到京城之前就“讹言百出”，说他已叛投耿氏，任伪大学士，谣言起因是有人将他误认为叛军中的陈昉。梦雷感到事态严重，便请吏部代向朝廷陈述实情，吏部以“无据呈代题之例”[②]，拒绝代奏。而此时如果福建督抚出面澄清当具有说服力，不巧督抚已换新人，梦雷无奈遣人回闽县“具呈以请”。当时抚军姚启圣尚在泉州（今福建泉州），梦雷父亲派人持呈文至李光地处，希望李代致抚军，而李光地不仅没有代转，反将派去的人莫名其妙地留其家中“数月不遣”[③]。梦雷在京城又苦等半年不得呈抚军消息，无奈于康熙十八年（1679）三月“三千里远道，彷徨南归”。当他回到家里得知真实情况后，非常愤怒地找到李光地，要他上奏朝廷，说明事实真相。此时，李光地露出真实嘴脸，以“上本绝无因由”为词拒绝。后在陈梦雷大怒之下，李光地不得已致书福建巡抚吴兴祚，吴巡抚确也上疏朝廷说明梦雷当年所作所为。结果不仅没能解决问题，反而牵连吴兴祚，招致降五级之处罚。原因是，吴的奏疏还未转到朝廷之时，已有“逆党”诬告梦雷，诬告者为“逆党”一员徐弘弼，他知悉陈梦雷离间耿军，为朝廷送“腊丸疏”事后，恨得咬牙切齿，所以他交代罪行时，便一口咬定梦雷任伪枢密院学士兼户部侍

①[清]陈梦雷：《与李厚菴绝交书》，选自《清代诗文集汇编》179之《松鹤山房文集》卷13，上海古籍出版社2010年版，第384页。

②[清]陈梦雷：《与李厚菴绝交书》，选自《清代诗文集汇编》179之《松鹤山房文集》卷13，上海古籍出版社2010年版，第384页。

③[清]陈梦雷：《皇清原刺封征仕郎翰林院庶吉士乡饮大宾七十四寿斌侯二府君行状》，选自《清代诗文集汇编》179之《松鹤山房文集》卷19，上海古籍出版社2010年版，第496页。

郎。由此，部议梦雷“身为侍从，率先倡乱”，又以请假还乡“久不来京革职”之处罚报抵福建。而此时，梦雷有口难辩，只有李光地说话才能证明其清白。然而，李光地背信弃义，“缩颈屏息，噤不出一语”[①]。由于李光地见死不救，梦雷于康熙十九年（1680）五月被传至刑部听审，九月被捕入狱。在狱中惨状他自己有如下描述：“余庚申岁以谣诼系西曹，武职二员，介士十人守之，月再易，余以贫无贿故荷大锒铛。日为悍卒所窘，余恬然不顾也，已又值先慈讣至，日号恸，设佛像为先慈礼颂五大部经，蔬食月余，毁瘠骨立”[②]，梦雷狱中悲惨处境可见一斑。

翌年四月，朝廷对梦雷之事实行廷审，陈梦雷与逆党当庭对质，痛斥逆党对其诬告，逆党“皆噤不敢出口，诸大臣亦交口叹其冤”[③]。可是在这样情形下，诸王大臣竟定案“一概从大辟论报”。对廷审结果举朝震惊，几位重量级人物出手营救，与梦雷同年进士的翰林院侍讲学士徐乾学最为卖力。康熙二十一年（1682）正月，廷议处决耿精忠逆党时，康熙帝问诸大臣“贼党内尚有可矜者否？”大学士明珠回奏道：“此内有陈梦雷、金镜、田起蛟、李学诗四人，犯罪固应处死，然尚有可宥之处。”[④]康熙帝准奏，即颁特旨，梦雷得宽免死，流放盛京（沈阳），“给披甲新满洲为奴”。圣旨一颁，梦雷便被打入囚车押赴沈阳。此时的梦雷倍感凄惨，“乡园既杳，鳞鸿阻绝，魂销肠断，惨沮何堪。登途之日，奔车历险，支折体疲，裘敝絮单，朔风砭骨……若囚犬彘，出关所见更复怆怀。芜城败堞，衰草寒烟，中夜边马悲鸣，侵晨铃铎启路，诚游人所为，白头壮夫因之下泪者也”[⑤]。梦雷就在这样悲情惨景中走完了北上之路。

康熙二十一年（1682）春，陈梦雷谪戍奉天，时年三十二岁。到沈阳后，梦雷给一位八旗兵丁做家奴。一介文弱书生从未做过伺候人的事，实在是“不足以供驱策”，主人就让他“稍从稷圃拥帚之事”。即便是这样一些轻体力劳动，

---

①[清]陈梦雷：《与李厚菴绝交书》，选自《清代诗文集汇编》179之《松鹤山房文集》卷13，上海古籍出版社2010年版，第386页。

②[清]陈梦雷：《为蒋公募化建大护国寺引》，选自《清代诗文集汇编》179之《松鹤山房文集》卷11，上海古籍出版社2010年版，第378页。

③[清]陈梦雷：《皇清原刺封征士郎翰林院庶吉士乡饮大宾七十四寿斌候二府君行状》，选自《清代诗文集汇编》179之《松鹤山房文集》卷19，上海古籍出版社2010版，第496页。

④[清]《清圣祖实录》卷100，康熙二十一年正月戊辰。

⑤[清]陈梦雷：《抵奉天与徐健菴书》，选自《清代诗文集汇编》179之《松鹤山房文集》卷13，上海古籍出版社2010年版，第388页。

对梦雷而言亦是难以承受，常常是“百感攻心，遂至伏枕”，加之“饮食殊异”，不久便病倒了。庆幸的是这位主人还算厚道，“怜其委顿，始许养疴僧寺”，让梦雷进沈阳龙王庙养病。即使这样，也难慰他思乡之苦：“每南向望云，神爽烦乱。家无儋石，菽水谁共……”①

三、主修《盛京通志》

清政府为编纂好《大清一统志》，于康熙十一年（1672），命全国普修志书，并届时上报。奉天府尹遵旨开始编纂以《盛京通志》为主的十余部方志。要修好《盛京通志》的前提是修好各府州县志。由于修志人员匮乏，资料未备，奉天府尹高尔位主持修撰的《盛京通志》编纂工作进展缓慢。为此，高府尹十分着急。正在不知所措之时，发现曾为翰林院编修的流人文士陈梦雷，根本不考虑他是兵丁奴隶的重犯身份，即刻诚请梦雷至府中，聘其主修《盛京通志》，并负责组织、指导各地修志。梦雷进修志馆的时间没有明确记载，从高尔位于康熙二十二年（1683）三月升任外传的时间判断，梦雷应在康熙二十二年前进馆的。高尔位离任后，董秉忠接任新府尹，他同样支持、倚重梦雷主修《盛京通志》。梦雷在通志馆具体做些什么，没有专门文章详细说明，但要细翻他的著作《松鹤山房文集》，有他代高、董两府尹写的志序，即《代高京兆〈盛京通志〉序》《代董京兆〈盛京通志〉序》，还有为该书二十六个分志撰写的小序。通过这些序文，完全能说明他是该志事实上的主修，为该志成功修纂做出了重大贡献。

按当时修撰步骤，是先修县志、州志、府志，然后汇集县、州、府上报的志书，编纂成省的通志，各属志书编修遇到最大的困难是缺乏资料。鉴于此，梦雷进馆后，就“檄令各属咸至，量能授事，分类采辑，或辑之稗史，或询之老成，更取各属新志，增删订证”②。各属修志者按此部署积极行动起来，从多方着手，广为收集资料。在采辑过程中，“国朝典制”请之部臣，“边圉谘之镇帅，内

①[清]陈梦雷：《抵奉天与徐健菴书》，选自《清代诗文集汇编》179之《松鹤山房文集》卷13，上海古籍出版社2010年版，第388页。

②转引自刘冰《清代陪都第一部志书——康熙〈盛京通志〉》，《图书馆学刊》2010年第2期。

地则二三有司分历考究”[①]。更有力的措施是派出多位编者分赴辽宁及东北各地进行实地调查，“自是三韩以北故都旧邑，断碣遗碑，靡不搜剔。而内地编户所隶，二三有司亦咸悉心谘诹耆旧，捃摭异闻”[②]。寓居铁岭的无锡人王一元在他撰写的《辽左见闻录》中有条佐证：“各州县官扶画工而行，分诣边外深山穷谷中，阅历殆遍，图其形而归，逾年志成。”[③]由于负责修志的各级长官重视，梦雷指导得力，从守边镇帅到陪都府衙，从故都旧邑到深山穷谷，从断碣残碑到耆旧异闻，无不“搜剔”“谘诹”“捃摭”“图形”“阅历殆遍”。显然，这是辽宁乃至东北编纂史上首次有组织、有领导、有目标的广泛且认真的搜集活动，结果网罗宏富，成果丰硕，为修好各层次通志奠定了内容基础，更为传承辽宁及东北历史文化做出了历史性贡献。还要强调的一点是，对收集到的资料不是“剜到筐里就是菜”，而是遵循一定原则，辨别真伪，进行取舍。正如“凡例”中所言：“今志中凡事关国朝典制，皆谘请四部、内务部，历查旧案，往返再三，然后入志。其它土地、名物，古今互疑，其有可据者，从古；无可据者，从今”，力求做到“信则传信，疑者传疑，不敢以脱说附会，且以待博文者参评也”[④]。就是说凡入志的材料并非主观臆断，而是经过再三“考订”。

陈梦雷在组织、指导编修者收集资料的同时，还花费大气力，勒定《盛京通志》全书体例、编写凡例，代替王、董二位府尹撰写通志序言及各分志小序。待全部志稿定成后，由他最后审阅修订，使出自多人之手、风格各异的初稿浑然一体，无懈可挑。在保证质量的前提下，康熙二十三年（1684），《盛京通志》修成问世。全志共32卷，每卷1志，即为一个独立门类。每志前有一小序，概要叙述本卷内容。三十二志的具体目录为：京城、坛庙、山陵、宫殿、苑囿（各庄附）、建置沿革、星野（祥异附）、疆域（形胜附）、山川、城池、关梁（边门船舰附）、驿站（铺递附）、公署、职官、学校、选举、户口、田赋（税课官庄八旗地庙附）、风俗、祠祀、物产、古迹（陵墓附）、帝王、名宦、人物、孝义、烈女、隐逸、流寓、方伎、仙释、艺文。全志前有序文、凡例和九幅图。图为：京城、大政殿、宫殿、舆地、奉天府形势、锦州府形势、乌拉宁古塔形

①[清]陈梦雷：《代董京兆〈盛京通志〉序》，选自《清代诗文集汇编》179之《松鹤山房文集》卷9，上海古籍出版社2010年版，第295页。

②[清]陈梦雷：《代高京兆〈盛京通志〉序》，选自《清代诗文集汇编》179之《松鹤山房文集》卷9，上海古籍出版社2010年版，第293页。

③[清]王一元：《辽左见闻录》，沈阳出版社2013年版。

④康熙二十三修《盛京通志·凡例》。

势、长白山、北镇。仅从志目看，《盛京通志》内容丰富，体例完备，文图并茂。所述内容以盛京地区为主，兼及吉林、龙江两地。可以说，《盛京通志》是清代东北第一部地方总志，是清初盛京地区所修志书集大成之作。

《盛京通志》修成行世时，查修纂者的名单中，没有梦雷的名字，自然是因为政治原因，是可理解的。但他贡献重大，称得上无名英雄。当然，不可否认，修志时，盛京各级长官均大力支持，奉天府尹董秉忠说他“受事以来，早夜竞竞”，“奉诏偕帅臣督辑通志事”①，此话不是虚言，因为各地修志是钦定的国家工程，不管自觉与否，都必须听命圣旨，竭力而为。然而，以府尹为首的各级长官不是修志专家，只能“督辑通志事”，难以亲自动手。因此，盛京地区虽从康熙十六年就开始编修府州县志，“良以有年”，但收效甚微，高府尹不得不诚请重犯陈梦雷。而梦雷进馆，全身心扑在志书编纂工作上，兢兢业业，增删修订，仅花费数月就完成了书稿。显然，梦雷是《盛京通志》的真正主修，对通志成功修竣贡献甚大，由此，赢得业内外人士的敬重。

《盛京通志》修成时，早已开修的《盖平县志》《承德（沈阳）县志》《海城县志》尚未告成，梦雷又奉令指导这三志的修订工作。《松鹤山房文集》中，有他代盖平知县撰写的《盖平县志序》，还有为三志各二十六个分志所撰的小序。如果不通览审阅全部志稿是写不出大小序文的，这是不言而喻之事。经梦雷指导和修订，以上三志于康熙二十四年（1685）全部定稿，至此，清初盛京修志工作圆满告竣。

《盛京通志》为方志书，举凡一切之历史沿革、山川地貌、社会经济、民族迁徙、建置兴废、风俗民情、古迹名胜、人物传记、文艺金石、天灾外患等，载列较细，录叙甚详，且多为实见亲闻，翔实可信，能补史之缺，参史之错，详史之略，续史之无，成为研究东北人文史地详考博参的宝贵资料，是志“盖记载所及声教之区，自西南暨东北五千余里，书契以来未之有也”②。它在东北文化史上是具有里程碑意义的重大典籍，也是陈梦雷流放沈阳后所做的头桩贡献。

①[清]陈梦雷：《代高京兆〈盛京通志〉序》，选自《清代诗文集汇编》179之《松鹤山房文集》卷9，上海古籍出版社2010年版，第293页。

②[清]陈梦雷：《代高京兆〈盛京通志〉序》，选自《清代诗文集汇编》179之《松鹤山房文集》卷9，上海古籍出版社2010年版，第293页。

四、筑云思草堂，“以著述为乐”

陈梦雷修完《盛京通志》的第二年，即康熙二十六年（1687），似乎因修志有功，官府对他有些许关照，梦雷得以在沈城西修建住宅——云思草堂。其好友黄鹭来对草堂状貌有诗描述“新筑郊西宅，中庭十亩宽。卷帘风自入，过雨夏犹寒”，室内的景况为“四壁图书列，烟光一径深”①。王一元在《辽左见闻录》中也有记述：陈梦雷“以耿精忠之叛戍奉天，构云思草堂，花石娟秀，日以著述为乐，从游者甚众”，王一元此言不虚。云思草堂落成后，是继冰天诗社之后第二个辽沈文化中心，流放或寓居盛京地区的众多文士纷纷成为座上客。还有著名的僧道，如心月上人、愿山和尚、西公和尚、苗君稷道人、吴全阳道人，还有听他授业的平民学生。每天人来人往，络绎不绝。来者，或举杯品茗，或切磋学问，或相互唱和，或释师求教等，梦雷夫妇终日有繁冗的接待工作。他在应酬之余，争分夺秒，笔走龙蛇，著述不停，留下丰硕成果，极大地丰富和繁荣了辽沈文化事业。本目主要讲梦雷在诗歌方面取得的成就。

梦雷平生写诗很多，有《松鹤山房诗集》行世。他在沈谪居十七年，吟诵不断，留有诗歌200余首，文章百余篇。诗歌内容十分丰富，其中描写景物的诗篇颇为精彩，代表作《留都十六景》②，其题名依次为《天柱衡云》《开城霁雪》《东园泛菊》《龙石观莲》《实胜斜晖》《浑河晚渡》《御园春望》《黄山秋猎》《沈水春游》《永安秋水》《大堤踏月》《塔湾落雁》《景佑晓钟》《天坛松月》《南塔柳阴》《望云列障》。仅凭这些诗题，就为当时的沈阳绘就了一幅绚丽多彩的画卷，具体欣赏每一景物，更是美不胜收。细研各景诗作，吟诵的主旨并不在景物主体，也就是说，这些吟景诗并非停留在对实物主体如天柱山、实胜寺、黄山、南塔、浑河等的咏诵上，而更多的是在状写由主体景观演绎出的风情上。往往通过诗人细腻观察，在全景中巧妙地捕捉到最为动人之点，加以由此及彼、由表及里的描摹，读来令人情趣盎然，不忍释手。如《天柱衡云》诗曰：

---

①[清]黄鹭来：《陈省斋草堂新成过集漫赋二首》，选自《友鸥堂集》卷3，上海古籍出版社1979年版。

②[清]陈梦雷：《留都十六景》，选自《清代诗文集汇编》179之《松鹤山房诗集》卷3，上海古籍出版社2010年版，第68-69页。

一柱开天秀，居然岳镇宗。
如何有佳气，五色尽从龙。
功德千秋盛，蒸尝万国恭。
岐丰荒作后，葱郁至今浓。

天柱，即天柱山，原名东牟山，在盛京东四十里浑河北岸，由于山势峻耸，苍松如海，白云缭绕，景致特别，故清太祖努尔哈赤死后埋葬于此山，名之福陵，俗称东陵。由于福陵是清廷的祖陵，清帝东巡时都要在此举行祭祀盛典，因此福陵始终处于极高的尊崇地位。《天柱衡云》从诗面上看，是一幅天柱山被白云缭绕的壮丽画卷，实则是诗人对太祖功德和埋葬先帝的天柱山的赞颂。首联起势雄浑，“开天”一语喻示努尔哈赤有开天辟地之功，并盛赞天柱山因埋葬清太祖而为辽东镇山之首。颈联两句，咏颂太祖功德将千秋万代被传颂，会享受到四方八面的虔诚祭祀。尾联喻指盛京就像周朝发祥地岐山一样，苍松如海，四季常青。《天柱衡云》不愧为留都十六景之首，此诗广为传诵后，使得福陵之盛名远播域外。

再如《留都十六景》之十五《南塔柳阴》，诗曰：

何处轻荫好，城南十里青。
迎春枝袅袅，入夏影冥冥。
雅爱微风舞，偏宜细雨零。
不堪频折取，离恨满长亭。

此诗所吟诵的不是南塔本身，而是把目光投向盛京城南塔寺一带纵横交错的河流水泊，如云如盖的风舞柳枝，流连忘返的如织游人。诗人将这宜人景色吟诵成篇，为南塔平添妩媚风光。中间两联咏春夏时柳枝“袅袅”、柳阴“冥冥”，遇微风轻轻飘荡，逢细雨柳叶清新鲜绿，犹似一幅水墨丹青。尾联笔触一转，“不堪”“离恨”两语，一方面为全诗平添意蕴，一方面亦是诗人长居客乡，离愁别绪时时萦绕之内心写照。

尤显诗人捕捉景物细节功力的莫过《黄山秋猎》一首。黄山，位于沈阳城南三十里处，又名荒山子。此山自然景观无特别之处，但野兽较多，成为清代皇家宗室及八旗官兵狩猎、“较猎”场地。每逢秋猎时，“较猎”场面尤其壮阔，气势浩大，成为当时盛京城最令人震撼的一景。诗人抓住一个晴好天气，八旗将士上演的一场“较猎”，赋得《留都十六景》的第八景《黄山秋猎》，其诗曰：

黄山秋气好，较猎喜新晴。
铁骑追星疾，苍鹰逐电轻。
千旗朝列队，万火夜连营。
自是英雄事，应惭白面生。

全诗动感轻快，中间两联，具体描绘比赛射猎时惊心动魄的场面。地上猎手“疾”犹“追星”，天上苍鹰“轻”若闪电。不仅有惊人的速度，更有壮阔的画面，“千旗”在朝晖中飘扬，“万火”在夜空中闪耀。短短五言四句诗，将一场热烈雄壮的秋猎场面和气势令人震撼地呈现出来，足见诗人气魄非凡，笔力工稳老到。同《黄山秋猎》表现手法迥异的是《留都十六景》之十一《大堤踏月》，其诗曰：“周道通京国，偏宜踏月行。更阑万户静，星晓一天清。栖鹊惊归思，啼鸟怆旅情。啸歌不觉曙，茅店已鸡声。”大堤是指当时盛京城通往广宁的一条大道。此诗仿佛诗人在一个幽美清静的夜晚，乘着皓洁的月光，漫步在通向京城的大道上，“栖鹊”惊动了诗人的“归思”，“啼鸟”增添了诗人怆然之情。在这如诗如画的大堤上，诗人“啸歌”前行，不知不觉天已放曙，村中传来鸡鸣声。全诗朴实自然，有扣人心弦的幽美清静之感，其韵味同宏伟壮丽的“秋猎”截然不同，可见诗人选景的多样性，表现手法的巧妙性。

梦雷诗歌内容较杂，除写景物外，凡经历之重大事件，所遇之重要人物，几乎都有诗作记之。如在盛京设馆办学而写《癸亥春日即事二首》《戒诸生饮烟》；畅游千山后，留有《取道观峰回沈》《大安阻雨》《大安寺登望乡台不果》等；云思草堂建成后，好友黄鹭来赠诗，梦雷有《丁卯孟夏云思草堂落成步黄叔咸（即黄鹭来）原韵四首》作答。还有与友人戴梓、杨瑄、徐元宾酬答诗，代表作《寿徐元宾》。徐氏，字浴阳，钱塘人，曾受过浙江巡抚金鋐许多恩惠。当金鋐蒙冤被流放沈阳时，徐元宾“独忼慨间关相从抵辽左，风雨晨夕与俱”①。梦雷对徐氏珍视友情的高尚品格十分崇敬，故用昂扬浪漫之笔放歌徐元宾：

①[清]陈梦雷：《寿徐元宾序》，选自《清代诗文集汇编》179之《松鹤山房文集》卷9，上海古籍出版社2010年版，第329页。

辽海青营地，陪京箕尾分。
当年占王气，此日聚星文。
……
帝乡此日多迁客，遭际风云异畴昔。
共怜贾傅窜长沙，又见夜郎来李白。
谪宦纷纷一载中，兰台郎署尽人雄。
共说棠阴遍南国，那堪元老亦居东。
南州高士何为者，仗义相从来塞下。
笔耸秦关气激昂，杯吞汉月胸潇洒。
秋色月明辽野渡，石麟天上欣初度。
欲挹琼浆作寿觞，浊醪边市宁堪酤。
我闻长白山巅万仞潭，飞流喷瀑大江三。
恨不移来作酒泉，尽浇块垒日沉酣。
山麓有一德林石，玲珑空洞三千尺。
移作巨觞尽一举，便醉三万六千日。
落拓不能为君寿，一卮空言谐谑徒。
……
山灵倘亦待我辈，人地相遭非等闲。
衮衣承宠自东还，长啸相将入玉关。
持君词赋献天子，应知有喜动天颜。[①]

得一道人评此诗曰：“何等自命，何等胸襟，纵笔挥洒，磊落雄迈，扫尽一切穷愁潦倒。搔首问天酸态，一代人豪，非过许也。”此诗借为徐元宾贺寿，将诗人胸中一千豪气直抒于外，诗人身处穷地，百折不屈，一句“长啸相将入玉关”，俨然李太白“天生我材必有用”之再现。诗文不拘格律，挥洒自如，铿锵遒劲，发自内心之呼号，直可感天动地。

①[清]陈梦雷：《寿徐元宾》，选自《清代诗文集汇编》179之《松鹤山房诗集》卷2，上海古籍出版社2010年版，第47–48页。

五、纂著《周易浅述》

陈梦雷在云思草堂“以著述为乐”是名副其实的。他除吟诵诗歌外，还撰写许多散文，如《游千山记》《与李厚庵绝交书》《皇清原刺封征仕郎翰林院庶吉士乡饮大宾七十寿斌侯二府君行状》等，收入《松鹤山房文集》。本目要讲的是他在云思草堂独自撰成《周易浅述》八卷。此著作问世后，或许因其流犯身份并未引起当时学界的重视，今日辽沈学术界可能因为此书艰涩难读亦论及寥寥。笔者认为，认真研究这部著作，对研究陈梦雷和研究沈阳学术史有重要意义，特别是在沈阳学术史领域，可以说此书是首部行世的学术专著，具有里程碑意义和价值，这是陈梦雷对沈阳文化发展做出的又一重大贡献。

《周易》又称《易》，包括《易经》和《易传》两部分。《易经》部分，记录了六十四条卦，卦有卦辞，每卦由六爻组成，每爻有爻辞，爻分阳爻（—）和阴爻（--），视爻在卦中的地位而有不同解释，用以判断吉凶，简单说，《易经》属于周朝初年用于卜筮的资料。《易传》部分，是后世学者对经文的解说，出现了彖辞、象辞、系辞、文言、序卦、说卦、杂卦等七种，前三种各分上下篇，共十种，旧称“十翼”，又叫《易传》。《周易》是重要的文献典籍，在两汉前学术地位不高，两汉之后，在《诗》《书》《礼》《乐》《春秋》之上，而成为“六经”之首，被班固誉为“大道之原”，扬雄称之为“六经之大莫如《易》”。正因为《易》学术地位的日益高涨，吸引一代又一代学者说《易》、解《易》、传《易》。到了清代，康熙帝尤重视易学研究。当时学者们利用《易经》的框架结构创立了一个完整的思想体系。当然，这个体系的形成经历了六七百年时间。在这漫长的时间里，后世学者继承孔子读《易》“韦编三绝”的精神，刻苦研《易》，或言其“象”，或说其“理”，无论汉儒、宋儒、经学、理学，莫不以注《易》，释《易》为其立论，扬其学说。作为一代大学者陈梦雷自然深知《易》为“六经之首”“大道之原”，所以他不能不读《易》，不能不释《易》，这是他纂著《周易浅述》的学术背景，即客观原因。

梦雷著《周易浅述》还有其明显的主观因素。他自己说：“余早仕寡学，气矜而寡和，刚而近骄，师心以自资，其于《易》之道茫如也。归里而遘甲寅之变，生则失身，死则危亲。呜呼！天所以摧折之者，盖至是尔穷哉，前后两筮震随，皆得六二，《易》之教固大彰明较著也。……盖信《易》之未深，其沦于恍惚怪诞者亦多矣。戊午之秋，次于长安，取《易》读之。冥心静会之久，乃涣然曰：呜呼！圣贤综理数之全，而洞吉凶悔吝之故，教人忧勤惕厉以终其身者，备此矣，庸他求哉？”① 这段话可以看作是梦雷对自己遭遇不幸命运原因之反思，其中一个重要原因就是早年没有研究《周易》，不懂处世之道。所以，从康熙十七年（1678）秋开始，陈梦雷潜心研读《周易》。谪戍沈阳后，在人生低谷的岁月里，对《周易》的价值，对易学“天道”“地道”“人道”相贯通的精神有了较深的体悟和认知，而这些为他解易奠定了学术基础。康熙二十六年（1687）住进自筑的云思草堂，时间相对宽裕，生活相对安定，为深入研究和著述提供了一定的物质条件，最终在康熙三十三年（1694）著成《周易浅述》。

总观《周易浅述》全书，恰如《四库全书总目》所言“是书编成于康熙甲戌”，“大旨以朱子《本义》为主，而参与王弼《注》，孔颖达《疏》，苏轼《传》，胡广《大全》，来知德《注》。注家所未及，及所见与《本义》互异者，则抒己意以明之”②。就是说，陈梦雷《周易浅述》是以朱熹的《周易本义》为蓝本，广泛参照王弼《周易注》、孔颖达《周易正义》、苏轼《苏氏易传》、胡广《周易大全》、来知德《周易集注》等著名易著。对诸家论易缺失部分，及与《本义》互异之处，梦雷经过研究梳理，整合成一部具有鲜明特色的易学著作，并形成自己的解易思路和易学思想。《周易浅述》凡八卷，内容庞杂，本题不可能面面俱道，这里仅就《周易浅述》之特色及梦雷对易学的贡献做粗略阐释。

1. 释“阴阳”为天地万物之形

《周易·系辞上》说“一阴一阳之谓道”，此语高度概括了《周易》的核心思想。《周易》中有两个基本符号“--”“—”，由这两个符号排列组成八卦，再重叠为六十四卦，所有卦象的变化均由这两个符号变化而决定的。至于这两个符号所指何意，一些诠释者语焉不详，针对此，梦雷在《系辞上传》《系辞下》中多有论列“盖万物不外于八卦，八卦不外于阴阳，阴阳虽二，而实一气之消息也”；“天地者，阴阳形气之实体”；“盖天地之化，阴阳之气。万物，

①[清]陈梦雷：《纪筮序》，选自《清代诗文集汇编》179之《松鹤山房文集》卷9，上海古籍出版社2010年版，第290-291页。

②[清]永瑢等编：《经部一·易类六》，选自《四库全书总目》卷1，http：//read.nlc.cn/OutOpenBook/OpenObjectBook?aid=416&bid=61612.0。

阴阳之形。昼夜，阴阳之理，此三者不外乎阴阳之理也”，“《易》之所有，不外阴阳。几阳奇皆乾，阴偶皆坤”，等等。梦雷吸纳前人对阴阳论说的只言片语进行梳理和注释，将阴阳释为“气”，是构成一切的基本元素。万物不出八卦，八卦不出阴阳，阴阳是构成世界万事万物的基础。

“幽明死生”是《周易》中一大话题。胡广在《周易大全》中谓昼明夜幽，上明下幽。梦雷对胡注不以为然，他用《易》之阴阳予以深入解读：“以《易》之阴阳，知天文地理之幽明。阳极阴生则渐幽，阴极阳生则渐明，终古天皆如此，知其所以然之理，所谓知幽明之故也。”①是说幽明变化是由阴阳转化决定的，阴导致幽，阳生成明。至于生死问题，梦雷认为也是阴阳主导的。他说“以《易》中阴阳二气之聚，推其所以始，则可以知生之说。以《易》中阴阳二气之散，推其所以终，则可以知死之说”②。阴阳二气相聚，人能生存，相离人就会死去。那么，阴阳是从何处来的，这就涉及宇宙本体论问题。梦雷认为构成万物造化的阴阳是从“太极”中生成的，“太极”为宇宙最高本体。在《周易浅述》中具体注释说“天下万物有不齐之变，不外由太极而生阴阳”。整个宇宙运转流程是“太极而生阴阳，阴阳仍归于无极”，具体表理为“太极—阴阳—万物—阴阳—无极”。太极作为阴阳的源头，无极是万物的最终归宿，这也是梦雷的宇宙生成观。那么，“太极”为何？与“阴阳”之关系如何？他注释曰“阴阳迭运者，气也。所以阴阳之理，则道也。……气以成形而理亦赋物，物各得一太极。无妄之理不相假借，故曰性也。继善，阳之事。成性，阴之事也。盖道即所谓太极，继善则动而生阳，成性则静而生阴也”③。太极是道，也是阴阳之理。阴阳是气，气形成万物。

综上，梦雷对《周易》核心思想“阴阳”在前人及同时代学者注释的基础上有较大的拓展和创新，这应是《周易浅述》的一大特色。

2.“抑阴扶阳，随时守正”

陈梦雷在《周易浅述》中，还深入阐释阴阳是相反相成的两种气。由于阴阳相互作用，推动宇宙乃至社会不断发展和变化。尤为可贵的是，他把这一思

①[清]陈梦雷：《系辞上传》，选自《周易浅述》卷7，https：//www.bookinlife.net/book-192350-viewpic.html#page=32。

②[清]陈梦雷：《知鬼神之情状解》，选自《清代诗文集汇编》179之《松鹤山房文集》卷8，上海古籍出版社2010年版，第284页。

③[清]陈梦雷：《系辞上传》，选自《周易浅述》卷7，https：//www.bookinlife.net/book-192350-viewpic.html#page=44。

想引申到当时社会中的君臣关系、君民关系、君子与小人关系。他认为“德行以善恶言，君为阳，民为阴。……特借阴阳卦体以明有君子小人之不同耳，阳奇阴偶，卦面固有一定。而即此推之，则阳为君，阴为民。阳为君子，阴为小人，易之扶阳抑阴又如此”[①]。阴阳关系明确后，又该如何对待呢？梦雷认为《周易》的大旨：“易之为书，虽理数象占所包者广，大旨无非扶阳而抑阴，随时而守正。”[②]两者地位不同，待遇就不一样，国君、君子应得到扶持，臣民、小人应当被抑制。但强调两者不是对立和隔绝，如同天地尊卑一样，二气相交，二德相同。用他原话说，“天地高卑之形不可交而气可交，交则万物化生。君臣上下之分不可交而心可交，交则君臣同德”，“君臣同德，天下受其福庆，所以利有攸往也”[③]。君臣所处位置不同，但阴阳二气是相互交织的，是相互依存的，只要君臣同心同德，天下就会出“福庆”。

梦雷还通过《周易》中一些卦象注释君臣各自的义务和职责。他据“观”卦“观我生，观民也”，注为“人君有临民之责，而曰观我生，非置民而不问也。王者通天下为一身，观我所行之善否，即可以知民之善否矣。观我，正所以观民也”[④]。作为人君应当体恤下民，了解下情，不可对臣民之事不管不问。人君对众臣应“以宾礼待臣”，特别要虚心访求“山林隐逸之贤”，只有信任、重用贤臣，发挥他们的积极性，国家才能长治久安。臣子应如何对待国君呢？梦雷注释道“臣之事君，犹子事父母。当蛊之时，身在事中必视国事如家事乃可”，作为臣子，要如同孩子侍奉父母一样，尽孝尽忠。注文尤显新意的是，强调君主和大臣不可按个人喜怒恩怨行事，事事要遵循法律，即“刑必当罪，顺乎民心，非一己喜怒之私，民所以服也”[⑤]。只有司法公平，才能顺民心服民意，国家才能太平无事，对《周易》有如此注释，充分体现了时代元素。另外值得关注的是，他对君子和小人之间的关系亦有独到见解。“盖以兵多诡道，

①[清]陈梦雷：《系辞下》，选自《周易浅述》卷7，https：//www.bookinlife.net/book-192350-viewpic.html#page=134。

②[清]陈梦雷：《凡例》，选自《周易浅述》卷首，https：//www.bookinlife.net/book-192344-viewpic.html#page=12。

③[清]陈梦雷：《益》，选自《周易浅述》卷5，https：//www.bookinlife.net/book-192348-viewpic.html#page=8。

④[清]陈梦雷：《观》，选自《周易浅述》卷3，https：//www.bookinlife.net/book-192346-viewpic.html#page=29。

⑤[清]陈梦雷：《豫》，选自《周易浅述》卷2，https：//www.bookinlife.net/book-192345-viewpic.html#page=132。

立功不必皆君子。故小人之赏虽不可无，而用之使有国有家则不可。……论功行赏以正其功，君子小人皆在所录也”[①]。梦雷认为君子和小人各有各的作用，战场上冲锋陷阵离不开小人，对其立功者应予奖赏，旨在调动其积极性，更好地为国家效力。接着在“师”卦中又说“便用之使豫国家之事，则邦必乱矣。出师本以绥怀万邦，岂复容小人乱之哉”。小人作战有功应论功行赏记录在册，但不可担任要职，掌管国家大事，否则会引发国家动乱。梦雷从《周易》中还体悟到，君子与小人二者不是一层不变的，“小而能贞，则亦君子矣”。何谓“贞”？坚定节操、志气。也就是说，小人有此节操，“不计其私”，不“患得患失”就能成为君子。这些是梦雷抑阴扶阳解易思想的核心部分，也是他比其他注易者较为创新的部分。

先秦以来，许多易学家主张阴就是阴，阳就是阳，凡事都“一分为二”。到明末清初方以智提出“合二而一”命题。之后方以智的朋友王夫之在《周易外传》中提出“合二以一者，为分一为二所固有”。王氏认为“一分为二”或“合二为一”都是片面的，应二者并重，才符合辩证法思想。梦雷深得辩证法的本质，他认为阴阳不是对立的，引申到君臣、君民、君子与小人关系也不是对立的，如果能正确对待和解决，二者能形成合力。此说同康熙强调“经世致用”思想吻合。很明显，《周易浅述》有关这方面的研究同前人相较，又是一个进步！

3.“教人迁善改过，忧勤惕厉”

陈梦雷在《周易浅述》的“凡例”中开宗明义：圣人作《易》，就是“教人迁善改过，忧勤惕厉，以终其身。学《易》苟不悟此，则铨理虽精，探数虽微，观象虽富，决占虽神，总于身心无当”。人学《易》、注《易》根本目的就是要对照《易》理，审视自己所作所为，“迁善改过，忧勤惕厉”，以保终生立于不败之地。否则，对《易》之理、数、象、占诸方面研究再精细，对自己身心也毫无作用。梦雷在他对《易》的注释中，非常重视“教人迁善改过”，如“圣人不责人以无过，而望人改过。欲人审势，尤欲人知命也如此”，如果不能“迁善改过”，将会终身处于“昏冥而不复者也”。只有不断反思，改正失误，才能使自己复归初衷。梦雷注《易》中，还进而强调，一个人要达到“迁善改过，忧勤惕厉”“以终其身”的目的，必须加强自身修养。此点他论及较多的是人的性情、言行、学问等方面对修养之作用。在性情上他最为忌惮的是私欲，

①[清]陈梦雷：《师》，选自《周易浅述》卷1，https：//www.bookinlife.net/book-192344-viewpic.html#page=184。

“故窒欲当如防泽，忿之不惩，必至于迁怒，欲之不窒，必至于贰过，君子修身所当损者，莫切于此”①。修身过程要特别加强言行方面的修养：“修身莫大于言行，言必有物，实而不虚，行必有恒，常而不变者，身修而家治矣。”②要提升道德修养必须注重学问，“然所以成德者，亦由学问之功，之指正中之理。言理之得于天者，虽我所固有，然散见于事物，不学则闻见者寡，无以聚于吾心也”③。梦雷结合自身遭遇，体悟性情、言行、学问对修身的重要性，句句在理，这是对《易》理的深入解读，也是对世人加强修身及如何修身的告诫，值得细细品味。

陈梦雷对《周易》的解读是多方面的，总观其观点，同多位易学大师的思想差异不大。由于自身的坎坷遭遇及广博学识，在某些方面确有独到和创新之处，仅举上面三点略加阐释。从中可看出，梦雷对易学的注释是从现实出发，大力注入经世致用思想，挖掘易学价值，为《易》学解读增添若干新元素，这应是对易学研究的贡献，也是值得深入研究《周易浅述》的价值所在。在此，需赘言一句，关于梦雷解易新说是否为追求标新立异而作牵强附会之说这一点，《四库全书总目》给予公正评论：“持论多切于人事，无一切言心、言天支离幻冥之习。其诠理虽多朱子，而不取其卦变之说，取象虽兼采来氏，而不取其错综之论，亦颇能扫除轇轕。”④

六、为沈阳发展奉献才智

陈梦雷谪居沈阳期间，除潜心著述外，还凭借其过人的才学和高度的热情，为沈阳社会做出了诸多有益的事情，为推动沈阳社会发展做出了贡献。

---

①[清]陈梦雷：《损》，选自《周易浅述》卷4，https://www.bookinlife.net/book-192347-viewpic.html#page=138。

②[清]陈梦雷：《家人》，选自《周易浅述》卷4，https://www.bookinlife.net/book-192347-viewpic.html#page=85。

③[清]陈梦雷：《乾》，选自《周易浅述》卷1，https://www.bookinlife.net/book-192344-viewpic.html#page=69。

④[清]永瑢等编：《经部一·易类六》，选自《四库全书总目》卷1，http://read.nlc.cn/OutOpenBook/OpenObjectBook?aid=416&bid=61612.0。

1. 开馆授徒，传播文化

这位翰林院编修流放到沈阳后，两位府尹先后诚请他协修《盛京通志》，使他的才名迅速在沈城传播，当时许多公卿子弟闻讯后络绎不绝地到梦雷处请教学问。其情形有诗记载，“辽海春回襆被温，东风立雪满蓬门。诗书课业儒生事，牛马行藏圣主恩”[①]。对“满蓬门”的求教者，梦雷并不认为是麻烦，反而认为是一位“儒生”该尽的责任。于是他开馆办学，向学生们教授文化知识。他办学很认真，谆谆告诫学生要勤奋学习，“蹴鞠行间戏，儒生事不同”。进馆的学生在这位大翰林的教导下学习热情很高，常常“灯光分月色，鸡唱杂书声”。梦雷对学生要求很严，比如，当时沈阳人有吸烟的习惯，梦雷特赋诗劝诫一些吸烟的学生，“风人博物不知形，炎帝偏遗本草经。何日嗜痂先作俑，至今逐臭取宁馨。九天咳唾非珠玉，四壁烟云失户庭。问字登堂宜载酒，那堪醉此未能醒”[②]。可见梦雷是不赞成学生吸烟的。由于他热心教学，关心学生，为沈阳培养了一批人才。如孙鸣玉、铁式之、费定侯、席宁武、傅六平等，于康熙二十九年（1690）参加了举子考试，在沈阳科举史上，一次有这么多人参加乡试还是少见的。

2. 关心时事，进言献策

陈梦雷流放沈阳期间，虽为戴罪之身，但家国情怀丝毫未减。他时刻关注社会，一旦发现问题，便积极进言，出谋献策，从中尽显满腔爱国热情及超群的识见。

康熙二十三年（1684）夏，陈梦雷写作《又与徐健庵书》。徐健庵，即徐乾学，时任翰林院编修，兼任《明史》总裁官，以文章名天下。梦雷流放沈阳后给他写过几封信，这些信洋洋近万言，宗旨是向徐氏建言“使三藩罣误之众尽隶州县为民”，意思是受三藩之乱牵连被流放东北的流人的身份，使之成为隶属州县管辖的属民。他深知这是件严肃的政治问题，所以花费许多笔墨详陈为什么要这样做及这么做的好处。首先论说盛京为京师门户，“其地东西数千里，南北千余里，幅员兼数省之区”，历辽、金、明三朝得到很大发展。至大清开国，在盛京北部修建柳条边，加之“屯堡烽燧”，使东北大地“千里萧条”“土旷人稀”。而当年流放到东北的“七万余”流人到东北后，“或发边台，或投

①[清]陈梦雷：《癸亥春日即事》，选自《清代诗文集汇编》179之《松鹤山房诗集》卷4，上海古籍出版社2010年版，第98页。

②[清]陈梦雷：《戒诸生饮烟》，选自《清代诗文集汇编》179之《松鹤山房诗集》卷4，上海古籍出版社2010年版，第99页。

站道，甚切困之奴仆……妻子则供人呵斥”。将这些流人解放出来，使其“有室家可立，有田产可治”，“无奴隶困苦之辱”，会调动他们生产的积极性，“不出十年，户口可殖，农桑可蕃，国用可充，军实可足，辽河东西直接畿辅，鸡犬相闻，室庐相望，消隐祸于未萌，固神京于盘石，国法既无所亏，国计大有所补，亦何惮而不为哉”。接着，他提醒健庵，如果不这样做，这些流人“忍困于目前，不甘死于牖下，此中不乏胜广之徒”，当他们忍无可忍时就会揭竿而起，威胁大清江山。最后恳请老年兄“时筹帷幄借箸之计，以回天心，以固根本，以靖乱源”①。梦雷写此信时，是他流放到沈阳后的第二年，在短短时间内对辽沈乃至东北历史与现实形势分析得清楚翔实，对解放受三藩之乱牵连的流人之利弊讲得有理有据，头头是道。从中可看出这位大才子并非书呆子，在治国安邦方面颇有真知灼见，身处逆境还能如此，足见其忧国忧民的爱国情怀。

康熙二十四年（1685）再写《与徐健庵论留都名宦乡贤书》。是年徐氏入值南书房，充《大清会典》《一统志》副总裁。梦雷写此信的目的，用今天的话说，就是建言健庵要“抢救史料”。信中说“国朝发祥之地，开创之初，英奇辈出，及今父老尚有能传其事者，正宜乘此时采访其故实入志，以为将来史传之资，併宜与古人同入祠祭享，使后人有所瞻仰效法，今万方升平，正礼明乐备之日，老年兄先生身总史局，宜特疏此事，使国初诸臣有所表见”②，此建言不仅在当时有重要价值，对我们今天也极具启示意义。当今，社会各界都有资格很老的人士，他们是新中国开国前后的历史参与者或见证者，但是那些能够将自身亲历的重大历史事件付诸笔墨，形成资料的人毕竟只是一部分，而更多的有价值的史事存留在人们的头脑中，急需像梦雷之建议“采访其故实入志，以为将来史传之资”，否则待这些活着的历史见证人百年之后，一些本应为天下所知的史实便会成为永久的秘密。

表现梦雷非常关心沈阳社会问题的还有《与王京兆书》。王京兆，即王国安，康熙二十八年（1689）六月任奉天府尹。上任不久，盛京地区发生严重旱灾和霜灾，致使米谷不收，王府尹向梦雷征询救荒之策。为此，梦雷以书进言

①[清]陈梦雷：《又与徐健庵书》，选自《清代诗文集汇编》179之《松鹤山房文集》卷13，上海古籍出版社2010年版，第396-397页。

②[清]陈梦雷：《与徐健庵论留都名宦乡贤书》，选自《清代诗文集汇编》179之《松鹤山房文集》卷13，上海古籍出版社2010年版，第405页。

王府尹。此书没有讲如何具体救“天灾”，而是大谈如何防“人祸”。书中写到“三藩发遣之人既多，加以八旗禁旅安插，游手匪类相随至者不少，小则入山盗参，大则结伴行劫，五方杂处，骤遇凶荒，诚恐事出意外”。为引起府尹重视，还详列一些耳闻的具体事例，奉劝“公祖老大人不可不熟计也”。为稳定地方，防止歹徒乘机闹事，他力劝府尹对“一二处盗贼亦宜早绝根株，毋令养痈贻患”①，治乱世采取杀一儆百之策不失为一剂良方。此信再次证明梦雷对沈阳社会的关注及其治世的才能。

3. 热心佛教事务

早在康熙十三年（1674），耿精忠叛乱，梦雷为躲避叛贼的胁迫，曾削发披缁进入乌山石一所僧寺中，同佛界有了直接接触。康熙二十一年（1682），梦雷被流放到沈阳做一兵丁家奴，主人见他“孱弱不足以供驱策”，遂将梦雷“养疴僧寺”，此举给了他一个同沈阳佛学界密切交往的机会。随着在沈居住时间的增长，梦雷的友人日渐增多。其中有多位为僧道界著名人士，如愿山和尚、西公和尚、心月上人、苗焦冥道士、吴全阳道人等，彼此过往密切。梦雷还积极参与沈阳佛事，为寺庙题写碑文，宣讲佛学要旨。盛京西南夹河六堡有座安宁寺，“岁月久远，碑志杳然”，康熙二十一年（1682），心月上人募集资金，城内外信众积极响应，于是年夏重修，九月告竣，心月上人向梦雷征求碑记，梦雷欣然为之撰写《重修安宁寺碑》。康熙二十六年（1687）十月，准提阁于盛京城西落成。准提，佛教菩萨之一。梦雷应心月上人之请，撰写《准提阁碑文》，文中赞准提菩萨“佛旨无非宏济群生，普利万物”，并表示自己“以笔墨事”“传菩萨意于与会诸公也”②。说明梦雷不仅自己信佛，更愿意为传播佛学精神而不吝笔墨。此外，梦雷还撰写了《奉天龙王庙庆诞碑文》《代高京兆建文庙两庑碑文》等文，凡与宗教有关的事务，梦雷可称有求必应，尽力而为。

4. 梦雷的贤内助——李孺人

陈梦雷流放沈阳期间，以戴罪之身，仍然能够取得名垂史册的成就，除本身天赋异禀之外，与他有一位品德高尚，坚强隐忍的贤内助夫人——李孺人是分不开的。如前所述，陈梦雷在沈期间，主修《盛京通志》，定稿《海城县志》

①[清]陈梦雷：《与王京兆书》，选自《清代诗文集汇编》179之《松鹤山房文集》卷13，上海古籍出版社2010年版，第402页。

②[清]陈梦雷：《准提阁碑文》，选自《清代诗文集汇编》179之《松鹤山房文集》卷15，上海古籍出版社2010年版，第425页。

《承德县志》《盖平县志》，纂著沈阳文化史上首部学术专著《周易浅述》，同时还写作了大量诗文。除冗繁的著述工作外，还从事诸多有益沈阳社会的工作。漫说是一介流犯，即便是衣食无虞的文士或者达官显宦，想要有此成就恐怕亦非易事。梦雷流放沈阳虽仅十七年，但其所取得的业绩，罕见出其右者。可以说，梦雷流放沈阳的十七年在政治上是失意者，但在事业上是绝对的成功者。如果说在著述上能够取得如此皇皇业绩，主要凭借超人的天赋和勤奋的话，那么对于一个“孱弱不足以供驱策”的文弱书生而言，生活中的柴米油盐、应酬琐事，却不是能够应付得来的。而这一切，却因为有了一位知书达礼、端淑勤俭的贤内助——李孺人在梦雷身后的默默付出而迎刃而解。下面我们来看看此李孺人究竟是怎样一位女子。

陈梦雷于康熙二十一年（1682）被流放沈阳时，妻子李孺人尚在原籍，没有与他同来。翌年十月，妻子将幼女托付给梦雷之弟梦熊后，只身来沈与梦雷相聚。这位曾经的富商千金一到沈阳后，就把全部家务承担起来，为梦雷解除后顾之忧。对此，梦雷在《原皇清刺封孺人先室李氏行述》一文中有翔实记载，读来十分感人。文中说，李氏初至沈阳时，梦雷正奉命编修《盛京通志》，正在其忙得不可开交之时，传来父亲陈会捷病逝的噩耗，梦雷“肝肠寸裂”，奉、锦二郡皆派人到梦雷家吊奠。还有，随从梦雷“执经问字数十人晨夕皆诣”，梦雷应接不暇。在此情况下，孺人“朝夕含哀，又治果馔，手口卒瘏无废事，使余患难中成丧，不至废礼者，孺人力也”。不仅如此，因梦雷是翰林院大编修，是文化奇才，又广交朋友，故门庭若市，“迁客叠叠”，孺人不厌其烦，“中馈之劳殆无虚日”，尤为可贵的是帮助丈夫解决十分棘手之事。如梦雷同科进士李子和因三藩之乱“诖误辽左”，因遇到特殊情况，一天拖着病躯乘牛车来找梦雷，请他给租间房子住。孺人见李氏病情很重，“左右仅一幼童”，无人照顾，力主将其留在家里。梦雷家是五间草房，将书房让给病人居住。在此艰难情形下，孺人对李氏“旦夕治酒馔必香洁，半月李疾渐痊”。不仅如此，病人稍有需求都尽力满足。一天，从街上传来小贩叫卖糕点声，躺在床上的李氏惊喜问道：此地还有我们家乡那种“糕”啊？孺人听到他的话后，立即到街上买“糕”给病人。李氏吃完“糕”后感动地说“西伯之养老不过是矣”，意思是周文王养老也不过如此。遗憾的是，由于李子和是七十多岁的老人，加之病情严重，住了一个多月，便病逝于书房。梦雷夫妇含泪“为之殡殓”，后又“迁柩于僧寺”。梦雷另一位朋友张粹伯也是年过七旬，且体弱多病，身边又无亲人，梦雷准备替张公置办棺椁，可是大儿子却“顶生巨痈如盂”，梦雷放心不下，孺人见状说“张公家无次丁，棺衾大事，君非亲往视不可。儿吾谨护之，无忧也”。听到夫人这样说，梦雷才得以外出办事。其后张公家人来沈奔丧途中，盗贼将他们所带衣物偷盗一空，时逢初冬，来者无御寒衣物。孺人“是夜即为操刀尺达旦，成绵衣二袭”，接着又给筹措路费，使他们得以运榇南归。这一切不仅感动友人，就连梦雷都感动地说，“余患难中得庶几无获罪于朋友，又皆孺人内助居多”。

屋漏偏遭连夜雨。李子和丧事料理后不久，沈阳城内外流传一种疾病，梦雷一女二男先后染疾，结果二男得以幸免，但他钟爱的小女瑶官未能幸免，梦雷悲痛万分，孺人内心如何悲痛自不待言。可是为了不加剧丈夫的悲伤，她在丈夫面强忍悲痛，“若不甚哀者”，待丈夫外出时，孺人“必失声”痛哭。梦雷担心孺人过于悲痛，且恐她“念岳母，且郁郁成疾也”，便于康熙三十五年（1696）春，欲用捐赎离沈回京，但未能获批准。此时友人金氏得准回乡，有人劝梦雷趁机将孺人“潜附金氏归里”，梦雷也认为可行。然而孺人明确反对，“塞外挽输殊不易，此番幸无远行，他日冤得白未可知，勿以此戚戚也”，劝梦雷即使来日冤情不得昭雪，也不必忧愁。又接着说“君自筮仕迄今二十余载，事事期可对天日，顾以我故欺君父乎？”仅从这两段话，即可见出孺人不仅是一位吃苦耐劳、操持家务的女主人，更是一位心胸开阔、深明大义的女丈夫。

为转换心情，梦雷夫妇决定移居“山水清奇”的白云山庄（位于本溪附近）。是年六月，冒着盛暑搬家。孺人到白云后心情颇好，面对白云山美景，兴奋地说：“山水清奇，不减故园风味，顾吾有老母在耳，不则虽终老此地何伤。”可惜她享受美景没有多久，不幸的事情发生了。原来他们在白云寨买了一套许氏宅院，当他们搬进时许氏一家“农事未毕”，还暂住院内部分居室。问题是此时“许氏家人人染寒疾，前后呻吟不绝”，梦雷一家很快被传染，其中孺人最重，八月初病势加重，梦雷急忙派人赴沈求医，到十二日中午孺人与世长辞，“医至已无及矣”，享年48岁。孺人走后，梦雷悲痛欲绝，他发自肺腑地说了一段话，足见孺人的超凡修为及同梦雷的深厚感情，摘录如下：“与余为夫妇二十有五载，相敬如宾，床笫中无狎昵，容语皆大义。历荣辱得失淡然安之如素，使余如遇良师益友，又若对达人高士，令人怨尤躁妄之气俱消，殆非闺阁中人可及也。其习勤作苦由天性，自初嫁处得意时已然，及患难中十余载，寒风朔雪亲治浣濯至手指皲瘃，余力阻之不少休。爱惜物力，嫁时缣帛衣至今如未触手，使人每开箧泪盈臆也。视家人子如己子，疾痛疴痒躬为爬搔，亲执药饵饮哺，虽家人子亦几以为己母，忘其为主母也。”孺人一生“年未五十，千辛百折，死穷山荒谷中，求一返故乡见母而不可得，呜呼痛哉！”①

这段直白的叙述，生动展现了孺人在梦雷罹难期间仍无怨无悔，不离不弃；在梦雷每逢困难面前，她挺身而出，敢于担当，竭力为丈夫排忧解难。吃苦、善良、爱家的传统女性在中国历史上可以说不乏其人，但有孺人如此精神品格者亦属罕见，此人应是沈阳妇女界一位值得大书特书的杰出女性，遗憾的是知之者甚少。由此观之，陈梦雷在流放沈阳期间能够取得如此多成就，除去本人的天才与勤奋刻苦之外，同夫人孺人的全身心奉献密不可分。正因为如此，孺人辞世后，梦雷怀着不可言状的悲痛之情，写出近五千言的悼亡辞，以此悼念二人间相濡以沫的夫妻之情。

七、坎坷人生几度浮沉

康熙三十七年（1698），即孺人病逝后的第二年，康熙帝东巡兴京谒永陵后，转道盛京谒福陵，梦雷闻讯后认为这是沉冤昭雪的极好机会，便于十月十六日“奔迎至抚顺地方匐伏道左”恭迎御驾，值康熙谒陵路过时，发现要求晋见的梦雷，遂召其入帐中。康熙亲自问梦雷年纪多少，清书尚记得否；又命侍卫问梦雷居住何处，离城远近及家庭情况，梦雷一一奏答。二十日，梦雷向康熙帝呈进七言排律一百二十韵《圣德神功恭纪》。康熙帝把梦雷召到榻前，亲自过目梦雷诗作，看后给予褒奖。次日，梦雷应召进御营，康熙下旨令梦雷回京。十二月，梦雷搬家离沈进京，结束了十七年的贬谪生活，开始了人生又一转折，时年48岁。是年，李孺人的灵柩亦蒙恩被送南归。

梦雷十二月初八日到京，皇帝命包衣大僧额给其住房及饮食衣物，一切安顿好之后，康熙命其在西苑椒园教书。刚开始在乾清宫懋勤殿侍胤祉读书，不久奉旨为皇三子胤祉行走。自此，一直在胤祉身旁教习。由于梦雷知识渊博，又为人爽快，深得皇子尊崇。就连皇太子胤礽也在万善殿召见他，后来专门请

①陈梦雷：《原皇清刺封孺人先室李氏行述》，选自《清代诗文集汇编》179之《松鹤山房文集》卷19，上海古籍出版社2010年版，第505页。

梦雷给讲解性理太极图。皇子的好评使康熙更加赏识梦雷，特赐御制诗集，还亲书对联“松高枝叶茂，鹤老羽毛新”，自此梦雷荣崇之至。梦雷遂自号“松鹤老人”，并将自己书斋、诗文集均冠名“松鹤”。

皇三子胤祉喜欢治学，尤其精通历算。他在同梦雷“讲论经史”的过程中，希望能编一部“必大小一贯，上下古今，类列部分，有纲有纪”的大类书，梦雷听后非常高兴地说：“自揣五十年来无他嗜好，惟有日抱遗编，今何幸大慰所怀。”于是欣然奉命以胤祉“协一堂”所藏鸿篇为主，合并自家中经、史、子、集计一万五千余卷，目的用于编集一部鸿篇巨制。目标确定后，便于康熙四十年（1701）十月开始编纂，“目营手检，无间晨夕”，花费五年时间完成初稿，初名《汇编》，“先录目录凡例为一册上呈”，康熙看后十分赞赏，特将此书赐名为《古今图书集成》，并要求进一步修订增益，梦雷又花费许多精力和时间进行修订。

康熙六十一年（1722）十一月，康熙帝驾崩，皇四子胤禛继位，改元雍正。胤禛登基后，便对昔日与他争皇位的兄弟们进行报复。首将与他争储较凶的皇三子胤祉贬斥并囚禁，同时还向他身边的重臣开刀。在他登基后的十二月十二日，就诏令“陈梦雷原系叛附耿精忠之人，皇考宽仁免戮，发往关东……累年以来，招摇无忌，不法甚多，京师断不可留，着将陈梦雷父子发遣边外”[①]。梦雷从荣崇的顶峰戛然跌落到谷底，第二次被流放到当时远比沈阳更苦寒的黑龙江卜奎（今齐齐哈尔）。雍正元年（1723）初，梦雷携带全家第二次走上流放路，时年72岁。雍正流放梦雷的同时，下令从梦雷宅中夺走基本要完成的《古今图书集成》稿本，让经筵讲官、户部尚书蒋廷锡重新进行编校。到雍正六年（1728）刊印时，雍正为序，将功劳都记到了蒋氏身上，说他“增删数十万言”，并抹去陈梦雷名字，换上蒋廷锡等人名字。其实，蒋氏只将原稿中三十二志改为三十二典，将原三千六百多卷析成一万卷而已，即使说他“增删数十万言”，对该类书总量1亿6千万言，亦不足挂齿。梦雷为此类书的编纂花费二十二年心血，就这样被雍正帝白白抢去，天理何在，公道何在？然而，历史是公正的，任何封建权势都不可能永久掩盖历史真相。今天学界经过认真研究，以大量事实证明陈梦雷是《古今图书集成》的真正主编，是他为中华民族文化建设做出的又一重大贡献。该类书凡1万卷，目录40卷，分6编32典，6109部，约

①《清世宗实录》卷2康熙六十一年十二月癸亥，《雍正实录》卷二，http：//www.cssn.cn/sjxz/xsjdk/zgjd/sb/jsbml/qslyzcsl/201311/t20131120_847098.shtml。

1亿6千万字。是书内容广泛、材料丰富、分类详细，是我国现存的一部最大的类书。此书问世后，引起中外相关专家高度赞誉。清人张廷玉在其《澄怀园语》中曰“自有书契以来，以一书贯串古今，包罗万有，未有我朝《古今图书集成》者”。李约瑟博士研究此书后，曾幽默地评价说：“我们经常查阅的最大的百科全书是《古今图书集成》，这是一件无上珍贵的礼物，我真不知道怎样表达我的感谢！”①梦雷的在天之灵若能听到这些话，想必那悲苦的灵魂会得到稍许慰藉。

陈梦雷二次被流放后的情形，《奉天通志》《黑龙江志稿》等文献均无记载。可贵的是中国第一历史档案馆藏的《黑龙江将军衙门档》乾隆六年《人丁册》中有一条材料，“一户帮丁陈圣功，祖陈会捷，系翰林庶吉士。父陈梦雷，系翰林院编修，陈圣功弟帮丁陈圣眷。陈丁一名陈圣奖，抱骨回籍”。这段简略文字告诉我们两点讯息：一是梦雷流放到卜奎后，家境困难，晚景凄凉，全靠三个儿子当帮丁维持生计；二是梦雷当在乾隆六年（1741）前辞世。有人写文章指出梦雷卒年在1741年，似乎不太准确，因为“抱骨回籍”，应是枯骨。人死后入土变成枯骨应有一段时日，故将梦雷卒年订在乾隆六年前较为妥切。梦雷于康熙十九年（1680）离开家乡，其后朝思暮想回乡拜见亲人，始终没能如愿，至乾隆六年枯骨回归故里，时隔30余年。

据现有研究成果显示，梦雷流放卜魁后，因年事已高，加之生活艰困，似乎再无大的著述，也没有大的社会活动，但他的大名，并未淹埋于冰天雪窖中。著名流人文士方登峄有《赠省斋》诗曰，“五十年前旧史官，谁从荒漠识衣冠。邹枚作赋名空老，歆向雠书墨未干。过眼几经风浪恶，扪心长抱雪霜寒。新愁往事纷如许，白发青灯话夜阑”②。诗中将陈梦雷比作汉代邹阳、枚乘、刘向、刘歆式人物，赞誉他高尚的人品和才华，对其不幸遭遇深表同情。没忘记陈梦雷大名的还有一人，那就是坐在金銮殿上的雍正帝，在梦雷贬谪后的第六年，他又咬牙切齿地把梦雷骂了一番，“乃伊生事招摇，交结邪党，意欲扰乱国政。其种种不法之处，朕知之甚悉，不可一日姑容”③。可见，当年梦雷支持皇三子胤祉争夺皇位时，可能对雍正造成极大威胁，否则不会有如此深仇大恨。

---

①李约瑟：《参考文献简述》，选自《中国科学技术史》第1卷，转引自袁逸：《珍贵的〈古今图书集成〉》，《辞书研究》1983年12期。

②[清]方登峄：《赠省斋》，选自《清代诗文集汇编》202之《如是斋集》，上海古籍出版社2010年版，第91页。

③《清世宗实录》卷72，http：//www.cssn.cn/sjxz/xsjdk/zgjd/sb/jsbml/qslyzcsl/201311/t20131120_847029.shtml。

陈梦雷一生坎坷，两起两落，两次攀上人生的顶峰，倍受荣宠；两次跌落人生谷底，饱尝艰辛。但值得关注的是，他从 32 岁至 48 岁这十七年谪居沈阳，正是年富力强之时。由于政府修《盛京通志》的需要，梦雷受到奉天府尹的礼遇，再加上贤内助李孺人的鼎力支持，使得他的才学得到充分发挥，结成累累文学硕果，成为当时沈阳文学大家，为沈阳文学发展和繁荣做出了重大贡献，他的文名将永远定格在辽沈文学发展史上。

生涯只合老江滨[①]——戴梓　戴亨

本书所选的清代沈阳十大文学家，有几位是文化流人。关于作家与籍贯的关系，笔者很赞同蒋寅先生的阐述：“相对于籍贯而言，流寓意味着人与地域的一种更为真实的关系，它是人与地域的实际接触，绝不存在有名无实的状况。”[②]这些生长于江南的文官儒士，在被流放到风景殊异的沈阳之后，在物质上经历了相似的困窘苦难，在精神上同样承受了郁结苦闷的洗礼。肉体上的贫乏可以忍耐，精神上的炼狱却激发出他们流泪泣血的创作欲望，正如欧阳文忠公所言“诗穷而后工”。流人的文学才能在艰难苦恨之中得以最大限度地展现，为他们的羁留之地留下光彩夺目的文学财富。由于受家庭环境、成长经历、本人旨趣及在沈时间长短不同的影响，各自取得的业绩及表现风格不尽相同。其中文化流人戴梓在沈阳谪居三十余年，终老沈阳。戴梓原本文武全才，到沈阳后无用武之地，为养家糊口，无奈弃武从文，旦夕赋诗卖画，数百里内来“索诗”者络绎不绝。其三子戴亨高中进士，亦是一位杰出的诗人，被誉为“辽东三老”之一。与父齐名活跃在辽沈诗坛上，相继为辽沈诗史贡献瑰丽篇章。

一、从一介布衣到皇帝顾问

戴梓，字文开，浙江杭州人，萍居扬州，流放沈阳后，自号耕烟老人，辽东人尊称耕烟先生。清顺治六年（1649）诞生于一个有艺术品位的家庭。其父

①[清]戴梓撰：《冬夜即事和陈侍卿韵》，选自《清代诗文集汇编》176之《耕烟草堂诗钞》卷2，上海古籍出版社 2010年版，第480页。

②蒋寅：《一种更真实的人地关系与文学生态》，《中国文化研究》2012年秋之卷，第20页。

戴苍，曾服役过明军，任职监军道。戴父勇猛过人，与海贼战斗时，“断肋破脑不仆，以勇闻”①。戴父不仅勇武，还是丹青高手，在清代画家中占据一席之地，“善写照，得谢文侯三昧”②，他曾经师从明末清初著名画家谢文侯学习绘画，深得谢文侯的绘画真髓。谢文侯，即谢彬，长于画人物像，在绘画界有很高声望。尤擅长写照“数人合幅，或举家全庆，神情浃洽，眉目照映，海内称首望焉”③。除人物画外，戴苍还长于山水画，曾为博学鸿儒朱彝尊（1629—1709）画《烟雨归耕图》，还为明清之际的大学者魏禧（1624—1680）画《看竹图》④。《国朝画识》同时收录了戴苍、戴梓父子二人，指出戴梓“写照得父传，兼工山水”⑤，可见戴梓受到父亲亲传，绘画造诣颇深。这一点从戴梓流放沈阳后所作写照和山水画中得以体现。

戴梓自幼喜欢读书，且兴趣广泛，“于书无所不读”。在博览群书中，“独肆力于古史传，潜考其兴亡治乱之所由，尤于兵法战守诸器具靡不究习”⑥。由于天赋过人，又爱好学习，小小年纪就凸显文学才能。十二岁那年，一天他同父亲到钱谦益诗社参加活动，当时同几位饱学宿儒都以《咏淮阴台》为题竞相赋诗，小戴梓“叉手立就”：“尝笑淮阴拙，生涯守钓竿。有能匡社稷，无计退饥寒。存楚心难定，封齐祸已安。可怜台畔水，千古响哀湍。”⑦其中“有能匡社稷，无计退饥寒”充分表达了少年戴梓立志报国的远大抱负。戴梓的表现甚得江南文学泰斗钱谦益等名士的称赞，才思敏捷的戴梓没有像他的好友陈梦雷那样走科举入仕之路，而走了一条弃文从武之路。

康熙十三年（1674），耿精忠于福建发动叛乱，朝廷派康亲王杰书统师平叛。

---

①[清]金兆燕撰：《耕烟先生传》，选自《清代诗文集汇编》176之《耕烟草堂诗钞》，上海古籍出版社.2010年版，第465页。

②[清]冯金伯撰：《戴苍》，选自《国朝画识》卷13，http：//www.bookinlife.net/book-121410-viewpic.html#page=23。

③[清]冯金伯撰：《谢彬》，选自《国朝画识》卷13，http：//www.bookinlife.net/book-121410-viewpic.html#page=8。

④[清]朱彝尊撰：《看竹图记》，选自《清代诗文集汇编》116之《曝书亭集》卷66，上海古籍出版社2010年版，第509页。

⑤[清]冯金伯撰：《戴梓》，选自《国朝画识》卷13，http：//www.bookinlife.net/book-121410-viewpic.html#page=31。

⑥[清]戴亨撰：《耕烟草堂诗钞跋》，选自《清代诗文集汇编》176之《耕烟草堂诗钞》，上海古籍出版社 2010年版，第509页。

⑦[清]戴梓撰：《淮阴钓台》，选自《清代诗文集汇编》176之《耕烟草堂诗钞》卷1，上海古籍出版社2010年版，第468页。

戴梓认为这是展示才能报效国家的大好时机，便毅然“以布衣从军”，时年26岁。戴梓自幼“尤好兵家言”，特别是对“兵法战守诸器具靡不究习”，所以在入伍前就“自制火器，能击百步外”，入伍后立即向康亲王“献连珠火铳法”[①]。康亲王早就知悉戴梓是个人才，待他入伍后将其留在身边做参谋。此时，耿精忠派伪将马九玉率兵占据九龙山，阻挡了官军由浙江进入福建的要道。戴梓对天下形势了如指掌，认为三藩之徒均属庸才不足道，对付他们或攻或守都非良策，于是，他主动请缨只身去叛军军营劝降，康王欣然同意，便派载梓以监军道身份招抚叛军。

戴梓以惊人的胆量单骑进入贼营，遇到的场面非常恐怖，“夹道列戟如荠，进忠（即伪总兵刘进忠）方持剑啖人头饮酒，呼先生入，比至，足未定即厉声曰：汝畏否？先生曰：我来救汝，汝当德我，我何畏哉！进忠遽无以应曰：壮士能饮乎？命左右持巨瓢至，先生仰首尽，掷其瓢于地曰：贼众旦夕且尽歼，乃强我饮鬼酒”[②]。接着，戴梓凭着他的大智大勇，对刘晓以利害，刘总兵终被说服投降。刘归降后，戴梓又软硬兼施，使犹豫不定的韩大任率万众来降。韩降后，“其余寇江机、杨一豹、葛如[illegible]，皆以次传檄定”[③]。由于戴梓招降众多叛军，为官军扫除了许多进军障碍，康熙十五年（1676）耿精忠被迫投降。

耿精忠叛乱之初，台湾郑经乘机出兵反清，登陆后占领了厦门、泉州、漳州等地。耿氏叛军失败后，郑经军退守厦门及沿海诸岛。要讨伐郑经需用战船，造战船需要有13丈高的树木做桅杆，闽督特遣戴梓完成此事。他奉命到深山采伐，寻找达标的木料没有问题，只是体大运输困难。戴梓又花费一番心思，日夜不休制造成运输木材的机械，使得任务顺利完成，督都非常高兴，厚加劳馈。官军有了战船，利于渡海作战，使郑经军受到沉重打击，于康熙十九年（1680）狼狈败回台湾。

东南战事结束后，康亲王奉命班师回朝。为平叛立有汗马功劳的戴梓随军来到京师。朝廷犒赏三军，康熙亲自召见有功将士。康熙见到“状颀皙，美须髯”的戴梓，分外关注，当知其是文武全才时，以《春日早朝》为题命其赋诗，

①[清]赵尔巽等撰：《戴梓》，选自《清史稿》卷505列传292。

②[清]金兆燕撰：《耕烟先生传》，选自《清代诗文集汇编》176之《耕烟草堂诗钞》，上海古籍出版社 2010年版，第465页。

③[清]金兆燕撰：《耕烟先生传》，选自《清代诗文集汇编》176之《耕烟草堂诗钞》，上海古籍出版社 2010年版，第465页。

戴梓对答如流，康熙对其才华非常赏识，遂授予他翰林院侍讲，与侍讲学士高士奇等名士一同入值南书房。南书房为康熙读书处，康熙十六年（1677）设置，选若干名才品兼优者留在皇帝身边以备顾问。须知，在清代能进翰林院者鲜有非进士出身的，而戴梓从一介布衣，一跃进入众臣瞩目的内廷机构、清要之地，成为皇帝顾问，不久，又移值养心殿。戴梓在南书房和养心殿供职长达十年之久，这十年是他一生最为辉煌的十年。

二、跌落谷底

戴梓进入朝廷后，身负才华得以施展，屡屡获得康熙帝青睐。康熙二十五年（1686），荷兰国使臣向清廷进献贡品，其中有一支火枪，名曰“蟠肠鸟枪”，使臣进献时大肆炫耀说这是他们国家最好的武器。康熙帝为保天朝大国的尊严，令戴梓仿造，他受命后借鉴荷兰枪支的制式，很快仿制成功，康熙帝非常满意。荷兰使臣回国辞行之时，康熙向其赠送 10 支戴梓仿造的“蟠肠鸟枪”，请其带回国，以示天朝制造技术的精湛。旋即康熙帝问戴梓：“法瑯器中国所无，汝能思得其理乎？”戴梓奉命后，稍加研究，“五日成以进”[①]。

更大的考验是制造“冲天炮”，当时康熙身边有南怀仁、徐日升等西方传教士，经常向康熙吹嘘西方科学技术如何先进，南怀仁更夸口能造冲天炮。为尽快平定三藩之乱，康熙命其造炮，南怀仁费九牛二虎之力，造了一年也没造成，康熙遂令戴梓制造。戴梓欣然受命，因其少年时就曾自制火器，能击百步之外。稍长，对兵法战守诸器具靡不究习；从军间，制造出当时一种新式武器——“连珠火铳”；康亲王统军攻打台湾郑经之时，就造出冲天炮献给康亲王。由于戴梓深谙制造火器技术，又有造冲天炮的实践，所以接令后，仅用 8 天时间就制造成功，康熙帝于二十六年（1687）二月初率群臣试射冲天炮。这是一种发射爆炸弹丸的火炮，“子在母腹，母送子去，从天而下，片片碎裂，锐不可当”[②]。结果，试射大获成功，康熙帝“大悦”，“即封炮为威远将军，镌治

①[清]金兆燕撰：《耕烟先生传》，选自《清代诗文集汇编》176之《耕烟草堂诗钞》，上海古籍出版社 2010年版，第466页。

②[清]金兆燕撰：《耕烟先生传》，选自《清代诗文集汇编》176之《耕烟草堂诗钞》，上海古籍出版社 2010年版，第466页。

法官名，以示不朽”[①]。戴梓高超的制炮技术，更加赢得康熙帝的信任和重用，然而随着戴梓威信飙高，可知“高处不胜寒”，引起周围多人忌恨。首先发威的便是南怀仁，他认为戴梓令其大失面子，欲除之而后快。戴梓与徐日升合纂《律吕正义》时，因观点不合，不欢而散。于是，南、徐勾结一起，欲陷害戴梓。加之，戴梓为人耿直，不谙世故，平时得罪了一些小人。如一位姓赵的侍卫，仰仗康熙帝对他的宠信，在宫中横行无忌，连戴梓都不放在眼里，一天在朝堂直呼戴梓的名字。戴梓听后毫不客气，严厉训斥赵侍卫，并报告给康熙帝。康熙帝知道后，要侍卫“尔当师之”。侍卫迫不得已，口头上向戴梓赔罪，但怀恨在心，伺机报复。他自己不宜出面，就收买了一位部郎的小官陈宏勋。此人阴险狡诈，设计欲陷害戴梓。一天，他邀戴梓到其家中喝酒，盛情难却，戴梓只好赴宴了。饮酒间，陈宏勋跪倒在地，说因家庭急需用钱要借3000两银子，戴梓没有多想就答应了，并按陈氏要求写下银两数目之借据。陈宏勋按字据从戴家取走银两，但没有退还字据。这是陈宏勋设计的陷阱，后多次到戴家索要银两，并带数十名仆人入室盗掠。戴梓遂讼陈宏勋入室抢劫，而陈宏勋反诬戴梓欠钱不还，二人开始了难解难分的官司战。

就在此时，噶尔丹大兵犯境，清军与其在乌兰布通决战。在战斗的关键时刻，戴梓制造的冲天炮发挥了重大威力。据史载：冲天炮“从征噶尔鞑，以三炮堕其营，遂大捷”[②]，即冲天炮轰破敌军用驼队构筑的阵营，从而保证战役最后胜利。战斗胜利使戴梓的反对者更加恐惧，担心他会更加得到康熙帝信任和封赏，于是“赵某与西洋人乘间力搆之”[③]，竟恶毒地“诬公（戴梓）通东洋”[④]。老官司尚纠缠不清，又遭至如此险恶诬告，法司不分青红皂白定戴梓死罪。康熙帝“不忍置于法，诏徙关东籍沈阳”[⑤]。由于康熙帝的关照，戴梓虽保住了一条性命，但从辉煌的人生顶峰骤然跌入谷底，从繁华的京师流放到当时冰天

---

①[清]金兆燕撰：《耕烟先生传》，选自《清代诗文集汇编》176之《耕烟草堂诗钞》，上海古籍出版社 2010年版，第466页。

②[清]李桓辑：《戴梓传》，选自《国朝耆献类征初编》卷120，http：//www.bookinlife.net/book-244549-viewpic.html#page=143。

③[清]金兆燕撰：《耕烟先生传》，选自《清代诗文集汇编》176之《耕烟草堂诗钞》，上海古籍出版社 2010年版，第466页。

④[清]昭梿撰：《戴学士》，选自《啸亭杂录》卷9，http：//www.bookinlife.net/book-123687-viewpic.html#page=20。

⑤[清]金兆燕撰：《耕烟先生传》，选自《清代诗文集汇编》176之《耕烟草堂诗钞》，上海古籍出版社 2010年版，第466页。

雪窖似的沈阳，开始了缺衣少食、饥寒交迫的流人生活。关于戴梓究竟如何“私通东洋”迄今看到的文献均无见载，此事只好存疑，留待明公探究。

三、弃武从文

康熙三十年（1691）三月，戴梓一家老小三代人离开北京，踏上了流放盛京的艰辛路程。

关于戴梓流放关外最初的落脚地，《清史稿·戴梓传》载“中以蜚语，褫职，徙关东。后赦还家，留于铁岭，遂隶籍”[①]；而金兆燕《耕烟先生传》则称戴梓“徙关东，籍沈阳”[②]。张杰先生认为两种说法都不准确。“事实是戴梓出关后，最初举家来到铁岭，短暂居住后迁移沈阳，有戴梓《铁岭回沈》诗为证。其诗曰：出关非作客，到沈却如何。破械身还我，编氓姓属他。典裘寒鬻米，结屋夜牵萝。有酒不成醉，仰天时一歌。”[③]除此之外，笔者认为戴梓的另一首诗同样也证明了戴梓一家由铁岭转来沈阳这一事实，“三月出关行，四月到辽住。住辽不逾时，又向铁岭去。铁岭去辽百余里，风景萧萧有如此。我欲为家家易成，乱草和沙砌寒水……”[④]诗中记述到戴梓一家三月出关，四月到辽宁（盛京），在流放人员报到机构停留了很短时间，随后被分发到铁岭。铁岭是一个荒凉的地方，想要有个家倒也容易，用冷水掺和泥沙再加上乱草就能砌一间简陋的房屋。戴梓一家在铁岭居留的时间应该不长，之后才有《铁岭回沈》诗中记述的情形。

不过无论是去铁岭还是辗转回沈，戴梓阖家一路上辛苦遭逢不堪言状：“携尔投辽东，嘤咿甫三月。汝母泪不干，哭久变成血。相逢尽路人，有苦向谁说。囊无金错刀，饭啜糠粃屑。腹内长苦饥，乳脉久干竭。俯视怀中儿，不如弃沟辙。患难身莫保，安能育尔活。断绝骨肉恩，免使遭磨折。捧看几周回，骨相诚英物。头颅圆中规，额比成人阔。啼声侔钟鸣，双目翦秋月。尔我遭坎坷，抚弄亦怡悦。

①[清]赵尔巽等撰：《戴梓》，选自《清史稿》卷505列传292。

②[清]金兆燕撰：《耕烟先生传》，选自《清代诗文集汇编》176之《耕烟草堂诗钞》，上海古籍出版社 2010年版，第466页。

③张杰：《清代“辽东三老”新论》，选自《社会科学辑刊》2009年第3期，第138页。

④[清]戴梓：《出关行》，选自《清代诗文集汇编》176之《耕烟草堂诗钞》卷1，上海古籍出版社2010年版，第472页。

况昨初生时，梦兆卜休吉。天属系人心，欲舍终难割。”[①]三子戴亨出关时刚满三个月，途中无食，其母无乳，无法养活小生命，险些弃之沟辙。一位杰出的火器制造家穷困潦倒至如此田地，真令人泪目。初到沈阳，生活仍非常艰困，“常冬夜拥败絮，卧冷炕，凌晨踏坚冰入山拾榛子以疗饥”[②]。为糊口还要典掉衣物换米，“典裘寒鬻米，结屋夜牵萝”[③]。即使这样，仍常常受饥饿煎熬，故自称“老饿夫”，偶遇好心人招待一餐饭会感激涕零。他在《艾公子明德招饮》中曰：“泣感佳公子，垂怜老饿夫。”[④]显见，戴梓一家生活已陷入极大困境，然而生活还要继续。

戴梓是著名的火器制造专家，曾得到皇帝高度赞赏，现于今成了阶下囚，官府不买账，专家一样报国无门，不可能靠此技术谋生了。天无绝人之路，戴梓到沈阳后，社会上很快传开从京城来了一位大文豪，“数百里内有諌祝之事，必来索诗，日常数十辈”，况且这位大文豪“又工山水画，画成必以诗系，故得画者恒得诗”[⑤]，因此更加吸引“索诗”者。戴氏的确能诗善画，找他索诗找对人了。如前所述，戴梓12岁时到钱谦益诗社作《咏淮阴台》，甚得名家赞赏；后应招从军，“不暇搆韵语，然偶有所触，语必惊人”[⑥]。康熙帝召见时，戴梓所作《春日早朝》诗，亦深得康熙帝喜爱，特授翰林院侍读学士，入值南书房。这些足以说明戴梓才思敏捷，擅长诗文，但被流放之前戴梓对诗文并不热衷，认为舞文弄墨、吟诗作赋是文人附庸风雅，于社会价值不大。他所热衷的是实业，是制造克敌制胜的火器，是研究历代兵法战例、探究战事胜负之原因，所以他能诗但不想以诗出名，“尝与诸同社作诗，掷笔即弃去弗存。他人每口熟

①[清]戴梓撰：《辛丑三月望后一日闻亨儿成进士五百字》，选自《清代诗文集汇编》176之《耕烟草堂诗钞》卷4，上海古籍出版社 2010年版，第500页。

②[清]金兆燕撰：《耕烟先生传》，选自《清代诗文集汇编》176之《耕烟草堂诗钞》，上海古籍出版社 2010年版，第466页。

③[清]戴梓撰：《铁岭回沈》，选自《清代诗文集汇编》176之《耕烟草堂诗钞》卷1，上海古籍出版社 2010年版，第472页。

④[清]戴梓撰：《艾公子明德招饮》，选自《清代诗文集汇编》176之《耕烟草堂诗钞》卷4，上海古籍出版社 2010年版，第508页。

⑤[清]戴亨撰：《耕烟草堂诗钞跋》，选自《清代诗文集汇编》176之《耕烟草堂诗钞》卷4，上海古籍出版社 2010年，第509页。

⑥[清]戴梓撰：《铁岭回沈》，选自《清代诗文集汇编》176之《耕烟草堂诗钞》卷1，上海古籍出版社 2010年版，第472页。

其句，久之亦不省为己作”[①]。事实上，先前淡漠诗文是因为有更重要的事情要做，附庸风雅本就是可有可无之事。然而彼一时此一时。民以食为天，流放到冰天雪地的关东之地，面对全家吃不上饭，饿肚子的严峻现实，为了最低限度地活下去，如果售诗鬻画可以糊口，岂有不为之理。戴梓无奈弃武从文，以“鬻书画文自给”[②]，即靠为人作诗卖画来养活一家老小，过着“盈尺砚田供八口，半函卷帙展衰颜”[③]的清贫生活。为多赚些费用，必须起早贪晚、笔耕不辍。用他自己的话说：“我为饔飧累，日夕勤笔耕。”[④]为生活所迫，放弃了研制火器的最爱，改做虽也擅长但并不喜爱的副业，这样一种无奈的选择注定了戴梓在进行诗文创作时复杂矛盾的心态。戴梓之子戴亨曾这样描述过父亲作诗时的情景，“每闭户居一室辄作诗，诗成辄狂喜朗诵，诵数过辄痛哭不止，碎裂其草焚之，或塞於墙罅炕隙中，有得之者半漫灭不可识”[⑤]。单纯从记述文字来看，戴梓作诗的过程呈现出相当奇特的景象。诗写成后，自己欢喜到发狂的程度，高声朗诵，吟诵多遍后却又痛哭不止。最后将诗稿或烧掉，或塞进墙缝炕隙中。事实上如此令人瞠目迷惑的画面，如果结合戴梓一生际遇仔细考量，对戴梓这种近乎荒诞的行为是不难理解的。狂喜朗诵是为自己诗作精彩而感动，诵后痛哭不只是为联想到自身的悲惨遭遇而情不自禁，焚掉诗稿是对现实世界的怨怒，是不想以曾经不屑为之的诗文留名后世。关于这一点，戴梓曾向儿子戴亨表露过心迹：“若谓是皆吾诗乎，吾之诗若自未见耳。若将以诗鸣吾不欲以诗鸣也。”[⑥]戴梓外曾孙荆道复也有类似的评说：“公少负奇才，长而从军立功闽越，入侍禁近，名在国史，生平不独以诗名，在公亦不欲以诗鸣，逮

①[清]戴梓撰：《铁岭回沈》，选自《清代诗文集汇编》176之《耕烟草堂诗钞》卷1，上海古籍出版社2010年版，第472页。

②[清]金兆燕撰：《耕烟先生传》，选自《清代诗文集汇编》176之《耕烟草堂诗钞》，上海古籍出版社 2010年版，第466页。

③[清]戴梓撰：《七十自寿十首》，选自《清代诗文集汇编》176之《耕烟草堂诗钞》卷4，上海古籍出版社 2010年版，第499页。

④[清]戴梓撰：《辛丑三月望后一日闻亨儿成进士五百字》，选自《清代诗文集汇编》176之《耕烟草堂诗钞》卷4，上海古籍出版社 2010年版，第500页。

⑤[清]戴亨撰：《耕烟草堂诗钞跋》卷4，《清代诗文集汇编》176，上海古籍出版社 2010年版，第509页。

⑥[清]戴亨撰：《耕烟草堂诗钞跋》卷4，《清代诗文集汇编》176，上海古籍出版社 2010年版，第509页。

迁辽东始以诗闻，诗特公之余事”[①]。由此可见，作诗之于戴梓而言，完全是为了卖文养家，即便偶尔从创作中亦能感受到片刻的愉悦，可是对于自幼醉心火器，立志杀敌报国的大丈夫而言，沦落到要靠作诗糊口，无异于是一种令人难以忍受的屈辱，这也是戴梓在作诗过程中激烈表现的深层原因。同时，这种独特的创作样式，也使得戴梓成为当时沈阳作家群中一位风格特异的诗人。

清雍正四年（1726），穷困潦倒的戴梓卒于戍所，享年七十八岁，谪戍沈阳三十五年。戴梓辞世时，戴亨远宦不在身边，待他奔赴到家时，其居室已清理完毕。幸好在一个置放东西的架子上发现一束字纸，已残缺错乱，所书内容正是戴梓诗稿。戴亨对其“裒集散佚”，整理成书。由于家境贫困，“无以为梨枣费”，直到乾隆二十三年（1758）戴梓之孙戴秉瑛任昭文（今江苏常熟市）知县时，首次剞劂《耕烟草堂诗钞》四卷行世，其外曾孙荆道复于道光二十四年（1844）再次刊印。这部诗集是在辽沈土地上生成的一部力作，被金毓黻先生收入《辽海丛书》中。

四、《耕烟草堂诗钞》主要内容与价值

迄今行世的《耕烟草堂诗钞》凡4卷，收诗353首。其实，戴梓在辽沈的三十五年间，“日夕勤笔耕”，自然写了大量诗篇，现存的诗作仅是“千百中之什一耳”[②]。此诗集虽然篇帙不宏，但刊印行世后受到多位诗文名家的赞誉。邓之诚在《清诗纪事初稿》中盛赞其“诗笔甚健，胸有奇气，不可拘于绳墨，至不识唐人所谓长句为七言律”[③]；张维屏在《国朝诗人征略初编》中称赞戴梓“工诗画，负经世才，尤好兵家言”[④]；金兆燕称其“诗雄劲，画尽诸家所长”[⑤]；沈德潜（1673—1769）辑《清诗别裁》收戴梓《烽台晚眺》《出狱口占》《逢

①[清]戴梓撰：《荆道复道光甲辰跋》，选自《耕烟草堂诗钞》卷4。

②[清]戴亨撰：《耕烟草堂诗钞跋》卷4，《清代诗文集汇编》176，上海古籍出版社 2010年版，第509页。

③邓之诚撰：《清诗纪事初编》卷7丙编，上海古籍出版社，2012年版，第797页。

④张维屏撰：《国朝诗人征略初编》，周骏富《清代传记丛刊》明文书局1985年版，第9-11页。

⑤[清]金兆燕撰：《耕烟先生传》，选自《清代诗文集汇编》176之《耕烟草堂诗钞》，上海古籍出版社 2010年版，第466页。

子先上人》三诗，作评曰“三诗风骨，皆不落贞元以下”[①] 等。从以上诸家评辞，可见戴梓诗集问世后受到广泛赞誉。下面仅就诗集的内容和价值做概要评析。

1. **咏记谪戍生活**

诗集中以此为题材的诗篇比较多，前后连续起来，能淋漓展现戴梓一家老小在沈艰困生活的全貌。如《早行》一诗：

驱人寒夜起，行役意如迷。
野火烧残戍，荒城抱冻溪。
月嘶孤店马，霜报五更鸡。
冷灶吹余烬，开门参正西。[②]

这是诗人流放沈阳初在戍所服役，正值严寒冬季，戍所头目早早将其驱赶出房，行走在路上看到的是“残戍”“荒城”，听到的是“马嘶”“鸡鸣”，一派荒凉景象，凄苦之情充溢字里行间。在《出关行》中曰：“我欲为家家易成，乱草和沙砌寒水。……风高山苦不成望，连云部落冰霜中。日暮无依投店宿，店主愁颜向余嘱。连日狂飙禁作炊，晚餐只有前朝粥。”[③] 刚至沈阳没房住，自己动手用冷水和沙土掺乱草建房，房未建成时只好投宿。店主满脸愁容地告知，因连日狂风店里不能生火做饭，晚餐只有前一天剩下的粥饭了。因房子太简陋，到了冬季“草堂寒若此，焚荻竟无功。窗满前宵雪，门增此日风”[④]。令诗人更忧心的是，到沈当年九月廿一日夜晚，电闪雷鸣，大雪纷飞。全家人被惊醒，看见大雪听到雷鸣，既惊奇又恐惧：“雷声震屋尘，电光烛窗纸。畏寒我无眠，檐瀑喧未已。虚枕不成寐，暗室光忽紫。……两子梦中惊，抱母啼不止。一夜如海行，洪涛打船底。……嗟嗟九月中，景象竟如是。遥想冬深时，凛冽复何似。昔闻寒时雷，动蛰蛇俱死。蛇死不伤人，毒去我所喜。唯彼秋奇寒，

①[清]沈德潜辑：《清诗别裁》卷13，王云五总编《万有文库第一集》商务印书馆1930年版，第107页。

②[清]戴梓：《早行》，选自《清代诗文集汇编》176之《耕烟草堂诗钞》卷1，上海古籍出版社2010年版，第472页。

③[清]戴梓：《出关行》，选自《清代诗文集汇编》176之《耕烟草堂诗钞》卷1，上海古籍出版社2010年版，第472页。

④[清]戴梓：《冬日》，选自《清代诗文集汇编》176之《耕烟草堂诗钞》卷1，上海古籍出版社2010年版，第476页。

半生未见此。矫首逐南鸿，哀鸣望乡里。”[①] 此诗当是邓之诚所言“至不识唐人所谓长句为七言律”者，确实以五言作长句，有违七律格式，然而从另一个角度来看，这也正是戴梓诗之魅力所在，不拘形式，真情抒发，状景描物全从生活中来，风雪雷电摧屋排窗之势，稚子惊惧拥母啼哭之状，写来如立现眼前。九月即奇寒如此，到了深冬，天气会凛冽到什么程度，如何让诗人不思念四季如春的家乡。诗集中还有多篇记述戴梓为全家生计辛苦作诗卖画的诗篇。如在《秋怀》中云：“一灯说鬼三更雨，八口谋生十指牛。”[②] 还有前面引过的诗句“盈尺砚田供八口，半函卷帙展衰颜”，“我为饔飧累，日夕勤笔耕”等，从这几联诗句中，可看出诗人为养家糊口，日夕不停地赋诗作画，如此辛劳持续达三十余年。尽管如此，所得微薄费用，仍难保家中天天有饭吃。断炊饥饿时，大人尚可忍耐，而孩子嗷嗷待哺。无奈，大人只好用哄骗暂慰孩儿的辘辘饥肠：“今日文期许食肉，诸子欣欣就咿喔。日久不见突中烟，眼底蝇飞掩文哭。”[③] 诗中所述困苦窘迫，读来令人泪下。正是这种食不果腹的苦难现实生活，带给诗人剧烈的内心煎熬，使得戴梓常常陷入先是“狂喜朗诵”，继而“痛哭不止”的极端情绪之中。

较为全面描绘戴梓流放生活的诗篇是《七十自寿十首》，此组诗咏于康熙五十八年（1719）十月三日，是戴梓古稀之寿诞。此日门前冷落，感慨万千，一气呵成自寿诗十首。之二曰：

白发苍颜老放民，敝衣羸马冒缁尘。
饥摅楮墨生烟雨，饱听妻孥议贱贫。
雪窖病中怀贯酒，冰天梦里役回轮。
愁肠纵令今宵断，已占人间七十春。

此诗具体描述诗人作为“白发苍颜”的老流民，穿的是“敝衣”，骑的是“羸马”，住的是“雪窖”，听的是“贱贫”，梦的是“回轮”，穷困潦倒之状无

①[清]戴梓：《九日廿一夜震霆大雪因述长句》，选自《清代诗文集汇编》176之《耕烟草堂诗钞》卷1，上海古籍出版社 2010年版，第475–476页。

②[清]戴梓：《秋怀二首》之一，选自《清代诗文集汇编》176之《耕烟草堂诗钞》卷3，上海古籍出版社 2010年版，第492页。

③[清]戴梓：《纪事》，选自《清代诗文集汇编》176之《耕烟草堂诗钞》卷3，上海古籍出版社2010年版，第492页。

以复加。

之五曰：

一谪辽东三十年，痛深邱陇隔遥天。
身存却是君恩厚，命舛非关世态偏。
风截阵鸿还挺翮，霜摧丛菊尚舒妍。
老夫此日犹能醉，自听余生不学仙。

诗人流放前父亲戴苍已病逝，葬于家乡祖坟，谪戍辽东三十年未能回乡祭祖，此诗抒发思乡之情，痛入骨髓。

之六曰：

自古神仙不可期，谩劳引导问方师。
悲深青海穷呼酒，泪洒黄龙饿赋诗。
矍铄向人舒啸傲，昂苍入世任妍媸。
闻鸡起傍霜庭望，无尽浮云无尽思。

此诗表达诗人面对艰难困苦，不信神仙，不计小人谗言，勇于“矍铄向人”、“昂苍入世”的态度。

之十曰：

野烧荒荒连紫塞，寒风猎猎捲黄尘。
久弃瘦骨搘冰雪，还振雄心敌鬼神。
磨剑半生虚售世，著书千载枉惊人。
桂丛且谩招归隐，春满桃源自问津。①

此诗是此组“自寿诗”最后一首，表达诗人在艰难困苦面前，雄心仍在，还要创作出留传后世的“惊人”作品。

从以上略举的诗篇，足以说明戴梓一家谪戍沈阳后，生活相当艰辛和困苦，

①[清]戴梓：《七十自寿十首》，选自《清代诗文集汇编》176之《耕烟草堂诗钞》卷4，上海古籍出版社 2010年版，第498-499页。

戴梓一家的后半生，始终与饥饿、寒冷、郁闷、辛劳相伴。然而生性豁达的戴梓并没有被贫困所击倒，对未来还抱有希望。有时通过劳动还能从中寻找一丝丝生活乐趣。如在《雨后课耕》中曰："阡陌离离野色明，鞭驱黄犊趁新晴。云流不尽山犹湿，水积无多陇渐平。牧竖学歌随鸟转，村姬馈食映花行。庸庸草莽多温暖，何必浮生有令名。"① 此诗写诗人雨后学习耕种，在田间看到"阡陌离离""云流不尽""牧竖学歌""村姬馈食""庸庸草莽"一番美好景象，惆怅的心灵得到慰藉，一时间，功名富贵如浮云的念头油然而生。特别是三子考中进士后，戴梓喜极而泣，赋诗告诫儿子："自待勿菲薄，负荷在尔躬。我老复奚望，甘心此地终。故乡岂不思，此事关苍穹。努力建名业，昌我北地宗。"② 此诗是戴梓晚年生活的真实写照。进入晚年后，他把全部希望寄托在孩子身上，戴亨不负父望一举考中进士，使他所有的牵挂几乎都释怀了，甘心终老沈阳，"努力建名业，昌我北地宗"一句，反映出尽管直到暮年心中仍然怀有对故乡的深深思念，但是在某种程度上戴梓也已经将沈阳视作自己的第二故乡。就这样，带着对故园的思念和来自儿子成功的慰藉，戴梓平静地在沈阳度过生命最后的一程。

2. 与流人朋友唱和

戴梓流放沈阳后举目无亲，但与其他流人因为共同的遭遇、相似的经历及共同爱好，彼此往往一见如故，很快成为真挚朋友，相互唱和不断。其中同陈梦雷、杨瑄两人尤为密切。正如戴梓自己所言："同是冰天谪戍人，敝裘短褐益相亲。"③ 陈梦雷（1650—1728），字则震，号省斋，翰林院编修，遭诬陷于康熙二十一年（1682）谪戍沈阳，早戴梓九年。杨瑄（1657—？），字玉斧，翰林院编修，因他为佟国纲撰写祭文出错，康熙二十九年（1690）流放沈阳为八旗当差，早戴梓一年。1691 年 4 月，初到沈阳的戴梓受邀与陈梦雷、杨瑄及众友人到郊外游玩，座中戴梓向陈、杨赠诗四首，此组诗抚今追昔，抒发了流放后的苦闷之情。如第二首云：

---

①[清]戴梓：《雨后课耕》，选自《清代诗文集汇编》176之《耕烟草堂诗钞》卷4，上海古籍出版社 2010年版，第503页。

②[清]戴梓：《辛丑三月望后一日亨儿成进士五百字》，选自《清代诗文集汇编》176之《耕烟草堂诗钞》卷4，上海古籍出版社 2010年版，第501页。

③[清]戴梓：《雪后访杨太史玉斧醉中口占》，选自《清代诗文集汇编》176之《耕烟草堂诗钞》卷2，上海古籍出版社 2010年版，第478页。

闽南恒把袂，塞北又连觞。
万里存君我，千秋共肺肠。
有书延贱命，无语慰高堂。
敢复言忠孝，酸心抚白杨。

此诗为彼此相同的遭遇而感慨。接着于第三首抒发祸难之源及对未来的期望：

谩说成名早，文章亦祸机。
谋生虽寡策，教读且疗饥。
终荷君恩宥，休伤世事违。
升沉何足定，强饭望朝晖。①

此诗感叹因文章成名而引来厄运，但劝朋友振作精神，期待“朝晖”的到来。陈梦雷亦作歌唱和：“边城四月接春光，漠漠轻阴昼正长。细草丛中舒蝶粉，绿杨深处啭莺簧。……安道当年品最高，关西夫子亦人豪。诸英问字能携酒，童冠春风属尔曹。……分棚角射气争雄，兴到狂呼浮大白。须臾上客玉山颓，屡舞仙仙亦壮哉。我谓二公乘兴莫颰陨，青莲昔日玻璃杯，移向夜郎酌浊醅。圣主恩深汉文帝，贾生宣室亦归来。吾徒方寸但当对，天地支离潦倒莫疑猜。兔网雉罗安足恤，不能鬼蜮首鼠朵颐摇尾令人哀。二公余勇倾余沥，踟蹰归骑日之夕。杨柳风来送马蹄，一声长啸辽天碧。”②诗后有得一道人评语：“写景淡雅，入情则磊落豪迈。结句缥缈，几于江上峰青矣。较之少陵《渼陂》未知轩轾。”此歌行体诗酣畅淋漓，于醉态初呈处显高迈格调，激扬文字，颇具少陵遗风，盛京流寓诗人领袖之功力与风采尽显。戴梓诗集中写给陈梦雷的诗还有如《题画赠陈太史省斋》《春日怀陈太史省斋》《寄陈太史省斋》等，有九首之多。即使梦雷被赦回京，二人分别十四年了，戴梓还赋诗《寄怀陈太史省斋》云：

①[清]戴梓：《佳公子招游郊野，座中赠陈省斋梦雷、杨玉斧瑄两太史四首》，选自《清代诗文集汇编》176之《耕烟草堂诗钞》卷1，上海古籍出版社2010年版，第472-473页。

②[清]陈梦雷：《辛未初夏同戴文开、杨玉符二先生及从游诸子南郊射饮醉歌》，选自《清代诗文集汇编》179之《松鹤山房诗集》卷2，上海古籍出版社2010年版，第44-45页。

与君同是白头人，十四年来不复亲。
天上久经巢瑞羽，泥中犹自困枯鳞。
著书万卷千秋业，得酒三杯一夕春。
列传若搜岩穴士，可能收我作遗民。①

太史，翰林的别称，戴梓咏此诗时，陈梦雷甚得康熙赏识，侍奉皇三子胤祉读书的同时，还编修巨著《古今图书集成》类书。诗中盛赞梦雷成就“著书万卷”的千秋伟业，感慨自己犹似泥沼中一条枯鱼，末句以自我调侃的口吻希望梦雷能够将自己以“隐逸”之名载入丛书列传。戴梓与交往较多的流人文士还有李铁丸。李铁丸，字仙李，号根庵，康熙三十六年（1697）中进士一甲第一名，授翰林院编修。主持顺天乡试时遭弹劾被流放沈阳，在流放期间与戴梓交往密切，经常赋诗唱和，代表作《赠李铁丸》，诗曰：

东海有长松，亭亭一千尺。
挺拔干云霄，阴森荡天日。
蛟龙不敢窥，风雨何能蚀。
有时明月来，清影散寒碧。
不为绳墨拘，应笑栋梁失。
抱此千岁姿，支离托泉石。②

此诗高度赞扬李铁丸高标的气节和横溢的才华。对如此“挺拔”“栋梁”的大才不为世用表示极大惋惜，诗人也是以此诗暗喻自己被弃置“泉石”间不能为国家效力。此外在长期清苦的生活中，也有意找一些乐趣以消解内心苦楚，如得知李铁丸私自酿酒，戴梓遂赋诗调侃：“漠漠春塘暖暖天，东风庭院敞芳筵。一尊竹叶清堪鑑，四座梅花香欲燃。……黄垆夜拥城边月，青幌晴摇洞口烟。金谷鸟啼人未散，玉缸火冷主将眠。”③全诗读来轻快活泼，辞句婉丽，

①[清]戴梓：《寄怀陈太史省斋》，选自《清代诗文集汇编》176之《耕烟草堂诗钞》卷4，上海古籍出版社2010年版，第504页。

②[清]戴梓：《赠李铁丸》，选自《清代诗文集汇编》176之《耕烟草堂诗钞》卷1，上海古籍出版社2010年版，第473页。

③[清]戴梓：《李太史私酿清甘伪言远致因为长句戏之》，选自《清代诗文集汇编》176之《耕烟草堂诗钞》卷2，上海古籍出版社2010年版，第480页。

丝毫不见谪戍之苦，可见诗人正是在与友人亲密的交往中获得片刻的欢娱。

戴梓在流放“酸心”的岁月中，同友人饮酒唱和，对排解心中苦闷，施展诗文才能，无疑能起到积极作用。遗憾的是存留的诗作太少，但仅就这些亦可见出流人文士彼此间同病相怜、惺惺相惜的深厚感情，同时展现出高度的文学造诣。

3. **戴梓笔下的沈阳名胜**

在戴梓诗集中还有多首描绘沈阳当年山水名胜的诗篇。由于把描绘对象吟诵得如诗如画、精彩纷呈，故三百年来被世人常吟不衰。如《春日泛舟沈水》《南塔柳阴下口占》《南塔柳林》《黄山秋猎》《浑河晚渡》《孟夏望南郊柳林宴集分韵》等，无不展现陪都盛京诱人的美好风光。如《浑河晚渡》诗云：

暮山衔落日，野色动高秋。
鸟下空林外，人来古渡头。
微风飘短发，纤月傍轻舟。
十里城南望，钟声咽戍楼。①

此诗俨然一幅由暮山落日、鸟下空林、人来渡口、纤月轻舟等局部景观绘成的清幽和谐的水墨丹青画，然而于空灵辽远的画面中，隐含一丝深秋萧瑟的凉意，给人以寂寥之感。此诗在社会传诵之后，吸引沈城人纷纷来此欣赏浑河晚渡的景色，也是由于这首诗，使“浑河晚渡”被推举为“沈阳八景”之一。关于留都（沈阳）代表性景观，前后有不同版本传世，景观亦各有不同，但是几乎所有版本中都必有《浑河晚渡》，足见此景当为沈阳代表景观之首。戴梓好友陈梦雷在其所作《留都十六景》组诗中亦有《浑河晚渡》一首：

羁人当日暮，最易起乡愁。
况值他乡客，争喧古渡头。
飞飞林外鹊，泛泛浪中鸥。
天地皆行旅，何须问去留。②

①[清]戴梓：《浑河晚渡》，选自《清代诗文集汇编》176之《耕烟草堂诗钞》卷4，上海古籍出版社2010年版，第505页。

②[清]陈梦雷：《留都十六景》，选自《清代诗文集汇编》179之《松鹤山房诗集》卷3，上海古籍出版社2010年版，第68-69页。

比较二人所作，无论在文辞还是意境格调方面，都相当接近，或许面对浑河晚渡的场景，有着相似经历的谪人，在心态上有着高度的默契吧。再看另一首同《浑河晚渡》格调截然不同的《春日泛舟沈水》，诗曰：

沈水流无尽，春山草渐青。
漫携邻舍酒，去泛野人舲。
好鸟啼芳树，孤云落远汀。
啸歌迟日暮，白眼醉还醒。①

前者是写浑河秋天晚渡的景色，后者是写诗人在早春于沈水上泛舟的感受。早春的沈水两岸，绿草萌生、鸟鸣芳树、云落远汀，诗人提着邻舍酿造的新酒，站立在带篷的农家小船上，于波澜起伏、浩浩荡荡的沈水上泛舟游玩，一边欣赏美景，一边高歌饮酒，此时的诗人半醉半醒，沉浸在惬意美好的景色中。与《浑河晚渡》相比，《春日泛舟沈水》明显轻快愉悦、悠然忘情，完全是一幅多姿多彩的盛京早春的水粉画。仔细品味这两幅画，如果说前者尚隐隐流露出身为流人的伤秋之情，那么后者则显现出诗人逐渐适应谪戍生活后随遇而安、白眼傲世之心态。

当时陪都盛京的山水名胜还有公认的南塔柳阴。此景位于沈阳大南门外，南塔周围柳林与万柳塘柳林连成一片，景色动人，每逢早春踏青，游人如织。陈梦雷亦将“南塔柳阴”视为盛京十六景之一予以吟诵。戴梓步其后尘，在其诗集中存有三首咏“南塔柳林”的诗作，均以生动的笔触勾画出南塔柳阴的迷人景色。如《南塔柳阴下口占》诗曰：

花事看都尽，柳阴犹可怜。
轻烟蒸白塔，柔浪拍青天。
移后应多悴，攀余未许眠。
灵和旧风日，回首忆当年。②

①[清]戴梓：《春日泛舟沈水》，选自《清代诗文集汇编》176之《耕烟草堂诗钞》卷4，上海古籍出版社 2010年版，第505页。

②[清]戴梓：《南塔柳阴下口占》，选自《清代诗文集汇编》176之《耕烟草堂诗钞》卷1，上海古籍出版社2010年版，第474页。

南塔，即沈阳城南五里广慈寺内白塔。此诗为戴梓与朋友游览南塔风景时即兴之作。前两句描写春末夏初的南塔，轻飘的柳烟，缭绕着白塔。微风吹动柳枝卷起绿浪拍击着蓝天，令诗人心旷神怡。后两句写诗人触景生情，即在温和美丽的柳阴下抚今追昔，感慨良多。短短四句诗，描绘出如诗如画的南塔柳阴，既表达了诗人当时的喜悦之情，也抒发了诗人抚今追昔的感慨之意，这首短诗似乎是他流放后内心深处的真实写照。诗人居沈期间，不止一次与友人结伴游南塔柳阴，每次游兴之后都留下精彩诗篇。一年“孟夏望前”，即农历四月十四日，游南郊柳林后赋诗曰：“南郊苍翠净芳尘，胜日陪追忆去春。万柳拂空晴自雪，四山含黛远窥人。云澄水镜冰方解，谷递莺簧语乍新。我欲不归寻遁迹，芟茅何处结花邻。”①此诗以更大的气魄颂扬南郊柳林“万柳拂空”“四山含黛”“云澄水镜”“谷递莺黄”的自然景色，堪称众多吟咏南塔柳林诗中上乘之作。

除上，还有《大隈踏月》《黄山秋猎》《塔湾落雁》等，都是吟咏盛京风物的诗篇，为沈城人民留下宝贵的文化资源。

4. 身陷窘地，忧国忧民

诗集中有《西征闻捷三首》《观获》等诗篇，这类诗虽存留不多，但从中不难看出，戴梓虽身陷困境，却始终怀有忧国忧民之家国情怀。康熙五十三年（1714），蒙古准噶尔部首领策旺叛乱，发兵攻掠哈密，清廷特调辽东名将统兵平叛。戴梓闻讯后，特赋诗送行，同时祝愿平叛军早日凯旋：

征兵飞檄到辽东，名将提师驭铁骢。
断碛有天唯见月，浮沙无地不闻风。
威行万里祁连外，气振三军大漠中。
定远勋封今再建，凯归应笑贰师功。②

诗人以赤诚之心企盼征西将军“威行万里”“气振三军”，同叛军大战沙漠之中，最后取得像东汉班超出使西域粉碎匈奴阴谋、巩固汉朝边疆并被朝廷封为定远侯那样的功绩。此诗体现戴梓企盼国家安定统一的爱国之情。

---

①[清]戴梓：《孟夏望前南郊柳林宴集分韵》，选自《清代诗文集汇编》176之《耕烟草堂诗钞》卷2，上海古籍出版社2010年版，第485页。

②[清]戴梓：《送某提兵征策旺》，选自《清代诗文集汇编》176之《耕烟草堂诗钞》卷3，上海古籍出版社2010年版，第493页。

征西大军勇不可当，迅速给叛军以重创。戴梓闻知西征大捷后喜出望外，一气呵成《西征闻捷三首》。之一曰：“由来哈密属中华，圣主承乾统一家。何意鲁夷桴衅鼓，却教禁旅动征笳。王师久驻思文化，帝子深谋必武加。一击开疆三万里，不教兵甲守龙沙。”诗人高颂朝廷承天行道，大军西征开疆拓土统一中华。当胜利捷报传到“紫微宫”和“留都”时，举国“臣民雷动”，诗人尤为情不自禁，以酣畅之笔咏出之二、之三：“羽骑宵飞大漠空，捷书直达紫微宫。渠魁伫看倾心服，胁从先驰献馘功。阊阖晓开欢诏发，臣民雷动喜音同。遥遥西望黄云外，深入还须慎始终”；“昨宵驰报到留都，报说乌斯入版图。沙塞马肥秋苜蓿，火山人饮夜醍醐。风清瓯脱闻鸣鹿，日射边亭见画乌。从此恩膏敷绝漠，九天九地一人扶。”[①]平叛胜利，西藏纳入中华版图，“九天九地”即普天之下实现一统，诗人为此尽情欢呼。作为一个被朝廷弃于冰天雪窖之人，爱国之志不渝，以今观之，既令人感佩，亦令人叹息。

戴梓虽身处困境，仍然“家事国事天下事，事事关心”。看见农民丰收，为农户收割的画面感染，心情舒畅之余，又不禁生出隐隐忧思：“终岁勤劬幸有年，相邀结袂刈蒿田。群鸡啄粒驱还聚，山犬随人吠复眠。白发扶筇衰曝背，青裙汲井晚炊烟。官粮输却馀多少，社鼓逢逢促送钱。”[②]百姓劳作一年，粮食丰收了是令人高兴之事，但农民还要输官粮、交社钱，层层剥削之后农民能有多少剩余？当戴梓目睹县官猛虎似的强收百姓钱财时，他怒不可遏，奋笔给予无情鞭斥：“县官昨日吏胥来，坐向床头索酒肉。称言今岁纳粮难，官止收钱不收粟。举目周瞻四壁空，两岁婴儿难卖鬻。丈夫被吏牵见官，妻儿坐向穷檐哭。”[③]官府强行向穷苦百姓搜刮钱财，百姓家徒四壁，拿不出钱就将人带入官府，妻儿在家只有痛哭，何等凄惨。这是诗人替穷苦百姓发出的呐喊，是向猛虎食人官吏的声讨。这是对清初社会矛盾的深刻揭露。此诗如此直白和犀利，在流人诗作中还是少见的。

综上，《耕烟草堂诗钞》所收诗文数量虽不多，但内容还是非常丰富的，触及清初社会各个方面。这些诗篇对研究戴梓本人、研究清初沈阳流人、研究

①[清]戴梓：《西征闻捷三首》，选自《清代诗文集汇编》176之《耕烟草堂诗钞》卷4，上海古籍出版社2010年版，第500页。

②[清]戴梓：《观获》，选自《清代诗文集汇编》176之《耕烟草堂诗钞》卷4，上海古籍出版社2010年版，第503页。

③[清]戴梓：《猛虎行》，选自《清代诗文集汇编》176之《耕烟草堂诗钞》卷1，上海古籍出版社2010年版，第471页。

清初盛京文学均有重要价值，对研究沈阳城市史有重要史料价值。由于诗人“诗笔甚健”，风格别具，行世后得到广泛好评，无疑对辽沈文学发展和繁荣起到积极的推动作用，他的诗集收入《辽海丛书》中，影响着辽沈地域一代又一代诗文爱好者，是研究辽沈历史的文史工作者案头必备之作。

五、画家戴梓

戴梓流放沈阳后，为养家糊口，靠卖诗鬻画补贴家用。关于戴梓诗歌内容与价值，前文已略作剖析，从其诗作在当时及对后世的影响来看，足以证明戴梓在辽沈诗坛应有一席之地。如前文所述，戴梓不仅工诗，还擅长绘画和书法，金兆燕评其画称“画尽诸家所长，书兼董、米”。《清画家诗史》《国朝画识》《清代画史增编》等著作中均录有戴梓大名。

戴梓绘画主攻写照、山水两类。所谓“写照”是指画人物的形象。他的写照作品有一定数量。据《耕烟草堂诗钞》中收有《题省斋小照》《题林刺史益长本裕小像》《为张建侯进士写照竣赋此赠别》《题楼一僧骑鹿採芝小照》《题朱玉端小像》等诗作。这些诗作是他为各写照作品的题诗，即为他人画像时所题的诗。遗憾的是这些写照画多数未能存世，沈阳故宫博物院藏有戴梓所画的人物像两幅。一幅为《芸庵先生全身坐像图》，题词是：“咄嗟张翁，居辽之东。以道是抱，以德守躬。不役役于名利兮，不劳劳以求乎。惟知足以自退兮，常舒啸而纳。风以之养高兮，又何羡夫尊荣。膝下有子，气宇春容。若祥麟之曜日兮，发日光于天中。行将展蕴蓄于廊庙兮，建宇宙之奇功。”此画像绘于康熙三十四年（1695）仲春，是戴梓流放沈阳的第五年。另一幅为《希哲先生全身坐像图》，题词为：“望千山之齿齿兮，俯沈水之泛泛兮。掌天驷之权衡。为皇家之蕃育兮，博荣禄以赡其身。当名花之馥郁兮，邀明月以倾樽。眺平原而纵横兮，凌长风而呼鹰。自欣欣而终老兮，又何役而何荣？”此画绘于康熙三十四年（1695）季春。这两幅作品并非沈阳故宫原藏，是20世纪70年代在扬州文物商店购得，经文物专家鉴定均为真品。前面讲过，其父戴苍是著名的人物画家，戴梓人物画“写照得父传”，可以说继承了父亲戴苍人物画技法精髓。故宫专家在评价其人物画水平时说：“用笔细腻，以渲染为主，勾勒次之；设色富丽堂皇，人物形象赋予明暗变化，得元代王绎、明代仇英之笔意，具有较高的艺术价值"[①]。粗查《中国古代书画目录》，内录戴梓三件作品，其中两件为人物画，分别为《设色人物图》和《设色丘岳像》。这两件作品藏于北京故宫博物院。还有一幅《仿吴镇山水图》，藏于浙江省博物馆。作为一个"罪犯"，又是为赚钱养家的作品，迄今尚发现五件存留于世，说明戴梓画作深得世人喜爱，是具有很高收藏价值与艺术价值的绘画精品。

戴梓绘画的另一主题是山水画。戴亨也说父亲戴梓擅长画山水画，并且每完成画作一定要题诗，所以求得画作的人一并也会得到诗。这样看来，求戴梓画的人往往能够获得"买一赠一"的实惠，故索画者颇多，亦在情理之中。关于戴梓依靠卖诗鬻画维持家计一事，张杰先生曾在文章中做出过有趣的论述："试想一下，前来戴梓家中索诗买画之人'日常十数辈'，再加上他担任过翰林院侍讲的尊贵身份，售价肯定不菲。出售书画到底给戴梓带来了多少收入？尽管文献中没有记录，但从他的儿孙的科举功名中可以得到证明。戴梓共有四子，其中三人获取了科举功名……在中国封建社会里，参加科举考试是需要大笔金钱支持的。……由此可知，每个童生参加'府县两考'的费用是10两白银，他们还要参加学政主持的院试，才能获得生员功名。那些侥幸考中生员者，还要到省城参加乡试，考中举人者到京城参加会试，其费用要超过童试不知多少倍，戴梓家中若没有雄厚的财力支撑，他的子孙是不可能获取举人、进士功名入仕做官的。"[②]收入《耕烟草堂诗集》中的题画诗作有二十首左右，戴梓的山水画可以说画精诗妙，具有很高的艺术价值。乾隆年间，朝鲜学者来沈，在满人永寿家中见到戴梓绘在一把扇面上的画作，特把这次偶遇记到笔记《湛轩燕记》中，称赞说"乃东扇就制，水墨山水，画格亦高"。盛京名士张裕昆收藏戴梓画作《樵夫问经图》，评其"笔法似是北宗矣"[③]。戴梓画作能得到张裕昆的赏识，说明其画作品格有相当高度。

戴梓的绘画艺术不仅有很高的艺术价值，还有独特的历史价值。仅以故宫收藏的两幅人物画像为例，经故宫专家考证，这两幅画像虽称谓不同，实为一人。在无摄影技术的清初期，戴梓运用高超的写照技术，为张氏留下"真容"，让我们在300年后，目睹一位退隐官员着常服和补服的风采，实是弥足珍贵。尤为可贵的是通过画上题词，得知张氏可能是进士出身，在朝中为七品文官，

①王丽：《沈阳故宫院藏清戴梓画人物像及历史价值》，载《沈阳故宫博物院院刊》2009年第7辑。

②张杰：《清代"辽东三老"新论》，选自《社会科学辑刊》2009年第3期，第138页。

③王雁：《简述清代流人戴梓》，选自《学理论》2016年第11期，第148页。

隐退后居于辽东。膝下有子，且“气宇春容”。还赞张氏操守“以道是抱，以德守躬”，“不役役于名利”，“不劳劳以求乎”。张氏其人的事迹不见载史志，而这幅画像可补史志所无。这是戴梓写照画的又一宝贵价值，这是在3个世纪前沈阳画家为我们留下的珍贵文化遗产。

六、“辽东三老”之一——戴亨

戴梓后半生，生活艰困，愁肠百结。但有件最令他开心的事，就是三子戴亨于康熙六十年（1721）春考中进士，自此戴亨又诗作大增，名声大振，与其父之诗友李锴、陈景元结成莫逆之交，被誉为诗坛“辽东三老”。详考辽沈诗史，同具诗名的父子诗人实属罕见。

戴亨，字乾通，号遂堂，康熙二十九年（1690）十二月初四生于北京。生下刚三个月，随父戴梓流徙沈阳。北上途中，因其母“乳脉久干竭”，难以哺育戴亨，险些将他弃之沟辙，父母终难割舍亲生骨肉，一条幼小的生命才得以保全下来。但从襁褓中开始，戴亨就过上了缺衣少食饥寒交迫的生活，直至30岁考中进士离沈赴外埠当官。

戴亨在沈阳的30年，物质上是极度匮乏的，但在精神层面上却是富有的。父亲戴梓为养家糊口，终日舞文弄墨，赋诗卖画，还常常同著名文人陈梦雷、杨瑄等饮酒唱和。戴亨的母亲知书识礼，或许因为自幼长期营养不良，少年戴亨曾一度双眼失明，即便如此，母亲坚持教授小戴亨启蒙性的“四书五经”知识，戴亨就是在这样浓厚的文化氛围熏陶下渐渐成长。15岁时戴亨双眼得以复明，开始就读私塾，同时全力“攻举子业”，“间为五七言律”，一次看见一幅王母图，戴亨有感而发作了一首“七古诗”，父亲看后十分惊喜地说：“汝异日当以诗名天下。”①就读期间，因“家贫缺修脯”，有时辍学在家，但他仍然坚持学习，办法是带着干粮，到附近的寺庙中面壁苦读，“几日复归来，饥瘦面尘土”，再取些干粮回去继续读书。年轻的戴亨就这样不畏困苦，“数十年破屋冷锉，力战于风雨震电之中，而学乃成”②。20岁时为奉天儒学生员。30

①[清]戴亨：《庆芝堂诗集自序》，选自《清代诗文集汇编》267，上海古籍出版社2010年版，第360页。

②[清]陈景元：《庆芝堂诗集序》，选自《清代诗文集汇编》267之《庆芝堂诗集》，上海古籍出版社2010年版，第357页。

岁时，即康熙六十年（1721）中进士，自此离开沈阳任顺天河间教授，后任山东齐河县知县。他在任上“政声卓卓，为时所忌”[①]，终因秉性耿直得罪上司被免官，并于乾隆三年冬（1738）遭拘禁于长清县达九个月，出狱后，他倦于官场应付，从此再未涉足仕途。无官后戴亨主要居住在北京，有时还随侄戴秉瑛在任所闲居。全靠“授徒以供饘粥，樵苏不爨、箪瓢屡空”[②]，主要靠教书谋生，生活非常清苦。关于困苦之状他有诗自述：“大儿怜余老，艰苦知自持。小儿初学语，喃喃索饼饴。两女强解事，绕膝向我啼。问女一何啼，哀哀前致词。无衣长苦寒，无食长苦饥。况复当弱龄，值此深秋时。严风杂浩雪，凛冽摧肌皮。粗绨裹枵腹，性命安能支。听之生惭赧，欲答心先悲。心悲强欢笑，握手双提携。抚摩为拭泪，甘言相戏欺。缅彼蒙袂子，困阨尝如斯。嗟来耻不食，沟壑分所宜。奈何小儿女，亦同罹此危。”[③]

时值深秋，大雪纷飞，寒风刺骨，衣不蔽体、食不果腹的年幼孩子绕在膝前，哭喊着要吃的要穿的。身为人父，眼见如此困窘之状，其内心之悲酸愁苦可想而知。但在孩子面前，戴亨却只能“强欢笑”，“甘言相戏欺”。诗人不耻嗟来之食，只可怜一双小儿女，亦要受此磨难。堂堂大进士，竟无法保障家人衣食饱暖，实实令人悲悯和泪目。而更令人痛心的是，诗人这样清苦的生活一直持续到晚年。为生存，已过花甲之年的戴亨，尽管感觉“精力衰颓”，还是要外出谋生。妻儿心疼其年迈体衰，牵衣啼哭，拦阻他远行。戴亨百感交集，赋长诗以纪之：

出东门，慨以叹。年如矢，去不还。壮盛已过，出入无欢。白日昭昭，不照游子颜。雪霜悽怆漫荒原。鸟无翼，河无船。甘随草木，俯首凋残。嗷嗷八口号寒饥。赁舂作苦，精力衰颓，纵有所获难餔糜。思远出，竞刀锥，天黯惨，日西垂。儿女罗列，跪奉一卮。欲饮未饮心酸悲。平明就道，妻子牵衣啼。悯我老，问我将何之。山有豺虎，水有蛟螭。征途况瘁骨肉违。安危莫测，魂梦惊疑，男儿结志山不移，邪赢秽窦圣所非。遵古道以寻路，将安往而不迷？停旅橐，

①[清]李清杰：《重刻庆芝堂诗集序》，选自《清代诗文集汇编》267之《庆芝堂诗集》，上海古籍出版社2010年版，第363页。

②[清]戴秉瑛：《庆芝堂诗集后记》，选自《清代诗文集汇编》267之《庆芝堂诗集》，上海古籍出版社2010年版，第520页。

③[清]戴亨：《儿女》，选自《清代诗文集汇编》267之《庆芝堂诗集》卷4，上海古籍出版社2010年版，第391-392页。

解征衣。从今以后，无复别离。生相慰，死相依。[①]

此诗写于乾隆十五年（1750），是年诗人59岁，此时家境“贫甚”，“嗷嗷八口号寒饥”。好友劝其远行寻求谋生之计，他应朋友之劝，“平明就道”，妻子悯其年老，牵衣啼哭拦阻。诗人想到远行路上，“山有豺虎，水有蛟螭”，“安危莫测”，况“精力衰颓，纵有所获难餔糜”，踟躇再三最后还是“停旅橐，解征衣。从今以后，无复别离”，打消了远行的念头。诗人“壮盛已过”，年老体衰，面对全家啼饥号寒，无计可施了。戴亨晚年的光景，伴随其诗名日盛，或许有所改善不得而知，不过戴亨69岁尚在世，在那样拮据的生活状况下应该算是高寿了。在漫长的穷困岁月中，戴亨人穷志不短，始终保持着令人尊敬的操守和人格，无论如何穷困，“绝无只字干谒当轴，亦无片语谀媚要津”[②]。更为可贵的是，戴亨并没有被穷困吓倒，年复一年，日复一日，“未尝一日废吟咏”[③]。正是由于心无旁骛，笔耕不辍，戴亨诗作日增，名气日高，“辽东三老”的影响力越来越大，多少文人学士都渴求见其尊容或拜读其诗篇。金兆燕说：“私心向往，每于友人之自北来者，或传其零章断句，必珍重省录，藏之箧衍。”[④]任瑗说：“余伏田里，闻辽东三老，人声藉甚，思见其人，求其书读之，竟不可得。”[⑤]

戴亨在世时，对自己的诗作进行了粗略结集和编排，首次刊刻是由侄儿戴秉瑛完成的。冠名《庆芝堂诗集》，凡18卷，共收诗1312首。书前有戴亨自序，还有好友陈景元及韩彦曾、任瑗写的序文。时隔70年后，诗人外曾孙荆道复将初刻本整理重印，当时文坛名士陈銮、林则徐、李清杰、朱襄、邵甲等人分别书序。诗集行世后，影响甚大，好评如潮。金兆燕评其诗曰：“上自汉

①[清]戴亨：《东门行》，选自《清代诗文集汇编》267之《庆芝堂诗集》卷2，上海古籍出版社2010年版，第370页。

②[清]李清杰：《重刻庆芝堂诗集序》，选自《清代诗文集汇编》267之《庆芝堂诗集》，上海古籍出版社2010年版，第363页。

③[清]戴秉瑛：《庆芝堂诗集后记》选自《清代诗文集汇编》267之《庆芝堂诗集》，上海古籍出版社2010年版，第520页。

④[清]金兆燕：《庆芝堂诗集跋》选自《清代诗文集汇编》267之《庆芝堂诗集》，上海古籍出版 2010年版，第521页。

⑤[清]任瑗：《庆芝堂诗集序》选自《清代诗文集汇编》267之《庆芝堂诗集》，上海古籍出版社2010年版，第359页。

魏，下逮初盛唐诸大家，皆撷精取液，如金入冶而熔铸之，不肯稍降一格。”① 陈銮读其诗集后称：“今读《庆芝堂诗集》则和平淹雅，才力大而根柢深。古体寝馈于建安七子，而波澜意度出入少陵韩苏之间，近体则胎息沈宋，以泛滥于大历十子，掩有众妙，集诗人之大成，何其盛也。”② 朱襄反复研诵诗集后的感受是：“如仰嵩华，如临江海，挹之弥深，而望之不竭，旨哉渊乎！”③ 林则徐阅后赞之曰：“气格之高迈，神味之渊恬，则体托于明道，而语发乎性情，先生论诗之旨世必无以易之也。”④ 李清杰盛赞戴亨“先生真天生诗人也”⑤。这些人不是戴亨的酒肉朋友，更没有必要去巴结一个穷困潦倒且远去半个多世纪的落魄之人，应是发自肺腑的评说，“如仰嵩华，如临江海”，“气格高迈”，“神味渊恬”，“真天生诗人”等赞词已高到无以复加的程度。这些赞誉之词，足证戴亨是一位继承了父亲文学基因，并且青出于蓝而胜于蓝的杰出诗人。

戴亨的生涯与父亲戴梓有许多相似之处，青年时期即求得功名，所不同的是父亲戴梓崛起于行伍之间，儿子戴亨成名于科举试场。然后半生远离庙堂，生计维艰。父子二人都具备高超的文学才能，不过戴梓作诗是为了养家糊口，不得已而为之；戴亨则自幼便喜爱诗文，终生乐此不疲。这种创作动机上的根本差异，直接反映在二人身后留下的诗集上，戴梓由于纠结矛盾的创作心理，使得所作诗文半数以上不存，侥幸留存下来的少量诗稿亦是由儿孙辈收集付梓；而戴亨则用心整理诗稿，生前即进行了初步的编排，其目的：“余懒，不自收拾，仅存者若干首，敢谓能知道哉？抑生平之精力尝萃于此，聊为子侄辈录而藏之，固不欲与世之立壇坫者较工拙，念得之匪易，时一覆视，以自赏于荒墟寂寞之滨云尔。”⑥

①[清]金兆燕：《庆芝堂诗集跋》选自《清代诗文集汇编》267之《庆芝堂诗集》，上海古籍出版社2010年版，第522页。

②[清]陈銮：《重刻庆芝堂诗集序》，选自《清代诗文集汇编》267之《庆芝堂诗集》，上海古籍出版社2010年版，第361页。

③[清]朱襄：《重刻庆芝堂诗集序》，选自《清代诗文集汇编》267之《庆芝堂诗集》，上海古籍出版社2010年版，第364页。

④[清]林则徐：《重刻庆芝堂诗集序》，选自《清代诗文集汇编》267之《庆芝堂诗集》，上海古籍出版社2010年版，第362页。

⑤[清]李清杰：《重刻庆芝堂诗集序》，选自《清代诗文集汇编》267之《庆芝堂诗集》，上海古籍出版社2010年版，第363页。

⑥[清]戴亨：《庆芝堂诗集自序》，选自《清代诗文集汇编》267之《庆芝堂诗集》，上海古籍出版社2010年版，第360-361页。

关于《庆芝堂诗集》内容，正如李清杰所言："古人诗集编年者，易悉生平。此集（《庆芝堂诗集》）序体而兼编年，一生之显晦安危，穷通顺变，与夫学问根底，性情植品，百数十年后，犹仿佛如见其人。"这一段话指出戴亨诗集较为全面地反映了诗人一生的遭际，对于一些有代表性的事件和能够集中反映戴亨性格人品的诗篇，李清杰做出了言简意赅的概述："读《感遇》[①]第五章，当日之上官气焰可知；读《留赠张稼兰》[②]第一章，当日之同官迎合可知；……间有介寿称觞，由于感深知己；偶涉微词讬讽，无伤小雅怨诽。先生之笃天伦、怆霜露，见于《母病》[③]《奉窆》[④]《喜捷》诸篇；先生之重友谊、寻车笠，见于《哭陈宪图、陈石间》[⑤]诸篇；先生之恋军国、痛民瘼，见于《铙歌金川》[⑥]《苦雨行》[⑦]《悯流亡》[⑧]《验被水》[⑨]诸篇。至其胎息毛韩，酝酿汉魏，殚精覃思，瑶情琼想，则先生《训士吟十八首》[⑩]及《与友人论诗》[⑪]已自言其得力之由，导人以寻源之秘……"[⑫]下面就针对李氏提及的若干诗篇加以简略评析。首先看《感遇》十首其一："方

①[清]戴亨：《感遇》，选自《清代诗文集汇编》267之《庆芝堂诗集》卷4，上海古籍出版社2010年版，第388页。

②[清]戴亨：《留赠原长清张明府稼兰》，选自《清代诗文集汇编》267之《庆芝堂诗集》卷4，上海古籍出版社2010年版，第389页。

③[清]戴亨：《母病》，选自《清代诗文集汇编》267之《庆芝堂诗集》卷3，上海古籍出版社2010年版，第378页。

④[清]戴亨：《奉窆》，选自《清代诗文集汇编》267之《庆芝堂诗集》卷11，上海古籍出版社2010年版，第453页。

⑤[清]戴亨：《哭陈进士宪图》，选自《清代诗文集汇编》267之《庆芝堂诗集》卷14，上海古籍出版社2010年版，第480页。

⑥[清]戴亨：《铙歌三章》，选自《清代诗文集汇编》267之《庆芝堂诗集》卷18，上海古籍出版社2010年版，第516页。

⑦[清]戴亨：《苦雨行》，选自《清代诗文集汇编》267之《庆芝堂诗集》卷8，上海古籍出版社2010年版，第424页。

⑧[清]戴亨：《悯流亡》，选自《清代诗文集汇编》267之《庆芝堂诗集》卷11，上海古籍出版社2010年版，第452页。

⑨[清]戴亨：《查验任邱被水山庄》，选自《清代诗文集汇编》267之《庆芝堂诗集》卷9，上海古籍出版社2010年版，第436页。

⑩[清]戴亨：《训士吟》，选自《清代诗文集汇编》267之《庆芝堂诗集》卷3，上海古籍出版社2010年版，第379页。

⑪[清]戴亨：《与友人论诗》，选自《清代诗文集汇编》267之《庆芝堂诗集》卷11，上海古籍出版社2010年版，第453-454页。

⑫[清]李清杰：《重刻庆芝堂诗集序》，选自《清代诗文集汇编》267之《庆芝堂诗集》，上海古籍出版社2010年版，第363页。

枘而圆凿，龃龉讵相适。所守诚拘墟，所遇宁不逆。世情苦未练，疏懒成离索。名虽擢礼闱，宦途实云隔。承欢希禄养，黾勉就司铎。官闲职易称，亦恐婴祸阨。训迪匝六年，声誉渐隆赫。蒙恩授剧邑，力辞不能却。驽马蹶长途，弱材困重责。事去方觉非，道穷唯自惜。”此诗看似戴亨对自身个性和为人处世之道的反省文，明知道自己性格疏懒，不通世情，却存有侥幸心理，勉强出仕做官，到头来终究是“赶鸭子上架”，无法胜任工作，穷途末路，好在事后对自己有了更清楚的认识，且行且珍惜。再看其五：“虎视何耽耽，高负山之隅。所性嗜食人，安择贤与愚。牙爪非不利，积恶已盈辜。蒐苗殄异类，除之不须臾。虽无救所伤，报复快万夫。凶顽适自戕，天网孰云疏。”读到此诗，我们可以明白戴亨为什么会“以亲老难奉远任，肃摺恭辞”了，一方面如其一所说，戴亨对自己不谙世情，秉性耿介有自知之明，所以不愿意出仕做官；另一方面，当时官场上的上司正如诗中描绘如山中猛虎一般，穷凶极恶，欺压下属，为非作歹，恶贯满盈。事实上，戴亨早知官场厉害，知道以自己的为人是决然适应不了的，故而才以家有亲老为借口，推辞任命。戴亨不仅仅早已看出仕途官场之险恶，而甘心辞官归野，事实上对于人生在世终究要归于一场虚无，亦早已看破。其十曰：“埏埴随大造，结沫亦已危。人命如朝露，人心若阳晖。阳晖酷煎曝，朝露宁不晞。蜉蝣延刻晌，蝼蚁营寸壤。宁知不崇朝，方作百年想。人生无智愚，同入梦中趋。在梦无不有，梦去成空虚。富贵乐难久，贫贱亦须臾。万象不停睫，荣悴何足吁。所以古至人，离幻保真如。况我年半百，秋霜满鬓须。此身非我有，身外何所须。”人生苦短，如朝露阳晖，转瞬即逝，无论富贵贫贱都如同一场梦。既然此身都不属于自己，身外之物更加不需要了。正是因为拥有了如此超脱世俗的精神追求，戴亨才能够安贫乐道，寄情吟咏，清名传于后世。

再看《母病》一首：

伊昔生我时，家室遭颠倒。
我父罹祸罗，我母誓不保。
仓卒就长途，亲知惨避悄。
……
憔悴抵贞番，黄沙抱荒草。
家乡梦暂归，魂断哀笳绕。
……

更遇年岁凶，沟壑转瘠殍。
力谋死中生，糟糠延昏早。
……
手作口复哺，百计望儿好。
此事幼不知，长听心如捣。
欲报昊天恩，诗书奋仇讨。
……
初试录黉宫，再试贤书标。
三试擢礼闱，声名振矫矫。
自分亦英奇，立可申怀抱。
事竟与愿违，羁愁若笼鸟。
三年饿病危，归省贫如扫。
感叹复欷歔，儿成母已老。
四体抱病疴，骨立颜枯槁。
……
参价贵如珠，且复无私藏。
听之不能语，涕泪满衣裳。
医问余何悲，欲答心怆惶。
菽水且莫饱，安冀母病臧。
人生能几时，白日行天忙。
亲老不能养，亲病拳空张。
吁嗟不肖身，何以齿周行。

此长诗固以“母病”为题，实则带有自传性质，叙述了自身大半生遭际：父亲戴梓犯案被贬，自己尚在襁褓之中，母亲无奶水哺育，千方百计将自己养大成人，自己发愤苦读，以为取得功名可以施展抱负，却不想仕途坎坷，弃官回乡，仍然一贫如洗，母亲却因常年劳苦，体弱多病，然而身无积蓄，无力为母亲购置补品，眼睁睁“亲老不能养”，内心凄惶，艰难苦恨，充溢字里行间，催人泪下。《哭陈进士宪图》九首其一云：

眼底如君铁石人，谁能相赏出风尘。

炊烟屡绝才偏富，瘦骨孤撑语不贫。
佛火夜寒悲自咏，旅情春剧苦同申。
琅玕赠我留君泪，每一吟哦一怆神。

其三

十年科甲老闲身，万里艰难应诏臣。
深痛玉楼征记日，正为乡国梦归人。
恩仇满匣留金剑，侠烈孤魂质鬼神。
简练阴符终未试，应教杰士泪沾巾。

陈宪图进士，名善言。雍正八年（1730），戴亨与之相识于北京，之后成为挚友。陈善言于康熙戊戌年中进士进京，并未得到重用，穷困潦倒而死。戴亨视其为知音，其中有很大成分是因为两人命运相似，同病相怜，九首悼亡诗中，哭陈进士秉性孤高、命运不济、怀才不遇、穷途末路之词，又何尝不是顾影自怜之语。李清杰说戴亨痛民瘼之情见于《铙歌金川》《苦雨行》《悯流亡》等诗，我们来看《苦雨行》一首：

四月五月风怒号，骄阳肆虐田园焦。
放牛悬耒不得种，农家奔诉声嗷嗷。
群龙忽驾沧海起，昼夜掀翻坤轴洗。
眼前大路成江湖，河决堤崩村落徙。
兆姓披发随洪涛，皇天疾威势方始。
我幸城居免此厄，昏垫途穷阻行趾。
惊闻邻屋时崩摧，中夜哀呼声震耳。
披衣走立不能眠，屋漏淋漓遍床几。
妇孺饥馁难出谋，沾湿欲炙无干机。
昏昏兀坐仰天愁，掣电惊雷殊未已。
我欲骖神虬乘飞，飏排阊阖陈闵忧。
天高路远无羽翰，耸身奋步行复休，于戏耸身奋步行复休。

此诗抒情收放开阖，叙事笔墨淋漓，诗人悲天悯人之情怀一览无余，笔走龙蛇之文采直追少陵。“文如其人”，尽管并非屡试不爽的真理，但是放在戴亨身上应该是恰如其分的。雍正三年（1725），戴亨中进士后出任顺天河间府教授，正是欲施展抱负、报效国家之时，戴亨作《训士吟》十八首，一方面以身自勉，另一方面劝训士林。从此组诗内容来看，即便放在今天，完全可以看作是“士人修养十八条”，分别从修身、择仕、践行、自知、择居、担当、顺时、崇实、积累、坚持、坐忘、正直、恒久、自爱、自立、韬光、养晦、惜时十八个方面，劝诫士人加强自身修养，成为世人之榜样。在此择其五记之：

其一

北方有潜客，性嗜兰蕙姿。
培根复诛蔓，汲清灌溉之。
吐芳出群卉，岂曰国香衰。
顾兹桂与茝，将随九畹滋。
枝叶峻以茂，采撷冀及时。
奉为君子珮，连茹以为期。

其四

猗嗟此一生，生难尽慧识。
幸不堕顽蠢，造物岂我啬。
况藉古初人，阐微先我力。
得每不践机，失亦难伪饰。
用转欺慊机，慎哉勿自贼。

其八

羊质虎其文，虽美而不彰。
躬行苟不逮，何必徒文章。
笃论竦真听，摛藻阐德光。
立言固所重，饰伪弃厥常。
安得华与实，内外无低昂。

其十二

人匪道害依，交匪道害臧。
辅仁赖将伯，诡随警无良。
既载失善御，鲜不毁辕缰。
俗目悦萧艾，珵美或不当。
宁以直不回，不防参与商。

其十七

鹪鹩托羽翰，载憩芳树枝。
棲托岂不稳，安能薄天飞。
裋褐裹珍玉，养晦待厥时。
神龟不受缚，曳尾甘涂泥。
朝云乘天升，膏泽沛无遗。
出处良有会，蓄德贵不衰。
玙璠唯自宝，没齿以为期。

此《训士吟》十八首立意高标，文辞朴拙，堪为《庆芝堂诗集》压卷之作。孙勷评曰："以汉魏古音发圣贤精谛，缠绵悱恻，一唱三叹，绝无理障犯其笔端。诗人以来未尝有也……"吴襄评曰："《训士吟》亮节古音，真得汉魏神髓。至命意之瑰奇，寄托之深远，直如五夜钟声，足醒学人聋聩，则高过魏晋远矣。人人有此，借以助流教化，何患士风不古。"陈善言评曰："《十八首》温厚忳执，缠绵痛切，婆心苦口，和盘托出，所谓以士大夫身得度者，即现士大夫身而为说法，此段慈悲不度尽恒河沙数，斯文不止。焉得人尽苏章负笈来书一通去，置之座右耶？"[①] 以上评语，切中肯綮，为肺腑之言。《与友人论诗》诗是戴亨诗作中少有的直接论诗的作品：

旷代斯文责，肩兹若有神。
讴吟恒自得，商榷定谁真。

①[清]戴亨：《训士吟》十八首评语，选自《清代诗文集汇编》267之《庆芝堂诗集》卷3，上海古籍出版社2010年版，第381页。

风雅将兴日，乾坤未死身。
立言诚大业，天意属何人。

此诗表现了戴亨对诗词文章的认识，认为自古以来文章便是天地间的大事，以文章成就立言功业，是读书人的终极目标和责任。这一点与父亲戴梓写作诗文完全为卖文养家有着极大的分别。这也是戴亨继承了父亲戴梓的作诗天赋，却能够青出于蓝的重要原因。

除上文外，戴亨诗作中怀念家乡沈阳的诗作值得一评。戴亨从小生活在沈阳，直到30岁离开，30年间积累下来的乡情深深埋藏于戴亨的内心深处。《庆芝堂诗集》中收录与故乡沈阳有关的诗作即有《边城秋感九首》《甲子三月五日抵沈阳》《岁暮返里》《别沈阳》《春郊晓望》《宿大石桥》《宿镇安堡》《宁远道中》《悯流亡》《宁远州》《沈阳留别家人》等，无不充满思家乡、爱家乡、日盼回家乡的情怀。乾隆九年（1744），诗人从北京回沈阳，走到大石桥，天色已晚，便《宿大石桥》，"去家三十里，犹隔一宵程。两岸众峰敛，一钩新月明。近乡思愈切，久别恨旋生。不寐听残夜，荒鸡下五更"[①]。大石桥（今永安桥）在沈城西北30里的蒲河上，过了永安桥可望见沈阳城。由于思乡心切，晚上竟难以成眠。此诗将游子归乡的心情描写得十分真切感人。日有所思，夜有所梦，诗人竟在睡梦中回到故乡："衰草离披白露凉，草根蟋蟀近匡床。支颐恍惚闻残柝，欹枕迢遥到故乡。悴貌入庐惊弟妹，高堂挥泪诘行藏。一声梦断南归雁，月照寒窗秋夜长。"[②]诗人思乡之心真是感人肺腑。诗人思乡除想念"高堂"和"弟妹"，更想念龙兴之地和留都风景："兴王将相奋雄图，此处曾经裂虎符。江走乌龙穿紫塞，山开长白障留都。遐方貂贝归朝觐，盛世恩膏及朽枯。大地重熙歌乐土，故乡风景忆西湖。"[③]当然这一份思念之中自然也包含故乡的寒冬带给诗人痛苦的记忆："高原原上暮横烟，辽海燕山路几千。霜介树头催落叶，衣零天畔未装绵。砌蛩凄语深更月，风柝寒敲欲曙天。展转寸心摧已折，

①[清]戴亨：《宿大石桥》，选自《清代诗文集汇编》267之《庆芝堂诗集》卷11，上海古籍出版社2010年版，第453页。

②[清]戴亨：《病中秋夜梦归》，选自《清代诗文集汇编》267之《庆芝堂诗集》卷13，上海古籍出版社2010年版，第474页。

③[清]戴亨：《边城秋感九首》之二，选自《清代诗文集汇编》267之《庆芝堂诗集》卷13，上海古籍出版社2010年版，第473页。

秋来终夜不成眠。”[①]由于思念家乡，戴亨多次回沈阳探望，每次都留有诗作。诗人离家到北京才一年多，就冒着严寒回沈探视亲人，有诗纪其事：“经岁羁京国，隆冬返塞垣。严霜翻白昼，饥虎猎黄昏。面削风尘悴，身归皮骨存。老亲惊拭泪，艰苦到衡门。”[②]此时老母尚在，见到儿子喜极而泣。时隔二十余年，即诗人54岁时，又回到沈阳，遂即赋诗曰：“归来身世感歧途，廿载飘零菀复枯。蓬室栖迟惭用绮，金门饱死愧侏儒。云山无恙人将老，天地多情草又苏。风木空馀游子恨，蓼莪吟罢泪模糊。”[③]回到在沈居住的“蓬室”，看到院中紫菀等枯萎的景象，不由泪水“模糊”了双眼。诗人正是通过对记忆中沈阳的亲朋故旧、一草一木的细致描摹，表达了对故乡沈阳的深深思念之情。此类诗在诗集中占有一定比例。

戴亨一生同其父相类，堪称遭际坎坷。但在文学创作上是富有的，他子承父业，无论环境如何艰苦，都不废吟咏，留有煌煌《庆芝堂诗集》，成为与父亲齐名的杰出诗人，成为天下闻名的“辽东三老”之一。父子不同的是，戴梓是位全能人才。首推火器制造，他生前制造的火器连珠铳，“形如琵琶，火药铅丸，皆贮于铳脊，以机轮开闭。其机有二，相衔如牝牡，扳一机则火药铅丸自落筒中，第二机随之并动，石激火出而铳发，凡二十八发乃重贮”，其制造法与“西洋机关枪合”，遗憾的是“当时未通用，器藏于家，乾隆中犹存”[④]。其次，戴梓不仅擅长诗画，并且于象纬、勾股、河渠之学亦靡不究习，其治河十策，河道总督于成龙曾采用之。戴梓共有四子，长戴京、次戴亮、三子戴亨、四子戴高。后继者中最有成就的当属三子戴亨。还有戴京之子戴秉瑜在雍正年间奉广东总督鄂弥达之命，曾造过九节火炮进呈[⑤]，应是继承了祖父戴梓的火器制造技术。

在中国古代文士中，擅长诗书画者，并非罕见，然而同时又能精通科技之

---

①[清]戴亨：《旅情》，选自《清代诗文集汇编》267之《庆芝堂诗集》卷13，上海古籍出版社2010年版，第474页。

②[清]戴亨：《岁暮返里》，选自《清代诗文集汇编》267之《庆芝堂诗集》卷9，上海古籍出版社2010年版，第431页。

③[清]戴亨：《甲子三月五日抵沈阳》，选自《清代诗文集汇编》267之《庆芝堂诗集》卷14，上海古籍出版社2010年版，第486页。

④[清]赵尔巽等撰：《戴梓》，选自《清史稿》卷505列传292。

⑤[清]戴亨：《送秉瑜大侄从军大金川序》，选自《清代诗文集汇编》267之《庆芝堂诗集》卷15，上海古籍出版社2010年版，第492页。

学的全才，是极为罕见的。只可惜戴梓杰出的火器制造才能被佞臣扼杀，这是中国古代科技界的巨大损失。值得庆幸的是，戴梓的诗作虽然散佚许多，但还有《耕烟草堂诗钞》4卷，与其子戴亨《庆芝堂诗集》18卷并行于世，被后人双双收入《辽海丛书》中，广泛并深刻地影响着辽沈文坛。

人生驻迹只偶然[①]——纳兰常安

今天我们将纳兰常安视作清朝盛京风物的代言人，或许有方家不以为然。而产生这种歧见的主要原因，应该是集中于纳兰常安作为兵部侍郎及刑部左侍郎履任沈阳不过 3 年这一点上。如果单纯从时间上来看，常安任上在沈的时间与其他盛京文学家相比，的确过于短促。然而如果从常安赴任沈阳期间留下来的质量可观的文学创作来看，与其他一众与盛京相关的文学家相比，均有过之无不及，因此，从这一点上讲，常安是完全符合盛京风物代言人这一名号的。正如清人陆庆元为常安宦居沈阳时力作《沈水三春集》所作序文中言："夫君子之有所居也，必有以争光于其地，而又惜其时不能久焉。然得以三春流连沈水，又宁非沈水之幸也。我知是集既成，直将冠寰区而卓今古，不得仅视为一时风月之兴，斯土江山之助矣。"[②]

一、生卒年考

关于纳兰常安的生平简述，《清史稿》记载如下："常安，字履坦，纳喇氏，满洲镶红旗人。……十二年，闽浙总督喀尔吉善劾常安多得属吏金，婪索及于盐政承差、海关胥吏，纵仆取市肆珍贵物不予值，凡十数事。上命解任，以顾琮代之，令大学士高斌会顾琮按治。常安亦疏劾布政使唐绥祖徇私狂悖……

①[清]纳兰常安著、肇乐群等校注：《宦游》，选自《沈水三春集》，沈阳出版社2014年版，第459页。

②[清]纳兰常安著、肇乐群等校注：《序》，选自《沈水三春集》，沈阳出版社 2014年，第2页。

按律拟绞，下刑部，卒于狱。”[①] 在此《清史稿》并未记载常安的生年，而记述其卒年为乾隆十二年（1747），同样记述见于杨钟羲撰《雪桥诗话初集》：“常侍郎，叶赫那拉氏，以漕使改抚浙中。乾隆丁卯见法。”[②] 也就是说，乾隆十二年常安被喀尔吉善弹劾入狱，朝廷先后派高斌、顾琮及讷亲等大员核查，而在勘察过程中常安又弹劾布政使唐绥祖，如此看来先后办案时间不会太短，这也是本文将重点论述的，由沈阳市文史研究馆编撰的纳兰常安诗文集《沈水三春集》中关于常安卒年的推断原因，“纳兰常安，满族老姓为叶赫那拉，字履坦，自称‘豫章使者’，满洲镶红旗人。据《清史稿列传》《八旗通志·艺文志》《八旗文经·作者考》等记载，常安为康熙三十二年（1693）举人。具体生卒年不详，但是根据相关资料推断，他应该卒于乾隆十三年（1748）前后”[③]。其他认为常安卒于乾隆十三年的文献资料还有王凤杰、安大伟等的论文[④]。另外如《满族文学史》纳兰常安一章中虽然列举了与常安相关的文献：“纳兰常安，叶赫那拉氏，字履坦，满洲镶红旗人。据《清史稿·列传》《奉天通志·人物志》[⑤]《八旗通志·艺文志》[⑥]《八旗文经·作者考》《雪桥诗话》等著作记载，常安为康熙三十二年（1693）举人，以诸生授笔帖士，自刑部改隶山西巡抚署……”[⑦] 但是并未指出其生卒年。

在此，关于常安卒年的认识笔者赞同《清史稿》和《雪桥诗话》的记载，即乾隆十二年（1747）。而关于常安生于康熙二十二年（1683）[⑧] 的问题，笔者在前述提及的诸种文献中均未查到明确佐证，基于对常安生年的疑问，笔者在进一步查找核实相关文献资料的基础上，确认了常安生年。雍正十一年（1733），纳兰常安任江西巡抚。在任江西巡抚期间，受人之托为清人李来泰的文集《莲龛集》写作了一篇序文：“生不必同乡，居不必同里……临川李石台先生，仿佛似焉。

①[清]赵尔巽等撰：《清史稿》卷338之列传125《常安》，中华书局1977年版。

②[清]盛昱、杨钟羲撰：《雪桥诗话初集》卷五，文海出版社1975年版，第574—576页。

③[清]纳兰常安著、肇乐群等校注：前言，选自《沈水三春集》，沈阳出版社2014年版，第2页。

④王凤杰：《纳兰常安宦黔创作论》，《广西师范学院学报（哲学社会科学版）》2014年第6期，第47页。安大伟：《纳兰常安与〈沈水三春集〉》，《兰台世界》2016年第19期第98页。

⑤王树楠、吴廷燮、金毓黻等纂：《奉天通志》卷211人物39文学上，沈阳古旧书店发行1983年版，第4596页。

⑥[清]《钦定四库全书 钦定八旗通志 艺文志》卷120，第57页。

⑦赵志辉主编：《满族文学史》第二卷，辽宁大学出版社2012年版，第319页。

⑧王树楠、吴廷燮、金毓黻等纂：《奉天通志》卷211人物39文学上，沈阳古旧书店发行1983年版，第4596页。

先生以进士举博学鸿词，授馆职，海内翕然宗仰。出典楚试归，遽卒于京邸。其卒之年，正余生之岁……”[①] 将此《受宜堂集》卷五所收录序文与李来泰撰《莲龛集》（哈佛大学汉和图书馆藏影印）中序文相对照，除文中个别用字有差别外（《受宜堂集》文稿应为序文底稿，交付刻印的文稿个别字词进行了改动），二者之间一个显著的不同是，《莲龛集》序文结尾注明了写作时间“桂月，豫章使者常安序”，并用二印，一曰“常安”，一曰“大中丞之章”，皆篆文。

此序文中与常安生年有关的最重要的一句话是“（李来泰）其卒之年，正余生之岁”，也就是说李氏死亡的年份即是常安出生的年份。既如此，只要知道李来泰死亡的年份，自然就会知道常安的生年。那么，李来泰死于何年呢？

清人李集、秦瀛等撰有记述康熙博学鸿儒科试的专著，其中尤以秦瀛所撰《己未词科录》综合了前人的记载，较为详细地记述了康熙十八年（1679）博学鸿儒科考的情况，文中关于列二等头名的李来泰，有略传如下：“康熙戊午，以博学鸿词征。明年，授翰林院侍讲。卒于京邸。”[②] 另在卷十“丛话”中再次提及“李改翰林院侍讲，一典湖广乡试，未几卒”“辛酉典湖广试，复命，卒于京邸”。在此，结合常安的《莲龛集》序文与秦瀛《己未词科录》所记，基本可以推断出李来泰的卒年，即李于康熙十八年举博学鸿词，十九年授翰林院侍讲，二十年典湖广试，归京卒。也就是说李来泰卒于康熙二十年（1681）。据此本文得出常安的生卒年为康熙二十年（1681）—乾隆十二年（1747）。

至于有资料反映李之卒年为康熙二十三年（1684），如《江苏省通志稿·人物志》所记，“李来泰，字仲章，临川人。年十二，补诸生。顺治九年成进士，授工部主事。……康熙八年，应博学鸿儒科，试列二等第一。授翰林院侍讲，与修明史。迁侍读。二十年秋，充湖广乡试正考官。……二十三年，卒于京师。……（清《嘉庆一统志》参《清史稿·文苑传》[③]）”[④] 此通志中关于李来泰生平的

---

①[清]纳兰常安：《李石台莲龛集序》，选自《受宜堂集》卷五。《清代诗文集汇编》255，上海古籍出版社2010年，第263页。

②[清]秦瀛撰：《己未词科录》卷三、卷十，《受宜堂集》卷五，《清代诗文集汇编》255，上海古籍出版社2010年，263页。

③《清史稿》卷484《文苑传》尤侗传载“同时江西选鸿博一等者，李泰来，字石台，临川人。顺治九年进士。尝督江南学政，除苏松常道，以疾归。试词科，授侍讲。古文博奥，诗以和雅称。有《石台集》”。其中李泰来应为李来泰，选鸿博一等应为二等一名。

④《江苏省通志稿·人物志（上）》第一卷，http：//jssdfz.jiangsu.gov.cn/szbook/jz/tzg9/DEFAULT.html。

简介，多处笔误，如“康熙八年”应为“康熙十八年”，而且“二十三年，卒于京师”的说法，与常安和秦瀛所记“出典楚试归，遽卒于京邸”“典湖广乡试，未几卒”的说法，在时间上明显有差别。再者《通志》称参考嘉庆《一统志》及《清史稿》，但是两种文献均未见有“二十三年，卒于京师”字样。据此笔者亦不赞同李氏卒于康熙二十三年说。

在确定了常安的生年之后，有一个问题值得再做探讨，即盛昱、杨钟羲撰《八旗文经》记载常安为“康熙癸酉科举人”[①]，这也许是《满族文学史》记述“常安为康熙三十二年（1693）举人”的原因，经查《八旗文经》，在“康熙癸酉科举人”后有小字注释“《雅颂集》作庠生，今据《梓里文存》”，查阅《熙朝雅颂集》记述如下：“常安，字履坦，满洲八。由庠生累官漕运总督、浙江巡抚。有《受宜堂集》。”[②]杨钟羲未采用铁保的记述，而是依据《梓里文存》认为常安为康熙癸酉科举人，据张一民论文称《梓里文存》为“容若侍卫族曾孙”清人那竹汀于嘉庆年间所辑。该书为乡邦文献，所收文章的作者当是叶赫纳兰氏家族的及第者，年代“起至康熙之元，迄于嘉庆”[③]。如所记不虚，则《梓里文存》当具有较高参考价值，但是遗憾的是该文献目前无从入手，故而无法核证。在文献不逮的局限下，时间上更早的铁保的记述似乎更有说服力，加之如果按常安为“康熙三十二年（1693）举人”的说法，就是说常安12岁就中了举人，这在当时是几乎不可能发生的事情，相反如铁保所说为庠生，更为符合实际。因此，笔者亦倾向于《熙朝雅颂集》所载。

二、宦游生涯

纵观纳兰常安的一生，清朝贵胄的出身，使得其一生仕途通达，以刑部笔帖式出仕，先后出任太原府通判、广西按察使、云南布政司、江西巡抚、盛京兵部侍郎、刑部侍郎、漕运总督、浙江巡抚等职。常安为官勤政奉公，同时因为自身雅好属文，著述颇丰，对辖地内之学人名士亦多有礼遇。然而生涯后期

---

①[清]杨钟羲撰：《八旗文经》卷58，中华文史丛书之九十，华文书局印行1969年版，第1864页。

②[清]铁保辑、赵志辉、马清福等校补：《熙朝雅颂集》卷第五十五，辽宁大学出版社1992年版，第1019页。

③张一民：《纳兰丛考（四）》，选自《承德民族师专学报》2008年第4期，第6页。

遭弹劾下狱，含冤辞世，正所谓一生履坦，晚景凄凉。

1. 官场倾轧，防不胜防。常安在任浙江巡抚时，仰慕全祖望之名，有心结交，然祖望为人耿直清正，恐落人口实，有意与常安保持距离，尽管如此，常安仍礼遇之甚厚。正因为如此，乾隆十二年，常安被喀尔吉善弹劾入狱，羁押西曹论斩。全祖望闻听此消息，义愤填膺，寄之以诗《寄讯故抚军常履坦时方迟秋于西曹》①：

当君开府日，我最罕经过。
为避猪肝累，兼之箕口多。
高牙今已矣，旧雨近如何？
剩有山中客，神伤春梦婆。

抚军待予甚厚，浙东属吏因争下石，抚军不之信。尝私以告草堂通守鲍辛甫，令予知之。

浙水膏腴地，频惊贯索临。
方知难寡遇，恨不早投簪。
被谪应蒙垢，操戈亦负心。
请看扫门者，告密去如林。

抚军为故吏所告，虽不尽诬，亦不尽寃。至反噬之风似亦不可渐长。

圣主恩如海，容当宥累臣。
他年终结草，此日望生春。
幸或充城旦，宁辞赎鬼薪。
金鸡如有唱，白发拜深仁。

从注释文可知，常安礼遇属地名士一事并非虚言。至于注文中说“抚军为故吏所告，虽不尽诬，亦不尽寃。至反噬之风似亦不可渐长”，则反映出全祖望忠厚耿直的一面，即便“抚军待予甚厚”，且对常安之遭际颇感不平，但是

①[清]全祖望：《鲒埼亭诗集》第八卷，《四部丛刊初编》，第1801页。

对常安之所为也没有一味称颂，而是客观地指出虽然并非全部是诬告，但是也绝不完全是事实。常安为官一生，总也有轻慢疏忽之时，据《清史稿》记“乾隆元年，还京师，舟经仲家浅，其仆迫闸官非时启闸越渡，高宗闻之，谕谓：‘皇考临御时所未尝有！徒以初政崇尚宽大，常安封疆大吏，乃为此市井跋扈之举，目无功令。’下东河总督白山按治，夺官，下刑部论罪，当枷号鞭责，命贷之，往北路军营董粮饷”。这一段记载透露了两方面信息：一是即便常安本人为官尚清正，但是显然常家的仆从平素有骄纵跋扈之嫌，这一点与《清史稿》后文所述“高斌等按常安婪赃纳贿状皆不实，惟纵仆得赇”形成呼应；二是乾隆对常安纵仆开闸一事十分震怒，并对常安做出了撤职查办的处分，这件事也许在乾隆心中留下了对常安的不良印象，以至于其后喀尔吉善发动弹劾，乾隆的反应颇为迅速，不是先行调查，而是直接“上命解任，以顾琮代之，令大学士高斌会顾琮按治”。而注文中“至反噬之风似亦不可渐长”则指“常安亦疏劾布政使唐绥祖徇私狂悖”一节，在全谢山看来，常安遭狱固然有冤情，然清代官吏间相互倾轧攻讦之惨烈状，实在令人心寒。这或许也是谢山早年辞官，不仕功名专心学术的主要原因。

另，注文中提及常安将自己遭难之事告知鲍辛甫，再令鲍氏转告全谢山。此鲍辛甫即浙江名士鲍钤（辛浦），据《雪桥诗话》记载，常安任浙江巡抚时曾问唐建中“浙中属隶有足语风雅者否”，唐答曰“莫有过于长兴令者矣，且其人非但词客也”。于是常安待鲍钤“礼殊绝于群吏”，并且曾对鲍氏说“少需之，吾当荐君于方面”，不过鲍辛浦始终淡泊处之，“每入谒，所言不出于诗文”。正因为与常安保持了这样一种君子之交，才使得后来常安被劾获罪“株连者累累，而辛浦高枕自如”，由此见出鲍钤淡泊名利、洁身自好的人格。常安羁押西曹之时，另一位浙江名儒诸锦作《行路难》诗云：

有若士兮东海隅，谊如董仲舒，孝若曾子与，忠如楚三闾，勇若伍子胥，直哉若史鱼，君子若卫蘧。口不能佞，足不利趋，退不匿贤，进不避诛。所肥国与民，所抱楷与模。方闲气而一见，孰知上帝憚赫怒，锒铛拘系填若卢。

杨钟羲评此诗曰“辞意若近若远，隐然为侍郎颂冤”，对于诸襄七诗及常安案，郭则沄的态度则更明朗，“虽不无过誉，而死非其罪，则公论也”[①]，

①[清]龙顾山人（郭则沄）纂，卞孝萱、姚松点校：《十朝诗乘》卷八，福建人民出版社2000年版。

诸襄七此诗从内容上看，如果真的是暗指常安的话，确实有过誉之嫌，常安为官虽有一定政绩，比如巡抚浙江时，督修石塘以抵御海潮，推行保甲法以清退盗贼等，但是远未达到古之大贤的高度。而诸诗的写作技巧则显然差强人意。对于诸襄七写诗的水平，袁枚曾经评价道“陆陆堂、诸襄七、汪韩门三太史，经学渊深，而诗多涩闷，所谓学人之诗，读之令人不欢。或诵诸诗：‘秋草驯龙种，春罗狎雉媒’‘九秋易洒登高泪，百战重经广武场’差为可诵，他作不能称是”[①]，以前述《行路难》观之，随园主人之言不谬。诸锦虽“学问淹贯”，然于作诗之道，独缺风致之美。常安一生宦游，以吏任浙江最久，而浙江历来为文化昌明、名儒荟萃之地，全祖望、鲍钤以及诸锦之辈具堪称名士大儒，从这些人对常安明显褒多于贬的态度及评价来看，后者应不失为一介清官。

2. 一生谨慎，勤于自省。虽然常安对属下仆从疏于管理，并最终受累遭祸，不过从其平素言行来看，至少是严于律己的。《受宜堂集》中有一篇常安写的《居官说序》[②]，在此序文中，常安从自己为官三十余年的切身体会与经验出发，倾肺腑之言，一方面自省其身，一方面期望同僚共勉，可谓金玉良言，用心良苦。“仕宦一途，人情之所荣也。而游于是途者，每多久近不同之致，岂所谓天道耶？抑人事之修与不修也。夫黜陟幽明之典，晓然可见，乃冥冥之中盈虚消长与风尘之进退存亡时，或相召，而亦或相左。今欲其顺而祥也，果何道之修与？”序文开篇直指机枢，世人皆以做官为荣，而一旦做了官，最关心的无非是升迁途径，那么想要官运亨通，有什么捷径可走呢？“予忝宦途三十余年，披李翱复性之文，颇觉峥嵘之岁月宛如朝日。揽安仁闲居之赋，又觉半生之轨躅，用拙为多。乃向来上交下接之人不独与予筮仕者，屈指寥寥。即近而十年以来者，亦十不及一。稍一回首，敬惕实深。是以居心行事之间，时复内省。”常安首先从自身经历谈起，历仕途三十多年，以李翱复性说为指导思想，力求淡泊宁静，与人交往保持一定距离，丝毫不敢懈怠。接下来进一步论述道：“而知其所以致此者，非尽时命之故也。至不常者，唯时命耳。倘不自淬砺，而徒恃时命之亨，犹涉巨川弃舟楫，其能济乎？是故，存心忠敬，行事笃实，其于国事也，必有补；其于民生也，必有赖。诚达于上，感通于下，苇泽因而绵长。”认为

①[清]袁枚著：《随园诗话》卷四，https://www.bookinlife.net/book-136482-viewpic.html#page=34。

②[清]纳兰常安：《居官说序》，选自《受宜堂集》卷六，《清代诗文集汇编》255，上海古籍出版社2010年，第280页。

能够取得一定成就，决不能单纯依靠运气，只有平素加强自身能力，忠敬笃实，才能上报君王，下安百姓。“……凡辙迹所至，不敢以机巧权诈博干练之名；不敢以武健严酷博锋利之名；不敢以苛察烦急博精细之名；不敢以矫枉过甚，立异鸣高博孤介耿直之名。以予之朴拙，自知不合时宜。然予之所行，揆之于心，其不可告人者，盖亦寡矣，”常安自认做人一向老老实实，从不敢投机取巧，以获取虚名浮利，不介意别人怎样看待自己，但求做到问心无愧。序文末段写道“嗟乎！予之勤苦，盖有年矣。足迹在江山之外，而方寸游楮墨之乡。篝灯五夜，草就贴切仕宦之说二十一篇，镌之以赠同人。虽其取精不富，庶几阅历之深，盖以彼此交接之时，当二十一篇之意，谆谆劝勉，而言之究不能详，听之遂若可忽。故类而集之，倘公余之暇，一为检阅加意于居心行事，以仰报皇恩于万一，窃恐未必无小补云”。从这一段文字可以看出，常安不但严于律己，更加希望同仁能够引以为鉴，共同为国家出力。不过，同时也显示常安确有不通人情、欠缺圆滑之处，虽苦口婆心，语重心长，但这种趋于理想主义的道德文章，在当时倾轧攻讦、腐败营私的清廷官僚间，未必有市场。

此外，常安在写给胞弟的书信《与潼关二弟书》中同样表述了自己的为官原则：“弟来书以不谙仕途问余居官事宜。居官者，洁己奉公，量力而任之，度才而处之。有一定之事宜哉。余虽秉藩两省，凛凛然未敢丝毫苟且。与其滥取于公，毋宁节省于私。骛挥霍之名，不如受布被之诮也。敝车羸马，弋绨蔬食，甘之而不辞者，盖二十年于兹矣。昔人云：‘作官如将之对敌，作人如处子之防身。将失机则一败涂地，处子失身则百悔莫赎。’愚兄服膺是言，愿吾弟共凛之也。”[①] 信中常安告诫弟弟为官应当廉洁奉公，量力而行，并且现身说法，表明自己做官二十年，始终朴素低调，给弟弟做出榜样。在另一封写给二弟的信中，常安写道：“今士大夫往往覆辙相寻，顽然莫戒，其病生于侈泰。夫侈则必贪，贪则必愚，愚则遇事必惑，惑则必乱，乱则必败，败乃害矣。方其贪也，或瓜分于同僚，或阴蚀于胥吏，甚或寻常渺不相属之人，亦乘机而窃其余润。其入于己者，盖十不五六，迨其败也，百利尽去，诸害齐发。向之与己同利者，今与己同害，系累相连，破家莫赎，盖百无一二可以幸逃者。”[②] 这段话对贪

①[清]纳兰常安：《与潼关二弟书》，选自《受宜堂集》卷十一，《清代诗文集汇编》255，上海古籍出版社2010年，第351页。

②[清]纳兰常安：《与二弟书》，选自《受宜堂集》卷十二，《清代诗文集汇编》255，上海古籍出版社2010年，第358页。

欲做出了精辟的论述，指出当下为官者往往不能吸取教训，利欲熏心，一味贪腐，结局是害人害己。当常安得知二弟任榆郡太守时，寄书鼓励并告诫他说“阅邸抄知弟迁榆郡守，不禁欢喜。太守，四品官也，不可谓不尊荣。虽然，太守之责亦重矣。……盖天下之安危系民生之休戚，民生之休戚系邑令之贤否，邑令之贤否系二千石之表率。其在于今且更有难焉者矣，钱谷考成，不能必各邑之无亏空也；刑名出入，不能必各邑之皆明名也。邑令一举一动，皆于太守是问，得则不居其功，失则不免于咎。甚矣，太守之难为也”。[①]信中对太守这一官职的职责做出了深刻的剖析，指出在治理民生方面，下级官吏都要听命于太守，因此太守的决定关系事情成败，责任十分重大。

与同僚之间论及为官之道，常安也总是推心置腹，语重心长地阐述自己为官的经验之谈，从而达到与同僚共勉的目的。如在《复宁远赵牧书》中，常安写道“并询及居官牧民之要，窃谓居繁剧之郡，膺方面之荣，当如鲜于子骏，作一路福星，乌鹊随车，狗足生氂，方为称职。而土俗不同，治术攸异。柳仲郢先尹京兆，政令严明；继尹河南，设施宽大……”[②]对于赵牧询问如何为官治民，常安回答说作为重要地区的行政长官，应当像北宋名臣鲜于侁那样，吏治清明，才算称职。不过各地民情不同，需要因地制宜，就比如像唐朝的柳仲郢，做京兆尹的时候，施行严政，而后来做河南府尹的时候，却施行宽仁之政，是因为治理京城和地方是完全不同的。接下来常安谈了自己对从政的体会，“盖为政之道，莫先于通上下之情。官知民患，民识官心，自然有利必兴，有害必割。故吏畏其威，民怀其惠，必不可视为两橛事。弟自服官以来，每守此意，旦夕兢兢。宓子贱之为政，人不忍欺；西门豹之为政，人不敢欺。余谓奸慝既消，惠爱自著。则予人以不敢欺者，正所以动人以不忍欺也”，这一段话可谓肺腑之言，常安主张为政之道重在官与民之间上通下达，只有强化为政的透明度，才能够兴利避害。自己从政以来，一直信守这样的理念，不敢怠慢。就像宓子贱采用无为而治的方法治理单父，人民不忍心欺瞒他；西门豹治邺，诚信于民，人民不敢欺瞒他。我认为去除奸恶，仁爱自然会彰显。想要让人民不敢欺瞒你，实际上是要感动人民使人民不忍心欺瞒你。

由以上书文内容可知，常安对于为官之道的理解是十分深刻的，同时正是

①[清]纳兰常安：《与二弟书》，选自《受宜堂集》卷十二，《清代诗文集汇编》255，上海古籍出版社2010年，第13页。

②[清]纳兰常安著、肇乐群等校注：《沈水三春集》，沈阳出版社2014年版，第246页。

因为有了这样深刻的理解，才能够在自己长期的官宦生涯中，晓利害，讲原则，不仅仅勤于内省自勉，还能够共勉同僚，教诲弟兄。据此有理由相信，常安所撰文字中既然能够体现出如此思想境界，实际生活工作之中应当不会有太大偏差。

三、文学主张

常安一生从政，卒于封疆大吏任上，取得一定政绩。长年主政一方，虽不能说日理万机，政务缠身是可以想见的。尽管在这样一种庶务忙碌的生活状态下，常安还能够博览史籍，著书赋文，身后留下蔚为可观的文学遗产，实在令人钦佩。正如其自述，“自弱冠注籍，壮而走四方。三十余年，未尝一日敢怠所学”①。常安的文学创作形式多样，几乎涵盖同时代所有文学样式，举凡论、序、记、说、书信、评论、传记、文、赋、诗、词以及连珠等，均有涉猎。其一生著述包括《受宜堂集》（40卷）；史论著作《明史评》，人物传记集《从祀名宦传》，笔记《受宜堂宦游笔记》，史书选抄《廿二史文抄》，古文选评《古文披金》，等等，堪称数量巨大，卷帙浩繁，这些对于一个政务繁忙的官僚来讲，殊为难能可贵。尽管限于文学天赋，其文学作品成就略逊于同宗——清词大家纳兰性德，然总观其作品数量及创作热忱，于清一朝，绝对称得上一流文学家。这一点，诸种史料文献均有定论。《清史稿》评曰：“常安少受业于尚书韩菼，工文辞，有所论著，多讥切时事。”《雪桥诗话》“……与侍郎等皆能文章，有政绩。而侍郎著作为尤富，其《廿二史文抄》《古文披金》世多有之”②。

常安不仅自己笔耕不辍，对前代文人士大夫亦多有论及。其中对于前代文学名人的评价，亦能反映出常安的文学观。总体来看，常安的文学观可以归纳为以下三点：

1. 人品为重，文品为轻。常安虽出身旗籍望族，然观其为官言行，如前文所记，颇能律己守操，低调奉公。在常安看来，文章之事固然重要，然而人格操守才是立命之本。如在《李白论》③中对诗仙李白的评价，“吾谓太白之狂，

---

①[清]纳兰常安：《受宜堂集》自序。《清代诗文集汇编》255，上海古籍出版社2010年，第127页。

②[清]盛昱、杨钟羲撰：《雪桥诗话初集》卷五，文海出版社1975年版，第576页。

③[清]纳兰常安：《李白论》，选自《受宜堂集》卷三，《清代诗文集汇编》255，上海古籍出版社2010年，第229页。

孔子所谓进取者也。非惟不荡，即所谓肆者，时或蹈之，而未可以为疾也”，认为世人眼中李白的狂，实际上正是孔子所说的进取，不仅不是狂荡不羁，而是个性张扬者的一时表露。同时他赞成王穉登认为李白的才华“白由天授，甫由人力”的说法，“今读太白五言古体与五七言绝句，诚有如穉登所云，餐霞吸月，无人间烟火气者”。而对于李白才高不遇，未能施展报国之志的生涯遭际，常安给出了自己独特的解读，“青蝇营营，白璧斯玷。忧心悄悄，愠于群小。此诗人之所伤也。太白以疏狂之性，逞豪迈之气，奴视力士，狎侮权贵，元宗（应为玄宗，避康熙讳）虽明圣，能无间于谗慝之口哉？既而请还旧山，元宗许之，盖虑其乘醉出入省中，或失闲检，小人得群起而祸之，则所以保全之者大矣。厥后，周游燕赵梁宋郢楚之间，思与偓佺游，饵金丹以轻举，岂其素志哉？盖有所不得已耳”。在此，常安一方面高度赞扬了李白不屑宵小、鄙视权贵的高洁品格，肯定李白寄身江海并非出自初衷，而是始终怀有报国之心；另一方面，对玄宗未能重用李白的良苦用心表示理解与支持。至于说玄宗在对待李白一事上是否真如常安理解的那样煞费苦心，尚属无从确证之事，不过站在常安为人臣子的立场上来看，称颂君主是极其自然的。而在《李白论》文末，常安提及李白曾在并州救过郭子仪，因此才有之后郭子仪平安史之乱再造唐室，认为“虽然，太白无功于唐，太白大有功于唐也”。李白救郭子仪一事虽经后世学者考证为不实，但是常安却笃信不疑，与其说常安轻信史料文献所记，不如说其更愿意相信李太白丹心报国之矢志。总之在常安眼中，李白貌似狂放不羁，实质上却是一位天界谪仙，一位矢志报国的英才。诗仙的诗文固然睥睨文坛，而其超群绝伦之高风亮节才更加令人敬佩。

《杜甫论》① 则高度肯定杜甫“先天下而忧，后天下而乐”的志向，对杜少陵“遭时艰难，遇主于巷，功不显著，而忠君爱国，缠绵悱恻之意，时寄于诗歌，后之人诵其诗，如见其心。其自比于稷契也，为不诬矣”的生涯际遇充满痛惜与敬佩之意，认为其自比稷契，实不为过。指出正因为杜诗完全“从至性中出，上薄风骚，下该沈宋，力洗齐梁风云月露之习”，所以才能“诗不足以重公，而公之诗有特重者”。对于有人认为杜甫诗“由学成，多得力于文选”，常安认为这样的认识是不对的，“公负挺出之才，济时之志，值世以诗取士，遂肆力其中。公固无所不学，而要其卓绝千古，以至性过人，不专恃学历也”，

①[清]纳兰常安：《杜甫论》，选自《受宜堂集》卷三，《清代诗文集汇编》255，上海古籍出版社2010年，第230页。

着重强调杜诗非以文辞取胜，而是以至情至性见长。接下来，常安对于杜甫负“排天斡地，浩荡八极”之文才，却落得“间关流落，自糊其口之不暇，而穷饿以死”的结局进行了解读，“今观其诗，愿天子明圣矣，臣伊周矣。欲天下赤子无饿溺而安于衽席之上矣，而一己之困屯屈抑，有所不遑恤也。……身当患难，其为天所付托者甚重，而非区区困阨之事所能损也。且安知天不欲传斯文于天下万世，故屈其身，使大其声，以垂教于无穷耶。风雅衰息，嗣音无闻。公以出人之才，又力学充之，超千古而轶后代，使以作诗之志，见诸行事，必有所树立于时”。在常安看来，杜少陵潦倒一生，空以诗名闻于世，正是上天冥冥中之安排，少陵之困窘，乃上天选定，上天赋予少陵不世之才，却并非要他成就功名，享受荣华富贵的，是要以少陵一己之穷苦传斯文于万世，因为自古未见有身陷富贵温柔乡里而成就至性之诗文者。而这一点从少陵身后“宋真宗读江上之句，深加称赏；蜀献王至草堂，作文致弔；元顺帝追谥文贞”，足可以印证其身前所遭苦难，实为后世流传所必需。

如果说在常安眼中，李白、杜甫属于文采超绝、人品高洁的代表的话，那么相反，作为文采超绝、人品猥琐的代表也有一位，那就是司马相如。在《司马相如论》①中，常安开篇写道“人必有一介不取与之气节，始能成百世可观法之典型。士不可徒贫贱，亦岂可以苟富贵”，指出做人必须懂得取舍，君子有所为有所不为。士不可以一味堕落贫贱，也不可以苟且贪图富贵。“孔子论士，先取乎行自己有耻，而后及夫使命不辱，轻重不较”，抱有知耻之心行事，是作为士最基本的操守。可是“汉孝武之世，有董仲舒天下一人也。其学深明夫天人相与之际，义利之分。而武帝不之重，独得司马长卿，如获拱璧。嗟乎！若长卿者，岂可列于士类中哉”，认为汉武帝不以董仲舒为重，偏偏视司马相如为珍宝，可是司马氏并不符合士的标准。“方相如之穷也，好读书，工词赋。慕蔺相如之为人而同其名。生平所取法固以窥见一斑矣。至登桥题柱，营营于声华宠利，何所见之不达也。矧其访友临邛，燕饮卓氏，挟文君以俱逃，继复觊王孙之赀。故为污贱之行，以愧辱之苟。稍自树立，必望望然若将浼焉，乃恬不为耻。岂不曰家徒壁立，隐忍出此，此所谓徒贫贱也。”引述司马迁《史记》所载，历数了司马相如身遭困窘时羡慕浮华，不择手段钻营等令人不齿的行径。而当司马相如因文赋得到汉武帝青睐，封为中郎将出使西南夷时“太守

①[清]纳兰常安：《司马相如论》，选自《受宜堂集》卷二，《清代诗文集汇编》255，上海古籍出版社2010年，第204页。

郊迎，县令负弩矢先驱”，对于此种情形，常安认为恰恰表现出司马相如小人得志、得意忘形的一面，“斯何地乎？相如故里也。古者过里门必下车趋，岂有道德能文章之士，必假势位之烜赫，夸示宠荣于父兄宗党间，然后自鸣其得志与？”按照古之礼法，司马相如回到故乡，应当下车步行，怎么可以凭借一时荣耀，在家乡父老面前趾高气扬呢？并且“相如之苟富贵也，又如此宜乎？上封禅书陷其君于过举而不自知，其贻讥后世一至此也。若此者，器小易盈，由乎志之不大。故一见可欲，心已不能自持。既陨获于贫贱，亦充诎于富贵。呜呼！尚可问乎苏子瞻，以为不齿于人，良有以也。子长乃娓娓称述之，不置过矣。至其词赋工丽，读者思与同世，论者拟于入室君子，固将节取之。要非士人立身行己之所尚也”。常安对富贵后的司马相如进行了进一步的批驳，指出其身后留书劝武帝封禅，极尽阿谀之事。相如格局小，是因为其胸无大志，无法做到“贫贱不移，富贵不淫”，这一点苏东坡早就看得清楚。而司马迁之所以详细记叙其生平，主要是因为喜爱其文辞，绝不是推崇其安身立命的哲学。

由以上三例不难看出常安以人品为重、文品为轻的价值观。除此之外，诸如赞颂孔融高蹈，惋惜蔡邕失节，等等，均反映出常安心目中士之标准。

2. 作诗与做官——“诗与政相维系”。如前文所述，常安自称“自弱冠注籍，壮而走四方”，一生为官的他，足迹遍及大半个中国。而其可贵之处也正在于，虽然终日忙于政务，却能够著书立说、赋诗填词。在文学创作上，常安不仅身体力行，同时也有自己的理念与主张。其在《陈厚村诗序》[①]一文中，便回答了作诗与做官之间的关系。序文中常安首先高度肯定了陈厚村主政安南（现贵州晴隆）的政绩，“安南地瘠民贫，实烦抚绥。而陈子字育有条理，民以康阜”。然后对陈氏诗文进行了评价，“予视其集分清汜、香岩、玉台、尾洒四种，即安南古名，是政事之暇所近作者。其隽丽工妙力追西昆，而沉郁顿挫亦往往入少陵之室”，面对陈厚村高水平的诗文，常安不禁发出感慨，“诗才之练，一如吏才之达。陈子固合循吏诗人为一人哉”。接下来对于做官与作诗是否矛盾的质疑“或曰：身为牧令，而性耽风雅，保无废厥事，鳏厥官乎”进行了回答，“予曰：不然。古大夫檀车行迈，犹不废咏歌；聘问邻国，又各赋诗赠答，以相慰劳。则诗与政原相维系也。夫子不云乎，诵诗三百，授之以政不达，然则能为诗而

①[清]纳兰常安：《陈厚村诗序》，选自《受宜堂集》卷六，《清代诗文集汇编》255，上海古籍出版社2010年，第270页。

不能为政，诗必非诗；能为政而不能为诗，政必非政矣。世之局蹐佝偻折腰负弩挟机诈于大吏之前，作威福于桁杨之侧，不知四始六艺为何物，而诩然曰‘吾有经世才’。噫，其果才耶？抑果不才耶？陈子勉乎哉，吾且俟子为诗人吐气也”。在此常安对从政与学诗的关系做出了精彩的论述，首先指出自古以来，士大夫在执行政务的时候，经常吟诵诗歌，酬唱赠答。其次引用孔子的话，说明如果多读诗却不能很好地履行政务，那样的诗必定不是好诗；而做官做得好却不能作诗，那样的政务恐怕未必是好的政务。换句话说，常安主张的是“诗政合一”，二者并不相互对立。像那些在高官大吏面前卑躬屈膝，在弱小遭难者面前作威作福的人，不学无术却大言不惭自己有大本领，实在令人无语。

在《高守村诗集序》[①]中，常安同样表达了“诗与政相维系”的思想。“具宏通之才者，不为时地所羁束，情有所至，必能振宕其奇气，濬发其巧思，研练诣极，以蕲合于古作者之林”，序文开篇指出有才情的人，不会被身处的时间及场所限制，只要产生灵感与激情，就会激发创作欲望，全身心投入到创作当中去。“滇南山嶂绵亘数千里，围绕各郡县池隍于其中。水泉环注，潴而为湖，为陂。其间观宇之崇邃，佳葩异卉之繁盛，边徼各域无以过之。第自元明隶中土，迄今近五百载，词赋讴吟不多见，岂果无人焉？扬风扢雅，以为山灵生色乎？殆迫于所处之时与地不得为也。”指出滇南之地，山清水秀，风光秀丽，但是一直以来歌咏者不多，原因也许是受限于时间和场所。“守村当苗疆多事攒锋注矢之际，其情一往而深。故事无不治，而以其余旁及为歌咏。故游冰泉，临鱼塞，走汤坝，道宿大兴寺嵩阁，听秋东山，避暑熊洞，石虬蛇，花鸾溪之幽奇，一一见之于诗，是山水文章交相佽助，而不拘于时与地者也。昔东野尉溧阳，每吟至日西，致假尉分其俸，黄鲁直《与洪驹父书》屡戒其以文章废王事，然风雅所载，行役大夫类多篇什，岂一觞一咏必远绝于世故哉？韩子曰‘余事作诗人’，用此意于官，庶几仕优之意焉。予读是集，深信守村之宏通，又不禁自惜其义气之非旧，怅然不能喻之于怀也。”高守村在滇南做官时正值多事之秋，而于纷乱时局中，却能保持一颗诗心，足之所履，目之所及，都呈现在诗文中，实属难能可贵。古人对于作诗与做官是否相抵触，意见不一，比如黄庭坚就认为沉湎诗文创作会荒废政务，但是即便是《诗经》中的篇章，也有很多是士大夫所作，抒情言志与经世行役本来就不是不可兼得。高氏的诗集充分反映出诗

①[清]纳兰常安：《高守村诗集序》，选自《受宜堂集》卷五，《清代诗文集汇编》255，上海古籍出版社2010年，第269页。高守村，名为阜，铅山人。雍正丙午举人，历官姚安知府。有《守村诗稿》。

人之气度与博学，只是对于高氏不认同宋儒这一点[①]，常安感到不甚理解。

3. 文章千古事。纵观常安的文字与创作，可以看出常安对于文章是极其看重的。诚然以文章为重是中国传统文化的核心，是历代文人士大夫追求的终极目标。所谓“尔曹身与名俱灭，不废江河万古流”，宇宙万物间，物理属性的肉体的存在不过是须臾间的事情，而能够流传后世的只有文字文章。常安在《柴门老树村诗文序》[②]中借用杜甫诗句展开论述，“少陵诗曰‘文章有神交有道’，以文章为千古之事，交亦为千古之情也。然文章之契无间于云山，而友朋之乐多阻于风雨。或故旧，或新知，或邂逅相遇，或咫尺相违，有数存乎其间，不可强也”，通过对杜甫的文章观与交友观进行解读，强调文章之事是不受物理条件制约的，此正是文章能够流传千古的原因所在。此外，常安在其为梅耦长诗文集《听山诗钞》写的序文中写道，“宇宙何有乎？文章而已矣。为文章者，必能罗宇宙于一心，乃可传世而行远。史迁之言曰‘自成一家’；昌黎之言曰‘陈言务去’。昔之人未有无所得于中而苟焉”[③]，认为寰宇之中最高的存在就是文章，能够做文章的人，一定是胸怀宇宙之人，也只有这样的文章可以流传百世。而想要写出能够传世的文章，就要做到如司马迁所说“自成一家”，或者如韩愈所说“陈言务去”，一直以来人们都从这些言论中受到启发。比如《听山诗钞》的作者梅庚，作为北宋著名诗人梅尧臣的后裔，正是继承了先祖的文才，保持了宛陵梅氏的遗风，“披华振秀，清警独胜”，使得宛陵梅氏文章之道世代传承。常安在谈到读梅庚诗集的感受时写道：“先生之诗骤读之，若不甚远于人，熟而复之，渊懿之气，萧散之姿，迸溢行间。知其服习风骚，沉酣陶谢者，已臻乎其极，非屑屑与浮靡为工者较长而絜短也。先生解组后，放浪山水间，年登大耋，不废吟啸，其旷怀高致，非所云罗宇宙于一心，而卓然自成一家者哉。”在此常安对梅庚诗的评价，可谓一语中的。梅庚作诗传承了梅尧臣“作诗无古今，惟造平淡难”的文学理念，初读似觉平淡，而再三吟味，则其中奥妙自显。正符合常安推崇的胸怀宇宙、自成一家的诗人标准。

---

①[清]袁枚：《高守村先生传》，选自《小仓山房文集》卷六。文中记曰：“乾隆甲戌，高先生守村访余于白下，年七十许，清臞矗立，高睨而大谈，解孔孟，专挡捴宋儒。其所见亦未必尽是，要皆的的然有心得者。”可知高守村对宋儒颇为不屑。

②[清]纳兰常安：《柴门老树村诗文序》，选自《受宜堂集》卷五，《清代诗文集汇编》255，上海古籍出版社2010年，第265页。

③[清]纳兰常安：《听山诗文集叙》，选自《受宜堂集》卷五，《清代诗文集汇编》255，上海古籍出版社2010年，第264页。

常安既然如此看重文章事，自然关注如何锤炼文学写作能力的培养与提高。如其在《万里纪程集序》[①]中写道“古人谓游不极则诗不工。登山涉水，凌霜雪，冒风雨，遍览十五国风土民物，则骨骼深厚，见闻博洽。以此驰驱翰墨之场，得名山大川以助其气，其诗未有不工者也”，指出自古以来，游历山川，遍览风物，便是增强诗文写作能力的重要途径，只有亲身感受大自然的壮美，才能够激发人内心的真情实感，这样创作出来的诗才能够具有更大的艺术感染力。虽然常安“年二十而入仕籍”，平生宦游足迹遍及齐、鲁、吴、越、晋、粤、滇，可谓饱览奇山秀水，但仍感自身天资有限，笔力不逮。然而即便如此，常安仍然保持高度的创作热情，“所过长江浩渺，洞庭弥漫，崇山绝岳，梯险缒幽，或月暗篷窗，雨昏沙岸，野花含笑，猿鸟悲啼，情之所触，有不能已于言者，言之不足，则长言之，长言之不足，则托诸篇什以歌咏之，期于直达其所见”，尽力描摹目之所见，诗不能尽言的话，就尝试写赋，赋还不够的话，就写散文，一定要将想说的话付诸文字，也正因为长年不懈的坚持与锤炼写作，常安才积累了40卷的文字。另外，常安在《宦游草序》[②]中也论及壮游与作诗的关系，“余生平游历所至，孤舟羸马，骛远陵危，往往籍诗歌以自遣，未尝言劳。其所见名贤之故里，战斗之遗踪，荒城破冢，废宫残垒，则低徊凭吊，望古遥集。或遇断碑陁刹，必摩挲竟日不忍去，有所感触，则长谣短咏，不能自已于怀。虽文不雅驯，亦聊以纪行程，抒襟抱，致足乐也”。常安游历颇多，而每每能触景生情，形诸文字，记录行程，抒发胸臆，虽身为朝廷命官，其行止风度，却俨然一介骚人，“自八月由燕而豫而楚，买櫂武昌，泝大江，过洞庭，渡潇湘，次黄沙河口。盖楚粤接壤处也。仲冬抵桂郡。途次所历山之嶙峋陡削，嵌空玲珑，水之澜汗清深，濆沦激转，至若烟云幻灭，月露澄鲜，奇木怪石，廻巧献伎于耳目之前……每当风晨月夕，升高望远，回首故园，迢遥万里，不觉黯然销魂。总计行程之所经历，耳目之所听见，流者、峙者、高者、下者，可忧、可悲、可喜、可愕之状，一有感触，无不托诸篇什。古人云‘少陵入蜀而诗益工，似获江山之助’，又云‘游不极则诗不奇’。吁！使少陵更入粤，其诗之境不知视入蜀后当复何如。予虽未工诗，而踪迹所至，较少陵已多数倍用，

①[清]纳兰常安：《万里纪程集序》，选自《受宜堂集》卷五，《清代诗文集汇编》255，上海古籍出版社2010年，第267页。

②[清]纳兰常安：《宦游草序》，选自《受宜堂集》卷六，《清代诗文集汇编》255，上海古籍出版社2010年，第278页。

自愧亦窃自喜”。常安宦游在外，长年不归，去国怀乡之情寄托于笔墨。对于毕生敬仰的“诗圣”杜甫，虽自觉在作诗上是不可能超越自己的偶像了，不过暗自欣慰的是，自己走过的路，见过的风景似乎比“诗圣”为多。可见“诗有别才”，常安虽然在天赋上难以望先贤项背，可是其努力用心却是有目可鉴的。再有，在《文质相俪说》①中，常安进一步探讨了文章写作中文采与内容的关系。文中常安对中国古代文论中一个核心论点阐发了自己的认识，“文”与“质”关系论最早出自《论语·雍也》“质胜文则野，文胜质则史，文质彬彬，然后君子”，之后刘勰在《文心雕龙》中将其用在文学创作规律上。在《文质相俪说》中，常安写道“今仰观于天，日月、星辰、河汉之璨著；俯察于地，人民、鸟兽、草木之章美，皆文也，皆文之有质者也。舍质则不能独成其文，舍章自有以达信。倘必以布帛菽粟为质，而指山龙火藻为文，吾不特谓其盲于目而且盲于心。何则？大文弥朴，暗然日章，相俪之说也。彼乌知大圭不琢，大羹不和哉！操是说以往可以衡天下之至文”，在此常安强调璀璨的日月星辰、华美的鸟兽草木都属于内容丰富的文辞，如果非要把柴米油盐当作内容，把虚饰浮华当作文采，只能说这个人不仅眼盲而且心盲。为什么这么说，因为那些人不懂得真正深刻的文章朴实无华，就如同庄重的礼器不饰雕琢一样，这才是衡量天下文章的终极标准。

四、《沈水三春集》

1625年，清太祖努尔哈赤迁都沈阳。1634年，清太宗皇太极尊沈阳为“盛京”。1644年，清朝迁都北京后，盛京为留都。至此，清政权主体转移到北京，作为女真大姓的纳兰氏“从龙入关”。对于出生在北京的纳兰常安以及众多入关的旗人后裔们而言，盛京成为他们心中具有象征意义的故乡。乾隆四年（1739），宦游半生的常安第一次踏上故乡的土地。六年（1741），迁任浙江巡抚。在沈阳先后任盛京兵部侍郎和刑部左侍郎，总计生活了3年左右。常安在沈阳的3年，因为时间短（来沈半年，中途因为改任刑部左侍郎还回京一次，“迨五月杪，蒙内召，改刑部侍郎。闰六月，朔，起程旋京”②，若按常安自己说的由京抵

①[清]纳兰常安著、肇乐群等校注：《沈水三春集》，沈阳出版社2014年版，第173页。

②[清]纳兰常安著、肇乐群等校注：自序，选自《沈水三春集》，沈阳出版社2014年版，第1页。

沈需“驰驱一月”的话，这一趟来回又得两三个月），在政务上，没有资料显示有太大作为。但是，在沈阳这段并不算长的岁月里，常安却留下了一部内容丰富、色彩斑斓的文集——《沈水三春集》。而其中饶有趣味的是，这部洋洋洒洒，各类体裁文章近260篇[①]的诗文集，竟然是常安在赴任盛京前半年中完成的，“计其时，虽历六月而迎春、送春，俱在关外，是三春景色得之独全。因寓居东郭，适临沈水之滨，颜其集曰沈水三春，时与地兼有所记也”。如此算来，在其前期任兵部侍郎的时候，几乎是每日都有文字创作，从这一点上来看，常安几乎算得上职业作家了。究其原因，客观上应该说盛京兵部侍郎的工作确实不忙，更重要的是，主观上，常安对于这块“太祖太宗邠岐兴土也。余先世祖籍亦托于斯，惜前此从未戾止”的故土，怀有深厚的爱与巨大的热情，而正是因为有这样的爱与热情，才能够激发写作欲望，创作出流传后世的作品集。

本论将重点论析《沈水三春集》所收各类文章中与沈阳有关的作品，以下对《沈水三春集》中与沈阳有关的作品加以归纳。

卷一 论 《王景论》《李光弼论》《姚景行论》《马人望论》《耶律孟简论》《斜卯阿里论》《赤盏晖论》《移喇温论》《张浩论》《内族襄论》《木华黎论》《曾铣论》

共12篇论。据《沈水三春集》“凡例”中列举盛京地区自汉至明的重要人物有王景、李光弼、姚景行、马人望、耶律孟简、斜卯阿里、张浩、内族襄8人，而此8人的籍地分别是王景——乐浪郡（今朝鲜平壤西北）人；李光弼、姚景行——朝阳人；马人望——北镇人；耶律孟简——辽上京（今赤峰）人；斜卯阿里、张浩、内族襄——金东京辽阳人，都属于泛盛京域内的人，而并不是严格意义上的沈阳人。故而，卷一文章与沈阳无直接关系。

卷二 序 《德少司空〈箧藏集〉序》《送德松如司空内升工部序》《吴颖庵〈滇南杂咏〉序》《〈渡辽集〉序》《〈澄观楼倡和诗〉序》《〈箕踞冷语〉序》

所著6篇序文中，《〈澄观楼倡和诗〉序》一文，抒发了常安对祖籍故园的情思，“余之于辽，固祖贯也。而宦游以来，由晋而粤而滇而黔而彭蠡豫章之区。数十年中，晷刻靡遐，回思松山、杏山之纡郁，大凌小凌之沦涟，梦寐以之，车辙阙如”，宦游经年，故乡山水时时入梦，而一遭奉命归乡任职，“追维门巷，徘徊桑梓，幸荷先人遗泽”，愉快兴奋之情溢于言表。

---

①出处同上注。《沈水三春集》收有题跋24篇、书7篇、论12篇、序6篇、记3篇、说8篇、颂1篇、箴2篇，铭6篇，连珠6篇，赋7篇，诗近180首。可谓形式多样、内容丰富、数量可观。

卷三 记说 《盛京风俗记》《澄观楼记》《姜女祠记》《武帝斥方士罢田轮台说》《曹氏父子乐府说》《丰城剑气说》《裴度五上笺说》《苏子瞻〈秋日牡丹诗〉说》《邹浩谏立刘氏为后说》《文质相俪说》《矫枉过正说》

第一篇《盛京风俗记》[①]是整部《沈水三春集》中吟咏记录盛京风物提纲挈领似的作品。文章从盛京的创立展开记述，“我朝自天聪五年因沈阳之域创立盛京，而兴京、东京咸统焉”，清太宗皇太极于天聪八年（1634）改沈阳城为“盛京”，文中“天聪五年”应为笼统之说。“西至山海关，东南并至海，北迄兴安，土地沃衍，川原拱卫，灵秀蟠结之区，元气絪缊之宅也”，文中所指“盛京”辖区范围，是广泛意义上的“盛京”地区，而并非单纯指沈阳。文章核心部分对盛京之风土人情进行了细致生动的描绘。“其风俗纯朴，有不雕不琢之象焉。圣圣相因，诚教之深而养之厚，始乎垂髫，及乎白首，无非含哺鼓腹之朝，葛天无怀之乐。风气烝烝乎上矣！婚聘不责财，各随所有。丰者不以市德俭，而荆布不相诮也。遭丧，孝子哀痛特甚，亲宾吊者，各有戚容，不涉他语。其家不及举火，或备粥食强，孝子一沾唇，诸丧事俱族人代执，有移馔以自食者汤饭而已，无篮篚之设焉”，盛京自古风俗纯朴，天然去雕饰。男女老幼，教养深厚，人民丰衣足食，安居乐业。婚嫁不讲究彩礼，富裕人家不忘从俭，而清贫之家同样有尊严。每逢亲人遭丧，孝子哀痛，亲友哀伤，家里不能生火做饭，只是准备粥食，孝子也不多吃，丧事拜托族人打理，有的只是吃自己带来的饭食，不会设置铺张的宴席。此段文字着重讲一个“孝”字。“宴会之节，父兄对客，子弟躬奉杯勺，侍立惟谨。村僻之地，偶有过客，必延之家，给之饔飧，为之止宿。偿以直则不受，以为相视之薄也。”请客吃饭的时候，父兄入席陪客人，儿子兄弟在一旁站立侍候。即便是偏僻的乡村，偶有过客，一定请到家里，提供饭食住宿，如果客人坚持不接受的话，会被认为是看不起主人。此段文字突出一个“礼”字。粮食鸟兽繁多，农闲的时候，人们喜欢打猎。人们满足于自己土地上的食物，并不羡慕远方的奇珍异宝，可以说没有喜新厌旧之心。“市肆之区，有无相通，交易而退，无诈无欺。其筑室，墙不过数尺，室家之好，可望而知也。而一意诚悫，不以机械待人，故人亦竟无巧为窥伺者。妇女尤尚贞信，各守其职，无靓妆丽饰之容，翡翠珠玑之好。虽亲旧之家，无故亦不相往来。大抵气质厚重，则轻佻不生。混沌不凿，则缘饰不起”，市井做生意，能够互通有无，不会相互欺诈。住宅的墙都不高，从外面可以看得见

①[清]纳兰常安著、肇乐群等校注：《沈水三春集》，沈阳出版社2014年版，第109页。

院子里面，正因为这样大大方方，反倒没有人窥视人家。妇女贞洁诚信，各守其职，很少有浓妆艳抹、喜欢金银珠宝的。就算是亲戚熟人，没事也不互相走动。这些都是因为民风厚重，不喜轻佻。此段文字重在讲“诚信”。“宁质毋华，宁朴毋巧，宁强劲果毅，毋汩没诡随，用其勇健之习，可以厚蓄聚而作干城，加以化导之功，可以笃伦常而敦礼义”，像这样朴实无华，果敢刚毅的人民，完全可以成为捍卫家国的中坚力量，加以教化训导的话，完全能够夯实伦理。正因为盛京是这样一块物产丰饶、民风淳朴的土地，才能够保佑大清千秋万代。此段突出“勇毅”二字。常安是笃诚的儒家思想秉承者，从孝、礼、诚、勇等方面对盛京风土民情进行描述，完全符合其儒家道德价值观。《盛京风俗记》在记述东北地方人民生活习性方面，虽然难免有因对故乡之爱而略显夸张之处，但是基本上较为客观真实地反映了东北地区之风土人情特质，同时也深深寄托了常安对故乡山水人民的热爱之情。

《澄观楼记》记述了常安任职沈阳期间于官署内改建楼阁一事。文中讲述了常安兴建楼阁并冠名“澄观楼”之来龙去脉，文末说“或指沈阳固无楼而有楼，即以楼之建昉自予也”，虽然说清乾隆之前沈阳是否有“楼”尚待考证，单纯凭此处所记，却也算得上常安开沈阳筑楼静思之先河。《姜女祠记》则属于盛京域内之访古游记。其余八篇“说”则与沈阳并无关系。

卷四　题跋书　《许由庙碑》后等 24 篇，均与沈阳无关联。

卷五　书　《与友人书》等 7 篇

《与友人书》[①] 中常安谈及奉旨赴任盛京时的情景“未几以王程遄急，北辙匆匆，过大、小凌河，望医巫闾山，怅然而思，罣然而望，如亲左右。觉清风携手，尊酒论文，依依在目也”，常安离京一路向北，跋山涉水，其中大、小凌河，医巫闾山都是盛京域内具代表性的自然景观。之后常安谈及出任兵部侍郎的情况：“自到辽左，事无巨细，悉心查办。现在举行，惟兵部事务最简，只补授笔帖式员外郎、驿丞等官，并承办驿站，以及递送各部公文而已。今就其细事中查出未允协者四条，具摺奏闻。奉天地方，大率旗民混居，五方杂处。向日淳朴，渐即奢靡。欲力挽颓风，为久远计，正自不易。统容悉其颠末，再为缕陈。至于塞北，目前戍守既撤，粮饷可省。与其零星耗费，不如养锐以待，全其力，以图大举。奈现在军营者不敢言，卸事旋京者不肯言。京中巨老元勋未悉其情形，又不可言。是以直至今日，将无底止也。兹正值可言之会，将大

①[清]纳兰常安著、肇乐群等校注：《沈水三春集》，沈阳出版社2014年版，第251页。

言之。当与不当，可与不可，岂暇计哉！”由文中记述可知，常安奉旨赴任盛京，对待工作可谓尽心尽力。虽然兵部的工作并不多（这一点也印证了前文所述常安在出任盛京兵部侍郎的半年内，工作相对轻闲，得以专心写作一说），可是即便分内工作较少，常安还是能够发现问题，比如沈阳居民有逐渐奢靡的倾向，需要及时制止。另外还有如何使用钱粮的问题，同时指出，对于这些情况，身在军营的不敢说，卸任回京的不肯说，朝中的重臣不了解情况又说不上，这样下去是不行的。认为现在是进言的机会，自己准备要好好进言一番，至于是否合适，顾不得许多了。这一段话，对于我们了解常安的为人为官是极具参考价值的，从这一段自述来看，常安为官尽心奉公，直言进谏，应当不是虚言。这也进一步印证了常安最终因言获罪的推论。

卷六 颂 箴 铭 连珠 《盛京人物颂并序》等19篇

此卷以《盛京人物颂并序》为核心，常安以华丽之辞章，雄辩之行文，历数盛京之杰出人物，堪称史料价值与文学价值并具。开篇“盖闻元运郁兴，圣神首出，则必有英豪磊落之才，并时而起”，指出国运初兴，必定有杰出人物相辅佐。“我朝受命始自辽阳。其地即伏羲之成纪，陶唐之丹陵。诗曰：凤凰鸣矣，于彼高冈。梧桐生矣，于彼朝阳。地实致之，理有固然。今辽阳，山峙海萦，英才钟会，伟烈鸿猷，难以缕述”，指出辽阳是清朝发祥天选之地，山海环绕，人杰地灵。接下来进入正题，历数开国至今的先代人物“本朝配享者十人，或王或公，各邀显号，礼缘义起，则恩可加于死后，爵必定于生前，祭既从乎祖宗位，必冠乎臣庶稽其人。自多罗郡王以下，亲而兼贤鲁国亦可称宗贤，而非亲尚父亦且胙土报功，可谓极隆者矣。嗣是锡封不配享者，王二，贝勒、宫保各一礼不可过，故亲王无所私报不宜薄”，说到清代开国有十个人具有配享资格，不是王就是公。从多罗郡王（和硕亲王之后）往下，同宗贤者可称作宗贤，不同宗的股肱大臣也得到土地赏赐。“自达海以下赐谥二十三人，观其膺美号锡显名，而当日之服劳王家，厥有成绩载之史册，编人家乘者可想矣。求之于志又有雅希禅等八十人。事业既殊，宠锡各异，要皆有必酬之功，成不刊之典”，满洲学者达海等23人被赏赐谥号，表彰这些人为国家做出贡献。还有刑部副理事官雅希禅等80人，也都是各有功绩留名史册。“我朝武功赫濯，将士怀忠，如席汉巴鲁图等七十四人，皆心同山岳，气贯云霓”，文臣之外，也有忠勇武将，比如云骑尉席汉等74人，都是气贯云霄的英雄人物。“至若尧舜在上，巢由著声，亦有纯德琦能之士潜迹盛明，自安薖轴[①]。以孝著者缪鸿业[②]等二人。以义著者乌尔喀[③]一人。以隐逸著者朱国梓[④]一人。以神异著者剩人[⑤]等二人。附以不离步等三人。所趋不同要亦各成其是耳”，此外，盛京还有一些纯粹以高尚德行隐居于民间的人物。比如有名的孝子缪鸿业等2人，有义名的乌尔喀，有隐士朱国梓，有诗僧释函可，等等，都是不同领域的杰出人物。盛京地域不仅男儿英雄，女子同样不甘人后，“奏国运始享，阴阳交茂，良有以也。若阿克顺妻赵氏[⑥]等四百七十六人，皆茹蘗饮冰，没齿无玷，并有终身处子，一意靡他者。圣人删诗特记柏舟以示劝也。安得以事在闺阁阙焉不举哉”，国家要兴盛，阴阳要均衡。像阿克顺妻子等476人，都是含辛茹苦、意志坚定、守身如玉的好女子。这样的人物事迹不能因为是闺阁中的事情就不表扬。末段写道“辽海之阳，沈水之浒。区宇盘郁，灵秀容与。不琢不雕，中规中矩。玉出琼田，珠生合浦。我皇践祚，兆姓承德。礼教既彰，风化弥饬。益培愿悫，尽忘知识。优游饮和，从容顺则。王日咸休，帝惟格被。似草从风，如陶作器。化首留都，模恢举世。千秋万岁，绵兹乐利”。文末常安以饱含深情的笔墨对故乡盛京进行了高度的颂扬与讴歌，通篇《盛京人物颂并序》，对盛京的人文教化进行了如数家珍般的记述与歌颂，辞章华丽，感情深挚，

①此处沈阳出版社出版由肇乐群等校注的《沈水三春集》为“……潜迹盛明。自安迈轴”，其中“迈”字谬误，正确应为“薖”字，迈轴词义不通，薖轴用以指代贤者、隐士、高士等。正确句读应为“……潜迹盛明，自安薖轴”。http：//read.nlc.cn/OutOpenBook/OpenObjectBook?aid=892&bid=135614.0。

②钦定四库全书《钦定盛京通志》卷八十七：“孝义缪鸿业，海城人，亲殁，庐墓。知县王沛恂嘉其孝，书‘忠孝节义’四大字于学宫之壁，而以鸿业庐墓事注孝字，下以奖之。”

③《钦定八旗满洲氏族通谱》第四部分乌尔喀为克西讷后裔。“恩诏所加之职，承袭骑都尉，现任二等侍卫。又，克西讷之曾孙鄂思，由七品官从征湖广，在洞庭湖击贼，阵亾。赠云骑尉，以其子乌尔喀承袭，卒。……”

④《钦定盛京通志》卷八十九隐逸：“朱国梓，前屯卫人。贡于乡。崇祯时征任兵部主事，不就。清介周慎。升永平道，值流贼李自成之难，国梓时居海滨，与众举义，共请王师入关，破流寇。旋奉母隐石门寨山中，终身啸歌，布衣自乐。”另据康熙《抚宁县志》载：“朱国梓，号邓林，辽东前屯卫人，大将军朱梅之仲子。崇祯十三年由明经历山海关兵部分司主事，后升永平府兵备道，持政不阿，值国变，削发，誓墓以母老未遂殉节，就舍侍养，著书赋诗，垂钓傍水崖门。”两处记载稍有出入，不过记述朱国梓归隐一事相同。

⑤指诗僧释函可。

⑥《钦定盛京通志》卷九十四列女：“阿克顺妻赵氏，孀居三十余年。志节坚白，族里贤之。”又，《钦定古今图书集成·明伦汇编·闺媛典》第二百九十三卷闺节部列传一百七十五：“赵氏，中宪大夫阿克顺妻。年二十七，克顺没。氏坚志自守，族里贤之。年六十五。奉旨建坊旌表。”

堪称盛京文学史上璀璨的明珠。

卷七 赋 《盛京物产赋》《盛京瓜果赋》《盛京蔬菜赋》《鹿尾赋》《杏花赋》《香瓜赋并序》《松子赋》

骈文的发展在经历了元明两代的低落之后，至清代达到一个新的高峰。清代的骈文创作质高而量大。纵观纳兰常安的作品，文赋的创作水平要高于诗词，尤其骈文写作功力实不在"清代骈文八大家"之下，之所以并未引起学界的重视，或许与其官宦身份有关，可以说是清代文学界的一颗遗珠。

此一卷常安运用赋的形式，对盛京的物产进行了详尽生动的记述，尤以《盛京物产赋》《盛京瓜果赋》《盛京蔬菜赋》3篇内容丰盈，文采斑斓，极具文学价值与文献价值。首先看《盛京物产赋》。"客有自沈阳来者，辄夸东珠、人参、貂鼠、赤玉，以为希世之宝，咸出陪都。而未知畜牧之蕃滋，鳞介之充牣，生民日用之所需，独甲于天下，则其为宝者大矣。乃考核而备陈之，以为赋"，正文前短序说明写作盛京物产赋之缘起，沈阳作为陪都出产名贵珍宝，这些并不值得夸耀，实际上人们日常生活所需之食粮物产，才是最重要的宝贝。"抚三韩兮跨越长城，控九宇兮拱神京。考纪载之悉备，征异物之挺生。则有穹山邃谷，大野平川，珍奇瑰异，宝藏兴焉。东珠照乘，产于深渊。老蚌孕秀，圆流洄漩。乃若摇光散采，凝而为参，三桠五叶，背阳向阴，于彼椵[①]树，着意相寻。秋结子兮红米坠，春发花兮紫云深。亦有金[②]貂，毛丰温润，价逾狐貉，饰裘轻俊。设置罗兮，松岩之峻；寻踪迹兮，雪径之印：羡美贵兮朝绅，匪易得兮紫衬。至其赤玉玫瑰，质中珪璋，美胜蓝田之璧，珍拟磻溪之璜。方琮鲜其缜密，双瑴逊其辉光。玩之爱其碌碌，佩则听其将将，岂必黑如纯漆，白若截肪！乃足夺曾城之所植，而不同燕石之深藏。然此皆入贡之珍品，而未及陆羞海错之难以指数详也。请更言其大略，以待史氏之扬厉而铺张"，盛京之域，广袤富饶，盛产珍珠、人参、金貂、赤玉等奇珍异宝，这些宝物通常都用来进贡。那么与百姓生活密切相关的物产有哪些呢？"兽则虎豹熊罴，野马封[③]驼，

①沈阳出版社《沈水三春集》作"椴"树，错误。据国家图书馆《沈水三春集》第5册卷7第4页，应为"椵"树。

②沈阳出版社《沈水三春集》作"全"貂，错误。据国家图书馆《沈水三春集》第5册卷7第4页，应为"金"貂。

③沈阳出版社《沈水三春集》作"丰"驼，错误。据国家图书馆《沈水三春集》第5册卷7，应为"封"驼。

牦牛羦狟[①]之腾倚，猞猁狐貉之寝讹，荫长林以咸若，藉丰草而婆娑。其他牛马谷量，羊豕腓字，鹿麂充庖，獐兔举柴，或效驰驱于行远，或告肥腯于祀事。鸟则野雉沙鸡，白翎练鹊，鹓鹏鹡鸰，鸠燕鹳鹤，凫雁鸧鹑，口鹭鹏[②]鹗。大者苍鹰，小有黄雀，天鹅摩霄而飞，海青逐风而掠；其他鸭唼汀渚，鸡鸣篱落，可以作羹，可以为臛。尤见其将雏哺子，驯扰而纷错。鱼则鳢鲤鳜鲫，鳟鲢鳙鲂，鲩鲭鲻鰄[③]，哲绿鲟鳇，重唇比目，细鳞蛎黄。骇牛鱼之无骨，异乌鲗之如囊，出没于溟涬，卵育于混茫。均足以觇灵皋之博产，表沃土之丰穰”，这一段对盛京域内的飞禽走兽进行了详细的记述，其中走兽包括野马、野羊、牛、獐、兔等；飞禽包括鹰、雀、天鹅、鸭、鸡等；鱼包括鲤、鳜、鲫、鳟、鳙、鲂、哲绿、鲟、鳇、重唇、比目、牛鱼、乌贼等，可谓物产丰富，土地肥沃。结尾写道“自昔两京闳博，三都雄丽，经一纪而奏鸿文，更十年而成雅制，莫不侈灵蠢之繁多，述动植之纤细。况我陪都，根本所系，既目睹其殷阜于神皋，实难名乐利于盛世。聊挂一于弱毫，愧敷陈之多赘”，将盛京与汉代之两京、三国之三都相提并论，指出自古能够成为都城的地域，必定是动植物繁多的丰饶之地。作为陪都的盛京是清王朝的根据地，殷实富庶却朴实低调。常安正是要借赋文为盛京正名。

《盛京瓜果赋》对盛京域内所产瓜果进行了详细的记述，尤其小序部分的记述，颇具史料价值。“盛京礼部所司园池三处：石园荐樱桃，邢镇抚屯供杏子，辽阳外园出梨，内园出葡萄。繁盛堡、石桥、千山三园，并纳花红。安平园出栗子，火连寨、羊腊谷并出酸梨。南塔园、山旺芬园各献瓜。又内务府所司辽河以东果园五十六处，果子山场三十四处，辽河以西果园七十五处，并岁纳樱额，梨干、榛子、花红、山楂、香水梨、红销梨诸物，其[④]繁盛鲜美，有两京无以侈，南都不能逾者，实觇兴京为发祥之地，土膏丰厚所致。爰详考品汇，分志芳园，而为之赋”，陈述了盛京域内各处出产瓜果的品种，以及写作《盛京瓜果赋》

①沈阳出版社《沈水三春集》作“羱羝”。据国家图书馆《沈水三春集》第5册卷7，为“羦狟”。

②沈阳出版社《沈水三春集》作“雕”，错误。据国家图书馆《沈水三春集》第5册卷7，应为“鹏”。

③沈阳出版社《沈水三春集》作“鰔”，错误。据国家图书馆《沈水三春集》第5册卷7，应为“鰄”。

④沈阳出版社《沈水三春集》作“……红销梨。诸物繁盛鲜美”，句读错误。据国家图书馆《沈水三春集》第5册卷七，应为“……红销梨诸物，其繁盛鲜美”。

的动机。“有禹贡之遐陬，为肃慎之旧土，界朝鲜而开疆，卫辽河以拓宇。江浮鸭绿，合三川而入海，陵山矗巫闾，环南双而砥天柱。崇墉屹立，杰构凌空，峻[①]阁丽峙，翚飞云中。览东迁之据胜，迎颢[②]气于鸿蒙。三殿巍焕，双阙[③]崇巄。固镂笔莫殚乎土地之饶，而更仆难数乎物产之丰”，赋文开篇盛赞盛京疆域辽阔，地势雄伟，山川对峙，土地之肥沃，物产之丰富，不可胜数。接下一句饶有兴味“佳木异卉，高低郁葱，试陈园果之繁盛，聊备问俗而采风”，指出文章在介绍盛京瓜果的同时，更可以作为探访盛京风俗的参考资料。“则有苹婆[④]、葡萄、朱樱、银杏、山楂垂枝，海榴缀梗，郁李流芬，枸奈弄影，酸桜既美而却烦，干榛尤佳而味永。剥枣则丁香擅[⑤]名，削瓜而银皮送冷。梨名香水，不数大谷之奇。槟号花红，洵压南天之境。至如菱芡争秀，普盘蔓生，松子巨实，候桃核成，果无花而间出，花多种而难名，莫不为虞衡之所掌，而入贡咸隶乎海城。是宜剥以竹杖，盛以筠筐，候味美于方熟，荐时食以先[⑥]尝”，赋文核心部分列举盛京域内瓜果品种，记有苹果、葡萄、樱桃、银杏、山楂、石榴、郁李（爵梅）[⑦]、枸柰子、酸桜、榛子、丁香枣、银皮瓜、香水梨、沙果、菱角、普盘（木莓）、松子、核桃18种北方出产的水果，可谓记述翔实。末段“来禽之属不如，挺生之美何有？喜讬[⑧]根之得地，宜佳实之寡偶，可餐之以驻颜，亦服之而延寿。以此知留都王气之钟毓，实寰宇土壤之独厚”，虽然说瓜果的

①沈阳出版社《沈水三春集》作“俊”，错误。据国家图书馆《沈水三春集》第5册卷7，应为“峻”。

②沈阳出版社《沈水三春集》作“灏”，错误。据国家图书馆《沈水三春集》第5册卷7，应为“颢”。

③沈阳出版社《沈水三春集》作“阁”，错误。据国家图书馆《沈水三春集》第5册卷7，应为“阙”。

④此处“苹婆”应为苹果，取梵语bimba音译。沈阳出版社《沈水三春集》注为“苹婆”：果木名。别称凤眼果，种子供食用。然“苹婆”常见于中国广东以南植栽，东北未见。故所注不妥。

⑤沈阳出版社《沈水三春集》作“檀”，错误。据国家图书馆 《沈水三春集》第5册卷7，应为“擅”。

⑥沈阳出版社《沈水三春集》作“充”，错误。据国家图书馆 《沈水三春集》第5册卷7，应为“先”。

⑦郁李，别名爵梅，秧李。小枝灰褐色，嫩枝绿色或绿褐色，无毛。桃红色花蕾，花朵繁密，深红色果实，是园林中重要的观花、观果树种。产黑龙江、吉林、辽宁、河北、山东、浙江。沈阳出版社《沈水三春集》注为：“郁李：唐棣，落叶灌木，夏季结实为核果。”不妥。

⑧沈阳出版社《沈水三春集》作“托”，错误。据国家图书馆 《沈水三春集》第5册卷7，应为“讬”，讬根：置足，寄身。

品种也许并不是最好，可喜的是生长在适合的土地上。从这些可以看出留都盛京实在是一块钟灵毓秀、得天独厚的宝地。

《盛京蔬菜赋》则是在写作了“盛京瓜果赋”之后，“复见山野蔬菜之属，蕃于燕京。思豳风于貉献豜之外，不废烹葵剥枣。品物充牣，亦足以彰留都之康阜，而知肇基之所以兴也。惟是虞衡莫穷其状，载籍莫罄其名，因不惮就闻见所及，更赋其实”，看见山野蔬菜比北京还要丰盛，想到古人进献肉食之外，也烹调蔬菜，像这样丰盛充足物品，足以彰显盛京的富足，不愧是国朝肇兴的根据地。小序后的正文写道：“畴陈庶草，贡则沃壤，论蕃衍于今兹，实方驾夫昔往尔。其盐豉则齑韭咸登，大官则山葱相尚。青翻萿莛，与薤蒜蒌蒿以丛生，黄入菰菘，并榆肉榛蘑而荣畅。若夫紫堇野秀，芜菁遍芳，秦椒荼苦，莞[①]荽、茴香、龙芽、鹿藿、海藻、山姜，莴苣之青赤异色，萝卜之红白盈筐，蹲鸱似斗以大，壶卢有柄而长。王彗、羊蹄于溪[②]之浒，菠薐马齿在水之旁。瓜名蒲鸽，菜号甜浆，莫不芄芄[③]毶毶、莑莑穰穰。于是，向冬背秋，迎春逆暑，犁雨耕云，涤场纳圃。鲜美洽于和羹，馨香荐于锜釜。脆则蓝可为披，干则笋可为脯。乃若豆棚雨霁，兰畹风侵，半菽庆茅檐之饱，一芹佐椒醑之斟。味以淡而弥旨，品因繁而易寻，菹则需乎一脔，食何费乎万金？日斜山下，烟起林阴，藉妇子之采撷，溉朝昏之釜鬵。村墟乐风俗之古，耕凿沐膏泽之深，斯可以续[④]《无逸》之图绘，而何不赓《七月》于咏吟？”这一篇赋，专门历数了盛京域内的蔬菜，既有天然野菜如榆树钱、野芹菜等，也有园圃培育的蔬菜如莴苣、萝卜、葫芦等，可谓品种繁多，琳琅满目。而其中耐人寻味的一句是“菹则需乎一脔，食何费乎万金？”一餐饭吃一块肉也就足够，不需要耗费万金。常安在盛赞盛京蔬菜之后，指出尽管国家物产丰富，也不应当奢靡铺张，而这一主张与结尾句“村墟乐风俗之古，耕凿沐膏泽之深，斯可以续[⑤]《无逸》之图绘，而何不赓《七月》

---

①沈阳出版社《沈水三春集》作“胡”荽，不妥。据国家图书馆《沈水三春集》第5册卷7，应为“莞”荽。

②沈阳出版社《沈水三春集》作“奚”，错误。据国家图书馆《沈水三春集》第5册卷7，应为“溪”。

③沈阳出版社《沈水三春集》作“芃芃”，错误。据国家图书馆《沈水三春集》第5册卷7，应为“芄芄”。“芄”：音wán，多年蔓生草本植物。“芃芃”：形容植物茂盛，草木茂盛的样子。此处语义虽相近，但从《沈水三春集》影印本字形看，“艹”头下当为“丸”字，而非“凡”字。

④沈阳出版社《沈水三春集》漏“续”字。

⑤沈阳出版社《沈水三春集》漏“续”字。

于咏吟”相呼应，使得表面上看起来一篇介绍土地物产的文章，陡然间被赋予了深刻的思想性。

卷七 其余四赋《鹿尾赋》《杏花赋》《香瓜赋并序》《松子赋》，分别就盛京的某一种特产进行了描述。比如《鹿尾赋》描述了关东珍贵动物——鹿。《杏花赋》则以优美绝伦的文笔描述了关东春天杏花盛开的绝美景象；《香瓜赋并序》与《松子赋》则专门介绍了东北特有的瓜果——香瓜与松子。卷七全部七篇赋，对盛京域内物产进行了全方位介绍与描述，唯恐有所遗漏，常安以其饱满的热情及隽丽的文笔，一面向世人展示东北之物华天宝，一面也是承前启后为后世留下了宝贵的东北物产资料。

《沈水三春集》从卷八开始收录了常安在盛京居留期间所作诗，限于篇幅，本文不做逐一评述，现就与盛京风土人情有关的诗摘选整理如下：

卷八 诗一 《陛辞领圣训恭记》《丰润县除夕》《永平府南台远眺》《过孤竹冢》《过射虎石怀李广》《山海关》《出关道中立春》《谒姜女庙》《苦寒 过宁远州》《杏山道中》《十三峰》

卷九 诗二 《道中元宵》《元夕值村堡演剧灯火荧煌立马口占》《恭谒福陵》《恭谒昭陵》《宫殿》《赴将军暨四部侍郎公宴》《春雪》《食鹿尾》《食鱼》《食东猪》《食野鸡》《食蛎黄》《关东食物引少司寇吴昌言席上作》《二月大雪》《游春》《参》《卜居二首》《沈水 三月冰雪未融》《和陆卷阿新柳元韵二首》《二月见杏花》《暮春见桃花》《绿端石》

卷十 诗三 《查驿晓行》《驿站观马》《过老边站》《山行》《过羊肠河》《过大凌河》《过小凌河》《北镇大瓦》《怀管宁白翎》《鲟鳇》《海清鱼》《细鳞鱼》《鲫鱼》《蕨菜》《榛子》《松子》《山查》《鹿茸》《马鹿》《柳丝》《卖花声》《野花》《望祭昭陵》

卷十一 诗四 《赋得草色遥看近却无》《见雁》《蜂》《蝶》《蛙声》《鹊声》《四月初三见燕》《四月初八偕同官至万寿寺》《偕同官至实胜寺》《实胜寺古松歌》《射雉行》《渔父词》《放鹰词》《醇朴》《和陆卷阿吟蕨菜元韵》《和陆卷阿吟榛子元韵》《和陆卷阿吟雏元韵》《和陆卷阿吟鲟鳇鱼元韵》《和陆卷阿吟细鳞鱼元韵》《校射》《立夏五日》《喜旗友调任到沈》《同眺清听阁》《清听阁漫兴 游法轮寺》《观佛公佛母像及喇嘛法器》《宦游》《五月望日》《同双少司农德少司空出南边游保恩寺》《早出西郊》《楼成》《五月初七日食樱桃》《京兆吴颖庵移尊，集澄观楼次少司寇吴昌言韵》《登楼即事》《仲夏僧院看

花二首》《云影》

卷十二 诗五 《闻调任志喜》《旋京公饯》《句骊河》《道中看云》《五更早发》《锦州道中》《途中新月》《望医巫闾山》《道中见鸦有怀辽阳》《老马行》《途中遇雨》《过松山喜晴》《早行》《夕阳》《初晴》《大凌河鱼市行复过宁远》《望海二首》《途中喜晴》《途中望北镇山》《关山月》《途中遇阿侍郎》《村庄二首》《野眺》《将入关途次遇雨》《姜女吟》《入姜女祠见文文山题联感而有赋》《初入关闻蝉》《湘篁》《止宿谣》《中途泥淖》《晨鸡高树鸣》《途中见田禾茂盛志喜》《渡滦河》《暮行》《夜雨》《暑中过僧寺》《马上夜吟自遣》《夜店步月》《食瓜引》《食冰引》

结语

古语云“文如其人”，我们通过纳兰常安宏大的著作，可以清楚地了解，纳兰常安与其说是一代名宦，不如说是有清一代之文学大家。单纯就其文学灵感与名气而论，也许比其同宗纳兰性德乃至享誉清代的“骈文八大家”“桐城古文派”等略逊一筹，然而从其洋洋洒洒、博学典雅的文赋创作来看，实在是不遑多让。在此对纳兰常安的生涯与创作做一略传，冀望引起坊间方家之更多关注。

今日闭门甘伏枥[①]——缪公恩

有清一代，盛京文学开始逐步走向繁荣。清朝掌握国家政权之后，满族后裔在全面汉化的背景下，汉学文化修养得以极大提升。盛京在成为留都之后，文学文化虽然在整体上尚不能与人文荟萃的江南和名士云集的京城相提并论，但是也涌现出一批才华横溢的文学家。缪公恩，作为土生土长的沈阳人，被誉为嘉庆、道光年间辽沈诗坛执“牛耳”者和“泰斗”[②]，更被当代学者张玉兴称为“18 世纪末叶至 19 世纪中期以前最负盛誉的东北著名诗人”[③]。

缪公恩（1756—1841），原名公俨，清代盛京城（沈阳）名士。《奉天通志》记载如下：“缪公恩，字立庄，号楳澥，别号兰皋。沈阳人，隶汉军正白旗，礼山之孙，廷玢之子，官盛京礼部右翼官学助教。善书能诗，精篆刻，工写兰。幼随父宦游江南，与阳湖洪稚存交最契。洪赠诗有‘邂逅得识张季鹰，雅志不复矜飞腾’句。丁外艰，奉母家居。兄弟七人，析爨时家产悉让诸弟，止留城宅一区。晚年写兰，以诗酒自娱，家计艰而名益著。朝鲜使臣有过沈阳者，以不识兰皋为恨。著有《梦鹤轩诗钞》正、续二十四卷，《诗余》一卷，《楳澥杂著》一卷。诗钞传观多散失，今止存初订本诗二千八百余首，有《题兰稿》一卷行世。道光丙戌年卒，年八十六。”[④]由《通志》可知，缪公恩生于沈阳，

---

①[清]缪公恩著：《书怀》，选自《梦鹤轩楳澥诗钞》卷4，辽沈书社影印《辽海丛书》1985年版，第157页。

②[清]缪公恩著：《梦鹤轩楳澥诗钞·缪润绂跋》，辽沈书社影印《辽海丛书》1985年版。“一时名士，若锦县金銮坡，铁岭尚铁峰，辽阳王义门，吉林沈香馀，咸奉为骚坛牛耳。继之者，福介五、符寿潜，多雯溪，倡和无虚日也。魏子亨、王雪樵最晚出，尤泰斗视之”。

③张玉兴著：《清代东北名诗人略考》，选自《明清之际的探索》，社会科学文献出版社2012年版，第308页。

④王树楠、吴廷燮等纂：《奉天通志》卷210，沈阳古旧书店1983年版，第4596页。

祖父缪礼山、父亲缪廷玢都是朝廷命官[①]，堪称世代官宦之家。幼时随父宦游江南近二十年，饱受江南文化的濡染，喜交文人雅士，其中与著名学者洪亮吉交往颇深。北归盛京后，以诗画自娱，高寿86岁。缪氏诗作收入《梦鹤轩楳澥诗钞》，今仅存四卷六百余首。缪公恩书画皆工，画兰名噪盛京。缪公恩五十岁时出任盛京礼部右翼官学助教。嘉庆、道光年间辽海著名诗人金朝觐，以及在辽沈文坛上崭露头角的魏燮均、王雪樵、尚铁峰等，都视缪公恩为诗坛泰斗。缪氏在官学期间，结识出使清朝的朝鲜使臣李桐渔[②]等，使得缪公恩的名字在朝鲜文人中广为人知。其中“李鲁山、金清山、李桐渔、朴晚悟函牍往还，时相赠答。贡使到沈阳有不识缪兰皋先生者，至引为缺憾”（见《缪润绂跋》）。

一、随父宦游江南，结识洪亮吉

缪公恩“幼随父宦游江南”，其父缪廷玢在江苏为官多年，现将其在江苏为官的记录整理如下，目的是通过查看缪父的职官经历，也可知缪公恩在江南之足迹所至：

乾隆三十六年三月二十五署，	镇江府属溧阳县知县，六月初六卸。
乾隆三十六年七月署，	溧阳县知县，九月卸。
乾隆三十七年六月，	阳湖县知县。
乾隆三十八年二月，	金坛县知县。
乾隆四十一年六月二十五，	常熟县知县，
乾隆四十二年，	江浦县知县，
乾隆四十三年六月，	嘉定县知县，
同年，	金山县知县。

①在《清代盛京满族名士缪公恩考论》一文中，张杰考证缪公恩的“祖父缪礼山官至河南省布政使司布政使，官阶从二品，在清代属于政府高级官员；他的父亲缪廷玢历官至江苏海州直隶州知州，官阶为从四品，属于清政府中握有实权的中级地方官员。因此，缪公恩出身于清代高中级官员家庭，而不是‘州县一级’的低级官员之家”。

②据张杰考证“所谓缪公恩得意弟子‘李桐渔’，实为朝鲜王朝相国‘李相璜’，他是在道光九年（1829）前往沈阳时与缪公恩相识，李相璜时为朝鲜问安使团正使，而‘朴晚梧’则为同一使团的书状官朴来谦”。

乾隆四十四年二月十七署，	苏州府属新阳县知县。
乾隆四十五年，	娄县知县。
乾隆五十一年，	奉贤县知县。
乾隆五十三年，	甘泉县知县。
乾隆五十五年，	江都县知县。
乾隆五十七年三月，	高邮州知州。
嘉庆二年署，	海州直隶州知州，
嘉庆五年在任。①	三年十月再升。

由以上简历可知，缪父从乾隆三十六年（1771）到嘉庆五年（1800），共30年时间里在江苏省镇江及苏州府所属溧阳、阳湖、金坛、常熟、江浦、嘉定等十二县做过知县，并于1792年升任高邮州知州，1797年再任海州直隶州知州直到1800年。至于说缪父为官是否始于乾隆三十六年，限于资料笔者不敢武断，不过缪公恩有诗“登高邮西城楼”中云“此地维舟廿九载，当时垂发十三年”②，此句下作者有注：“乾隆三十一年，余十三岁，随家大人泊舟于西门外二日。”由此自注可知，缪公恩在乾隆三十一年，13岁时就随父亲（家大人）经过高邮，虽诗中没有交代事由，不过此时缪父已经从政的可能性较大。缪廷玢在镇江和苏州为官多年，其政绩诸事未见有史料记载，只是有一件发生在乾隆五十七年（1792）的不大不小的事件中，出现了缪廷玢的名字。据《清宫扬州御档》中记载，乾隆五十七年两淮盐运使柴桢挪用二十二万两白银案发，执掌纠察所属两淮各级盐务官员之责的两淮盐政全德，传扬州府知府马慧裕及江都县知县樾图、甘泉县知县缪廷玢前往运司衙门查封银库③。此处记载全德命“甘泉县知县缪廷玢前往运司衙门查封银库”，但是据《江苏省通志》记载乾隆五十七年时，缪廷玢已升任高邮州知州，任甘泉县知县则是更早的乾隆五十三年，两处记载有出入。不过，不论当时缪廷玢是甘泉县知县还是高邮州知州，可知在查办两淮盐运使柴桢挪用公款案中

①据《江苏省通志稿·职官志》第十五、十六、十七卷清乾隆时期官员官职名单整理。http：//lishi.zhuixue.net/m/view.php？aid=77302。

②[清]缪公恩著、魏鉴勋等校注：《梦鹤轩楳澥诗钞·题兰稿》（上），沈阳出版社2018年版，第253页。

③王蓉：《两淮盐运使犯下贪污案中案》，选自《扬州时报》，2012年03月29日，http：//roll.sohu.com/20120329/n339267479.shtml。

还是出了力的，或许正是因为做出这样的政绩，随后嘉庆二年（1797）得以再任海州直隶州知州。

关于缪公恩随父宦游江南的情况，记录资料较少，且有含糊不清之处。当代编纂的文献资料如《辽宁文学史》等大都参照《梦鹤轩楳澥诗钞》卷后缪润绂所作“跋”，“初从丹徒张秋渚、江都贾汉庭游，继赴北闱，遇阳湖洪稚存于王家营，一见倾倒，遂订交”。[①]跋文中除提到名士洪亮吉外，至于丹徒张秋渚和江都贾汉庭，则人知者甚少。查找文献，清代丹徒名士，被誉为“清四大家”的王文治（1730—1802），在其诗集《梦楼诗集》中有一首《送张秋渚赴滇南总镇幕》[②]，末句为“报与元瑜善从事，高堂应为数归程”，可知诗中提到的张秋渚应为丹徒人，去滇南总兵幕下做幕僚。王文治在乾隆时名望极高，能够作为他的朋友，应该亦非泛泛之辈。今人有写关于海派艺术的文章，其中引用张秋渚《沪城岁时衢歌》诗句。然则《沪城岁时衢歌》[③]的作者是道光朝上海诸生张春华，字秋浦，显然是未经核证，以讹传讹了。鉴于此，本论将集中论及缪公恩与洪亮吉之间的交谊情况。

洪亮吉（1746—1809），初名洪莲，又名礼吉，字君直，一字稚存，号北江，晚号更生居士。是江苏阳湖（今江苏常州市）人，清代经学家、文学家，“毗陵七子”之一。缪公恩与洪亮吉相遇于有“通京御道第一驿站”之称的江苏淮阴王家营。虽然洪亮吉长缪公恩10岁，但是进京求取功名的共同志愿，拉近了彼此间的距离。而王家营一会，对于缪公恩来说，无疑成就了其对洪稚存执念一生的友谊。这些都反映在二人往来唱和的诗文中。首先看洪亮吉写给缪公恩的诗。金毓黻编《辽海丛书》本《梦鹤轩楳澥诗钞》卷后附有洪北江赠楳澥先生诗5首，分别为《送缪公子公俨之江浦兼简孙大渊如三首》《送缪公子公俨出都》及《奉酬缪公子白沙河见怀诗》，均出自洪亮吉诗集《卷施阁集》。而在洪亮吉另一部诗集《更生斋集诗余》卷二中还有一首词《买坡塘·送缪公子笠庄至江浦》。以上6首是文献中可资查证的洪亮吉写给缪公恩的诗词。

①[清]缪公恩著：《梦鹤轩楳澥诗钞·跋（二）》http：//www.guoxuedashi.com/a/2592hdcw/。

②[清]王文治著：《清代诗文集汇编》之《梦楼诗集》370卷，上海古籍出版社2010年版，第473页。

③[清]张春华著：《沪城岁时衢歌》，上海古籍出版社1989年版。

送缪公子公俨之江浦兼简孙大渊如三首（余四月中入都与缪遇逆旅遂订交）①

其一

相别翻怜相见迟，坐中人影壁间诗。
魂摇青草东风路，梦立黄河远岸时（与缪初相值处）。
病马去来应有恨，秋禽踪迹本难知。
寥寥门闭红尘里，残腊都将浊酒支。

其二

去去遥山一桁青，愁程先已梦中经。
江南迢递伤情思，公子知交有性灵。
久据灶觚看读易，暂探石阙纪搜铭。
来朝风色东南便，我亦商归大海萍。

其三

好因鲂鲤答枯鱼，总觉蛩蛩念巨虚。
白日怀人当槛坐，红云羡尔对江居。
身名莫笑中条叟，乡里须乘下泽车。
丙舍一椽松数尺，未妨他日访吾庐。

以上三首诗饱含深情地描述了洪亮吉初遇缪公恩，二人成为知己的情形。三首诗从二人相遇，以文会友“坐中人影壁间诗”，进而写到相伴赴京，旅途迢迢，二人之间的情谊进一步加深。最后写出二人已然成为至交，我洪亮吉虽然一介儒生，家乡条件简陋，但是一定会尽我所能，热诚款待来访的友人。

送缪公子公俨出都②

五岳未陟一，欲归难戒涂。抚剑送子行，浮云亦南徂。
子有东顾心，恋此巢上乌。予怀欲南驰，念彼浊水泸。

---

①[清]缪公恩著：《梦鹤轩楳澥诗钞·卷四终附录》https：//ctext.org/wiki.pl？if=en&chapter=264376&remap=gb

②[清]洪亮吉著：《卷施阁集》诗卷第一，《清代诗文集汇编》413，上海古籍出版社2010年版，第598页。

两地忽易居，一心安得无。子行过岱宗，为我谨献书。
已办十两屐，愿届神所都。俯仰六合间，灵气藉发舒。
神乎幸勿哂，东海贱丈夫。

此诗乃洪、缪二人于京分别之际，洪亮吉抒发离别情之作。慨叹二人自此别过，从此身居两地，难免心生思念之情。自己欲登泰山的心愿，这一次就请缪公子代为表达，亮吉已经做好十分的准备，早晚会前往拜谒，恳请神明不要责怪。

奉酬缪公子白沙河见怀诗

尔如华亭鹤，不欲识二陆。
邂逅得识张季鹰，雅志不复矜飞腾。
我如昭邱狐，读书名博物。
茂先可语不识机，亦欲辞归住蓬荜。

此诗系洪亮吉酬答缪公恩之作。诗中以华亭鹤喻缪公恩，名高位重的二陆并非缪公恩的理想目标，相反认为淡泊功名闻名于世的西晋名士张翰（季鹰）更符合缪公子的性格。下半阕以昭邱狐自喻，尽管自己饱读诗书，但是终究未能遇到赏识之人，不如归乡隐居。此诗篇幅短小，寓意颇深。虽然从表面上看，无论是华亭鹤还是昭邱狐，都属于未能施展抱负不得志一类，但是二者还是有差别的，即前者正如张翰是看破世事，主动归隐；后者则是在展示自身才华之后不被认可，无奈离去的。因为创作此诗时洪亮吉尚未“高中”（洪亮吉多年屡试不中，直到乾隆五十五年 44 岁时终于以一甲第二名考中进士），所以才在诗中以昭邱狐自喻，并且虽然嘴上说“亦欲辞归住蓬荜”，不过从后来洪亮吉坚持科考并且终于一举高中的行为看，实际上洪亮吉求取功名之心从未曾放弃过。这一点与后来放弃科考，回归盛京的缪公恩是不同的。

买坡塘·送缪公子笠庄至江浦[①]

趁霜风、沿林飞遍，巢荒去住无据。雁声却有东归信，切莫更留征羽。凄燕语。道千里、同来千里应同去。霜鸿未许。算我愿随阳，卿尤避热，各自叹羁旅。

①[清]洪亮吉著：《更生斋集诗余》卷二，《清代诗文汇编》414卷，上海古籍出版社，第399页。

天涯路，来日风风雨雨。别离顿起愁绪。江南兄弟谁能健，羡尔雁行有序。须记取。只紫塞重逢，可识前时侣。天空欲举。稳待尔重来，春风三月，共看满林絮。

此阕《买坡塘》充分发挥了词的抒情功能，通篇款款倾诉，婉转深情，离情别恨遍布笔端，令人动容。慨叹二人本应同来同往，奈何各怀志向，终要各奔西东，只能期盼来日方长，终会有相逢之日，共赏春光。总体上看，洪亮吉写给缪公恩的诗词，深情款款之余，对二人各怀志向，注定要各奔前程的事实有着较为清醒的认识。

再来看缪公恩写给洪亮吉的诗文。《梦鹤轩梅澥诗钞》一共收录缪公恩写洪亮吉的诗十四题二十九首，分别是《途间怀洪稚存书壁》《都中见洪稚存（二律）》《书洪稚存近作后》《期洪稚存相过久不赴约因寄以诗》《寺中忆洪稚存不至》《暮坐偶成兼忆洪大》《秋暮怀洪稚存》《对酒有怀洪稚存》《秋夜怀洪稚存》《怀洪稚存在陕》《梦洪大亮吉忆旧时同出此途感吟二首》《都中晤洪稚存即留别（四首）》《怀洪稚存八首》《常州顾星垣精六法，来游沈阳造访，因忆旧游，并怀洪稚存（四首）》[①]。值得一提的是缪公恩一生“吟诗千余篇，共成五万二千字”[②]，《梦鹤轩楳澥诗钞》本来有二十四卷，其曾孙缪润绂整理刊印的仅有6卷，可知散佚多半，不过在仅存的友人唱和诗中写给洪亮吉的诗数量最多，足见缪公恩对洪稚存的感情超过其他人。究其原因，一方面年龄更小的缪公恩对于年长的洪亮吉始终心存思念和尊重；另一方面尤其在洪亮吉高中榜眼之后，在朝为官，名满天下，从政治学，恐无暇应和缪氏。相反，缪公恩布衣之身，应该有更多吟诗作文的时间，故而缪公恩写给洪亮吉的诗数量更多，亦属情理中之事。下面结合具体诗文，看看缪公恩是如何表达对洪亮吉的思念之情的。如《都中见洪稚存》：

其一

燕市君居久，咄哉吾又来。
半窗摊卷轴，小户远尘埃（馆孙中翰校书）。

---

①[清]缪公恩著、魏鉴勋等校注：《梦鹤轩楳澥诗钞·题兰稿》，沈阳出版社2018年版。

②[清]缪公恩著、魏鉴勋等校注：《纂辑诗钞自识》《梦鹤轩楳澥诗钞·题兰稿》（中），沈阳出版社2018年版，第430页。

病马谁相问，征衣母自裁。
擎杯空怅望，偕子陟金台。

其二
半载离愁结，连床片刻消。
暂邀青眼顾，又望白云遥。
有梦都萧瑟，逢场亦寂寥。
知君同此意，共忆路迢迢。

此二首诗所描述的情景，应是洪亮吉赴京科考尚未考中时的生活状态，当时洪氏尚属“北漂”一族，借住他人宅邸，对于缪公恩的到来颇感惊讶。然而，最初的意外之后，两人仍然能够互诉离情，半载离愁，因“抵足而眠”片刻消失，二人对于“北漂”博取功名之不易，感同身受，“知君同此意，共忆路迢迢”，尽管知道前途艰辛，但是还要互相勉励，继续前行。此诗反映出洪、缪二人互为知己，彼此十分了解对方。另外两首期待与洪亮吉相见，却终未能如愿的诗，则于细微的情感表述中，流露出对洪亮吉深沉的思想与淡淡的嗔怨。

期洪稚存相过，久不赴约因寄以诗
雨砌连朝长绿苔，摛词检字费宏才。
子猷不放山阴棹，陆凯空劳驿使梅。
月落屋梁思黯澹，酒醒冰簟起徘徊。
嘱君好拂窗前几，明日携樽有客来。

诗中以王徽之和陆凯比喻洪亮吉和诗人自己，君子之交固然清新美好，不过也难掩缪公恩翘首以盼，奈何友人久久不见踪影的落寞心情。尾联在无奈叹息之余，有意调侃洪亮吉，读来令人会心莞尔。另一首《寺中忆洪稚存不至》，心境与前作相仿。诗末句“故人久不来，微飙动丛�”句，以风动竹丛暗喻诗人略显烦乱之心境，堪称妙笔。至于《秋暮怀洪稚存》《对酒有怀洪稚存》《秋夜怀洪稚存》三首，均为表现缪公恩平素对洪亮吉的思念之情。秋风萧瑟，回忆与洪亮吉初相遇之情景，倾盖交谈，相约白首，文辞虽有过饰之嫌，情感不无深挚之处，“子乃化鹏去，我还趋庭帏”“愿言思故人，弹铗歌来归”，读

来令人怆然唏嘘。

“近日秦中书未达，比年髀里肉全消”，正所谓“为伊消得人憔悴，衣带渐宽终不悔”，君子相慕，人间大爱。在考取功名之前，洪亮吉曾入陕给陕西巡抚毕沅做幕僚。缪公恩作《怀洪稚存在陕》一首，表达故人远离，思念不绝之情。首句“历游五岳竟如何，岁月堂堂瞬息过”回忆二人曾有同游五岳之约，“五岳未陟一，欲归难戒途”（洪诗），奈何岁月如流，终未能践行，而今与君相隔万里，只能凭借鱼雁传书，只叹相见之日遥遥无期。听说洪亮吉任职贵州学使，缪公恩作《梦洪大亮吉忆旧时同出此途感吟二首》，感叹故人远隔，常于梦中相会，秋风黄叶，读来有萧瑟之感。次年，缪公恩与洪亮吉终于久别重逢于京师。缪公恩百感交集作《都中晤洪稚存即留别》四首，其一首句云“忆别何期十九年，愁肠几度梦魂牵”，道出二人分别已十九年，时常魂牵梦萦，如今在京城意外相逢，得续旧缘。其二写道“即今人事升沉异，同是萧萧欲白头”，久别重逢，把酒言欢，欣喜非常，尽管二人遭遇不同，却都已经年纪不轻。其三“君有雄文应寿世，我将骥附亦千秋”一句，进一步表达了缪公恩当时对自己与洪亮吉地位已经相差悬殊的清醒认识，当时洪亮吉正处于完成贵州学使使命归京，即将进一步得到重用的当口，反观缪公恩仍旧是布衣之身，可以说与20年前两人相遇王家营同为求取功名之身时的情况大不相同，缪公恩当然十分清楚现在洪亮吉的声名与地位，所以才有“骥附”一说。缪公恩晚年作《怀洪稚存八首》：

其二

三十年来古渡头，联寅结驷入皇州。
当时意气都磅礴，几向天桥问酒楼。

其七

骏马轻衫忆壮游，邗江芦荻不胜秋。
从今旧梦难重续，付与西风寄此愁。

此八首诗可以看作是缪公恩对与洪亮吉一生的友谊做一个总结似的回顾与纪念。每当季节变换，落木萧萧，月影疏离之时，对故人怀念之情，悄然入梦。倏忽三十载岁月，壮年时与君同游京师，骏马轻衫，意气风发。塞北江南，十年一梦，人生苦短，知此生难有重逢之日，明镜照白发，空余相思人。

以上通过对缪公恩与洪亮吉二人往来赠答诗的论析，可以较为清晰地了解二人之间的交往情谊。总体上看，缪、洪二人早年相遇，引为知己。而后洪亮吉金榜高中，博取功名，而缪公恩布衣还乡，断念功名。从二人来往和诗中可见，缪公恩写给洪亮吉的诗文数量明显更多，尤其在洪亮吉入朝为官之后，一方面政务繁忙，另一方面与洪亮吉来往的多是名士大儒，如较早有孙星衍，稍晚有袁枚、蒋士铨、吴兰雪等；而缪公恩身居沈阳，交往者多为辽海学人，名气声望上稍逊一筹。尽管如此，缪、洪二人之间真诚持久的友情，仍不失为一段佳话。

二、寓居沈阳　开创辽海诗坛盛景

缪公恩27岁回归故乡沈阳。归乡后，缪公恩在勤于诗画的同时，多次入试“秋闱”，不过始终未获得功名。一直到50岁，缪公恩的求仕生涯出现了一个不大不小的转折，即这一年缪公恩和大儿子图箕参加了盛京八旗右翼官学招聘助理教官的考试，结果大儿子图箕考了第一，缪公恩考了第二，双双考中。关于这次考试缪公恩作有《与长男图箕试助教官，箕中式第一，余第二，奉文行取入都》一诗云，“此身自分卧烟霞，鹤简来催两鬓华。未必云霄终梦寐，依然笔墨是生涯。儿曹幸已开前路，老子何妨殿后车。为祝慈亲休远望，归来彩服拜宫花”，表达出对儿子能够成材感到欣慰，以及身为父亲全力扶持的态度。自此缪公恩算是有了“正式工作”，而官学还有一样好处，就是“官学接萃升书院近”[①]，这里有必要指出的是，缪润绂在此处写得很清楚，就是说因为盛京官学和萃升书院离得近，所以，缪公恩有机会接触在萃升书院读书的学生，而并非如一些文章中说，缪公恩在萃升书院任教，关于这一点，张杰做出过论述：“在清代，对担任书院主讲的士人有非常高的科举功名要求，通常非进士、举人出身不可。缪德喜（缪公恩弟）是进士出身的官员，回到家乡才被礼聘为萃升书院主讲。缪公恩连举人都不是，不可能担任萃升书院主讲。但缪公恩热爱教育事业的表率作用，同样是应当给予肯定的。”[②] 像这样，缪公恩和就读于萃升书院的辽沈名士开始有了广泛接触，前文提及之锦县金銮坡、铁岭尚铁峰、

①[清]缪公恩著：《梦鹤轩楳澥诗钞・缪润绂跋》，辽沈书社影印《辽海丛书》，1985年版。

②张杰：《清代盛京满族名士缪公恩考论》，《满语研究》2015年第1期，第86页。

辽阳王义门、吉林沈香余，及稍晚之福介五、符寿潜、多雯溪等人，常常诗文来往。而正是这些饱学多才之士，凭借一腔热忱和胸中才华，吟风诵月，开创了晚清辽沈文坛的一时盛况。

经常与缪公恩诗文唱和的诸人中，名气最大者当属锦州金朝觐。“高祖金朝觐，字午亭，一字銮坡，锦州义县人，嘉庆十六年（1811）辛未科进士，曾官崇庆知州，作有《三槐书屋诗钞》。”① 有关缪、金二人的交往，在缪公恩为金朝觐诗集《三槐书屋诗钞》所作序文中，有简略陈述：“銮坡，字西侯。锦州镶黄旗汉军人，倜傥士也。肄业沈阳书院。天资颖迈，雄视文坛，与余订交四年矣。丙寅春，余补官官学助教，学舍与院相望也。于是时相往来，更复唱和。因出所作诗相【资：质】，阅其雕章琢句，自具性灵。而诗人温厚和平之意盎然流露于楮墨间。异日者飞黄腾达，鼓吹休明，为吾乡振兴风雅而启迪来兹，殆其人乎，殆其人乎。归其诗，并志数语于首简。”② 由此短序可知，缪、金二人相识的机缘，是因为缪公恩供职的盛京官学与沈阳书院“相望”，“于是时相往来，更复唱和”，很明显二人是文友知己而并非师生关系，这也进一步验证了上文缪润绂的相关记述以及张杰的论断是客观可信的。序文中缪公恩对于金朝觐的才学与为人是十分推崇的，认为他是振兴辽海风雅之希望。缪公恩在《梦鹤轩楳澥诗钞》有六首诗言及金朝觐，分别是《闻金銮坡获隽书寄铁峰》《怀秀岚銮坡铁峰诸君》《赠金銮坡》《慰金銮坡下第》《送銮坡》和《寄金銮坡》。

闻金銮坡获隽书寄铁峰

故人拔帜已先登，我念君犹未共升。

运笔天机真烂漫，立言风度最端凝。

莫云造化能为幻，所信文章自有凭。

六月北溟看暂息，行将九万待云鹏。

此诗是缪公恩听说金朝觐科举高中，写给另一位友人尚铁峰的。主要表达了缪公恩听说老朋友金朝觐中举，写信勉励尚铁峰，并且坚信尚铁峰有真才实

---

①彭丹：《金景芳学术年谱》，《儒藏论坛》第三辑 2010年5月25日。http：//gj.scu.edu.cn/kanwu/luntan/3/12747787121271.html。

②[清]金朝觐：《三槐书屋诗钞》序一。http：//www.guoxuedashi.com/a/7439s/50174y.html。

学，不久的将来即可实现抱负。《赠金銮坡》一诗开篇云“如子天机无二三，胸怀洒落美中含”，表达了缪公恩对金銮坡才学为人的高度赞扬与喜爱。当金銮坡科举不第时，缪公恩写诗相慰。《慰金銮坡下第》诗下半阕云，“时数暂羁非命蹇，文章日富与年增。云衢此后无颠踬，好住琼楼第一层”，安慰金銮坡一次失意不算什么，文章才学将会随年龄增加而增长，他日金榜题名指日可待。《怀秀岚銮坡铁峰诸君》诗是写给沈秀岚、金朝觐、尚铁峰三人的，诗云，“诸君天资尽超群，叩我时争字句新。心以无猜成妙契，交因耐久得情亲。飞声黉序称三友，振翮云霄已一人。老马自惭途未识，几劳屐齿印苔茵”。此诗写出缪公恩与三人之间友情深笃，心有默契。三人在辽沈地区已经名声响亮，其中金朝觐更是中了进士，一飞冲天。最后自谦年事已高，跟你们青年才俊比不得了。

另一方面，金朝觐在诗集《三槐书屋诗钞》自序文中，对自己与缪公恩相识的经过也做过交代，“嘉庆己未，余赴沈阳应童子试，与楳澥先生相遇于治中署前，见其春风和气，心识为有道人也，乃蒙垂讯，遂同请谒，时以同试故并晤其二公子焉。及余已游庠濒【濒：频】年，肄业于书院，而楳澥又补官于右翼助教，花晨月夕，时亲就正，犹忆尔时，日从事于帖括，于声律，初非真知笃好，乃以公之奖劝与公之诱掖若迫我而为之，又有尚铁峰、沈香余二君子相为先后，余虽简陋荒芜难比诸万一，然而不畏难，不自是，是亦无弃予者焉”①，此序文中金朝觐描述了与缪公恩初相识的情景，对缪氏的印象是“春风和气”，认为缪氏是“有道人”，并讲到缪公恩鼓励劝诱其用心科举，指导其写诗。而关于金朝觐跟随缪公恩学习的情况，另有金朝觐诗作亦有言及，在《春日怀楳澥先生用年前见赠元韵二首（其二）》一诗中有句“仰正无嫌渎再三，缘知大美在中含。殷勤隔院酬诗久，相共挑灯听雨酣”，首句注：自丙寅前三年诗草悉依楳澥先生改本。说明二人相识后三年间金朝觐一直在向缪公恩学诗，其中“隔院”一词，再次指出二人并非在一所学校。不过单纯从金氏跟随缪氏学诗这一层意思来讲，认为缪公恩是金朝觐老师亦不为过。除此之外，《三槐书屋诗钞》中相关缪公恩的诗作多达23首，观其诗，则二人间师生之谊，君子之交，清新融洽，言浅情深，令人难忘。如《楳澥先生赠垂丝柳一枝，种之成阴矣。承先生邮函相讯，作此以答》一首云：

①[清]金朝觐：《三槐书屋诗钞》序二。http：//www.guoxuedashi.com/a/7439s/50174y.html。

自得先生柳，栽培向小园。
分条宁计尺，扶干恰当门。
腰减春风力，眉销故国魂。
长丝空缕缕，别恨与谁论。

诗之下半阕，言见柳枝之风姿，则思念故人之情遂生，文辞雅致，情谊悠长，可称上乘之作。

《呈楳澥先生二首》则言及二人相识相知的过程，赞扬了缪公恩洁身自好、待人和气真诚的性格，即使年齿老去，仍然是亲朋好友相陪伴，享受天伦之乐。

其一
世上相知到处新，惟君从不染嚣尘。
定能老去文章壮，不独生平面目真。
与我交情论四载，于人和气属三春。
岂愁鬓发丝丝白，犹是欢娱得顺亲。

其二
风流不歇尚先民，总为文章现化身。
摩诘是诗皆画品（先生喜吟诗又精于兰石笔意），真卿无笔不端人（先生法书为时所重）。
储材定许成多士，食俸何须侈万缗（今春补右翼助教官教习八旗子弟）。
从此传家兼报国，徽音嗣以石麒麟（先生长子叙天公先补左翼助教官）。

另有《怀楳澥二首》其二下半阕云“想因知己劳相思，也恐耽吟碍养生。何似含饴弄孙乐，馀年赢得一身轻”，担心先生思念学生，写诗作文过于劳累，影响健康。劝说先生不如含饴弄孙，尽享天伦之乐。金朝觐对缪公恩的思念尊敬之情跃然纸上。再如《将赴长安别楳澥二首》诗云：

其一
不是嫌春转爱秋，王孙芳草最牵愁。
自怜负债长安道，回首烟光十二楼。

其二

梦中乡国意中诗，花满阑干酒满卮。

此景此时谁会得，不堪说与外人知。

诗中表现出诗人与缪公恩话别时惶恐不安的心情，别师远行，实为不得已。但是尽管此刻分别，与先生在一起的快乐时光将时时萦绕于心，如人饮水，冷暖自知。而长诗《丙子初春喜晤楳澥先生。因怀尚铁峰、沈秀岚，适先生以诗钞见示，率成长歌用为题词》，开篇“少与公相识，长从公相游”到“别公六期岁，白发已盈头”四句，将自己与缪公恩相识相知的经过娓娓道来，一别六年重逢，先生已是满头白发。“昔公宦游日，东南人士稠”到“黄金散不尽，终可补箕裘”六句，称颂缪公恩少年宦游江南，家学渊源，结识江东名士，阅历丰富，自有名士风骨。“积书千万卷，琅嬛宝笈留”到“向当共知已，来自山海陬”六句，指出缪公恩平生勤学苦读，藏书万卷，诗文累牍，嘱托金朝觐为其出版诗集。“银冈尚北望，锦水须东流”到末句“与公期不朽，魂梦各千秋”四句，想到先生日渐老去，叹岁月无情，一生师友，终须一别，诗文荡气回肠，令人泪目。在全部23首与缪公恩有关的诗当中，诸如《寄缪楳澥二首》《冬夜怀楳澥一首》《都中怀楳澥一首》《闻立亭言楳澥寄书问都中诸友音耗感而赋此》《僦寓京邸感怀二首寄楳澥书题后》等，无不寄托了对缪公恩深切的思念与敬仰。总观金、缪二人之诗文唱和（因缪公恩诗作散佚过半，今所见《梦鹤轩梅澥诗钞》收录缪公恩写给金朝觐的两首诗未必是全部），金朝觐始终以学生及晚辈的姿态与缪公恩唱和，二人之间亦师亦友之情谊给人深刻印象。

《梦鹤轩梅澥诗钞》中收录有缪公恩写给被其称为“三友”之一的铁岭尚铁峰的诗，共七题十五首，分别为《尚铁峰来访》《怀尚铁峰》《寄尚铁峰（四首）》《与尚铁峰》《访铁峰不遇》《怀尚铁峰》（与前诗同题）《尚铁峰来访，兼怀秀岚、銮坡（六律）》。其中《怀尚铁峰》诗云：

花骢去去夏徂秋，闻说泥途过把娄（城北六十里地名懿路，盖挹娄之伪也）。

瑟瑟西风吹别梦，萧萧明月照离愁。

酒杯欲共谁斟酌，诗卷惟余自校雠。

千五百言劳远寄（铁峰寄赠五排一百五十韵，

气魄词彩令余搁笔，真杰作也），龙山麟水少同俦。

此诗状写缪公恩对尚铁峰怀念之情。末句说尚铁峰曾寄一百五十韵长句给自己，对其气魄辞章高度赞扬，从一个侧面反映了尚铁峰诗文具有相当高的水平。《寄尚铁峰（四首）》其三云“望子轺车秋复春，明蟾十五度如轮。如何学得东山卧，不向西南问故人”。秋去春来，盼望故人的车马出现，告慰自己应该向谢安学习，高卧东山，不问世事，也许可以减轻对故人的思念之情，文辞清朗，深情如水，感人肺腑。《访铁峰不遇》诗云，“云关寂寂锁葳蕤，驾鹤仙人醉未归。一树白榆风乍起，青钱扑面学花飞”。此诗叙事雅致，格调清新，友人住所仙风道骨，访友未得者，独自在风中凌乱，头上落满白榆青钱，略显落寞之情，颇有唐人遗韵。《尚铁峰来访，兼怀秀岚、銮坡（六律）》其六有句“不教织翳生心境，常有灵珠走笔锋”“如君文质兼双美，麟水龙山秀所钟”，赞扬尚铁峰天性淳厚，文采灵秀，文质双美，爱惜之情充溢字里行间。

生于1812年的魏燮均是道光、咸丰间辽东著名诗人。虽然年龄上与缪公恩相差近一个甲子，但是，从魏燮均写给缪公恩的诗来看，二人之间的忘年交情谊非浅。

呈缪楳澥先生①

幽栖城市即林泉，独占骚坛六十年。
蒙叟官卑甘仕隐，放翁名重赖诗传。
贫能自在方称福，老尚聪明便是仙。
一幅芳兰一樽酒，笑随风月醉陶然。

从此诗内容来看，青年魏燮均结识缪公恩时，缪氏应该已是八十高龄左右。魏燮均完全是以晚辈后生的姿态呈上赞美之辞。而“独占骚坛六十年”一句，也反映出嘉道间缪公恩在辽海诗坛举足轻重的地位。令人叹息的是，二人间的交往十分短暂，就在魏燮均堪堪而立之年，85岁高龄的缪公恩驾鹤仙逝。魏燮均作《哭楳澥先生四首》②，痛悼前辈。

①[清]魏燮均著：《九梅村诗集》卷1，《清代诗文集汇编》652卷，上海古籍出版社2010年版，第221页。

②[清]魏燮均著：《九梅村诗集》卷2，《清代诗文集汇编》652卷，上海古籍出版社2010年版，第228页。

其二

忍从香火说前因，忆领清风仅四春。
垂死病中犹问我，最知音里不多人。
米颠书画全封箧，陶令琴樽已覆尘。
重展先生墨兰草，凄风冷雨倍伤神。（余藏先生墨兰数幅）

首句说明由于年龄相差悬殊，魏燮均与缪公恩结识不过短短四年时间。但是，缪公恩十分器重与爱惜魏燮均，曾以擅长的墨兰画相赠。病势沉重之际，仍然问起这个“小朋友”，将之视为为数不多的知音之一。

其三

老去情怀独惨然，伤心也自说重泉。
年来故友多为鬼（谓金銮坡进士、王义门刺史、沈秋岚明经诸君相继谢世），
病里新诗尚问仙（余辑众仙乩咏录，先生病中犹索览之）。
解组不贪官禄养（先生官助教，已乞休数年矣），著书还望子孙传。
名山难再瞻颜色，魂梦犹期兜率天。

从诗中可知，缪公恩的学生晚辈如金銮坡、王义门、沈秋岚等均先他而去，所谓白发人送黑发人，老人不顾有病在身，还向魏燮均索要乩诗，缪公恩老境孤凉，可见一斑。先生已逝，天人永隔，唯有梦中才得以相见，悲痛之情，如丧考妣。

如前文所述，缪公恩在盛京官学做助教期间，还与出使清朝的朝鲜使臣“李鲁山、金清山、李桐渔、朴晚悟函牍往还，时相赠答”。关于缪公恩在沈阳与朝鲜使臣李桐渔、朴晚悟等结识和交往的经过，张杰在《清代盛京满族名士缪公恩考论》一文中有过较为详细的记述，指出《东北古代文学概览》及《沈阳历史人物传略》中所说李桐渔、朴晚梧等都是缪公恩的弟子，是来自朝鲜国的留学生，他们学成回国后，频繁地与恩师通信问安，互赠诗文，使缪公恩在朝鲜享有很高声誉的说法，是缺乏史料支持的错误说法。本文在此不再赘述。《梦鹤轩楳澥诗钞》收有《送朝鲜使臣李鲁山、高兼之、金清山诸君》《得李鲁山、金清山见和之作却答》《怀朝鲜李鲁山、金清山诸君》《寄朝鲜李鲁山、金清山、高兼之诸君》四首诗。

送朝鲜使臣李鲁山、高兼之、金清山诸君

和光雅度座生春，醉我名言似饮醇。
笔底莲花开妙舌，胸中菱镜绝纤尘。
延陵在古多君子，瀛海于今有故人。
欲问清辉何处是，神嵩东畔望冰轮（神嵩，朝鲜山名）。

诗文生动地描绘了缪公恩与朝鲜使臣促膝笔谈，相处甚欢的情景。

怀朝鲜李鲁山、金清山诸君

庭树风凉又仲秋，去年同此话瀛洲。
辞华各擅无双艳，品格都居第一筹。
鸭绿江涛流别恨，神嵩山月照离愁。
贲然何日重酬酢，共解相思溯旧游（朝鲜王都北倚神嵩）。

诗句流畅清新，雅致高标，文采情思相映生辉。除去与朝鲜士人交往之外，缪公恩较为罕见的与曾经羁旅在沈的越南人黎乐安有过交往，并写有《送黎乐安归越南八首》，题下注云，“乐安名忻，安南义安处鄚都府南塘县嫩柳社人。国乱起义，兵败，随安南国王黎维祺入宝丹关，遂安插于盛京。明年壬子春，余得遇于太和堂药室，言语不通，问答以笔，词皆大雅，语有本原，遂订交焉。甲子春，蒙恩命以黎维祺之柩归葬越南新封，并资送各省安插之安南旧臣回里，爰成八绝，以志怀思”①。此注文记述了缪公恩与越南流臣黎乐安结识的经过，二人虽然言语不通，但是在以笔问答的过程中，缪公恩了解到黎氏具有很高的汉学修养，于是二人成为朋友。而当黎氏行将归国之际，缪公恩写下七绝八首相赠，足见其为人古道热肠，喜好结交，重情重义的为人品格。现摘其中四首如下：

其一

诏许羁臣故国回，天书一纸下三台。
晓来跪听堂皇下，怪底镫花昨夜开。

①[清]缪公恩著、魏鉴勋等校注：《送黎乐安归越南八首》，选自《梦鹤轩楳澥诗钞·题兰稿》（中），沈阳出版社2018年版，第331页。

其三

太和堂上正三春，把笔倾杯两意亲。

氈笠羊裘心自远，知君不是等闲人。

其七

杯酒相邀强作欢，贺君不敢泪阑干。

黯然已是悲生别，况复音书一纸难。

其八

赠君玉玦当刀环，去去行旌大惠山（大惠山，安南山也）。

为嘱西风秋夜里，好吹清梦度榆关。

从以上四首诗文观之，从缪、黎二人相识于太和药店，缪公恩从服饰举止上看出黎乐安不是普通人记起，写道安南王诏回旧臣，二人行将分别，缪公恩以玉玦相赠，殷勤叮嘱，而又想到沈阳与越南远隔关山万里，恐今生再无相见之日，就连书信恐怕都难相通，未免令人黯然神伤，只有祈祷秋夜西风能够带走自己的梦境度过榆关与君相见。八首赠别诗，文辞雅致，深情真挚，惜别之意，动人心旌。

观缪公恩与朝鲜使臣及越南流宦之间的交往，谦恭执礼，落落大方，赤诚真挚，温暖感怀，所谓古君子之交，莫过如此。同时，缪公恩与外国友人之间的交谊，无疑也为同时期中华文化之对外传播与交流做出积极贡献。

三、缪公恩笔下的沈阳风物

缪公恩自江南回归故乡沈阳后，读书交友，吟诗作画成为其生活中重要内容。读圣贤书是为了考取功名，实现人生抱负；无时无刻不怀念江东旧游，是对锦绣江南的深深留恋。50岁以后，致力于奖掖后学，日常与辽海青年才俊唱和赠答，引领盛京诗坛一代盛景。除此之外，缪公恩笔下对故乡山水等自然景观的描绘，浓墨淡彩，历久弥新，为后世留下一笔宝贵的文化财富。

从《梦鹤轩楳澥诗钞》中收录的缪公恩描述有关沈阳名胜风景的诗作来看，

主要集中在以下几处具有代表性的景观上：1. 辉山；2. 浑河；3. 万泉河。下面分别对《梦鹤轩楳澥诗钞》中描绘前述景观的诗作加以分析。首先看辉山，《沈阳县志》卷十载，“辉山在县城东北四十里。《明一统志》云：辉山层峦叠嶂，为诸山之冠。山出石粉，名白土，可以代灰，故又名灰山。……邑中八景‘辉山晴雪’即此”[①]。有民间传说皇太极曾围猎辉山，被辉山美景吸引并作诗，不过此传说一无史料佐证，二就诗文本身而言，未免过于浅俗，故不足取信。辉山最早出现在清初两位诗人的诗作当中，他们分别是镇国公高塞和满洲文士福璐。高塞作有《宿向阳寺》一首，诗云，“圣朝存象法，古寺复闻钟。花引山门路，云封野殿松。高斋谈静理，远屿淡秋容。日暮还携杖，月明林外峰”[②]。高塞此诗虽然并非直接写辉山，不过其时向阳寺建在沈郊辉山北麓，规模宏大，法相庄严，四面环山，风景绝佳。诗中对向阳寺所处外部环境的描写，亦可看作是对辉山的一种间接描绘。福璐作有《晚入辉山过莲花泊夜登向阳寺》一首，诗云：“落日散残红，拂面晚风爽。众鸟各飞还，幽人偶独往。缘溪跨石桥，莎岸平如掌。迤逦过古城，岚气渐沆砀。樵径屡降升，怪树或俯仰。岩花缀露馨，石发经秋长。迂迴绝涧遥，婉娈修林广。举足方岖嵚，转瞬忽康崀。蘧庐暮霭封，峭壁飞泉响。悠扬梵吹清，突兀轩楹敞。探赜宁辞劳，划天河汉朗。指顾扪斗牛，咳唾惊魍魉。溟海托元气，磅礴供奇赏。调调天籁发，飘飘羽化想。仙路知可寻，挥手谢尘网。”[③]严格意义上讲，此长诗也不是纯粹描写辉山景色之作，诗人登山的目的也是要去向阳寺。不过，无论从题目还是内容上看，在描写辉山景色这一层面上此诗都比高塞诗更进一步。并且诗人选择在日落后登山探访古寺，由此时间设定形成的夜幕中山林古寺的特异景象，令人印象深刻。落日残红，晚风拂面，林鸟归巢，幽人独往，石桥古城，雾霭弥漫，怪树岩花，绝涧修林，这一系列夜色中山林特有的幽暗瑰丽画面，固然飘飘若仙境，总还是令人隐隐心生惧意。从此意义上说，福璐的这首诗倒是有独特的审美价值。

缪公恩先后数次游览辉山，每次登临，均留下诗作咏之。如《辉山》诗云：

晴烟一抹锁山腰，万朵芙蓉落九霄。

①赵恭寅监修：《沈阳县志》第十卷，奉天作新印刷局1917年版，第2页。

②徐光荣选编、孙丕任校注：《历代沈阳诗词汇编》，沈阳出版社2014年版，第108页。

③徐光荣选编、孙丕任校注：《历代沈阳诗词汇编》，沈阳出版社2014年版，第158页。

柯烂石枰春草绿，蝶飞云洞羽衣俏。
潺潺涧水流花影，谡谡松风动海潮。
空自含辉藏宝气，何时仙佩琢琼瑶。

诗题后有缪公恩自注“志言有玉脉，故名”，指出辉山名称由来。颔联后有注云：“山阳之半有大石，平广丈余。传是仙人棋盘，少下南数有洞名仙人。”①其中“棋盘”一说，为辉山后来又称棋盘山做出注脚。尾联“空自含辉藏宝气，何时仙佩琢琼瑶”，再次暗示“辉山”山名之寓意，全诗对辉山之峻秀不吝赞美之词，诗人对辉山欣赏喜爱之情，充溢于字里行间。再如《晓晴登辉山绝顶（四首）》：

其一
一夜东风雨意阑，朝来余气作轻寒。
山灵招我登峰顶，欲赠云英作晓餐。

其四
零落林花万绿肥，青光相间瀑泉飞。
仆夫劝我下山去，几度支筇未忍归。

从诗中可以看出，作者一早登山，山风清凉，云霞光艳。尽管年纪不轻、体力不足，但是面对满眼葱绿、瀑布飞泉，还是恋恋不舍，不忍归去。再看登山归途中诗人的感受：

归自辉山途间漫成

草垂山径柳垂堤，朝霭凝烟望眼迷。
树树杏花红雨乱，村村麦陇绿云低。
溪深野涨浮桥面，岸夹新泥没马蹄。
回首琳宫何处是，行人已隔万山西。

①[清]缪公恩著、魏鉴勋等校注：《辉山》，选自《梦鹤轩楳澥诗钞·题兰稿》（中），沈阳出版社2018年版，第509–510页。

此诗描绘了从辉山登山归来途中的景色。沈阳城郊是一片垂柳如雾、杏花似雨、水涨溪深的田园风光。诗文格调清新，意境辽远，读之回味隽永。缪公恩还作有《登辉山》七律，上半阕云“危峰绝顶独盘桓，雾敛云收眼界宽。千涧瀑兼青霭落，万山岚向碧空攒”，言山势险峻，词句铿锵，对仗匀整，颇见功力。而《辉山道中叠成（四截句）》四首叠韵，第一段云“杨柳深深一径斜，云深何处问仙家。道人不管溪中水，流出空山野杏花”，其余三段相类。全诗意境空疏，悠远冲淡，仙气飘飘，令人生归隐意。

由此可见，缪公恩虽不是最早吟咏辉山美景者，但是无论从质还是量的方面来看，缪公恩的辉山诗作，都是最有成就与影响力的。缪公恩对辉山的热爱与歌颂，可谓泽被后世，造福沈阳。其曾孙缪润绂在所著《陪京杂述》中提出沈阳八景，其中“辉山晴雪”一景，应是受到曾祖父的启发。三百余年前便受到文人墨客青睐的辉山，山长水远，迄今已然成为沈阳地界著名的旅游胜境。

第二个景观是浑河。据《沈阳县志》载，“浑河，在县城南十里。古亦名辽水，又名小辽水，即今之浑河也。……《元一统志》……沈水水势湍急，沙土混流，故名浑河。今水澄澈，遇涨则浑。《明一统志》，浑河源出塞外，西南流至沈阳卫，合沙河入大辽水，注于海……”[①]浑河是辽宁省的主要河流之一，流经沈阳市区南部，今天形成以浑河公园为中心的浑河景观带。与辉山相比，浑河的知名度明显更高一些，这从不同时期文人墨客的作品中有所反映。康熙朝名臣高士奇在康熙二十一年（1682）作为扈从大臣随驾东巡兴京祭祖途径浑河，作《扈从渡浑河》一首，诗云：“浩淼看无尽，沧波滚滚来。浮桥齐渡鸟，大地不生埃。势按黄图壮，流从碧汉迴。导源终有志，终忝汉臣才。”[②]首句描摹浑河水势浩荡，波涛汹涌，奠定全诗气势磅礴的基调。弘历于乾隆四十三（1778）年第三次东巡盛京时作《浑河》一首：“源自兴京界，流经沈阳城。如丰之有芑，宅镐王业成。跸路虽弗经，念此皇王烝。建祠答神庥，万祀佑永清。”[③]弘历以帝王的视角审视自家的江山，更多的是踌躇满志和祈愿国祚绵长。再有时代稍早于缪公恩的盛京流人，著名火器制造家、诗人和书画家戴梓作有《浑河晚渡》，诗云：

①赵恭寅监修：《沈阳县志》第十卷，奉天作新印刷局1917年版，第3页。

②徐光荣选编、孙丕任校注：《历代沈阳诗词汇编》，沈阳出版社2014年版，第110页。

③徐光荣选编、孙丕任校注：《历代沈阳诗词汇编》，沈阳出版社2014年版，第182页。

暮山衔落日，野色动高秋。
鸟下空林外，人来古渡头。
微风飘短发，纤月傍轻舟。
十里城南望，钟声咽戍楼。①

与前作诗篇不同，戴梓此诗是纯粹的风景作品，不带有政治色彩。诗人笔下的浑河暮山日落，秋意盎然，空林寂静，飞鸟渡人，弦月初上，郊外钟声，宛然一幅秋风晚渡图。诗文整体具有较高的文学造诣。而诗题《浑河晚渡》后来被推举为著名的“沈阳八景”之一。缪公恩的忘年交金朝觐也写作过有关浑河的诗《与书华峰浑河垂钓》②，诗的前四句为“浑河滚滚从东来，大木浮出万山中。水深巨鱼不亲岸，兴波鼓浪吹腥风。华峰睹此思技痒，计作长绳钓百丈。屈铁为钩饵以甘，抛向中流试穷想”。词句壮丽，景观雄奇，可见彼时浑河水势颇为浩大。

那么，缪公恩笔下的浑河是怎样的一幅景象呢？

浑河

浊流直拟下昆仑，襟带陪都众水尊。
卷地东来山作障，排空西去海为门。
声摧雪浪惊雷起，势压风湍阵马奔。
多少黄沙埋白骨，谁凭杯酒吊英魂。③

缪公恩笔下的浑河气势磅礴，奔涌豪放。首联写环绕盛京的浑河浊流直下，怒浪排空，水势汹涌。颔颈两联诗人运用“山作障”“海为门”“惊雷起”“阵马奔”两组对仗工整的排比句，在尽情渲染浑河一泻千里之雄姿的同时，展现了高超的驾驭文字的能力。尾联指出波涛汹涌的浑河也曾是尸骨枕藉的古战场，为整首诗加持了人文意蕴，而成为点睛之笔。缪公恩《浑河》一诗，韵律铿锵，遒劲有力，古意盎然，堪称吟咏浑河诗作中之名篇。

①[清]戴梓：《浑河晚渡》，选自《耕烟草堂诗钞》卷4。

②徐光荣选编、孙丕任校注：《历代沈阳诗词汇编》，沈阳出版社2014年版，第256页。

③[清]缪公恩著、魏鉴勋等校注：《浑河》，选自《梦鹤轩楳澥诗钞·题兰稿》（上），沈阳出版社2018年版，第156页。

再来看晨昏中浑河展现出的不同身姿：

晓渡浑河

未动荒鸡夜寂寥，风吹雪浪冷萧萧。
为看沙上青霜迹，已有行人早度桥。

暮过浑河

白草荒芦秋色凄，长河光浸暮云低。
凉波喷雪风声急，古木含烟日影迷。
隔浦人家空寂寂，绕塍禾黍尚萋萋。
一鞭遥指残阳路，不计归程信马蹄。

前者描绘出一幅黎明清冷的渡口景象；后者则描绘出秋色中芦草瑟瑟，暮云低垂，浪花卷雪，树木迷离，暮归之人信马由缰的图景。另有《浑河即目》一首，诗中意境与前二者相类。在缪公恩一系列吟咏浑河的诗作中，《浑河岸观阅兵》一首颇为独特，诗云：

元戎夜发未鸣鸡，斑马无声立仗齐。
万灶结营围细柳，五花开阵背长阶。
雷惊鼓角蛟龙走，云入旌旗日月迷。
根本自来称劲旅，千人曾定大河西。

诗的上半阕描述了浑河岸边，阅兵队伍天色未明就已经列队齐整，“万灶结营”“五花开阵”气势雄壮；下半阕则对清廷的武备给予高度赞扬，认为其凭借勇武开国，成就王业。这种涉及军旅题材的诗作，在缪公恩的诗文创作中并不多见。总体来看，浑河作为沈阳地区最大河流，无论在自然地理上还是人文历史方面，都与清帝国的崛起与强大有所关联，因此成为清代文人仕宦吟咏的对象是情理中之事。这其中缪公恩创作的与浑河有关的诗作，显然居于代表性地位。

第三个景观是万泉河。以万泉河为主要景观发展来的“万泉莲舟”，逐渐成为沈阳的著名景观，据《沈阳县志》记载：“每当炎官施令之际，火伞高张，凉台乍起，友人云集，商贩骛趋。香尘与龙鹢齐飞，人面共芙蕖一色。昔日丘壑游钓之乡，遂一变而为罗绮管弦之薮。虽秦淮胭脂水，西湖销金锅，殆无以过之。”[①] 此一段记载，文采斐然，将夏日炎炎，万泉河上采莲冶游的盛景状写得栩栩如生，显示出《县志》文学性的一面。曾任盛京兵部侍郎的纳兰常安在其文集《沈水三春集》自序中写道“因寓居东郭，适临沈水之滨，颜其集曰沈水三春，时与地兼有所记也”，校注本中对“沈水”作注如下：“沈水：万泉河又称小沈水，沈水又指浑河。据《沈阳县志》载：‘万泉河源出观音阁之涌泉，西流入东水栅栏，至魁星楼。过虹桥折而南注，逾南水栅，与二道河会，俗称小河沿，即小沈水也。清波一泓，珠泉万孔，而四时不涸，故又名万泉河。’及此，万泉河即今南运河之一段。珠泉似在万泉湖，万孔有夸张，但数眼地泉却为老沈阳睹见。不过，沈水、小沈水应是清代河流的称谓。文中所述沈水，即指小沈水。”[②] 由此可见，纳兰常安序文中所说“沈水”，准确说应该指“小沈水”，即万泉河，因为作为旧时代官员官邸寓所，不会离开政府中心太远，而沈水（浑河）要比万泉河离市中心更远，是不太可能住到浑河边上的。同时纳兰常安作有《沈水》诗一首，诗云：“奉天城南水涛涛，春风春雨酿轻碧。溪花水鸟弄柔蓝，天光垂青月铺白。源自东关清泉发，如喷如注去不歇。高阁遥看势欲飞，掩映波中影超忽。长流不断拱神圣，留都宝箓凝天命。沈阳城建耸巍峨，紫宸高居敷大政。沦涟清沚带邮驲，万年卜宅胜沮漆。源远流长理不虚，冲融又与浑河一。”[③] 诗文整体对万泉河的美丽姿容进行了全方位的描绘，而其中“源自东关清泉发”与末句“冲融又与浑河一”两句诗文，与前文对“沈水”和“小沈水”的解释相吻合。戴梓亦有《春日泛舟沈水》诗，描绘了万泉河的景色：“沈水澌流尽，春山日就青。漫携邻舍酒，寻泛野人舲。好鸟啼芳树，孤云落远汀。啸歌迟日暮，白眼醉还醒。”[④] 诗文冲淡悠远，意态闲适，轻松自如。铁岭名诗人魏燮均赴沈阳会友，与友人泛舟万泉河作诗留念：

---

①赵恭寅监修：《沈阳县志》第十卷，奉天作新印刷局1917年版，第22页。

②[清]纳兰常安著、肇乐群等校注：《沈水三春集》，沈阳出版社2014年版，第2-4页。

③[清]纳兰常安著、肇乐群等校注：《沈水三春集》，沈阳出版社 2014年版，第382页。

④[清]戴梓：《春日泛舟沈水》，选自《清代诗文集汇编》176之《耕烟草堂诗钞》卷4，上海古籍出版社 2010年版，第505页。

万泉河同友人月夜泛舟①

其一

水光荡漾月珠联，一阵香风扑上船。
唱罢采蓬人不见，画桡飞过藕花边。

其二

花宫金碧耸鱼矼，上界钟声断续撞。
一片楼台回首望，家家灯火透红窗。

其三

几行杨柳影毵毵，烟净平堤露已酣。
何处渔歌最清绝，两三星火认溪南。

诗人与友人夜游万泉河，河面水光荡漾，香风扑面，清歌画舫，舞榭楼台，渔歌星火，好一幅清幽生动的万泉河夜游图。被誉为“辽东三才子”之一的刘春烺亦写过关于万泉河的著名诗篇《沈阳杂咏》（其一）：

万泉河畔引清流，白舫兰舆作冶游。
六月莲花三月柳，醉人风月似杭州。

此诗色调明丽，清新上口，直言春夏季之万泉河堪比杭州西湖，较强的画面感令人有身临其境之感。

下面来看缪公恩笔下的万泉河。

万泉河步月②

碧空千里火云流，风断残虹暮雨收。
深夜老龙眠不得，海天抛上水晶球。

---

①徐光荣选编、孙丕任校注：《历代沈阳诗词汇编》，沈阳出版社2014年版，第276页。

②[清]缪公恩著、魏鉴勋等校注：《万泉河步月》，选自《梦鹤轩楳澥诗钞·题兰稿》（上），沈阳出版社2018年版，第107页。

奉天小河沿莲池①

此诗描绘月夜中万泉河奇异的景象：碧空千里，火云流动，风断残虹，暮雨方收，河面上高挂一轮晶莹剔透如水晶球一般的明月。此诗充分展示了缪公恩想象雄奇、文辞精熟、诗才绝高的一面。再看：

万泉河纳凉（二首）②

其一

水阔添新涨，沙平散晚烟。
断云拖雨去，明月正当天。

其二

河上雨初过，风微起细波。
徜徉不归去，为爱晚凉多。

两诗平白如话，浑然天成，清新去雕饰，诸如雨后河边纳凉这样生活中极其平常的行为，在诗人的笔下，娓娓低述，平淡中蕴含意味。尾句一个“爱”

①闲话小河沿（上）：20世纪20年代小河沿，东北版“曲院风荷”。

②[清]缪公恩著、魏鉴勋等校注：《万泉河纳凉》，选自《梦鹤轩楳澥诗钞·题兰稿》（上），沈阳出版社2018版，第154页。

字，赋予平常风景无限情怀，不失为点睛之笔。再如《万泉河夜步》诗云："月色明如许，幽寻性所耽。花光浮夜气，星影浸春潭。古寺清钟歇，长堤野径谙。携筇吟未已，已过小桥南。"作为夜游万泉河的即兴之作，诗的首联即表明在月色明彻的夜晚寻幽漫步是诗人之所好。透过诗人的笔端，展现在我们眼前的是反射星光，倒影粼粼的一河春水。耳边回响古寺的钟声，更反衬静夜无声，万籁俱寂，诗人手持竹杖且吟且行，不知不觉已身在小桥那畔。整首诗具有鲜明美好的画面感，读来清新扑面，意境怡人。《万泉河散步》一首云："不向云关叩佛祠，扶筇沙径自寻诗。檐铃语细东风软，岸柳阴移午日迟。为爱青山谋小筑，因临流水立多时。个中天趣谁能识，吟望春原我独知。"此七律，对仗工整，文辞雅丽，意态从容，"为爱青山谋小筑，因临流水立多时"一句，隽永绵长，堪称佳句。

万泉河登楼感兴①

溪上轻烟拂水流，凉波细草乍成秋。
尚余柳色舒青眼，未放芦花点白头。
西岭云飞归别岫，夕阳人倦倚高楼。
无端百感增萧索，安得忘情似野鸥。

此诗虽同为吟诵万泉河之作，但是与前面诸诗所取角度不同，颇有新意。与前文河边散步诗居多不同，此诗中诗人之视角是从河边高楼向下瞭望，居高临下，看河上轻烟缭绕，岸边柳青芦白，面对初秋河景，倚楼之人难免心生萧索之感，此时此景，令人更羡慕自在往还飞翔的鸥鸟。另有《夜步万泉河》一首："东风吹浪感沦涟，新涨涵虚锁碧烟。独立石桥谁共语，月轮上下水如天。"依然是夜色中流恋于万泉河边，感叹知音难觅。《梦鹤轩楳澥诗钞·题兰稿》集中收录的最后一首写万泉河的诗《晚晴万泉河小步》，应是缪公恩晚年所作，诗云：

①[清]缪公恩著、魏鉴勋等校注：《万泉河登楼感兴》，选自《梦鹤轩楳澥诗钞·题兰稿》（中），沈阳出版社2018年版，第480页。

晚晴万泉河小步[1]

筇杖闲携步晚晴，万泉新雨涨痕生。
春潭上下天光净，野草羊绵暮霭平。
素月自来风自去，落花无语水无声。
静中久立心神寂，不觉渔灯隔浦明。

此诗首联首次提到“万泉”字样，全诗流丽明快，技巧娴熟，对仗工巧，充分显示出缪公恩晚年诗艺愈臻妙境，遣词造句信手拈来，收放自如，不愧辽海诗坛泰斗之称谓。从缪公恩经常于万泉河边散步这一行为来看，缪氏的住处应该离河较近，这也为诗人时常流连吟哦提供了客观条件。总体而言，缪公恩所作万泉河诗，量多质精，正是因为有缪公恩如此众多精美的诗篇流传后世，才使得万泉河成为沈阳盛景之一。

除去以上三处着墨颇多的名胜外，缪公恩还吟咏了沈阳城内一些颇具代表性的建筑，如七律《城楼远望》一首，即是缪公恩对当时盛京城进行的一次全景式的勾勒：

无边景象望中来，城上高楼近帝台。
四塔佛光摩日月，二陵佳气接蓬莱。
山川盘郁风云壮，阡陌纵横锦绣开。
万祀龙兴重根本，天经地纬缅鸿裁。

此诗作者采取登楼远眺的视角，形成俯瞰盛京城内外景观之势。首联发出登楼远眺、风景无边的慨叹。颔联描述城外二陵、四塔、四寺佛光佳气接仙境、壮日月的雄奇景象。颈联描绘盛京域内山河壮丽，田野锦绣。尾联诗人面对大好河山，祈愿清王朝缔造者能够不忘根本，使得先辈开创的家国伟业成为真正的龙兴之地传续万年。还有如咏《北塔》诗：“崔巍古塔薄云高，顶上天风振海涛。宝月满轮悬北极，大千世界入秋豪（塔上古镜甚多，色皆黑暗，惟极上层向南一镜独明）。”诗题下注云“塔在北门外，故呼北塔寺。塔砖有尉迟恭字，虽未必敬德所造，其为唐代无疑”，缪公恩此诗中所指白塔系沈阳大北门崇寿

---

①[清]缪公恩著、魏鉴勋等校注：《晚晴万泉河小步》，选自《梦鹤轩楳澥诗钞·题兰稿》（下），沈阳出版社2018年版，第668页。

寺辽代白塔，而非城外四塔之一的法轮寺北塔。崇寿寺白塔呈等边八角形，全为青砖筑，实心，从塔中所获舍利子298颗。据《沈阳县志》记载："崇寿寺塔，在县城地载关，亦名白塔。唐时建。明神宗时重修，碑记称此塔唐尉迟恭监造。"[①]此记载也与缪公恩的注文相互印证。虽然明清两朝进行过重修，但是随着寺庙破落，古塔也因年久失修而终致消失。再有《晓行蒲河道中》诗云"雪压征尘冷不飞，村墟处处闭柴扉。一鞭遥指辉山影，缥缈双峰锁翠微"，蒲河于今已成为沈阳城北重要的风景地，与城南浑河遥相呼应，形成沈城南北两条水系。缪公恩此诗指出了蒲河与辉山的地理关系，开创了文人吟咏蒲河的先河。

缪公恩高寿，创作生命力旺盛，诗集《梦鹤轩楳澥诗钞》中收录之诗文，除去友人赠答，沈阳名胜风光景物之外，还有吟咏沈阳本地特有物产的内容，亦具有史料与文学双重价值。乌拉草作为东北特有物产，《沈阳县志》有如下记载："两陵多有之。农人冬时垫兀（乌）拉中，用以暖足。亦可造纸（俗以此草与参、貂并称关东三宝。兀拉，革履也）。"[②]缪公恩作有《乌拉草》[③]诗一首：

青青有草碧江边，遂尔名因乌拉传。
细叶秋丛身似束，清礁夜杵软如绵。
履霜制葛原难任，卫足倾葵仅自全。
南国久闻称不借，御寒较此拟天渊。

此诗高度概括地介绍了乌拉草的生长情况及形态特性，尤其对其保暖的物理属性给予高度赞扬，指出南方普遍穿用的草鞋与它相比，在御寒方面相去甚远。诗文优美，尤见诗人对家乡物产喜爱之情。事实上，对于乌拉草这种东北特有的"宝贝"，清代诗人多有吟诵篇什。缪公恩学生金朝觐也曾作过《乌拉草三首》[④]，其一云："草名乌拉古无传，近与村农用最便。露重芒鞋侵晓去，霜凝葛屦觉春还。山中踟蹰名称异，王不留行义可捐。几处芊眠平野绿，拟随

①赵恭寅监修：《沈阳县志》第十卷，奉天作新印刷局1917年版，第15页。

②赵恭寅监修：《沈阳县志》第十二卷，奉天作新印刷局1917年版，第12页。

③[清]缪公恩著、魏鉴勋等校注：《乌拉草》，选自《梦鹤轩楳澥诗钞·题兰稿》（中），沈阳出版社2018年版，第411页。

④[清]金朝觐：《乌拉草三首》，选自《三槐书屋诗钞》卷二，http：//www.guoxuedashi.com/a/7439s/50174y.html。

谢屐到峰巅。”诗文充满了对乌拉草的赞美之情，指出乌拉草尤其适合远足登山，尾联假设谢灵运如果能够穿上垫了乌拉草的鞋登山，一定会轻松登上顶峰的，无形中为乌拉草增添了一丝仙气。吉林诗坛领袖沈承瑞亦作过《咏乌拉草二首》其一云：

土人缝皮为鞋，附以皮环，纫以麻绳，最利跋涉，国语名曰乌拉。内藉以草，此草不知何名，生而性温，棰之使绵，纳乌拉中，可御寒，故名乌拉草。《通志》不载，诗以志之。

萋萋芳草满江湄，细绿柔黄各一时。
篱落人家秋刈获，山村父母夜砧椎。
任他冰雪侵鞋冷，到处阳春与脚随。
太史豳风图绘否，献芹画报一人知。

沈承瑞隐居乡野，诗作多涉田园农事，题注中对乌拉鞋和草做了较为详尽的介绍：老百姓缝皮做鞋，用麻绳系紧，非常利于跋山涉水，满语叫作“乌拉”。在鞋内垫上不知道名字的草，这种草属性保温，加工使之绵软，放到“乌拉”鞋中，可以御寒，所以叫乌拉草。可见此草在东北地区分布广泛，其保暖御寒的特性，深受北方人民喜爱。此外，缪公恩还吟咏过北方的另一什物“糠灯”①，题下有注云“□秸敷糠以手实之，燃之可以代烛，惟烟多耳”。糠灯是东北民间照明用具，用苏子油渣杂粟糠抟在蓬梗上点燃。诗文如下：

岂数兰膏独擅场，米肤得火著辉煌。
簸扬调剂因麻直，糠秕昭回助月光。
华烛尚愁流玉泪，宝珠安望到茅堂。
却怜才罢宵舂后，只照村姬纺绩床。

最后，我们来看看缪公恩的一生挚爱——题兰诗。出于对兰花及画兰的喜爱，缪公恩将自己的题兰诗单独辑录成册，共 75 题（附录 3 首）170 首，后由其曾孙缪润绂刊印成册。在《题兰稿序》中缪润绂写道：“先曾王父助教公，

①[清]缪公恩著、魏鉴勋等校注：《糠灯》，选自《梦鹤轩楳澥诗钞·题兰稿》（下），沈阳出版社2018年版，第635页。

寿八十余，生平喜作兰，自壮迄耄廉刻不以写兰自娱。每作一兰必系一诗，兰即工诗亦渐多。晚年家日以落，助教公晏如也。以兰易酒，而诗兴益豪。以故，世人爱助教公诗者益重助教公兰，购求者踵相接，珍惜之有逾珊瑚拱璧焉。而朝鲜人嗜之为尤甚，公使有过辽东不获缪兰皋兰者，啧啧焉以为恨事。兰与诗为当时所宝贵也如此。”[①] 序文中明确写到缪公恩生平喜爱画兰花，从青年到暮年，创作不辍，每画一幅兰花图，就题诗一首，兰花越画越好，题诗也越来越多。晚年生活清苦，常常用兰画换酒喝，而借着酒兴诗性也愈加豪迈。于是，喜爱缪公恩诗的人，也很看重他画的兰画，求购者络绎不绝，将这些兰画看得比珊瑚宝玉还要珍贵。而朝鲜人尤其喜爱，但凡有出使辽东的公使，未能获得缪氏的兰画，常常引以为憾事。这一段序文一方面说明了缪公恩一生喜爱画兰花，并且技艺高超；另一方面，也说明缪公恩乘酒兴画兰题诗的风雅洒脱之举，为当时人所推崇与喜爱。

在《题兰稿》全部75首诗中，除少数题赠友人诗外，风格基本相近，都是借吟咏兰之品格，抒发诗人淡泊名利、襟怀高远的超然思想境界。而正是这种“香草美人”似高格调的创作设定，为缪公恩的诗文创作提供了最大限度的艺术发挥空间，也使得缪氏的领袖盛京诗坛的诗词造诣得以最大限度的彰显。这一点在《题兰稿》几首长诗中反映得尤为明显。比如《题兰稿》第一首四言长诗《题兰》[②]，开篇“宛尔幽兰，讬彼空山。惟有素心，耐此岁寒”，辞句高古，调音铿锵，三百之风浓郁。继之“……寂寂幽兰，湛湛春水。祓除不详，乐饥山鬼。天柱千寻，心含沆瀣。陋彼金茎，浮夸神怪”，则写景奇幽，状物瑰丽，颇得骚体精髓。结尾处“噫吁唏！灵均其尚有知乎，写余心于素翰。花叶纷披，澹浓相様。太似则伧，不似非隽。万本垂溪，孤根倚峻。不染氛尘，力求风韵”，则直抒胸臆，直向屈子袒露心扉，世间之事，本就介于似与不似之间，诗人之内心追求并非物质世界之俗事，而是力求形而上之风韵。

五言《题兰》诗云“披风四五页，浥露两三花。谁解孤芳赏，空山自岁华。……写兰不求似，不似亦非兰。似与不似间，素心千古寒。……山中阒无人，茕茕媚幽独。清风为谁来，吹香出空谷。写兰三十年，未洗毫端俗。何如苏长公，

①[清]缪公恩著、魏鉴勋等校注：《题兰稿序》，选自《梦鹤轩楳澥诗钞·题兰稿》（下），沈阳出版社2018年版，第683页。

②[清]缪公恩著、魏鉴勋等校注：《题兰稿序》，选自《梦鹤轩楳澥诗钞·题兰稿》（下），沈阳出版社2018年版，第685页。

壁间几叶竹”，诗文冲淡洗练，有靖节遗风。末句自谦一心淡泊，难脱俗气，与苏子瞻相去甚远，自令人心生敬意。七言长诗《题兰》，凡82句1148字，篇幅上超越白香山之《长恨歌》。开篇云“幽怀不爱学涂丹，磨得逾麋写郑兰。一种深情谁共解，从来本色耐人看”，点出兰花质本高洁的品格正是诗人毕生挚爱的理由。至有“……不是骚人偏爱此，为凭湘管吊灵均。丁头鼠尾未能精，那得风来飒飒声。持赠无多惟本色，朱涂粉传不关情。清怀自与素心通，寄写幽兰一两丛。纵使国香闻不见，毫端叶叶是春风。别有精神别有香，只堪空谷毓孤芳……”屈子高洁，如兰花质朴而脱俗，是以千年来为士人楷模。诗人虽不能博取功名而为“国香”，隐居林野甘为“空谷幽兰”，自有清香袭人。“……我为拈毫传小照，写来骨相是天然。带草连真四五枝，亦花亦字倩谁知。与成欲问何人法，造化生机是我师。莫向空山嫌浅淡，国香原不尚秾华。是谁颜色移人眼，只画夭桃冶杏花。风雪萧萧四座寒，抽毫呵冻忆芳兰。写成一种冰霜气，挂向书床独自看。”诗人笔下之兰花，取法天然，浑然天成。北国天寒，握笔之手犹感寒意，索性将此寒意写成冰霜傲人之气，挂在床头，慢慢吟味。全诗长歌慢调，用如此篇幅吟诵兰花者，恐前无古人、后无来者。兰之仪态精神，摹写详尽，而以兰喻人，素心孤傲之气节，宛如亲见。然如此长卷，即便兰皋先生诗艺高超，炼词锻句，亦未免行文有拖沓重复之嫌，而诗文主题单一，物象简素，终究不能成《长恨歌》曲折婉转、哀婉绵长之势。此诚非先生笔力不逮之过，实为生涯遭际之所限也。

缪公恩怀揣对家乡沈阳的无限热爱，发挥其高超的诗文造诣，深情吟咏家乡的山水物产，为后世留下了宝贵的文学遗产与民俗资料。

托迹山林犹未老[①]——爱新觉罗·裕瑞

爱新觉罗·裕瑞（1771—1838）是清太祖努尔哈赤第十五子多铎之五世孙，豫良亲王修龄第二子，善诗画文赋，又通藏文，曾译藏传佛经多卷，是嘉庆道光年间宗室中文学创作最高产者。《清史稿》记："裕瑞，字思元，豫通亲王多铎裔。封辅国公。工诗善画，通西番语。常画鹦鹉地图，即西洋地球图。又以佛经自唐时流入西藏，近日佛藏皆出一本，无可校雠。乃取唐古特字译校，以复佛经唐本之旧，凡数百卷。著有《思元斋集》。"[②]《八旗文经》所记略同[③]。纵观裕瑞的一生，可分成身为世袭贵胄、鲜衣怒马的前半生和谪迁盛京、郁结落寞的后半生。本论将其列入清代沈阳十大文学家之数，因此，更加关注其左迁盛京之后的情况。与清代为数不少的流寓盛京的饱学仕宦一样，裕瑞寓居沈阳多年，无疑为繁荣沈阳的文学事业贡献了极其重要的力量。正如其好友焕明诗中所写"留都自从思元来，沈阳渐成诗世界"[④]，在此虽然可以理解焕明因为与裕瑞的亲密关系，对裕瑞之于沈阳诗学的贡献有夸大称誉的成分，不过裕瑞以其独有的文学特质，成为清代沈阳文学天空闪耀群星中的一颗却是不争的事实。

①[清]裕瑞著、孙丕任校注：《感怀二首集兰亭字》其二，选自沈阳历史文化典籍丛书第七辑之《沈居集咏》，沈阳出版社2018年版，第211页。

②[清]赵尔巽等撰：《清史稿》卷484列传271《裕瑞》，中华书局1977年版。

③[清]杨钟羲撰：《八旗文经》卷59，中华文史丛书之九十，华文书局印行1969年版。作者考丙云：宗室裕瑞，字思元，豫通亲王裔，封辅国公。尝画鹦鹉地图，即西洋地球图。通西蕃语，谓佛经皆自唐时流入西藏，近日佛藏皆出一本，无可校雠，乃取唐古特字译校，以复佛经唐本之旧，凡十余箧。悉存于家，伯熙云犹及见之。著有思元斋全集、续集。

④刘广定：《焕明遂初堂诗与〈红楼梦〉研究》，选自《曹雪芹研究》2019年第1期，第88页。

一、半生富贵　一朝失脚

身受清室皇族出身的荫庇，裕瑞的前半生，或者准确地说直到1813年（这一年裕瑞42岁）获罪遭贬之前，可以说是过着高官厚禄、锦衣玉食的生活。而仕途上的顺风顺水，也使得雅好文学的裕瑞得以有充裕的写作时间和条件的保障。这里借用台湾刘广定先生整理的裕瑞生平简历，就裕瑞一生中重要的转折点加以进一步论析。

乾隆三十六年辛卯（1771）	四月初六日生
乾隆六十年乙卯（1795）	十二月封不入八分辅国公，授散秩大臣、镶白旗蒙古副都统
嘉庆五年庚申（1800）	五月管理火器营事务
嘉庆七年壬戌（1802）	镌成《萋香轩吟草》
嘉庆八年癸亥（1803）	十一月调任镶红旗满洲副都统；《萋香轩文稿》序成
嘉庆十年乙丑（1805）	九月署正黄旗护军统领；镌成《樊学斋诗集》
嘉庆十三年戊辰（1808）	镌成《清艳堂近稿》
嘉庆十五年庚午（1810）	镌成《眺松亭赋钞》
嘉庆十六年辛未（1811）	十一月授委任散秩大臣，十二月授正黄旗汉军副都统；镌成《草檐即山集》
嘉庆十七年壬申（1812）	管理正白旗护军统领：镌成《枣窗文稿》
嘉庆十八年癸酉（1813）	九月缘事革去不入八分辅国公及各职，赏给四品顶戴，改授宗人府笔帖式。旋因手下人参与天理教作乱之事失察而左迁盛京管理宗室事务；十月《东行吟草》及序成
嘉庆十九年甲戌（1814）	在沈阳，四月因买有夫之妇为妾被罚，“严密圈禁，派弁兵看守，不拘年限。”
年代不详	镌成《思元斋文集续刻》（又名《续刻

	枣窗文稿二则》）；撰写《参经臆说》
道光八年戊子（1828）	年初获赦回京；镌成《沈居集咏》
道光九年己丑（1829）	镌成《东行吟草》
道光十年庚寅（1830）	镌成《枣窗文续稿》（又名《再刻枣窗文稿》）
道光十三年癸巳（1833）	镌成《论孟余说》附《 论古七则》
道光十八年戊戌（1838）	闰四月十六日逝世（享年六十八岁）①

由以上简历可以比较清楚地了解，直到嘉庆十七年（1812），裕瑞笼罩着宗室光环的仕宦生涯基本上波澜不惊。事实上一些文献中也提到嘉庆十四年（1809）裕瑞缘事革职一事，那么究竟因何事遭到嘉庆帝的处罚（此内容简历中未有记录），据嘉庆朝实录："嘉庆十四年六月，谕内阁，每届行围，令官员等射靶，原欲验其平日演习之勤惰，本年阅看前锋参领、护军参领等射靶。六十八员中，只有八员中箭，不但中箭者少，且有脱扣、及箭不到靶、弓箭不齐、年纪衰老者，较之侍卫等步射大相悬殊，此皆该管大臣等教训不严，及前锋参领、护军参领等操演不善所致。若藉口有进班差使，则侍卫等岂不进班，该参领等尚且如此，该管兵丁，更不可问，大失满洲根本。前锋统领奕绍，护军统领温春、永玉、富翰、达勒精阿均著交部察议。护军统领绵志、景熠、扎克塔尔、苏冲阿、裕瑞、均著申饬。"②实录记载较详，嘉庆帝要检验官员的射箭能力，一共参加检验的有68人，演练的结果非常糟糕，只有8个人射中了靶子，不但射中的人数少，还出现了脱扣、箭没有射到靶子就落地，弓箭不齐备，官员年龄偏大等一系列令人懊恼的情况，这些足以说明这些前锋护军平素缺乏训练，懒散怠惰，这样的武备状态，对于以骑射为根本的大清帝国来说是不能容忍的，于是龙颜大怒，负责管带的一班大臣被逐一问罪，而时任正黄旗护军统领的裕瑞自然在劫难逃，不过与"交部察议"的前面几位护军统领相比，裕瑞受到的处分仅仅是"申饬"，即相当于警告。从这一记载可知嘉庆十四年裕瑞确实受到朝廷处罚，不过并没有失去一切职务。另外从此记载还可以知道，裕瑞对于世袭得来的官位，在履行职责上似乎并不是十分尽心尽力，不过是勉强

①刘广定：《〈枣窗闲笔〉之真伪与成书时间》，选自《曹雪芹研究》2017年第4期，第152-153页。

②清实录嘉庆朝实录卷之二百十四，http: //ex.cssn.cn/sjxz/xsjdk/zgjd/sb/jsbml/qsljqcsl/201311/t20131120_848379.shtml。

对得起顶戴的花翎罢了。另一方面，也为裕瑞醉心诗文、附庸风雅提供了注脚。如果说嘉庆十四年的这一次风波尚属于未完成作业被老师批评了这一层面上的问题，那么，接下来很快发生的大事件，真正终结了裕瑞的王族贵胄生涯。

实际上，有清一代，到了嘉庆朝，随着北京城宗室人口的不断繁衍增加，清政府面对越来越多无官可做，终日游手好闲、违纪枉法的宗室，颇感无奈与棘手。嘉庆十七年（1812），嘉庆帝在皇考乾隆帝《盛京赋》的启发下，命盛京将军择地建盖住房，并由宗人府挑选京城无业的闲散宗室移住盛京，这一举措堪称用心良苦。为了保障秋天开始的迁移工作能够圆满顺利，嘉庆十八年（1813）六月，嘉庆帝下诏“所有派往驻扎之宗室官员，必须更事之人方足以资弹压。现在镇国将军以下各员多系年轻未经历练者，设派往后移居之宗室不服管教，滋生事端，伊等转致连累获咎，殊属无益。着宗人府查明宗室、觉罗中曾任大员缘事黜退者，拣选数员，带领引见。并将其从前获咎案由缮写汉字简明节略进呈，候朕酌派二员，赏给职衔前往。俟三年期满，如果经理妥协，另行施恩”[①]，考虑到这些遣送盛京的宗室都是些不安分守己的“爷儿”，必须挑选有资历干练的大员才能够震慑住，不过这种“美差”朝中的实力派大员自然不会感兴趣，那么就从曾经犯过事儿的公爵中挑人选，赏给官职，到了盛京任职三年期满，如果一切表现尚可，会另外赏赐。由此可见，这个“弹压”宗室的官职，实在是一个费力不讨好的差事。不过，对于曾经犯过事儿的宗室大员，只要能挨过三年交差，倒也不失为一个将功赎罪的机会。而嘉庆十四年犯过事儿的裕瑞，无疑是一个非常合适的人选。于是按照皇帝的意思，宗人府拟定了“简派护送宗室前往盛京之贝子等三员清单。护送宗室前往盛京之贝子·公等三员：左宗人·都统·奉恩辅国公晋隆；委散秩大臣·护军统领·副都统·不入八分辅国公裕瑞；右宗人·都统·散秩大臣·固山贝子奕绍”[②]，三位大员中裕瑞赫然在列。对于宗人府的奏章，嘉庆帝下谕“嘉庆十八年七月十六日内阁奉上谕：兴京、盛京陵寝宫殿各处工程本年又届简派查阅之期，现据户部奏请简员监收官庄谷石，本年九月宗室户口移居盛京，前经派出贝子奕绍、公晋隆、裕瑞三人分起管带。除裕瑞管带宗室事竣即由盛京回京外，着派奕绍、晋隆即由彼敬谨查勘兴京、盛京陵寝宫殿各工程，如有欹损不行修理者，据实参奏”，这份圣谕中值得注意的是对裕瑞的安排，即三位派往盛京的大员

①赵增越：《嘉庆朝宗室移住盛京档案（上）》，选自《历史档案》2019年第2期，第36–37页。

②赵增越：《嘉庆朝宗室移住盛京档案（上）》，选自《历史档案》2019年第2期，第38页。

中，裕瑞在完成管带宗室任务后可以回京。对于这次皇帝指令的工作安排，裕瑞不敢怠慢，这从嘉庆十八年十月初一日裕瑞呈递皇帝的奏折中可见一斑，“奴才裕瑞跪奏，为管带第二起宗室到奉按户安置恭折奏闻，仰祈圣鉴事。窃奴才率领奉恩将军福永阿、无顶戴宗室绵清管带第二起移住宗室二十四户，于九月十一日由京起程，十八日出山海关。该宗室等沿途行走及尖宿处所均听约束，实属安静，即仆从人等亦无违犯等事。于二十九日行抵盛京省城。当令弹压宗室之郎中文弼、杰信按户拨给住房，妥为安置，次日与将军和宁等公同前往，带领该宗室等西向望阙叩头，恭谢天恩讫。奴才复面嘱弹压各官严加约束，务使日久相安，以期仰副皇上教养宗支、恩加无已之至意。所有奴才管带第二起宗室户口安静到奉按户安置妥协缘由，理合恭折奏闻。再，奴才管带宗室差毕后，即于十月初三日起程回京复命。合并声明。为此谨奏”。这份工作汇报清楚地记述了裕瑞管带第二批宗室移住盛京的情况，强调自己亲自安排官员为宗室准备住处，并带领宗室向西磕头谢皇恩，同时叮嘱管理人员务必严加管束。

然而世事难料，变化总比计划快。就在裕瑞带领几十户宗室风雨兼程、不辞辛劳地赶往盛京的旅途中，嘉庆十八年（1813）九月十五日（裕瑞离京出发是九月十一日），爆发了震动大清王朝的“天理教事件”。当这场近乎“儿戏”的暴动被平定之后，惊魂甫定的嘉庆皇帝开始对在暴乱事件中负有责任的官员算总账。“嘉庆十八年十月。又谕，前因正黄旗汉军兵丁曹幅昌、从习邪教与知逆谋，该管都统等均有失察之咎。降旨将禄康、裕瑞革去都统副都统，仍加恩赏给宗室四品顶戴。禄康以宗人府副理事官用，裕瑞以宗人府笔帖式用。兹据讯明曹幅昌之父曹纶，听从林清入教，经刘四等告知逆谋，允为收众接应。曹纶身为都司，以四品职官习教从逆，实属猪狗不如，罪大恶极。该管都统副都统漫无觉察，其咎尤重。禄康、裕瑞着革去宗室四品顶戴，副理事官笔帖式，即日俱发往盛京。派令管束移居宗室各户。即在小东门外新建公所居住。永不叙用。”① 嘉庆朝实录记录了之前因为正黄旗汉军兵丁曹幅昌加入天理教，并参与谋逆，作为正黄旗护军统领的禄康和裕瑞负有失察之责，予以革职处分，不过还保留了二人宗室四品顶戴的待遇，裕瑞为宗人府笔帖式。但是暴乱过程中曹幅昌之父曹纶，身为四品职官，竟然为乱党做内应，实在罪大恶极。而作为曹纶主管领导的禄康和裕瑞，责任重大，两罪并罚，取消宗室四品顶戴的待

①清实录嘉庆朝实录卷之二百七十七，http：//ex.cssn.cn/sjxz/xsjdk/zgjd/sb/jsbml/qsljqcsl/201311/t20131120_848312.shtml。

遇及笔帖式官职，遣送盛京，管理移居盛京的宗室。在沈阳小东门新建住所，永不起用。“天理教事件”尘埃落定，从事件爆发的前后过程来看，清王朝到嘉庆朝统治时，已经是外强中干，昏聩涣散了，几十个社会闲散人员就能轻易闯入禁宫，可以说并不令人感到意外，官僚们除了追逐个人利益之外，大多是当一天和尚撞一天钟。虽然从对下属失察的角度来看，裕瑞获此重罚，当属咎由自取，事实上裕瑞只不过是当时清廷统治无力的替罪羊而已。

本来等着完成任务回京交差的裕瑞，万万没有想到这一去盛京，自己也变成了流人的一员，虽然还负有管束一众宗室的职责，但是本质上和被他管束的各位“爷儿”们已经同是天涯沦落人了。虽然连遭责罚贬官，不过从裕瑞的反应来看，这位生下来就腰系“黄带子”的皇族贵戚倒是一个心胸旷达之人，一方面，在带领着一众闲散宗室开赴关外的旅途中，还能有雅兴吟咏山水，即道光九年（1829）镌成的《东行吟草》；另一方面，令人哭笑不得的是，这位王爷刚刚到沈阳没几天，就急着纳妾，而这一次的不靠谱行为，直接将他彻底地留在了冰天雪地的盛京。嘉庆朝宗室档案记录了裕瑞纳妾一事的前后经过：“嘉庆十九年四月。谕内阁，朕闻裕瑞在盛京不能约束移居诸宗室，诸宗室亦皆不服。并闻伊初到时，即有荡检逾闲之事。当降旨令和宁、绪庄查明参奏。兹据和宁等复奏，裕瑞初到盛京，即欲买妾，经民人张二等商令民人徐恭休妻，假捏姓名，卖与裕瑞为妾，伊等未经查参，请交部察议等语。裕瑞获咎，谪居盛京，不知安分思过，复买有夫之妇为妾，即此一端，已属无耻妄为，其别项劣迹亦无庸再行查奏。裕瑞著在盛京严密圈禁，派弁兵看守，不拘年限。张二等照例治罪拟结。和宁、绪庄先未参奏，迨降旨查询，仍意存掩饰，仅自请察议不足示惩……”[①]如果记录属实的话，只能说裕瑞真的是不把自己的官位职责当回事，或者说比起管束宗室这些令人头疼的政务来，风花雪月、文章风雅才是裕瑞心之所系。

自嘉庆十八年（1813）起，裕瑞开始了谪居沈阳的生涯。大多数资料显示裕瑞终老于沈阳，比如由沈阳出版社出版，孙丕任校注的《沈居集咏》，在前言中写道“裕瑞自嘉庆十八年，至道光十八年（1838）辞世，在沈阳度过了二十五年的谪居生活”[②]。但是刘广定指出裕瑞在道光八年（1828）年初获赦

---

①赵增越：《嘉庆朝宗室移住盛京档案（下）》，《历史档案》2019年03期，第10页。

②[清]裕瑞著、孙丕任校注：《沈居集咏》前言，沈阳历史文化典籍丛书第七辑，沈阳出版社2018年版，第3页。

回京，并镌成《沈居集咏》（见前文裕瑞简历），其根据是裕瑞晚辈好友焕明所著《遂初堂诗集》收录有诸多与裕瑞相关的诗作，其中有“七言古诗《送别思元主人归京师》（卷九）起句即说：‘思元居东十五年，明也诗来得真传。’又在《初读吴兰雪香苏山馆诗钞，率题二首》（卷十）第一首七言律诗的末句说‘萋香轩内春风坐，且喜思元是我师’，直称裕瑞为师。焕明对裕瑞非常钦佩，且对裕瑞回京依依不舍。道光八年有诗三首（卷九），在《思元翁有西山墨迹，陈春渠心爱之……》一诗中有‘留都自从思元来，沈阳渐成诗世界’句；《送别思元主人归京师》中有‘至论可以服千古，玩辞深解周易元。伏生老授尚书句，每有遗误谁能宣。公心妙悟知圣贤，濡染大笔成名篇。今公归去山林乐，舛经渐渐皆明焉。但我侍教未免远，私心不觉常留连’句。另外，他在七律《送思元归京并送陈梦湖学使归乡》中云：思翁梦叟同归去，独立苍茫欲断魂。从此有知难共赏，敢言无佛易称尊。三朝名士推前辈，一代传人启后昆。续稿刻成还望寄，心交幸借集流存。”

裕瑞离开沈阳后，焕明《早晴闲录》“则有‘今日自伤同调少’句，并自注‘思元主人回京’，均可为证”。[①] 由《送思元归京并送陈梦湖学使归乡》诗尾联“续稿刻成还望寄”，可知裕瑞《枣窗文续稿》应当在其归京后刻印。关于与焕明的友情，裕瑞《沈居集咏》中一共有四题十五首诗言及，即《赠瞻庵[②]守尉》《美人风筝诗次赵瓯北原韵（瞻庵属作六首）》《查初白集中二题瞻庵属作（二首）》《应瞻庵属和金刚经六如诗（六首）》，其中《赠瞻庵守尉》诗云“瞻庵久相识，骨肉中豪杰”，可知二人相识已久。据刘广定说焕明所著《遂初堂诗集》于 1981 年在台湾根据其后人收藏油印本付梓，学界关注不多。刘广定先生得了近水楼台先得月的便宜，从焕明诗中考据出裕瑞于道光八年（1828）返京的事实，还是令人信服的。除此之外，裕瑞著《沈居集咏》自序落款为“时道光戊子中秋月，检校为序，书于敝居师蛰轩”，笔者以为此“师蛰轩”应为裕瑞获赦返京后之寓所，为什么这样说？2008 年由北京诚轩拍卖有限公司举行的秋季拍卖会上，拍卖了编号 *0392 “壬辰嘉平（1833 年）作 临王羲之帖卷 手卷 水墨纸本”的书法作品，该拍品情况如下：

---

①刘广定：《焕明遂初堂诗与〈红楼梦〉研究》，选自《曹雪芹研究》2019年第1期，第88页。

②刘广定：《焕明遂初堂诗与〈红楼梦〉研究》，选自《曹雪芹研究》2019年第1期，第83页。爱新觉罗・焕明号瞻庵，清太祖努尔哈赤长子广略贝勒褚英之后。其六世祖为褚英第三子敬谨亲王尼堪。

题签：（裕瑞题）介春大宗伯临羲之帖卷，师蛰轩题签。

引首：（裕瑞题）换鹅复起。钤印：挥洒从心、寄情毫素、我用我法。

画心：（文略）壬辰嘉平廿九日，为思元仁兄先生大人教正，弟介春耆英学临。

钤印：耆英之印、介春。

后纸：裕瑞、祁隽藻、许乃普、乌尔恭阿题跋、钤印皆略。

拍卖说明：此卷为裕瑞嘱请耆英临写王羲之诸帖，后有祁隽藻、许乃普、乌尔恭阿题跋。裕瑞为亲王之子，乌尔恭阿袭和硕郑亲王均为皇族；耆英、祁隽藻、许乃普则是当朝重臣。诸人书迹集于一卷，极为难得。裕瑞欣赏耆英书法，以珍藏多年的高丽笺请他临写王羲之《适得帖》《至谢帖》诸帖。今人只知耆英是《南京条约》《虎门条约》等一系列不平等条约的签订者，不知其书法还有如此精妙的一面，历史人物的多面性也由此窥见一斑。①

该书法作品估价（人民币）：30000—40000，落槌成交价（人民币）：98560。从最终成交价大大高于估价的情况看，该拍品的真实性比较可靠。该作品的题签为“师蛰轩”，与《沈居集咏》落款之“师蛰轩”相同，裕瑞以珍藏多年的高丽笺请耆英临帖，另有祁隽藻、许乃普、乌尔恭阿等人题跋，像这种文人之间的雅会虽然也有居于异地辗转请托的，不过从题签落款及当时耆英在京任内大臣②的情形来看，裕瑞应当是在北京发起这次邀请的。由此可见，裕瑞在1828年获赦回京应当属实，而并不是一些文献记录的终老沈阳。当然，即便在1828年获赦回到北京，裕瑞在沈阳也生活了十五年，仍然是一段漫长的岁月。

二、裕瑞之文学主张

裕瑞一生勤奋写作，著作颇丰，无论是诗、文、赋还是文学评论都具有较高的造诣。裕瑞在嘉道间便已颇负诗名，挚友丰绅殷德称其诗“清华幽艳，绮

①https：//auction.artron.net/paimai-art87400392。

②[清]赵尔巽等撰：《清史稿》卷370列传157〈宗室耆英〉：“十二年，畿辅旱，疏请察吏省刑，嘉纳之，授内大臣。十四年，以管理步军统领勤事，被议叙。”

丽飘逸，盖能镕铸长吉、飞卿而自成一家言者”[①]。本文将从三个方面对裕瑞的文学观加以评析。

1. **裕瑞之诗论。**

纵观裕瑞平生创作，如《萋香轩吟草》《樊学斋诗集》《清艳堂近稿》《眺松亭赋钞》《草檐即山集》《枣窗文稿》《东行吟草》《沈居集咏》等文集，其中除《眺松亭赋钞》《枣窗文稿》以文为主外，其余全部为诗集，由此可见，裕瑞的文学创作仍然是以诗为主，并且裕瑞在实践诗创作的同时，也谈到对于诗创作的认识与主张。《萋香轩吟草》开篇即是《论诗四首》，裕瑞以诗的形式表达了自己对写诗的看法。

其一

枫落吴江冷，春草生池塘。
千古谢与崔，压卷及梦乡。
……
盖昔诗文少，风华始滥觞。
不须事奇险，即可投奚囊。
杼轴无先鞭，拈来皆新芳。
迨后作者众，充栋尽缥缃。
类书珠玑等，纷堆盈文房。
何劳心血呕，随意可摘章。
只拾齿牙慧，已足矜铿锵。
若斯崔谢句，字字亦寻常。
童稚学拈韵，偶符安所量。
彼则有成竹，兹则集衲裳。
依样画葫芦，难云非颉颃。
前人为诗苦，多少效颦妆。
后人为诗苦，月下灯无光。
复遇伧父目，妍媸忘抑扬。
燕石宋人珍，荆璧卞和伤。

①[清]裕瑞著：《思元斋全集》第一册《萋香轩吟草》序，http：//read.nlc.cn/OutOpenBook/OpenObjectBook？aid=892&bid=151478.0。

蒿兰致错杂，诗运悲颓唐。
一旦真赏出，法鑑严耗铓。
秦镜胆安隐，温犀怪焉藏。
恍如九方皋，放眼空骊黄。
试看大家作，较他究见长。①

此诗以唐崔信明名句“枫落吴江冷”并化用南朝谢灵运名句“池塘生春草”开篇，高度赞扬了二人写诗的造诣。之后展开了妙趣横生的评论，说大概因为过去诗文产量不高，文人骚客们刚刚开始吟诗写句，一些现在看来平淡无奇的事情，也能被当作是作诗的素材。诗人们并不需要深思熟虑，写出来也很不错。不过后来作诗的人多起来，创作的作品也极大增加。人们得以参考许多优秀的诗作，哪怕是抄袭一些现成的诗句，听起来也足以铿锵悦耳了。现在看起来崔、谢二人的诗句也没什么神奇之处。现在的人从小就学作诗，付出一定的功夫，也能学个七七八八。前人学诗往往为难以突破感到苦恼，今人学诗则因为前人的光环太耀眼而苦恼。如果再碰上几个粗鄙无学之人，连好歹都分不出，把石头当成宝玉，把杂草和兰花放在一起，实在令人感到可悲。不过只要遇到真正懂得诗的行家，诗文就会优劣立现，想浑水摸鱼是行不通的。就像九方皋相马一样，真正大家的诗作，绝对要超越一般人。裕瑞这段论诗的话，完全是从自身诗文创作体验出发的，总结起来就是，尽管现在作诗的人很多，不容易创作出非常杰出的诗作，但是只要努力学习，大胆尝试，还是会取得成功的。

其二

三百辟骚坛，大雅从兹始。
后圣虽叠兴，其揆盖一致。
四五六七言，喜怒哀乐意。
古今恒沙诗，稿如须弥积。
若尽贮人间，人间恐无地。
为履具擬足，重复势必至。
如羞拾唾讥，成作皆思避。

①[清]裕瑞著：《思元斋全集》第一册《萋香轩吟草》序，http：//read.nlc.cn/OutOpenBook/OpenObjectBook？aid=892&bid=151478.0。

独茧只千古，落落自标异。
古诗看不尽，看尽亦不记。
同时与后人，犹所难覆识。
倘具此胜心，可舍作诗事。
况乎膏腴田，早已为人置。
不过自抒怀，不向人篱寄。
其或值暗合，扪心实无愧。
我今作是言，不无有利弊。
但恐剽窃徒，藉口肆无忌。
取人以为善，假虎思夺帜。
反云庄注郭，妄希夸奇秘。
惟一衡鑑法，足以辨真伪。
观其夙搆者，与此较轩轾。
好丑如不伦，凿壁亦何啻。
强曰牛产麟，请入阙疑类。

其一指出作诗遣词造句有所突破不易。其二则进一步指出，自从孔子“诗三百”以降，诗坛大家辈出，都遵循一个标准。无论是哪种体裁的诗，都是为表达人之情感而作。古往今来的诗人多如恒河之沙。在诗文创作上，人们往往犯削足适履的毛病，这就导致千篇一律的情况时有发生。如果每个人都能以拾人牙慧为耻，写成的诗文自然会避免重复。前人诗作是读不尽的，就算都读过了也记不住。如果是赌气的话，还是别尝试作诗了，更何况容易创作的领域，早就被别人占据了。而今作诗只是为了抒发胸臆，没有必要落前人窠臼，碰巧与前人不谋而合，自当问心无愧。我今天说这些话，实在是担心那些剽窃成性的人肆无忌惮，总想着投机取巧，扯虎皮做大旗。就像郭象注《庄子》剽窃向秀，却要哗众取宠。但是有一个鉴别的好办法，就是看他以前的作品，和当下的作品相比较，无论好坏只要是前后不一致、不协调的话，就算他花了功夫又当如何呢？像牛生麒麟那样的话，只能是将信将疑、不置可否。第二首诗中裕瑞强调了就算创新不易，前人难以超越，但是只要是能够表达自身真实情感，大可不必囿于前人窠臼。相反最令人深恶痛绝的就是抄袭前人作品而死不承认，不以为耻，反以为荣。并且提出了一个鉴定是否剽窃的办法，就是通观其人的作品，看是否风格一致，不一致就说明有问题。这里裕瑞提出的方法具有一定的可行性，一个人的写作习惯是呈现一定规律性的，虽然说不排除个别作品迥异于其他作品特征的特例，但一般情况下，基本上不会偏离太多。裕瑞能够提出这样的见解，足见其本人在诗文创作方面颇有心得。

其三

作诗本性情，诗人遍今古。
各自抱风怀，万象难同谱。
要在琢磨精，何山无良珇。
司空图诗品，摹写如晰缕。
全豹不须窥，一斑帜可树。
足见诗境宽，千门复万户。
惟有游戏文，放纵任吞吐。
巧思妙追新，诙谐令人嘘。
最宜于文会，警拔争快睹。
滑稽虽解颐，温纯无所取。
应时非不佳，历久定敝腐。
复有香奁体，愈易骋媚妩。
若非金谷春，即是阳台雨。
斯因风会然，元气诚何补。
曩余亦嗜痂，不甚亲杜甫。
纷纷逐末学，簪毫方自诩。
澄虑细思维，其味如苦窳。
蛾眉尚被诼，况乃效齿龋。
偶见绮靡作，恍炫回鸾舞。
有时为所移，技痒冯妇卤。
刻志戒严律，以期不逾矩。
加我数十年，学诗学乐府。

第三首诗的开篇即明示了裕瑞的诗论宗旨“作诗本性情，诗人遍今古”，在裕瑞看来，言志抒情是诗文创作的根本出发点。对于众多的诗人而言，各自怀抱不同情怀，并不需要整齐划一，重要的在于琢磨词句，以达到言志抒情的最佳效果。司空图著《诗品》，对不同风格的诗，只寥寥数语就能写出其精髓所在。但是那种以游戏心态写作的诗，放纵随意，诙谐讨巧，很适合在诗会上出风头，虽然滑稽诙谐能够带给人轻松的感觉，不过在温厚纯粹方面不可取，这样的诗一时应景还可以，可是经不住岁月的洗礼。另外像“香奁体”，专门在妩媚上下功夫，虽然是一时风气所至，却对真性情毫无益处。我本人曾经也犯过糊涂，不喜欢杜甫，追逐那些不入流的学问，现在仔细想来，都是些粗制滥造的东西。美好之物也总是被人诋毁，更何况学习那些丑陋的，偶然遇见写得非常漂亮的作品，还是会为它的魅力搞得头晕目眩，一时技痒，重操旧业。在此我立下志向，绝不再犯糊涂，未来的岁月，学诗就学乐府诗。此诗在推崇“诗言志”的大前提下，指出诸如“游戏诗”“香奁体”等诗歌流派的弊病，认为那些都是经不起推敲的。有趣的是，裕瑞对自己学诗过程中走过的“弯路”进行了自我剖析，进而提倡学诗终究要学杜甫及乐府诗。

其四

离骚承诗遗，不外赋兴比。
两汉迄魏晋，宴游派渐起。
追至唐宋间，诸体皆备矣。
或独标淡远，或欣扬丽绮。
亦有贵自然，亦有矜奇傀。
却似五都市，百工共陈技。
所习各异趋，焉得同步趾。
平章何纷然，每据一隅里。
是是与非非，因人分誉毁。
人面具五根，千百无一似。
善鑑就材言，执固则迂鄙。
然可听瘠肥，不令混丑美。
应知文翰事，盖亦班乎此。
赏鑑在虚神，吐弃必渣滓。
譬如画素月，须详空色旨。
四面烘烟云，月光是白纸。

第四首诗开篇指出《离骚》继承了《诗经》“赋比兴”的传统。两汉魏晋之间兴起“宴游派”，到了唐宋，各种体裁都已经很完备了。比如淡远、绮丽、自然、奇诡等，就好像都市里的三教九流，各自有各自的技艺。大家各有各的目标，怎么能步调一致呢？这其中的是是非非，往往因为人毁誉不一，就像人的五官，总是各有不同。善于鉴赏的人往往依据具体素材发表意见，固执己见则显得迂腐鄙陋。不过还是可以通过外在形态区分美丑的，文学方面的事情大多如此。通常我们更看重作品无形的意境，吐槽那些多余无用之物。就好像画月亮，必须领悟“空色”的精髓，所谓“空色”是指在画面上画上烟云加以烘托，而画的主题——月亮，不过是白纸罢了。此诗指出作诗有不同的风格流派是十分正常的事情，不同流派有不同流派的长处，鉴赏诗的时候，不能完全从自己的喜好出发，固执己见是无知的表现。不过文艺作品通常有一定的审美规律，就中国的传统文艺作品而言，比如绘画，上乘的作品一定是讲究意境的烘托，而不是一味写实。就像画月亮，在画纸上画出来的是月亮周围的烟云，而烟云中的空白处则代表月亮。裕瑞本人诗书画精通，以通感的文艺理论论述艺术作品，也是其诗论的特色之一。

裕瑞谪居沈阳后所著诗集《沈居集咏》中亦有一首“论诗”诗。题目即为《论诗》，开篇云“《诗经》赠药篇，不作香奁俑。岂唯诗篇然，西昆亦非种[①]。温李与义山，古艳云霓拱。后人格律卑，俗鄙随阘茸”[②]，开篇四句指出《诗经·郑风·溱洧》篇虽然描写了郑国节日里男女欢爱的情景，但是并不是后来“香奁体”的始作俑者。不仅《诗经》不是，“西昆体”也不是，像温庭筠和李商隐二人的诗作，高古华丽如同灿烂的云霞。只不过后人作诗格律低下，愈发的粗俗低贱罢了。“伊谁渊源传，六朝有江总。璧月琼树歌，风调犹矜重”，说到浮艳诗的传人，六朝的江总算一个，不过就是这个被称为“狎客”的江总，陈亡后的诗作风格也有伤感沉郁的一面。可是情况每况愈下，要么沦落成低俗的街头卖唱，要么变成科举考试的官样文章。而事实上“艳语古匪禁，诗境绝械拲。只在用得宜，仙凡若隔陇。徒以面貌求，阳货似鲁孔”，就像诗经中也有艳语一样，作诗本来是不拘一格的，使用得是否恰当将直接导致效果极大不同，如果仅仅看重表面的话，连孔子和阳虎都分辨不出来。“我极条缕论，彼伧仍

---

①孙丕任校注《沈居集咏》解释此句为“香奁体诸作其来已久，而西昆体亦非正路”，不妥。

②[清]裕瑞著、孙丕任校注：《沈居集咏》，沈阳历史文化典籍丛书第七辑，沈阳出版社2018年版，第171页。

懵懂。应遇知音人，三百距跃踊”[①]，我在这里条分缕析地讲解，那些愚顽之人还是不明白，真是应该遇上知音，那才是令人欢欣之极的事情。《沈居集咏》中收录作品创作时间要大大晚于《萋香轩吟草》，此“论诗”诗，着重阐释了裕瑞对于艳体诗的认识。在《萋香轩吟草》中裕瑞已经提到自己年轻时曾经对艳体诗有“嗜痴”之癖，“偶见绮靡作，恍炫回鸾舞”，而在多年后流寓盛京，生活状况遭遇变故的境况下，仍然对艳体诗念念不忘，说明在裕瑞的诗文创作中，辞藻华丽的艳体诗始终是他的一个心结。但是可贵的是，裕瑞以《诗经》赠药篇和温李的作品为例，指出追求辞藻华丽、风格绮靡的诗作，并不一定就是鄙俗低下之作，只要使用得当，同样会成为流传后世的佳作名篇。告诫学诗者，不能仅仅羡慕追求艳体诗艳丽妩媚的外表，而应当学习其雍容华贵、瑰丽精致的创作风格与技巧。

除此之外，裕瑞文集《枣窗文稿》中收录有裕瑞为法式善诗集撰写的《梧门先生诗序》一文，文中也谈到了作者对于诗文创作的一些心得体会。“诗言志。言者，心之声也。古今诗集充栋，小家俗手亦滥竽其中。而超超焉自写性天者，未易多见。若夫饾饤剽窃之技，更不足语矣”[②]，此序文开篇指出“诗言志”，而所说的言就是诗人的心声。古往今来，诗人众多，其中不乏滥竽充数的平庸之辈，能够卓然不群抒写天性者反倒寥寥无几。而像那些因袭剽窃前人的伎俩，更是不值一提。再有裕瑞为焕明著《遂初堂诗集》所作序文中言道，“诗之道，能自写胸臆气味盎然，不问何派，均称上品。若夫獭祭饾饤之鄙，虽词藻富丽、著作汗牛不足称也。……盖诗本乎性情，率性之谓道，为人则当复赤子之心，而为诗也，亦当返乎性情之正，不被浮习所染”。[③]文中裕瑞再次表达了自己作诗乃真性情流露的文学思想，可贵之处在于只要是“能自写胸臆气味盎然，不问何派，均称上品”，而那些一味模仿堆砌的作品，即便再华丽、写得再多也不足称道。作诗和做人一样，都要葆有一颗赤子之心，执着坚持，不为世俗风气侵染。

2. 裕瑞之画论

出身皇族贵胄的裕瑞，自幼接受了良好的宫廷教育，使得其在诗、文、书、

①孙丕任校注《沈居集咏》解释此句为“遇到诗三百这样的诗中知音，会使人感到雀跃鼓舞”，孙氏将成语“距跃三百”误指为“诗三百”，谬误。

②[清]裕瑞著：《梧门先生诗序》，选自《枣窗文稿》（上部），http://read.nlc.cn/OutOpenBook/OpenObjectBook? aid=892&bid=285117.0。

③[清]裕瑞著：《遂初堂诗集序》，选自《枣窗文续稿》，《清代诗文集汇编》500，上海古籍出版社2010年版，第604-605页。

画等方面都有相当的造诣。裕瑞在绘画方面所取得的成就，虽然入不了清代一流画家的行列，但是他勤于创作，并且能够从自身的创作实践中总结心得体会，这些还是值得称道的。另外，饶有兴趣的是，裕瑞在“手指画”方面达到了一定的造诣，这也是其绘画创作与理论中独到的一面。

前人作画或自己题诗或请他人题诗，都是极普遍的。裕瑞在为他人画作题诗的同时，亦极看重给自己的绘画作品题诗。例如在《沈居集咏》共234首诗当中，就有34首题画诗，所占比例还是相当高的。当然，无论是为他人还是为自己的作品题诗，诗的内容主要还是就画作诗，目的是使得诗画相得益彰。这其中数量尽管不多，还是有数首诗，能够看出裕瑞的绘画理论及主张。

墨菊

水墨为花骨，全空金粉因。
高人皆本色，处士自天真。
古径乌云染，踈篱翠雾皴。
渊明应默助，逢醉笔如神。

墨梅

一斗松煤古，纷披成素根。
虬盘行楷势，铁杆水云痕。
苍鹤宜为子，元霜化作魂。
展图疑雪意，黯淡梦江村。

墨竹

饱看庭前竹，得心试写生。
低昂随性至，结构自胸成。
墨雨洒磅礴，松烟凌纵横。
萧然标劲节，不解弄虚声。①

以上是裕瑞在《萋香轩吟草》中所作墨画系列诗中之三首。通过这一系列

①[清]裕瑞著：选自《思元斋全集》第一册《萋香轩吟草》序，http：//read.nlc.cn/OutOpenBook/OpenObjectBook？aid=892&bid=151478.0。

墨画诗，及其他题画诗，看得出裕瑞是很喜欢水墨画的。《墨菊》上半阕云“水墨为花骨，全空金粉因。高人皆本色，处士自天真”，强调画墨菊全靠水墨点染花骨，完全不需要金粉勾勒。就像真正的高人处士都保持天然本色一样。末句“渊明应默助，逢醉笔如神”，点出自己正处在微醺的状态，似乎得到前辈高人的暗中相助，下笔如有神。《墨梅》上半阕直写画墨梅的要领，提斗饱蘸焦墨，老笔纷披画出梅树之树根，盘根错节，树干坚挺如铁，缭绕于云水间。梅树下苍鹤站立，整幅画面令人感觉天阴欲雪，天地肃杀。《墨竹》的上半阕写出了裕瑞对于绘画创作的心得体会，“饱看庭前竹，得心试写生”，认为要想创作上等画作，必须长时间观察写生对象，只有在全面掌握写生对象的物理特征并有所心得之后，才能落笔尝试描绘。“低昂随性至，结构自胸成”，在对观察对象的外部特征了然于胸的前提下，并不是机械地对其进行模仿，而是凭借发自内心的感觉，自然而然形成画作的结构布局。只有达到这样的境界，创作出来的作品才能够形成“墨雨洒磅礴，松烟凌纵横”之酣畅饱满、纵横开阖的效果。

在绘画之外，裕瑞曾经写过一篇关于雕塑艺术的文章，颇值得令人玩味。此文即前文提到的嘉庆十八年（1813）九月裕瑞带队宗室人员迁赴盛京途中所作《东行吟草》文集中首篇文章——《邦均药王庙塑像记》[①]。文章开篇道“癸酉九月十一日，予自京东行，次夕，旅宿邦均药王庙。偶观前殿药王法像暨旁侍之神医、名医诸像栩栩如生”，裕瑞在惊讶于“塑手真绝技哉”之际，为雕塑工匠的技艺所叹服。于是想到“天下百工技业，成器成法，推彼作古，创始所原，莫不由夫先圣先贤开发其穷理格物之精思，方造就济世利人之要用。泄秘化工，焕彰人事，盖天使为之，而非后人浅智所得效颦杜撰者也”，这一段话，主要强调了像雕塑工匠之类的手工艺人，之所以能够获得高超的技艺，完全依赖于先圣先贤的启发，从而获得创作灵感，最终创作出巧夺天工的艺术作品，而这种高超的技艺并非天资驽钝的泛泛之辈可以掌握的。裕瑞这种艺术创造理论固然有一定道理，不过未免过分夸大创作主体的天赋因素，而忽视后天刻苦学习也是取得成就极其重要的因素。为了进一步阐释自己的理论，裕瑞举出孟子“梓匠轮舆”的典故，说明个人悟性的重要性。接下来写道，“今观庙中诸塑像，直令我拍案叫绝者再。中龛药王法像端拱威仪，旁侍诸像各载名号，自神医之卢医扁鹊、华佗、岐天师、雷公等，以至名医之王叔和、李东垣辈，

①[清]裕瑞著：《东行吟钞》，选自《清代诗文集汇编》500，上海古籍出版社2010年版，第576页。

诸像皆具左右。凡衣履装束，华素交错不一。有英隽而逸者，有耄耋而古者，有于思者，有岸帻者，有风范严整者，有仙度飘忽者。手中各有所执，或书，或药不等。至玩味其神情，则有若瞑然思、凝然参、翻然疑、愕然骇、默然计、恍然悟、奋然断、欣然笑者，率形彼望疾、闻症、问患、切脉种种状，和盘托出，一一逼肖。人或过而忽之，则已细审之，皆足会心也”，这一段描述的确令人“拍案叫绝”，这段文字将裕瑞作为诗人、画家及作家的高度的审美趣味表现得淋漓尽致。其中对庙中众多塑像神态的描摹，可谓纤毫毕现、妙到毫颠，即便在今天亦堪称教科书似的人物（塑像）神态描写。正如文中所言，对于庙中这些栩栩如生的塑像，一般人熟视无睹，而对于具有高度艺术修养的裕瑞而言，在仔细审视之后是会心的感悟。接下来“呜呼！塑之为业亦技事之较粗，非比丹青写照易抉灵台。况夫夫非面谋，惟据书想象，意匠神来，俨与古会，若各即伊人，不可互易。此似庄子所载‘轮扁’‘承蜩’者流，已纯乎化境矣”，这段话同样具有重要的审美价值，裕瑞认为雕塑显然是一门较为粗糙的技艺，不像绘画可以反映人物之灵魂。这种对雕塑的认识是长期以来中国文人较为轻视雕塑的代表性言论。在中国古代作为主要雕塑对象的神佛塑像，完全是人的意念的产物，不可能有生活原型投射，因此说“惟据书想象”，不过即使完全凭借这种“意会”，技艺高超的匠人也能够创作出符合人们认知的雕塑形象，达到像庄子所说的“轮扁”，庄子所说的“承蜩”那样的境界。文末裕瑞举了元代雕塑大家刘元的例子，讲到刘元如何跟尼泊尔人阿尼哥学习印度佛像雕塑技艺，并融合中国传统雕塑手法，最终成为元代雕塑第一人，并对后世产生深远影响。并且由此推断，文中的邦均药王庙塑像必定出自刘元之手。

《邦均药王庙塑像记》一文，从文章写作的层面看，充分地反映了裕瑞成熟华丽的写作技巧；从写作内容的层面看，清晰地反映了裕瑞的美术观。中国古代绘画、雕塑不分家，并且由于文人士大夫多以诗词歌赋为文学活动的主要内容，雕塑往往表现为以文人画为蓝本的二次创作，因此长期以来受到轻视。在这一点上裕瑞同样未能免俗，不过从文章整体对药王庙塑像的高度评价来看，裕瑞还是完全从艺术创作与欣赏的角度出发，记述自身的真实感受，这一点堪称难能可贵。

最后我们来看看裕瑞的冷门技艺——指头画。在诗集《萋香轩吟草》中收录有裕瑞为好友梦禅居士的指头画作品写作的一首诗，诗文如下：

梦禅居士指头画虎歌[①]

素壁飒然雄风长，枢星精散生昂藏。
怪来虚庭夜悲啸，将无前道亦有伥。
侧足拳曲眈眈视，老树槎枒怪石峙。
文章不露气吞牛，宁甘落槛求食耻。
吾闻真虎迹难求，今之蠢蠢毋乃彪。
由来神物未易见，赝威徒假惊群麀。
每见画家多庸手，画虎不成竟类狗。
狺狺具感笔墨恩，图照好传檠瓠后。
梦禅居士怀高风，毛锥生涯一洗空。
绘事亦然肉胜竹，指头泼墨逼天工。
写生已造轮扁境，画耶真耶殊惧惺。
不慕大人变蔚文，喜伴羽人卖仙杏。

关于梦禅居士，清末世家震钧在其所著《天咫偶闻》中记载“瑛宝，字梦禅，号问庵。大学士永公讳贵之长嗣，以疾辞荫。曾一官笔帖式，旋罢去。闭门却扫，惟以诗歌自娱。工画山水，尤精指墨……高且园[②]侍郎后，当首屈一指”[③]，可见瑛宝也是淡泊功名、寄情诗文的满洲贵裔，且尤其擅长指头画，其在指画上的造诣被认为仅次于指画大家高其佩，而瑛宝和法式善、刘墉、裕瑞等人均为好友，其中瑛宝与法式善交往最深，这些从他们之间的诗文酬唱应答可见一斑。虽未有明确资料显示，不过从裕瑞为瑛宝指画题诗极尽溢美之词来看，裕瑞的指画技艺习自瑛宝当属合情合理。题诗的前半部分，主要描述瑛宝指画老虎栩栩如生，功力深厚。此诗后几句诙谐有趣，其中“绘事亦然肉胜竹”句应为调侃梦禅居士喜食肉一事。刘墉与瑛宝一生交往，过从甚密，二人在北

---

①[清]裕瑞著：《梦禅居士指头画虎歌》，选自《清代诗文集汇编》500之《萋香轩吟草》，上海古籍出版社2010年版，第251页。

②[清]震钧：《天咫偶闻》卷5，http：//www.guoxue123.com/biji/qing2/tzow/005.htm。高其佩，字韦之，号且园，辽阳人。善指头画，人物、花木、鱼龙、鸟兽，天姿超迈，奇情异趣。信手而得，四方重之。余尝见扇上笔画散仙数种尤妙，有如黄初平叱石成羊，作乱石一攒。或已成羊而起立者，或将起而未起者，或半成而未离为石者。神采奕奕，风趣横生。他如龙虎等，亦各极其态。世人祇称其指墨，而不知笔画之佳也。

③[清]震钧：《天咫偶闻》卷5，http：//www.guoxue123.com/biji/qing2/tzow/005.htm。

京的居所邻近，日常多问候馈赠，刘墉致梦禅手札曾记曰：“羊肉一锅，猪肉之色，素菜之锅，一并吃下，是俗是僧？求梦禅善知识下一转语，复谢不既。十蛋附上。弟墉拜启，廿五日。”而本册书信帖中，也有“肉味极美，然吃斋而以不净，固不为好，若竟能不吃肉，其于念佛必信有功德，吾辈不可不以自勉”等语①，由此书帖可见，刘墉常馈赠梦禅羊肉猪肉，显然梦禅来者不拒“一并吃下”。此处的调侃，也反映出裕瑞与梦禅之交往已非泛泛。

接受了梦禅居士在指头画方面的指导与切磋，裕瑞平素也是习练不辍。《沈居集咏》收录有一首裕瑞自题指画诗：

自题墨菊

指头蘸墨写花荫，花到无妍意转深。
高洁自欣辞世味，清霜淡月见元心。②

通首诗格调清高，词句雅丽，既写出指头画创作的特点“指头蘸墨”，同时写出指头画在创作主题意境层面上同样朴实深刻。而后一句以菊之高洁淡远自喻自勉，令人赞许。

震钧曾说“旗人能书画者多有之，论书画之书则不多见”③，而事实上中国古代与人才辈出的画家相比，阐述绘画理论的书文并不多，不唯旗人，汉人亦是如此。固然裕瑞关于绘画雕塑的一些论述，尚不能构成体系，多是就某一具体艺术品有感而发的一些体会与认知。即便如此，裕瑞能够将个人的创作实践心得作为其文艺观的理论基础，进一步阐发自己朴素中肯的文艺审美观，这一点在清代文人群体中是一个闪光的存在。

3. 裕瑞之文论

上文分别论述了裕瑞在“诗”和“画”两方面的创作实践与主张。而事实上，作为嘉道间高产的文学家，裕瑞在文章写作上取得的成就，无论在文采还是在见识上都又要高于其诗作。周作人曾说“（裕瑞）著有《思元斋全集》《续

---

①许学仁/河南社旗《收藏快报》，2018-04-29，https：//news.mei-shu.org/art/20180429/31552.html。

②[清]裕瑞著、孙丕任校注：《沈居集咏》，沈阳历史文化典籍丛书第七辑，沈阳出版社2018年版，第6页。

③[清]震钧：《天咫偶闻》卷5，http：//www.guoxue123.com/biji/qing2/tzow/005.htm。

集》。据所记可知其为非凡人，观《续集》亦正如是。全书皆手写精刻，《东行吟钞》稍工整，作亦平平，《沈居集咏》《枣窗文续稿》二种则用行楷，皆潇洒出俗，诗亦有佳语而文尤胜，虽只十四小篇，足以胜人多多许矣。《二桃杀三士论》《邓攸弃子存侄论》《韩昌黎盘谷序论》《厚葬薄葬论》，均可读，见识通达，文士中不可多觏，若《试金石砚记》《鳣说》，则又是别一类佳作也”。[①]裕瑞直接谈作文的文章除《枣窗文稿》（上部）中的《文采说》[②]之外，就是那部相当有名的《枣窗闲笔》了。这里我们先来看《文采说》一文。

“文之采也，飘渺兮莫或端倪焉。烂兮漫兮混成天衣，无假补缀焉。夫文，质之宾也。文之有采，又宾中宾也。如蚌珠猩血，千百选一。采每寥寥于文，文非比比皆采。盖采因文斯彰，而文无采不华。虽腹笥万卷，记诵五车，诗淹博则得矣。”开篇即指出所谓文采是缥缈虚幻、捉摸不定的，它烂漫天成，无须勉强修饰。文与质的关系是质为主文为宾，而至于文采，则是宾中之宾了。也就是说对于一篇文章而言，质（内容）是文章的主干，文（语词）是文章的写作，采（修辞）是语词的装饰。与前两者相比，文采是极难得的，如同血色珍珠极为稀有一样。采依附于文得以彰显，而文没有采就不会华丽。接下来“文采一事，未易问也。江文通梦笔之前非无文也，梦笔之后所益者采也；子才、子漠《高帝论》有云‘用天下之兵不如用天下之锋’，兵之锋，文之采也。花有质而艳者其光，山有石而秀者其气，有美于此，若赋硕人，手、肤、领、齿、首、眉、口、盱，一一合度”。文采这种事说不太清楚，江淹梦笔之前并不是不能写文章，只不过梦笔之后在文采上有了大的进步。袁枚在《高帝论》中说用兵贵在用锋，而所谓兵锋就像文采一样。花是因为光彩才显得艳丽，山是因为气质才显得灵秀，就像《诗经·硕人》中描写美人的各个部位都非常恰到好处。“使无胡然而天，胡然而帝之神，则一□[③]美而已。所贵者天籁也。易牙善味，鲜食如故也，鼎铛如故也，一经调烹，至味以生，其三昧所自具也。庸庖自恃羞错山积，珍肴海涌，谓以繁盛奇异可争适口之长。饕餮则悦之，其知味者笑之。康昆仑自诩琵琶第一，段师斥其杂而带邪，令十年不近乐器，然后可教。此惑于岐，其天真有所蔽也。宋人得燕石而谓连城，自不知量也；卞和得连城而受

①周作人著：《书房一角》，新民印书馆1944年，166页。

②[清]裕瑞著：《文采说》，选自《枣窗文稿》（上部），http：//read.nlc.cn/OutOpenBook/OpenObjectBook？aid=892&bid=285117.0。

③原文字不可读。

刖刑，楚人无目也。呜呼！文采一事，未易问也。”无论是花草、山石还是美人，最重要的是天赋。易牙擅长制作美食，食材还是那些食材，厨具还是那些厨具，可是一经易牙烹调，就产生终极美味，那是因为易牙天生能够领悟美味的精髓。而那些普通的厨师依仗拥有大量的珍贵食材，就以为能够做出美味佳肴来，吃货当然喜欢，可是真正的美食家会笑话他。唐代康昆仑自诩琵琶天下第一，可是，后来拜段师学艺，段师却斥责他弹奏的琵琶曲杂乱而带有邪音，命令他十年不能碰乐器，之后才能教他。这是因为康昆仑从小向多人学艺，路数庞杂不精，反而蒙蔽了自身的天资。宋人以燕石为宝是无知盲目，卞和找到宝玉却遭到酷刑，是因为楚国人有眼无珠。文采这件事，真的是很难讲清楚啊。

《文采说》一文是裕瑞文集中唯一的一篇（此处《枣窗闲笔》除外）直接阐述文学创作理论的论说文。整篇文章精练雄辩，极言文学创作中“文采”的重要性。文章无采，就如同万物没有灵魂一样。并且裕瑞认为“文采”的获得，多半靠天赋异禀。其结论“文采一事，未易问也”却有过分夸大文采之于作文之作用，强调文采神秘论的疑虑。

接下来我们来看裕瑞的一部闻名遐迩却又颇有争议的文论集——《枣窗闲笔》。说它闻名遐迩，是因为《枣窗闲笔》“是第一部专论《红楼梦》续书的专著，其文献学价值不容否认”[①]；说它颇有争议，是因为自20世纪90年代欧阳健首次质疑《枣窗闲笔》为伪书开始，关于《枣窗闲笔》真伪之争延宕至今。主真派代表学者早期有史树青、孙楷第、胡适等，晚近的有高树伟、黄一农、刘广定等；主伪派代表学者有欧阳健、温庆新等。长期以来，双方围绕《枣窗闲笔》的版本、内容及史实等方面，展开了针锋相对的论争。关于双方各执旌旐、唇枪舌剑的论战细节，可谓连篇累牍，无须赘述。而本论对于《枣窗闲笔》为裕瑞所作是持认可态度的，并试图通过对其内容的分析，阐释裕瑞文论的一个重要内容——小说观。

尽管诸位对《枣窗闲笔》持肯定态度的学者已经做出多方面论述，在此，笔者还是谈两点看法，以阐发自己对《枣窗闲笔》真伪的认识。

首先，《枣窗闲笔》的写作态度。从“诗言志”到“文载道”，中国文士始终恪守“文章千古事”的文学理念。举凡诗、赋、论、说、词等文章体裁，无不以宣扬大义为主旨，以华丽辞采为表征，唯有宏文力作方可流传后世，至于“闲笔”“闲话”之类多属文人雅士在文章正事之余所为，或为纯粹个人内

①高树伟：《裕瑞〈枣窗闲笔〉新考》，选自《曹雪芹研究》2015年第3期，第17页。

心感悟，或为记录日常生活琐事。生涯稍早于裕瑞的清人黄图珌在其所著《看山阁集闲笔》序中，对所谓“闲笔”做出过如下解读：“……于是，情移于山林之畔，托兴于笔墨之间，随心所发，故名闲笔。凡人品之大端，文学之大意，仕宦之大要，技艺之大略，分类成帙，时时翻阅，以自惊惕。然恐陈腐之气熏人，迂阔之论恶听，因续制作以脱人之俗，清玩以佐人之幽，芳香以艳人之目，游戏以怡人之情。庶观是书者，端人既不致委唾，而逸士亦良有同心也。噫！所谓闲笔，是笔又何尝闲耶？遂自为之序。”①这段话包含了三层意思：（1）所谓“闲笔”，是将对大自然的感悟寄托于笔端，随心有感而发之作。（2）虽然案头堆满宏论人品大端、文学要旨、为官之道等“高大上”典籍，但是天天读这些板着面孔的圣贤书，未免陈腐无聊，于是，特意创作一些能够使人有脱俗、清幽、赏心悦目、轻松愉悦之感的小品文，而这些小品文正如书籍中的清流，正可以达到雅俗共赏的境界。（3）从这一意义上来说，所谓“闲笔”不闲，其中自有真味。黄氏对“闲笔”的解读可谓颇有心得，可见在古代文士心目当中，即便“闲笔”亦自有妙处，能够使人一时放松心情，怡情养性，但是终归仅仅是博取功名的圣贤书的一种补充点缀而已。

那么裕瑞在写作《枣窗闲笔》时又是一种怎样的心境呢？这一点在《枣窗闲笔》序文中有所反映。“秋凉试笔择抄旧作，捡得续《红楼梦》七种书后及《镜花缘》书后，汇录一处以存鄙见。所论是否，未敢自信。论诸书多贬少褒，夫岂好为指摘他作哉？盖矢在弦上不得不发。前雪芹有知当心稍慰也。颇怪天下不乏通人而独出此数，不通人偏要续貂，何故？想通人知书难续，故不为耳。《镜花缘》自建帜者，惟于自夸不惭，与诸续如出一辙。考前人佳制都无此病，所谓狂医无好药者也。余故论之。”②此序文同样包含三层意思：（1）交代写作背景。入秋天凉，准备正式开始写作之前，作为试笔翻检出过去写的一些书评，于是，将这几篇书评重新摘抄汇编成文集。（2）虽然这些书评贬多褒少，并非好为刻薄，只是一想到这些续书是对作者曹雪芹的亵渎，实在是如鲠在喉，不得不一吐为快。（3）真正明白人懂得高山仰止，知道曹氏《红楼梦》之高妙，不会去续作。而相反眼高手低者却总是不自量力勉强狗尾续貂。由此可见，《枣窗闲笔》是裕瑞平时旧作的摘抄汇编，是为正式创作做热身的一种试笔。因为

①[清]黄图珌著：《看山阁集闲笔》，选自《清代诗文集汇编》288，上海古籍出版社2010年版，第431页。

②[清]富察名义・裕瑞著：《绿烟琐窗集・枣窗闲笔》，上海古籍出版社1984年版，第159-160页。

这几篇书评应该写作于不同年份，所以裕瑞在整理汇编成集的时候，并没有写年识。进一步看，因为在裕瑞看来这些续书存在对原作拙劣的曲解与演绎，因此，裕瑞的书评相当情绪化，以致行文当中出现不少笔误及疏漏。这与裕瑞其他代表性作品《萋香轩吟草》《樊学斋诗集》《清艳堂近稿》以及《枣窗文稿》等，在创作的严肃、严谨性上，都有不小的差距。另外，虽然裕瑞的“前辈姻戚”与《红楼梦》作者曹雪芹有交情，不过这并不能改变裕瑞轻视小说的事实。“乾嘉时期有名的文士多轻视小说，少有评论吟咏者，《红楼梦》也不例外。《遂初堂未定稿》有咏红楼美人诗十四首，但道光元年裕瑞校订时评曰‘此游戏耳，亦应删去’。因焕明非常钦佩裕瑞，尊其为师，故编《遂初堂诗集》时删去，其后也未有涉红之诗。不仅裕瑞，其诗友如法式善、吴嵩梁、吴鼒、杨芳灿、谢振庭等人的诗文中，皆没有关于《红楼梦》或《石头记》的诗作，由此可知裕瑞等人对《红楼梦》和其他小说的态度。”① 既然裕瑞与乾嘉时期的文士一样轻视小说，认为小说不过是“游戏耳”，自然对于那些“不通人”所作续书更是不屑，以至于书评中的言辞行文亦略带游戏的意味。不过即便如此，裕瑞所撰《枣窗闲笔》仍不失为开我国古典小说评论及《红楼梦》评论先河之作。

三、裕瑞的沈阳生活

本文将裕瑞视作清代沈阳著名文学家，一个重要的原因就是，裕瑞自从遭贬谪流寓沈阳，直到道光八年（1828）获赦回京（多数意见认为裕瑞终老沈阳），在沈阳一共生活了 15 年之久。在这并不短暂的沈阳生活当中，虽然总体上可以看出裕瑞内心的苦闷和忍耐，但是从其居沈期间所著诗文集《沈居集咏》中的文章所反映出的情况来看，亦不乏乐观冲淡的生活态度与感悟，即使仕途多舛，也没有使得裕瑞意志消沉，相反艰苦的生活环境为裕瑞的文章写作提供了鲜活的素材。

裕瑞居沈期间主要撰有《沈居集咏》及《参经臆说》。笔者无从得见《参经臆说》文稿，在此引用高树伟论文中相关介绍：“裕瑞《参经臆说》书前自序云：余自居沈以来，日常无事，玩味经典，偶有所见，辄随笔录稿存之，久而成帙，无虑百余则。今秋复汇而检校之，其有意未彰著者补增以明之，文过

①刘广定：《焕明遂初堂诗与〈红楼梦〉研究》，选自《曹雪芹研究》2019年第1期，第90页。

繁琐者沙汰以清之，抄成一卷，贮之小篋，非敢希问世也。为暇时自阅之，因忆追思向日所读经文旨趣，如睹故人矣。间有序跋、偈对、诗章及讲诗偈等作，亦同录之卷中，他日苟有竿头之进时，则回视前言，必哑然而笑，自叹多年为门外汉也，弁序志之。思元裕瑞自识。”①据此序，知《参经臆说》成书于嘉庆十八年以后（“居沈以来”），汇录成书是在一个秋天（“今秋复汇而检校之”）。内容主要讨论佛经，旁及儒家经典，间有序跋、诗文、杂章等。由此一段介绍文可知，《参经臆说》主要是裕瑞居沈期间讨论佛经的文集，应该与沈阳之风土人情关系不大。

而较多反映沈阳之风土人情及裕瑞流寓沈阳期间生活状况的是《沈居集咏》，下面对《沈居集咏》的具体内容进行一番论析。《沈居集咏》刊刻于道光八年（1828），为裕瑞居沈时的诗集，全书共计收录234首诗。笔者在此将之分成几大类，逐一考察。

1. 景物诗：《索居行》《拟杜工部体》《雨晴》《自制葡萄酒歌，酒前在京时所作》《戊寅秋七月戏作苦雨行》《得野葱薤作》《圆儿》《暖炕》《官舍冬晓》《花期》《晚酌拟陶渊明体》《秋风词拟李长吉体》《早春》《戏咏榆钱》《黄蝶》《再咏黄蝶叠前韵（三首）》《食冰蟹》《幽篁》《夏至前得鱼虾诗以志喜》《夏日晚眺（二首）》《快晴》《苦热望雨》《戏作喜雨》《雨意》《复雨》《雨后》《闻蛙（二首）》《对月自酌》《得参秧作》《秋霄雨中闻角》《秋日》《见鸦有作》《雨霁晚步》《初夏喜晴》《中元戏作》《秋日薄暮》《试金石砚歌》《新晴》《山东田仙阁寄赠鼍矶石砚作歌》《秋宵》《戏咏新室》《偶见拣穷者过戏为口占》《咏集句为诗事》《咏盆养促织》《见家寄到旧蓄什物拟白香山体》《乙酉春日喜雪》《洋烟》《咏万花筒》《春作》《春望》《闲居》《夏晚饮冷酒甚适意作诗二首》《论诗》《冬晓》《正月夜雪》《又雪》《雪夕》《食品歌》《丁亥三月晦日大雪》《苦热吟》《前题叠韵》《重阳日雪二绝》《初冬》《冬午》

2. 赠答诗：《追和李长吉金铜仙人辞汉歌》《唐人曾有游仙旧体三首拟作》《白香山长恨歌戏题后》《元微之连昌宫词戏题后》《和张船山鸿门之作》《赠瞻庵守尉》《美人风筝诗次赵瓯北原韵》《宾旭宗伯属和其嘲市卖盆菊诗》《赠杨复庵广文》《答宾旭宗伯属和其咏画笺十二作》《赠慈西桥孝廉》《戊寅岁值余初度西桥赠诗次韵》《那绎堂书自寿诗寄到次韵和答》《孙雪帷刺史留别

①高树伟：《裕瑞〈枣窗闲笔〉新考》，选自《曹雪芹研究》2015年第3期，第11页。

以诗赠之》《题晋斋公刻戎旃集（二绝）》《晋斋自书牡丹再荣诗见赠属和》《朗岩司马论禅诗见贻次韵和答》《宾旭宗伯重阳前贻诗次韵和答》《文趾司寇春日馈鲜鹿尾诗答之》《程春庐学政沈任乞归诗以赠别》《彭殿撰学政见贻闽轺吟诗答之》《王松亭举孝廉方正试归诗贺之》《陈春渠刺史赠新制砚诗谢答之》《兰雪先生自京寄诗与序至答作》《何郇雨画花蝶册见贻作此以酬》《宾旭司寇迁京任诗以贺之》《陈梦湖学政贻香草堂诗略答之》《和梦湖铁兜鍪歌有序》《和梦湖晋砖歌有序》《择和梦湖香草堂诗略刻集诸作（十三首）查初白集中二题瞻庵属作》《听立斋弹琴赋赠（二首）应瞻庵属和金刚经六如诗》《立斋甫任山东太守即罢归慰赠》《梦湖学政任告休赋诗赠别》

3. 题画诗：《自题墨菊》《写张芝圃游黄山图题句赠之》《题吕小沧松岩观瀑图卷》《自题墨竹》《自题山水便面》《题莲樵新购瞽丐图（三首）》《自题风竹》《自题画红绿梅花卷》《题松林秋月图》《题红莲图》《题秋山枫林图》《题墨龙图》《题墨虎图》《自题画竹（二首）》《自题画兰（二首）》《自题画梅（二首）》《自题画菊（二首）》《自题小照（二首）》《雪帷刺史属题其晚霁吟情画照》《自题水石竹林图》《自题太湖石画图》《题秋山图》《题山水画卷》《张仙槎刻泛槎图寄赠属题答之》《题墨山水条幅（六卷）》《题暮旅入城图》《心庵将军属题捧菊老人延寿图》《题何立斋刺史行乐四图》《题寒岩吹角图》《题芦滩栖雁图》《题牵驼图》《次韵梦湖芦花浅水放船图之作》《题西湖图》

4. 感怀诗：《春感》《庚辰四月六日五十自寿（二首）》《浮生》《病后作》《九日思登高作此自嘲三叠韵》《度日》《遣怀》《感怀二首集兰亭字》《得诒晋斋刻本全集感赋（三首）丁亥春分日微雪述怀》《悲歌》

5. 怀古诗：《虎丘真娘墓》《观史》《题明正统复辟事》《老庄》《昭君青冢》《太昊师蜘蛛为网》《古意》《题南烬纪闻录》《巨毋霸歌》

6. 悼亡诗：《遥挽德斋》《悼亡大姬》《哀惋三女》《伤念亡仆》《唁慰立斋连夭二孙》

以上将《沈居集咏》中诗分为六大类，个中归类或许有不切当之处，应该不影响通过诗文内容对裕瑞居沈生活加以了解。首先从数量上看，景物、赠答及题画诗为最多，感怀、怀古及悼亡诗略少，这种数量上的差别是自然的，古人作诗多以吟风诵月、酬唱和答为主要题材，至于《沈居集咏》中题画诗偏多，是因为裕瑞本身擅长丹青，无论是自己创作的画作还是他人的绘画作品，都愿意题诗为记。下面分别对不同题材诗中代表作品进行具体论析，尝试得窥裕瑞沈居生活之一斑。

景物诗中第一首《索居行》，可以看作是奠定整部《沈居集咏》诗集情感基调的作品。正如裕瑞本人在诗集序中所言“余于嘉庆癸酉岁十月获遣居东。终日兀然无营，唯抱膝孤吟，自遣而已”[①]。突然获罪，被迫离开繁华首都，开始一个人孤独冷清的流寓生活，对于习惯养尊处优、锦衣玉食的裕瑞来说，一时难以接受，完全在情理之中。“长年赋索居，居隘苦郁塞，晨醒眼模糊，低窗迟目色。盥漱聊敷衍，兀坐懒呼食，对镜见白发，全霜绝少黑。不系度关愁，忧伤乏定力，凭几捻牟尼，课毕每静息。静息揽群动，飞走各为域，檐雀啄牖罣，恼人语啾唧。”开篇四句极言谪居生活孤独无聊，连洗漱吃饭的心情都没有。看到镜中自己容颜老去，更加忧伤无主，只有诵经才能使得内心稍作平静。“穴鼠忽上棚，狂跃意甚得，呼僮逐雀鼠，僮睡酣座侧。自起摘麈驱，因并浮尘拭，有时把一卷，随手遗砚北。”中段二句，以窗外雀、棚上鼠之恣意活泼反衬主人之失意落魄。“客持便面来，叮咛索笔墨，竹兰暨行草，顺应无定势。

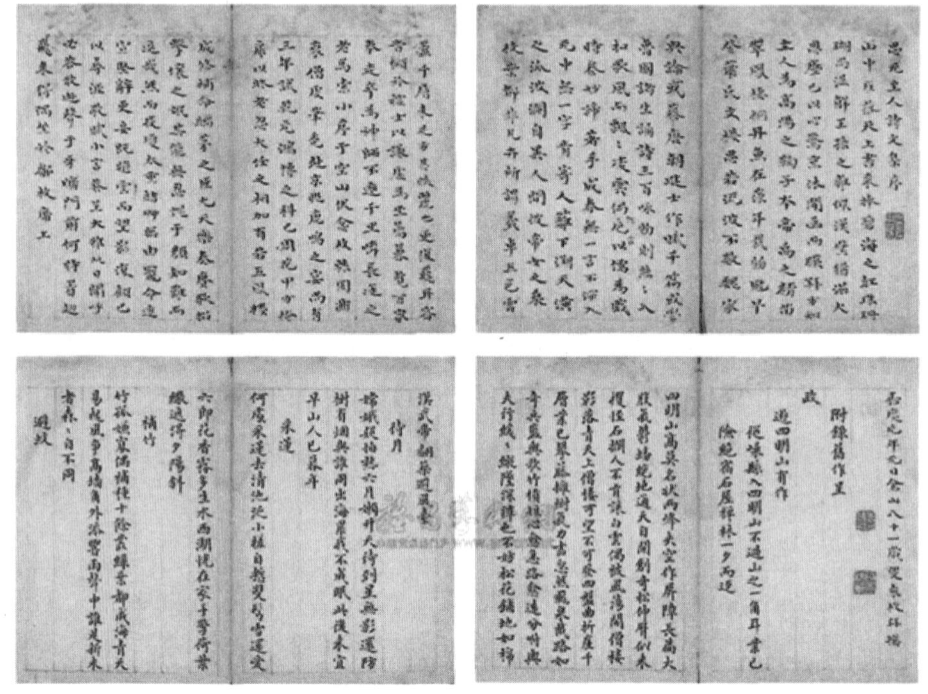

①[清]裕瑞著、孙丕任校注：《沈居集咏》，沈阳历史文化典籍丛书第七辑，沈阳出版社2018年版，第1页。

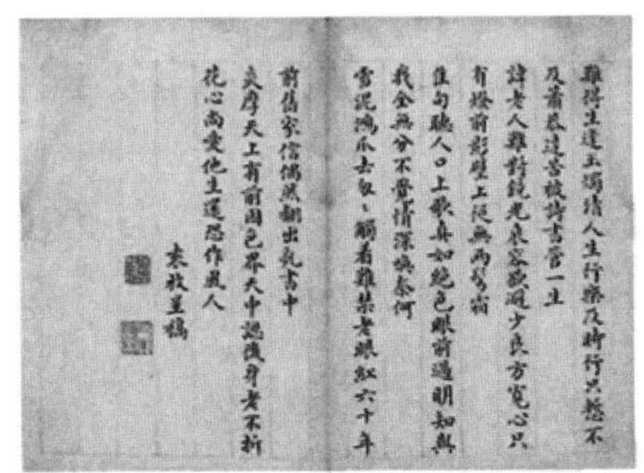
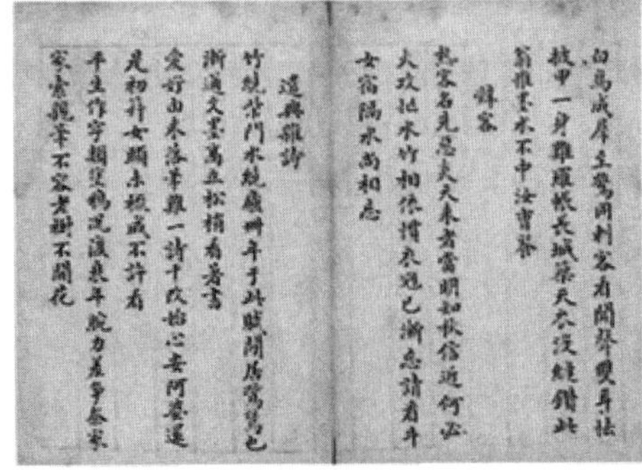

袁枚撰《思元斋主人诗文集序》并诗作册页①

掷笔吸浊酒，姑用润吾臆，微醺块磊销，所欲真鸡肋。天地气清壮，覆载良感德，寸心思缥缈，短梦骛八极，壶公有真乐，深藏恣默默。”后段三句情绪有所转变，虽然终日无聊苦闷，好在有人上门求画，诗人正好借着为他人作画题字，疏解内心压抑的情绪，一边苦中作乐，一边开始正视现实。

总的来说，裕瑞较快地适应了谪居沈阳的生活，这从《自制葡萄酒歌》一诗中有所体现，从诗中所述裕瑞自家栽种葡萄、酿制葡萄酒的情形来看，在经历了最初贬谪到沈阳诸多不适应之后，裕瑞开始主动适应北方的生活，整首诗语意轻快，不拘格式，单纯从诗文的字里行间，已经感受不到诗人忧愁苦闷的情绪，相反诗人已经开始适应并享受轻松闲适的谪居生活。在这样闲适平淡的日常生活当中，裕瑞对于沈阳的本地物产多有关注，比如在《得野葱薤作》中，对吃到野葱和野薤②感到十分高兴，“佳品难得喜再尝，野葱野薤气清芳，似和瓮斋酸咸味，尚带仙林草露香。幽谷兰真焉有种，大山参好不栽秧，得来下酒称新馔，特为烹鲜酌数觞”，从诗中可以看出裕瑞以前曾经吃过这种野菜，对其清香独特的味道十分迷恋，尤其对野葱薤野生的属性赞许有加。

在裕瑞创作的“咏物诗”中有两首诗——《圆儿》《暖炕》，饶有兴味。在《圆儿》诗中裕瑞提到“袁简斋钱辛楣二公皆有此两作”，此处袁简斋、钱辛楣二公即指乾嘉间著名学者袁枚和钱大昕。关于裕瑞与袁枚之间的交往，也称得上一段文人逸事。台湾杨勇军先生曾撰《袁枚与裕瑞交往考略》一文，通过分析《思元主人诗序》和《答豫亲王世子思元主人》两件出自

①转引自杨勇军：《袁枚与裕瑞交往考略》，选自《中国典籍与文化》2015年第2期，第49页。

②清人纳兰常安作《盛京蔬菜赋》中写道“青翻莙荙，与薤蒜蒌蒿以丛生”，其中“薤蒜”指藠头与蒜。裕瑞诗中的“野薤”应与之为同一种野菜。也是对纳兰常安文章的一个印证。

袁枚的手稿，不仅新发现一首袁枚佚诗，而且根据手稿的内容和收藏状况，进一步对袁枚与裕瑞的交往加以考释，并对裕瑞写的一首悼念袁枚的诗《忆袁简斋先生》提出了新的阐释。鉴于杨勇军先生对于袁、裕二人交往的情形已有较为详尽的叙述，本文在此不再赘述。裕瑞与袁、钱二人均有交往，因此在写作同题诗时特意注明。此处因“圆几”并非北方特有家具，故不做评论，而暖炕却是极具代表性的北方居家必备之设置，在此分别摘录三人所作，略作评较：

暖炕①	**暖炕**②	**暖炕**③
袁枚	钱大昕	裕瑞
谁把春台作睡乡，	炽炭中央气四通，	火候抽添仔细论，
乌曹砖上不知霜。	先生真欲号冬烘。	砌成高突恐烟屯。
恍疑故国眠焦土，	未妨厝火仍安寝，	北人用御寒微重，
尚记新婚坐煖床。	且耐薰心略御穷。	南国不行天气暄。
梦惹敬儿通体热，	上座试安木居士（炕边以木为之），	毳帐薰炉尤倍暖，
熏宜荀令几重香。	炎官新守土司空。	单衾薄絮也能温。
燕姬也像唐花样，	江南有客酸寒甚，	酣眠通体皆融畅，
烘出精神觉胜常。	伏枕偏愁内热攻。	虱蠕频劳景略扪。

此三首同题诗中，其实袁枚和钱大昕是唱和之作，裕瑞作为小字辈有点凑热闹的意思。通观三首“暖炕”同题诗，总体感觉袁、钱二人不愧清代一流诗人，诗作音韵和谐、用典精当、文意贯通，情趣盎然。相较之下，裕瑞则稍嫌文力不逮，末句用王猛扪虱答问典故，固然如实反映出古人卫生状况不佳之事实，然则于诗文总体氛围上未免有煞风景之嫌。“景物诗”中吟咏最多者还是风花雪月、四季风物，如春风秋雨，冬雪夏阳。对于贬居赋闲的旧时王家而言，对四季变换仍然葆有一颗敏感的心，亦不失诗人本色。

---

①[清]袁枚著：《小仓山房诗集》卷二十七，《清代诗文集汇编》399，上海古籍出版社2010年，第603页。

②[清]钱大昕著：《潜研堂诗集》卷十，选自《清代诗文集汇编》364，上海古籍出版社2010年版，第592页。

③[清]裕瑞著、孙丕任校注：《沈居集咏》，沈阳历史文化典籍丛书第七辑，沈阳出版社2018年版，第29页。

《沈居集咏》中的“赠答诗”数量较大，反映出裕瑞谪居沈阳时交游情况。主要有同僚，比如盛京礼部侍郎昇寅，《答宾旭宗伯属和其咏画笺十二作》包括《杖菊》《落花》《谭棋》《秋燕》等十二首诗，多为闲适雅兴之作，可以看出二人有着共同的爱好与情趣。比如多方为官时任锦州府宁远知州的孙锡，学术精深的奉天府丞兼学政程同文、彭浚、陈延桂等人。在盛京官员中，前后三任盛京将军的晋昌与裕瑞关系密切，对身遭贬谪的裕瑞照顾有加。晋昌，号晋斋，又号红梨主人，能诗画，系清太宗皇太极第五子恭亲王常颖之五世孙。同为宗室，裕瑞虽比晋昌小 12 岁，但却长晋昌一辈，“实际上他在沈阳吟诗、读书、出游，也与多人有所来往。可能因他是当时豫亲王之亲兄弟，又与晋昌熟识，故获宽容待遇”①。《沈居集咏》中所录《题晋斋公刻戎旃集（二绝）》中有“且住草堂参妙悟”“羡公韵事寄戎旃”等句，说明裕瑞读过晋昌所撰《且住草堂诗稿》和《戎旃遣兴集》。《晋斋自书牡丹再荣诗见赠属和》诗其一下半阕为“年常冥卧愁难起，此际敷荣梦有因。应感上公曾护惜，芳情重奉一枝春”，此二句诗名为写花，实际上很明显表述裕瑞日常谪居生活状态欠佳，幸亏得到晋昌常常关照，才得以打起精神度日。其二末句“节旄三逮谁相告，铃阁欣呈烂漫春”，则巧妙地以将军官邸牡丹盛开昭告晋昌成功三度出任盛京将军一事。居沈期间，与裕瑞有诗文往来者，名气最大的是吴嵩梁。吴嵩梁（1766—1834），字子山，号兰雪，晚号澈翁，别号莲花博士、石溪老渔。江西东乡新田人。清代文学家、书画家。清代江西最杰出的诗人。有“诗佛”之誉。弱冠入都，与当时名流交游酬唱，满洲法式善、裕瑞等人当是此时相识，皆极力推崇兰雪诗名。裕瑞在京时所撰《樊学斋诗集》中收有《兰雪以诗册见贻歌以答之》：

我读兰雪书册诗，风生两腋飘飘思。秋旻凉云笼水国，清露玉珮相参差。仓山别梅延枚叟，石谿绣卷酬湘姬。诗中有丹腕有眼，李花江彩争呈奇。知君前身炼金骨，鹤扇羽衣拍安期。烟霞供养在在好，花光照眼来娱嬉。绿醪叵罗不成醉，春风独立如青旗。谪仙酒狂此茶癖，兴酣一例三百卮。弹冠过我坐树底，烂漫蔼人初升曦。文与性融不在笔，意气早已轻毛锥。吾人胸次有千古，放眼不落青云痴。餐英濯雪斯其分，寒素肺腑焉啜醨。襟怀落拓任孤性，丘潭旦暮怜清漪。文债恼人胜酒债，壶公暂向诗龛移。春明门里风烟冷，何处竹梧留凤枝。

①刘广定：《〈枣窗闲笔〉之真伪与成书时间》，选自《曹雪芹研究》2017年第4期，第157页。

莫薄系匏等鸡肋，索然归赋西江涯。[①]

此答谢诗单纯从篇幅上看，即可见出诚意。言读兰雪诗有飘飘欲仙之感，与吴兰雪“诗佛”之称号相称。全诗清丽飘逸，仰慕推崇之情充溢，显出裕瑞作诗功力。同时作为答谢，裕瑞也即画竹相赠，吴兰雪收到裕瑞的画作，特作诗答谢：

主人画竹有高格，持赠吴生殊可惜。枯毫得酒心槎枒，一笔陵空气千尺。山中昨夜闻春雷，怒笋纵横穿石崖。苍龙独卧幽涧底，偃蹇不是干霄才。竹性虽同讬根异，毕竟南枝得春气。林阴背日放稍迟，瘦影萧萧散凉翠。主人爱竹心独偏，移到华池尚有烟。此君原是潇湘种，一醉先教灌玉泉。庙堂峨峨待梁栋，笛材纵佳岂堪用。一枝筠粉落秋深，愿吐青花饲饥凤。吴生与竹同性情，下笔惟闻秋雨声。参天扫地皆随分，自古人才要养成。[②]

《清艳堂近稿》中《兰雪谢茗诗来，即索和韵，因呵冻酬之》《中秋夕寄兰雪》《夜集东园和兰雪韵》《乐云主人以折枝桂花赠兰雪，次日作诗来谢，且属余和，即次韵答之》《寺中寄怀兰雪》均为与吴兰雪唱和交游之作。其中《夜集东园和兰雪韵》尾联“嘉会引孤兴，啸吟欣破幽。前年题句处，拂壁尽名流”，给读者描绘出裕瑞与吴兰雪等京城名流集会交游，题壁留诗的盛景。《寺中寄怀兰雪》末句“荒郊春梦隔，古寺耶寒凄。惟惜两潭水，待君同品题”，于诗意寂寥处，思念友人之情，情深款款，令人为之动容。吴嵩梁著《香苏山馆诗集》中亦有《思元道人招同法梧门学士、谢芗泉、杨蓉裳两员外、鲍觉生中允、徐星伯庶常小集》《萎香轩呈思元主人》《思元主人累贶佳茗报以一诗》《思元上公招同英梦禅布衣、法时帆学士、张船山检讨、杨蓉裳员外集樊学斋，即席次韵应教》《思元主人游海淀遇大风雨，归自撰游记，客为绘图赋诗应教》《奉和思元主人园中八咏》等诗，反映出裕、吴二人之间相互倾慕，交谊颇深。

①[清]裕瑞撰：《兰雪以诗册见贻歌以答之》，选自《清代诗文集汇编》500之《樊学斋诗集》，上海古籍出版社2010年版，第290页。

②[清]吴嵩梁撰：《思元主人画竹见贻题曰干青云而直上，甚愧其意赋此报之》，选自《清代诗文集汇编》482之《香苏山馆古体诗钞》，上海古籍出版社2010年版，第194页。

《沈居集咏》中“题画诗”亦占有不少篇幅。裕瑞所作“题画诗”一是为自作画题诗，一是为他人作画题诗。如《张仙槎刻泛槎图寄赠属题答之》，即裕瑞为嘉道间名画家张宝代表作品《泛槎图》所作题诗。张宝（1763—1832），字仙槎，上元（南京）人，工山水，好游览，足迹遍历十数省。《泛槎图》刊印于嘉道年间，分六集，各图并识诗于上，每集附以名公巨卿、学者名流的题咏，书法精美，洋洋大观，均刻录刊印，因此《泛槎图》也可称为一部书法丛刊。由数量众多的“题画诗”可以看出，裕瑞谪居沈阳，更多的是潜心诗画，追求精神世界的充实娴静。

“感怀诗”在《沈居集咏》中数量虽然并不多，但却是能够较为直接反映裕瑞十数年居沈期间心境与情绪的文字。如《春感》一首“逍遥乐何许，心境两俱忘。得失塞翁马，多歧杨子羊。水流终赴海，云淡渐还冈。又是春阳到，开花迎眼芳”，从诗的内容上看，裕瑞在经历过最初贬谪离京，倍感离群索居之孤独，已经开始逐渐适应索居沈阳的生活，自认塞翁失马，甚至开始感到逍遥快乐，虽然从颈联可以读到些许无奈之感，但诗文总体上还是明快开朗、充满活力的。再如《庚辰四月六日五十自寿（二首）》，写作此诗时裕瑞已年届五旬，贬居沈阳也已有 6 个年头，其一中“识命高难步，知非学未成。栽培在自己，何假问君平”，其二中“益壮原非望，无闻证已成。延年视方寸，水静与山平”等句，读来虽未免有无奈之感，但诗人终归看破浮生，有所领悟，所谓“知天命”者是也。《九日思登高作此自嘲三叠韵》长歌三首，“重阳节当登高望远，以抒文人怀抱。作者却索居书斋，尻轮神马卧游于虚幻之境，想象瑰异，文笔豪纵，使人神往。但最终归于现实世界，不羡神仙，不期显贵，寄身书堂，饱览秋光而已”[①]。此三首长调，充分显示出裕瑞灵动多彩的文思与驱遣自如的文笔，而能够从容驾驭如此天马行空的文字，也反映出裕瑞至少在诗文创作方面已经找回从前的状态。《感怀二首集兰亭字》其一首联“放浪形骸在盛年，岂知老大事情迁”，可谓一语总结了诗人前半生宗室公卿浮浪奢华、后半生遭厄流离的生涯，其二尾联“托迹山林犹未老，终年静室寄于斯”则表达了诗人已经看淡荣辱，寄情吟咏，潇洒度日。《丁亥春分日微雪述怀》句云“时序若弹指，十载滞关东。琴书久寥落，烦忧积素衷”，表明作者遭贬盛京已历十载，琴书冷落，忧愁度日。末句“蜉蝣无驻药，槿花难久红。感此自策励，

①[清]裕瑞著、孙丕任校注：《沈居集咏》，沈阳历史文化典籍丛书第七辑，沈阳出版社2018年版，第91页。

静念勤吾功”感叹人生短暂，韶华易逝，然而诗人老而弥坚，文章不废，令人肃然起敬。

“怀古诗”在《沈居集咏》中数量不多，或为咏叹历史事件者，如《题明正统复辟事》《题南烬纪闻录》；或为吟咏历史人物者，如《虎丘真娘墓》《老庄》《昭君青冢》《太昊师蜘蛛为网》《巨毋霸歌》，裕瑞所作咏史怀古诗，基本沿用主流史观，未见有特异处。

结语

纵观爱新觉罗·裕瑞一生，似乎可以如此评价：典型的宗室贵族，一流文学家，二流画家。作为满族后裔，遭逢异变，返回籍地，由最初的心灰意冷，到随遇而安，再到自得其乐，勤于创作，为沈阳文学史的繁荣做出了极大的贡献。

我为子弟歌一曲——韩小窗

有清一代，曾经有一种颇具特色的民间艺术形式——子弟书，先后流行于两京（北京、盛京）之间。同时涌现出一众子弟书创作的名家好手，韩小窗便是其中最著名者。本文即是在对这种一度代表了北方曲艺最高水准的艺术形式进行评析的同时，对韩小窗的子弟书创作生涯做出总括式的评传。

一、结缘子弟书

韩小窗（1800？—1856？），清代著名子弟书作家。辽宁人，自幼双亲早丧，寄居于沈阳姑母家中，后姑父丧，姑母体弱多病，对其管束不多。小窗常出入沈阳西关及小河沿的茶肆书场中，听些古今传奇评书演义，虽少年心性，却对古往今来的悲欢离合多有感慨，这些经历使得韩小窗自幼与民间文艺结下了不解之缘，并为终其一生的子弟书创作奠定了坚实的基础。

嘉庆、道光间，韩小窗进京考取功名，奈何屡试不第。于是流连于北京、锦州、辽阳、沈阳各地，会诗访友。游学期间先后结识鹤侣（奕赓）、喜晓峰、缪东霖、文西园、春树斋、二凌居士等名士，这些人多为子弟书爱好者和创作者。正因为与这些志同道合者的交谊，韩小窗开始了解子弟书，并开始尝试创作子弟书，而最终成为子弟书创作的一代宗师。在沈阳，韩小窗与缪东霖、喜晓峰、春树斋、尚雅贞、曾显堂结“荟兰诗社”。每月逢三、六、九日，于沈阳鼓楼的会文山房（会文堂）集会，会文作诗、写诗谜等。常将他们新创作的言贴诗、对联、灯虎和子弟书等发榜公布（不署名），贴于会文山房以南、东华门外的一家清茶馆的墙上，供众人品评，一时过往观者塞巷盈门。此举打破了八旗子弟与下层民众之间的界限，不少大鼓、皮影、“什不闲”以及走乡串户的盲艺人和扭大秧歌的，纷纷请诗社成员撰写脚本或唱段。诗社走向民间，自然引起了统治者的注意和干涉，这种在茶社张榜的做法，只断断续续地进行不到三年便终止了。在这段时间，韩小窗创作了《宁武关》《青楼遗恨》和《得钞傲妻》等子弟书段，都由会文山房刊行，由此声名大振。

1. 韩小窗的生卒年。有关韩小窗的生平资料所见不多。关于韩氏的生卒年主要有以下说法：① 1840—1896 说。据胡光平考证：“1953 年底我们访问了沈阳市曲艺老艺人文俊阁。当时他七十八岁（现已去世）。他在光绪十八、十九年（1892—1893）曾见过韩小窗。据他回忆，那时韩小窗约五十岁。（文俊阁的舅父是韩小窗晚年在沈阳的好友缪东霖，年辈稍后于韩小窗。缪东霖生卒年代是 1851—1939 年）。由此推算，韩小窗应生于道光二十年（1840）前后。约在光绪二十五年（1899），文俊阁多方打听，知道韩小窗已经去世数年。死于何年不明，推想是在光绪二十二年（1896）左右。”[①]1982 年张政烺在其《会文山房与韩小窗》一文中，补充了胡光平的考证，探讨了会文山房与韩小窗关系，又以抄本《陪都景略》的资料，论证了韩小窗实为韩晓春。并指出抄本《白话成文》，附录《“上大人”附说》，由二凌居士与韩晓春合著，其序文曰：“光绪建元，岁在乙亥，元宵佳节，向年如此，前后五日，出设灯谜，会集文人，颇能遣兴，聊解闲愁，无非取笑而已……”[②] 借此进一步肯定了胡光平关于韩小窗是光绪年间人的说法。

2. 乾隆、嘉庆年间说。据陈加考证，韩小窗不是道光、光绪年间人，而是清前期作家。主要论点引用日本学者太田辰夫《满族文学史》中论述：（1）得舆《草珠一串》收入竹枝词里有“西韵悲秋书可听”的句子，在注里说“子弟书有东西二韵，西韵若昆曲。《悲秋》即《红楼梦》中黛玉故事。”因为《黛玉悲秋》是韩小窗所作，他最晚也是嘉庆时候的人。（2）小窗的《一入荣府》卷首诗里有“小窗酣醉欲狂吟，忽见新籍伫案存”。大概是指看到《红楼梦》的程伟元早期刊本（乾隆五十六、五十七年）。如果是这样的话，这个作品可能是乾隆末年所作，也未可知。至少是清末的人叫《红楼梦》为“新籍”是没有道理的。（3）在奕赓的《集锦书目》里，小窗作品名字大半出现过。《集锦书目》是道光年间作品，而同治、光绪时候的作品，不应该在《集锦书目》

①胡光平：《韩小窗生平及其作品考查记》，选自《文学遗产》1963年第A12期，第90–100页。

②张政烺：《会文山房与韩小窗》，选自《社会科学战线》1982年第2期，第213页。

里看到[①]。

除上述观点外，诸多有关韩小窗生卒年的考证中，都提及奕赓在《逛护国寺》中所说：“论编书的开山大法师，还数小窗得三昧。……这些人俱是编书的国主，可称元老。”据其语气判断，奕赓当与韩小窗平辈或稍晚；而据康保成考证，奕赓的生年大约在乾隆五十七年（1792）前后，卒于同治初年（1862）以后，韩小窗的生年当不会晚于奕赓[②]。又据傅惜华《曲艺论丛》载，韩小窗子弟书作品《白帝城托孤》《得钞傲妻》有乾隆、嘉庆年间刻本，故称其“生于乾嘉间”。前文提及的同、光间的二凌居士，在给光绪二十五年（1899）会文山房重刻本《黛玉悲秋》做的小序中说：“前人韩小窗所编各种子弟书词，颇脍炙口谈，堪称文坛捷将。”同、光间人既称韩为前人，则韩至少为嘉、道时人可知矣。再者，前人每谈子弟书，必称“二窗”为个中翘楚，以罗、韩并称，罗则乾隆时人，韩则必不太晚出也。另外在《清蒙古车王府藏子弟书》收录的近三百种子弟书作品中包含了大量韩小窗的作品。既然蒙古亲王车登巴咱尔于1830—1852年间收录的子弟书中有许多韩小窗创作的子弟书作品，可知在之前韩小窗已经完成了大部分的创作，由此可以推论韩小窗应该是生活在道光十年（1830）前后。

综合上述资料，可以得出以下结论：近代著名教育家林兆翰认为韩小窗在清康熙年间已大量创作子弟书。这一说法目前尚无更多详细资料来证明，存疑。而日本人太田据《一入荣府》卷首诗句，推断韩氏所见应为《红楼梦》的程伟元早期刊本，同样不能令人诚服。也就是说，将韩氏认定为康熙、乾隆年人，有过早之嫌。同样据前述相关考证，将韩氏认定为同治、光绪年人，亦有过晚之嫌。顾琳的《书词绪论》是现存最早清代唯一的子弟书研究专著，该书自序末署有“时嘉庆二年岁次丁巳人日金台顾琳玉林氏撰”[③]，说明《书词绪论》成书于嘉庆二年（1797）。李镛在为《书词绪论》作序时指出“辛亥夏，旋都门，得闻所谓子弟书者”。顾琳在书中也明确写道：“书（子弟书）之派起自国朝，创始之人不可考。后自罗松窗而谱之，书遂大盛。然仅有一音，嗣而厌常喜异之辈，又从而变之，遂有东西派之别。其西派未尝不善，惟嫌阴腔太多，近于昆曲，不若东派正大浑涵，有古歌遗响。”[④]这段文字表明了子弟书是在乾隆

①陈加：《关于子弟书作家韩小窗》，选自《社会科学战线》1984年第3期，第213-214页。

②康保成：《子弟书作者鹤侣氏生平、家世考略》，选自《文献》1999年第4期，第128-144页。

③顾琳著、李镛评：《书词绪论》，选自《子弟书丛钞》，上海古籍出版社1984年版，第820页。

④顾琳著、李镛评：《书词绪论》，选自《子弟书丛钞》，上海古籍出版社1984年版，第821页。

五十六年（1791）左右流传于世，而从罗松窗开始才逐渐兴盛起来。韩小窗作为与罗松窗齐名的东派代表作家，顾琳却并未提及，这或许可以表明韩小窗在乾隆末年尚未出生的可能性。再有一点具有说服力的论证是，韩小窗创作的诸如《一入荣国府》《露泪缘》《芙蓉诔》《双玉听琴》《宝钗代绣》《会玉摔玉》等作品中，《露泪缘》和《双玉听琴》的故事均取自程伟元、高鹗一百二十回本《红楼梦》。子弟书《露泪缘》，从《凤谋》到《证缘》《馀情》共十三段，涉及第九十六回《瞒消息凤姐设奇谋　泄机关颦儿迷本性》、九十七回《林黛玉焚稿断痴情　薛宝钗出闺成大礼》、九十八回《苦绛珠魂归离恨天　病神瑛泪洒相思地》；《双玉听琴》写的是八十七回《感深秋抚琴悲往事　坐禅寂走火入邪魔》的故事。程高本《红楼梦》梓行时间为乾隆五十六年，据此时间推断，本论倾向韩小窗之生年至少当在嘉庆年间，鼎盛年至少当在道、咸年间。

韩小窗的出生及主要生活地域。关于韩小窗出生及主要生活地域有以下说法：

1. 开原说。据胡光平考证“久居沈阳的手工艺老刻工关永绥说，他幼年听他祖父说韩小窗原籍开原，旗人。又，曲艺老艺人袁希纯在光绪末年求学时，也听他的老师说起，韩小窗是开原人。这个说法是可靠的”①。

2. 沈阳说。张政烺引用胡光平清光绪六年（1880）会文堂刻本中二凌居士跋文中言“《宁武关》系故友小窗氏愤慨之作。……同乡处士未入流二凌居士谨跋”，指出“会文堂（即会文山房）在沈阳，是一个刻印发卖子弟书的店铺，所刻子弟书常有二凌居士的跋或题诗。小窗氏的作品，二凌居士题跋自称同乡，他们活动的地方是沈阳，称同乡自然是小同乡而不是大同乡，那么小窗氏也是大、小凌河之间的人”②。

3. 北京说。清光绪乙巳（1905）重刻盛京老会文堂本《露泪缘》和《黛玉悲秋》，扉页上有二凌居士题词：“前人韩小窗所编各种子弟书词，颇为脍炙口谈，堪称文坛捷将，乃都门名手。唯此《露泪缘》一段，未注姓氏，而句中笔法，可与古人歌词共赏，描写传神，百读不厌。故将本内错字改正无讹，令看官入目了然。书坊主人求余跋序。仅题二句云：‘乃见焕乎非俗子，不知作者是何人！’”陈加认为锦州二凌居士并未称韩小窗为同乡，而称之为“都门

①胡光平：《韩小窗作品及其生平考查记》，选自《文学遗产》1963年第A12期，第91页。

②张政烺：《会文山房与韩小窗》，选自《社会科学战线》1982年第2期，第212页。

名手”，即可确定他为“北京写作子弟书的著名作家”[①]，不过此处的“都门”也不排除是指盛京或沈阳。又，陈恩荣在民初天津社会教育办事处铅印本识语中说：“《千金全德》书，为韩小窗作。……韩小窗，北京人。是书成于康熙间，盛行于乾隆时代。德君寿山云。”[②]

关于韩小窗的出生及主要活动地区，尽管有以上不同学者的不同主张，但是从有关韩小窗的交友与主要活动地点的资料反映来看，本论认同韩氏出生于开原，主要活动在沈阳的说法。

二、清代文学瑰宝——子弟书

中国传统文学体裁多样，举凡诗、词、歌、赋、记、传、论、说，可谓各领风骚，百花争艳。这其中自然有如唐宋名家的诗词、明清圣手的小说一般流播于世、妇孺皆知的文学遗产，然而也有别具风姿却并不为人熟知的文学样式。子弟书，便可称得上是代表之一。子弟书虽属通俗文艺范畴，但其艺术评价却相当高。早在20世纪30年代，著名文学家郑振铎就将子弟书收入其所编的《世界文库》中，与诸多中外名著并列。当代著名学者启功先生，称子弟书为“创造性的新诗”，将其列在唐诗、宋词、元曲、明传奇之后，视为清代文学中的最高成就之一。因此，近百年来，许多中外学者一直在对其进行研究。

子弟书者，又称清音子弟书。非诗非词，亦诗亦词，是一种配以八角鼓，佐以三弦演唱的书曲形式，近似于后来的鼓词。赵景深认为“我们已可明了子弟书是乾隆年间起始兴盛的八旗子弟演唱技艺。可是它的渊源究竟如何呢？……我以为北方流行的大鼓是早有它们的远祖的。子弟书是从民间的大鼓中吸取而加以改造的另一类大鼓。……它可以说是流行在八旗子弟中的‘子弟大鼓’了”[③]。崔蕴华则认为“子弟书约形成于乾隆年间，属清中前期，而大鼓则是清中后期尤其是晚期流行的曲艺；从时间上看，子弟书的形成早于大鼓，

①陈加：《关于子弟书作家韩小窗》，选自《社会科学战线》1984年第3期，第215页。

②[清]韩小窗：《千金全德》，陈恩荣附识，天津社会教育办事处民国铅印本，日本早稻田演剧博物馆藏。

③赵景深：《曲艺丛谈》，中国曲艺出版社1982年版，第186页。

故而两者并不存在渊源关系。”① 显然，崔氏的推断更具合理性。之所以被称为“子弟书”，主要是因其始创者、作者、演唱者、听众等，多以八旗子弟为主，“昔日鼓词，有所谓子弟书者，始创于八旗子弟。其词雅驯，其声和缓，有东城调、西城调之分”。② 而且演唱者因为有“子弟”身份，在演唱时，还有“请场”的仪式和规矩③，以示与其他艺人的商业演出行为有所区别。

子弟书诞生于北京，盛行于乾、嘉、道三代，至光、宣时趋于没落。因为作者大多是有较深文学素养的八旗子弟，因而子弟书作品往往具有很高的文学欣赏价值，堪称“词婉韵雅”④，在当时的艺坛上地位极高。嘉庆十三年（1808），北京发生了有名的“敏学事件”。嘉庆皇帝盛怒之下将一批无官无业、平素行为不端的闲散宗室遣回盛京，安置在盛京城小东门外居住。随着这批宗室子弟的到来，盛行于北京的子弟书也开始在盛京城传唱。

清末沈阳翰林缪东霖所著《陪京杂述》中有如下记述：“说书人有四等，最上者为子弟书，次平词，次漫西城，又次为大鼓、梅花调。”⑤ 可见子弟书的“书”，本意非通常理解的“典籍”或“图书”，而是“说书唱曲”“大鼓书”的“书”。关于子弟书作者的身份问题，关德栋认为“子弟书作者绝大多数是属于无名氏，即使有极少数能够考知姓名的，其生平事迹也都湮没无闻。……他们之中约略可考见其生平的是‘鹤侣氏’，在他所写《侍卫论》结尾说‘我鹤侣氏也是其中过来人’，说明他当过侍卫。他所作以侍卫生活为题材的子弟书除此而外，还有《老侍卫叹》《少侍卫叹》和《女侍卫叹》等。经考证，他就是清宗室爱新觉罗奕赓，为庄襄亲王世子，于道光年间曾任侍卫六年，著作有《佳梦轩丛著》。他自然是个贵族子弟，然而即使在他这样的地位也‘好景不长’，当他写子弟书作品时，已是过着‘柴湿灶冷粟瓶空’的穷愁生活，只能用子弟书一抒胸臆，‘解散穷愁’。其他，如文西园在《先生叹》结尾说‘文西园窗前

①崔蕴华：《书斋与书坊之间一清代子弟书研究》，北京大学出版社2005年版，第14页。

②[清]震钧：《外城西》，选自《天咫偶闻》卷七，北京古籍出版社1982年版，第175页。

③逆旅过客：《都市丛谈》“八角鼓”条“据说斯曲为八旗土产，向无卖钱之说，演者多系贵胄皇族，故称‘子弟’，如欲演唱，必须托人以全帖相邀”。同书“单弦曲词”条亦云“此等人虽然要钱，当初可不入生意门儿，桌上应当铺一红毡，报签儿上要冠以‘子弟’二字，无论在何处演唱，上场时须有人冲上作揖，名为‘请场’，仍不失子弟身分。”北京古籍出版社，1995年5月，第117−119页。

④闲园《金台杂俎》“分东西城两派，词婉韵雅，如乐中琴瑟，必神闲气定，始可聆此”。孟瑶《中国小说史》台北 传记文学出版社，1970年12月，621页。

⑤[清]缪东霖著、袁闾琨等校注：《陪京杂述》，沈阳历史文化典籍丛书第一辑，沈阳出版社2009年版，第85页。

闲谱《先生叹》，生感慨，一顶儒巾误少年’。可见他本人只不过是个穷塾师而已。蕉窗在《遣晴雯》诗篇末尾说‘蕉窗下，医余兀坐无穷恨，闲消遣，楮洒凄凉冷落文’。作者则是个医生”，①指出子弟书作者大多数“阶级地位是低下的”，“充其量不过是从封建统治阶级中分化、跌落下来的，或者本来就是穷愁潦倒的失意文人”。但是，另一方面，从子弟书主要作家如韩小窗、罗松窗等人的作品来看，与大多来自民间底层，平白如话，甚至稍嫌粗俗的曲艺书文相比，其文词典雅绮丽，情感高雅，这一显著特征说明子弟书作者确实具有比较高的文化素养。还有一个特别之处是，子弟书的演出开始是非营业性的，演唱的八旗子弟们不仅分文不取，还要搭上置办用品的费用，图的是有人捧场，自娱自乐，即当时俗话所说的“花钱买脸”。其演出场所多是在沈阳城内或“东关”“北关”居住的满族官宦世家府第中，逢其家中有喜寿事，由主家盛情邀请，才到这些“大宅门”中献艺。后来，子弟书逐渐唱到了社会上。民国以后，八旗贵族退出了历史舞台，子弟书也和主人一起“下野”，成为奉天大鼓等一些民间曲艺中的“子弟段”，与“三国段”“草段”等同台演出。当时沈阳小西门里的“洪泰轩”、中街的“凝香榭”“万泉茶社”等，都是其经常性的演出场所②。

子弟书书文通常冠以开篇诗，开篇诗以相对严格的七言律诗为主，叙述作者的写作动机或总括书文大意。而书文的主体部分则比较自由，字数多者一句可长达30字。其中故事情节简单、篇幅短小者，可以不分回；而关目繁杂，篇幅稍大者，则可以分为二三回，甚至三四十回，每回约百句，中间有回目。曲词每两句押韵，每回限用一韵，韵用我国北方戏曲与曲艺所通用的“十三辙”。二回以上的作品可以每回换韵，也可以一韵到底，不加限制，十分自由灵活③。

现存的子弟书有500种以上，其题材来源，则以取材于我国明清两代通俗小说、元明清三代传奇与当时北京流行的散出或京剧等故事居多，为数在300种以上；而以描写当时社会生活及风土人情等为题材者，也有近200种。前者不乏极为优秀的作品，其艺术成就往往远在原著之上，而且影响深远，流传极广；而后者所保存当时的社会史料则极为丰富，实为后人研究清代社会史最珍贵的资料。20世纪80年代以来，相继有5套子弟书的作品整理出版，分别是《子弟书珍本百种》《子弟书丛钞》《清蒙古车王府藏子弟书》《清车王府抄藏

---

①关德栋、周中明：《论子弟书》，选自《文史哲》1980年第3期，第58页。

②佟悦：《清末沈阳子弟书》，选自《沈阳日报》2007年3月8日，第B8版。

③陈锦钊：《论子弟书的整理与研究》，选自《满族研究》2003年第4期，第55页。

曲本·子弟书》和《红楼梦子弟书》。共收录子弟书作品394种，其中200多种子弟书作品都是取材于前代的文学作品，有很多取材于《论语》《庄子》和明清小说、戏曲等经典文学作品的内容，其中对《红楼梦》和《长生殿》的改编作品数量最多，如《晴雯撕扇》《湘云醉酒》《醉卧怡红院》等来源于《红楼梦》，《鹊桥密誓》《马嵬驿》来源于洪昇的《长生殿》，另外有少量作品取材于宝卷和弹词。下面我们以1979年末中国曲艺工作者协会辽宁分会编印的《子弟书选》为例，对子弟书创作选材的情况做一个简要的分析。《子弟书选》收录了由傅惜华收藏的子弟书83篇，虽然篇目数量不多，但是秉承保持原貌宗旨，未做易动，具有较高的参考价值。

1. 取材自文学经典而力求出新。这一部分作品当以韩小窗"红楼梦子弟书"为代表。《子弟书选》共收录韩小窗创作的红楼梦题材子弟书作品6篇，记有《露泪缘》《芙蓉诔》《一入荣国府》《宝钗代绣》《悲秋》《双玉听琴》。另有煦园《游亭入馆》、蕉窗《遣晴雯》各1篇。"红楼梦子弟书"在准确把握原著内在精神的基础上，完成对原著的重新演绎与升华，给人青出于蓝而胜于蓝之感，颇有建树。再如韩小窗作品《长坂坡》《白帝城》，《徐母训子》《凤仪亭》（鹤侣作）、《挡曹》（煦园作）取材自《三国演义》，《得钞傲妻》《哭官哥》《不垂别泪》《春梅游旧家池馆》《永福寺四回》取材自《金瓶梅》，《卖刀试刀》《烟花楼》（张松圃作）取材自《水浒传》，《青楼遗恨》取材自《警世通言》，《忆真妃》《鹊桥密誓》（罗松窗作）、《锦水祠》（哈溪钓叟作）取材自洪昇《长生殿》等；芸窗《飞熊梦》取材自《封神演义》；罗松窗作《游园寻梦》《离魂》取材自《牡丹亭》；《罗成托梦》《秦王吊孝》取材自《说唐》，金永恩《负心恨》取材自唐人小说《霍小玉传》。似此，子弟书活用前朝经典而自辟蹊径，在创成一种百姓喜闻乐见的新艺术形式的同时，无形中对诸如《红楼梦》之类文学经典的普及和传播起到明显促进作用，可谓"善莫大焉"。

2. 取材自世相人情与社会百态以警醒世人。《子弟书选》辑录的子弟书作品当中还有一些取材自社会时事的篇什，这些作品当中对时弊流俗、人情世相的揭露与讽喻，使得子弟书具有了批判现实主义的元素。如鹤侣《借靴》一篇，淋漓尽致地刻画了惜财如命的刘二和惯贪便宜的张三这两个人物，纵然文中不乏艺术夸张与渲染，但一针见血地指出"这就是世途相交的真样子，人情变幻的恶形容"，可谓痛快淋漓，入木三分。而由《侍卫论》《老侍卫叹》《少侍卫叹》3篇组成的"侍卫系列"，则对旧社会底层"公务员"的生活工作状态进行了真实的描写,字里行间充满对世态炎凉、人情冷暖的感慨与无奈。再如《刘高手治病》,“非敢讥讽时医辈,借题写意识者休憎。论时医自我观来如狼虎,疾者遭之似夺命星”。书文于嬉笑幽默中对徒有虚名的“名医”进行了辛辣的讽刺,夸张的情节、搞笑的对白堪称今时“恶搞”文学之鼻祖。文西园《先生叹》与河西隐士《穷酸叹》分别对碌碌度日的教书匠与做梦高第的穷秀才进行了惟妙惟肖的描摹,对旧社会那些肩不能扛、手不能提的腐儒进行了辛辣讽刺。韩小窗《下河南》写相貌丑陋的胡罗锅想娶美貌女子白玉兰,请英俊的吴公子代为相亲,结果吴公子被女方招赘。吴公子、白玉兰终成眷属,胡罗锅活活气死。整篇故事嬉笑夸张、善恶美丑皆得其所,从一个侧面反映出封建社会包办婚姻,女性无法掌握自身命运的陈规陋习。

在分析了子弟书创作选材上的特点之后,我们再来看看子弟书创作上的主要手法与特征。

叙事曲折委婉,写景状物文情并茂,描写人物内心活动富有想象力与感染力。我们来看鹤侣根据《三国演义》第八回再创作的《凤仪亭》。在原作小说中,貂蝉不过是司徒王允“巧使连环计”中的一枚棋子,充其量不过是一个道具而已。小说在情节叙事上简洁明了,但是对中国古代“四大美女”之一的貂蝉和“人中吕布”的人物形象并未有细致的描摹。而鹤侣在书文中通过貂蝉眼之所见,描述了吕布的形象:

人物儿标致气色温和,
束发金冠镶异宝,锦袄攒花箭袖遮,
丝绦紧束熊罴体,昆吾斜悬不须磨,
凛凛身躯似玉树,堂堂相貌显红白。

接下来对集美貌与智慧于一身的貂蝉进行了精彩的人物肖像描写:

只见她光溜溜的四鬓堆鸦翅,黑真真的云鬓挽盘螺,
白生生的玉簪绾宝纂,黄澄澄的金钗翠叶托,
荡悠悠的耳环玲珑砌,香馥馥的鲜花填钿窝,
……
一点点朱唇红润胭脂冷,碧莹莹两行皓齿玉晶白,

尖生生玉指春葱托粉面，瘦怯怯一掐蛮腰恰待脱。

这一段书文运用典型的子弟书叠字排比句式，对一代绝色进行了工笔画式的细致描画。这种铺陈渲染式的人物形象描绘，正是子弟书这一艺术形式在艺术表现力方面的独到之处。同时相较于原著小说过于简省的人物描写，更能够满足听众的审美需求。而令人更加印象深刻的是，子弟书并没有仅仅停留在人物形象描写这一较为初级的艺术创作层面上。为借吕布之手杀董卓，貂蝉约吕布相会于凤仪亭，小说中貂蝉与吕布在凤仪亭中的对话，不过寥寥数语，却给人以意犹未尽之感。在此处鹤侣将貂蝉的内心活动以如泣如诉的笔触委婉呈现，令人动容。书文从“可怜我千金贵体遭淫乱，可怜我臭名万代污清白，可怜我枉担虚名把英雄嫁，可怜我夫婿虽强缘分儿薄，可怜我梦里鸳鸯成了画饼，可怜我镜中的鸾凤惹愁多”到“恨只恨严亲盼贵失主意，恨只恨姣容艳质不如拙”，从“恼的是儿夫心太狠，恼的是将军情义薄”到“惟望你留神早使脱身的计，惟望你恩情仇怨要斟酌”，分别连用了八个排比句，极大地丰富了小说中略显单薄的情节，增强了作品的艺术表现张力。像这样通过对人物内心世界的细腻刻画，使得听众如见其人、如闻其声，进而如临其境。

如蛤溪钓叟的名篇《锦水祠》，全文仅一回，不足千字。然全文的90%，从“妃子呀！我有昧深盟负情意；致使那，生拆鸾凤各西东”到“妃子呀！此庙宇暂留遗像；他日里，山陵重新葬玉容”，竟然全部是唐明皇面对太真妃塑像的内心独白。其中如“再不能，南苑寻春沉香晚眺；再不能，西宫消夏花径携行。再不能，秋夜谈心七夕乞巧；再不能，冬宵窗语午夜情浓。再不能，赐盒分钗定情结好；再不能，选词制谱按徽移宫”。再如“看如今，苟延余有何取处？不过是，流干眼泪盼断魂灵！也是朕，无德无能无福分；要与卿，白头偕老再不能。分明你，泪眼愁眉花容惨淡；是怎么，只求你聊以顾盼，你又何曾？你那个，秋波儿不动，春山儿正蹙；是怎么，我问你半晌并无声？你虽是那木刻的冰肌，香雕的玉骨；也应效泥人垂泪，泪珠零。莫非是，芳心犹有无穷恨？再不是，含情尽在不言中？既不然，也仍知我伤心处；宜向这荒祠以里，显显神灵”。似此等辞句，堪称字字血、声声泪，直教人愁肠百转、悲恸涕零。同时，对作者高超的写作技巧、艺高人胆大的主题选取感到由衷钦佩。子弟书作者正是凭借卓然不群的文学修养，实现对传统文学作品中人物的再创作达到新的高度，这也解释了人们为什么在熟知故事情节的情况下，仍然喜爱欣赏子弟书的原因所在。“子弟书作者能够把一个本来简单的情节，叙写得如此曲折、丰富，情文并茂，是值得赞叹的。”①

与西方文学中讲究写实主义景物描写风格不同，我国古典文学作品对景物的描写讲究宏观写意，点到为止。而子弟书在这方面则发挥了其浓墨重彩、长于写景抒情的特点，这一创作特质也正是子弟书这一文学形式的闪光处。若论子弟书中景物描写的第一人，当非韩小窗莫属，待后文详述。而其他一些主要子弟书作家，也每每有景物描写的上乘之作呈现。如罗松窗的《游园寻梦》中小姐游花园一段景物描写：

只见那万紫千红都开遍，苍松翠柏各舒芳。
转雕栏挨到湖山下，见亭轩紧闭平门另样凄凉。
但见些千行弱柳垂金线，几树梨花斗玉妆，
木兰紧靠荼蘼架，杜鹃红满曲栏旁，
绿竹阴笼松亭子，红桃夹岸小池塘。
落红满地花集锦，晴雪一天柳絮狂。
院静风清飞蝴蝶，金堂水暖戏鸳鸯，
翠馆萧条鹦鹉唤，画阁无人燕绕梁。

此处通过对晚春花园中柳树、木兰、荼蘼、杜鹃、绿竹、红桃、蝴蝶、鸳鸯、鹦鹉以及燕子等花草禽鸟的描写，将一幅姹紫嫣红、缤纷瑰丽的画卷展现在听众面前，就如同丹青高手绘就的佳作，直教人目不暇接，叹为观止。

再如光绪年间“百本堂”所编《子弟书目录》中收录由关汉卿戏剧《单刀会》改编的子弟书《单刀会》，其中一段关云长坐船头观水的描写，成为被后人传诵的经典文辞：

但只见碧湛湛的青天红拂拂的日，巍耸耸的高山叠翠的盘。
方方圆圆光闪闪，影影绰绰雾漫漫。
远远的波涛滚滚的浪，荡荡的桅蓬稳稳的船。
一望四野天连水，波涛滚滚浪花翻。
风吹水涌千层浪，日映长江万丈潭。

①关德栋、周中明：《论子弟书》，选自《文史哲》1980年第3期，第61页。

此处作者以关羽的视角“昂然虎坐船头上”，远眺“碧湛湛”的青天，“红拂拂”一轮红日，“巍耸耸的高山”好比“叠翠的盘”。接下来从“方方圆圆光闪闪”到“日映长江万丈潭”八句，极言江水浩大，水天相连，漫无际涯。自然景物描写气势磅礴，雄浑高古。事实上此处写景状物如此豪气干云，正是映衬被后世尊为“武圣人”的关羽在人们心目中的惯有高大形象。这一点从接下来的书文中得到极好的印证，“长江后浪催前浪，可叹人生梦一般”“青山绿水依然在，千古英雄破土漫”“此水并不是五湖四海流来的水，好似那英雄的血一般”，好一个“似英雄的血一般”，令人顿生英雄迟暮、扼腕唏嘘之意，如此悲凉沉郁的文辞，很难想象出自自称为“聊自慰”“闲破闷”的子弟书。与此相对，关汉卿剧《单刀会》中对同样景物的描写只不过“大江东去浪千叠”“水涌山叠”等寥寥数语，比较而言，虽然也衬托抒发了关羽的壮志豪情，很明显子弟书的铺陈渲染在艺术效果上更胜一筹。令人饶有兴味的是，《子弟书目录》在《单刀会》篇目下特别注明“内有观水”字样①。可见作品中“观水”一段描写，在当时已是名满京师，成为书商招徕客户的“招牌”。

语言雅俗共赏，清新灵活，具有鲜明北方语言体系特征。作为说唱曲艺的一种，总体上看子弟书的语言基本上明白如话的口语居多，尽管有如前文所述具有极高文学写作技巧的作品，但更多作品的创作还是走平民路线，力争为社会大众所喜闻乐见。或者说子弟书作品既有诙谐生动的民间口语，又有雅致醇美的文学辞藻，真正实现了通俗和典雅并存。如竹轩的《厨子叹》，通篇对厨师这一行业做出了惟妙惟肖的描述。整篇作品中诙谐灵动，潇洒俏皮的口语化叙述，令人捧腹的同时，给人留下深刻印象。比如调侃厨师行业的一些“潜规则”，“槟榔烟钱本家儿的外敬，零星的肉块暗地里偷拿。大肠头掖在腰间送妻儿他就酒，小肚儿带回家去请孩子的妈妈”；写丰收年请客的场面：“整担的鸡鸭挨挨挤挤，满车的水菜压压杈杈……大碗冰盘干装高摆，肘子稀烂整鸡整鸭”，此处对丰收年宴席盛况的描写十分生动，其中像“挨挨挤挤”“压压杈杈”是典型的北方语词。接下来对灾年人们请客的情形同样进行了生动形象的描述，“红汤儿的是东蘑白汤儿的片笋，肉名儿的丸子团粉末儿的疙瘩，挡口的荤腥是炖吊子，油炸的焦脆是粉烙碴”，此处一方面介绍了典型的北方膳食，像“炸肉丸子”“炖吊子”等；另一方面称赞了厨师在灾年光景下，极力发挥厨艺替主顾撑门面的敬业精神。《厨子叹》表现了作者娴熟的文学叙事技巧，为我们

①关德栋、周中明：《论子弟书》，选自《文史哲》1980年第3期，第61页。

展示了一幅鲜活生动的北方饮食风俗画。

作为清朝入关后兴起的文艺形式，子弟书曲文创作经历了最初的“满汉合璧”，如《寻夫曲》《升官图》等；到之后的“满汉兼”，如有名的《螃蟹段》；再后来演变成以汉文为主，夹杂满文字句的形式，如《查关》；最后出现全部由汉语完成写作的过程。此处以《螃蟹段》为例，看一下“满汉兼”的情况：

那一日，yobo age baita aku de 出门去， udu ginggen 螃蟹 be udafi 拿到家。

戏谑 阿哥 无事 几 斤 买 了

boode dosime 放在盆子内， belei 一见说：“哎呀 ere 可是 ai jaka？” age injeme 说：

进家 中 跌婆 这 什么 东西 阿哥 笑

“erebe休问我， bi inu ferguweme ， 不认得他。”他夫妻，jing buhiyeme 胡捣鬼。

那 这个 我 也 稀罕 正自 猜疑

那螃蟹，patar pitir seme 往外爬，这佳人 esukiyeme 说：“往那里跑？”挽了挽袖子，跳

挣 吆喝

hahi cahi下把抓；反被他juwefali夹住了手， belci说：“eniyegei monio把我好夹。”着

了急 两个 跌婆 娘的 猴儿

疼的他，hamirak 忙抬玉腕， 那螃蟹fita saifi， 把腿儿搭拉；age一见说：“ara

受不得 往死 夹着 阿哥 嗳

waliyah”往前就跑，ekseme saksime就把抓子拉。ele tataci ele cira 疼的更紧；

哟 慌 忙 越 拉 越 严

eitereme lasihiei再也不撒。①

任凭 摔夺

这段“满汉兼”的书文很有特点，满汉语言混为一体兼而有之。汉语和满语同时出现，同时演唱。从语法上看这段子弟书把满汉语法融为一体，相互补充，既符合满语语法又不违背汉语语法。“满汉兼”语言形式在子弟书中出现，

①赵志忠：《清代满族曲艺子弟书的语言特点》，选自《满族研究》，1990年版第1期，第137-138页。

从一个侧面反映了汉语对满语影响的深化，不仅在词汇上，而且已经在语法上开始打破了互不相关的局面，汉语已经全面渗透到了满语的各个方面。后来逐渐演变成以汉文为主，掺杂满文字句的形式，并且最终子弟书的唱词全部采用汉语。例如竹轩的《查关》第一回中有这么几句：

那南方的蛮子哥布矮？矮哈拉你要实说牛马朱杨？
西委居西尼阿妈是何人也？亚巴衣呢呀拉妈住在哪方？

其中下划线部分文字是满文的汉语译音。满语中称“名字”为“哥布”；称“什么”为“矮”；称“姓氏”为“哈拉”；称“你”为“西”；称“谁之子”为“委居”；称“你的爸爸”为“西尼阿妈”；称“什么地方的”为“亚巴衣”；称“人”为“呢呀拉妈”。除此之外，《查关》中还使用了不少满语词汇，如“啊啦”意为“惊讶声”；“呼敦轧补”意为“快走”；“亚巴得”意为“在何处”；“厄母塞拂勒呀哈”意为“一把火”；“摸林阿库”意为“五马”；“呢呀蛮嘎朱”意为“拿心出来”①。在此戏谑一句，这种汉语中夹杂满语词句的演唱形式，莫非就是今天流行的掺杂有英文词的中文“饶舌”歌曲的鼻祖？子弟书中满语的使用在一定历史时期有其合理性，并且从客观上丰富了子弟书创作的多样性，突出了子弟书的地方民族色彩。当然随着满族文化被强大的汉族文化同化，满语逐渐失去其实用性从而丧失其使用价值，子弟书中满语的逐渐消亡，也可以看作是少数族裔文化消亡的一个例证。

三、韩小窗子弟书创作

虽然子弟书仅仅流传了近两百年，传世作品却有千数种，称之为中国曲艺艺术的重要组成部分亦不为过。其中，韩小窗作为子弟书最重要的作家，创作的子弟书数量最多，成就最大，影响最为深远，因而被人们推崇为子弟书“开山大法师”。关于韩小窗创作子弟书的具体数量，一直以来学界众说纷纭，沈彭年曾说“传说韩小窗除写过影卷等其他题材的作品而外，子弟书作品有四五百件，

①王美雨：《车王府藏子弟书满语词语研究》，选自《东方论坛》2013年第1期，第107页。

存有稿本的不及什一”[①]。杨庆五认为“韩小窗脚本有五百余支”[②]。对于子弟书作者的相关资料所见不多的原因，傅惜华曾指出“在清代的封建制度社会里，这种‘子弟书’的曲艺，当然认为是‘不登大雅’‘卑不足道’的一种玩意儿，所以它的作者的姓名与事迹，久已湮没不传。到了今天使人无从考查了。我们现在要从事整理研究这部分曲艺的遗产，那唯有根据每本‘子弟书’卷首的诗篇，或是在卷末结尾句子的中间，偶然可以发现一些作者的别号，或者是书斋的名字”[③]。此种说法有一定道理。子弟书多以抄本的形式流传于世，本文主要以《清车王府抄藏曲本·子弟书集》[④]《清蒙古车王府藏子弟书》[⑤]《子弟书珍本百种》[⑥]《子弟书总目》[⑦]《子弟书丛钞》[⑧]《子弟书选》[⑨]《子弟书全集》[⑩]以及《韩小窗子弟书》等文献为对象，结合学界的现有研究成果，对韩小窗创作子弟书的情况进行进一步的统计，并将统计结果按照3种情形划分：（1）作品中明确嵌入“小窗”或“小窗氏”及有同时代人题署等确凿证据者20种；（2）虽未署“小窗”字样，但今人考证认为是小窗作品，经笔者考证判定为小窗作品者8种；（3）经考证尚存疑者9种。共计37种。

1. 作品中明确嵌入“小窗”或“小窗氏”及有同时代人题署等确凿证据者20种。

（1）《滚楼》（四回）。开篇诗句“小轩窗静淡烟浮，笔墨道闲作滚楼”，又结句“小窗下纵横笔墨提成日，正是菊花儿几点开放了东篱”。

（2）《齐陈相骂》（一回）。车王府藏本的诗篇云：“小窗无事闲泼墨，写一段齐陈相谤酸匪嚼牙。”阿英《中国俗文学研究·刺虎子弟书两种》云：“在金氏钞本子弟书十六种之中，有韩小窗署名者凡四种，其目为《叹子弟顽票》《傲妻》《齐陈相骂》及《刺虎》。”

（3）《徐母训子》（一回）。据篇内第16句“千古下慷慨激昂、笔作哭声、

①沈彭年：《话说弹唱红楼梦》，选自《文艺研究》1984年第6期。

②杨庆五：《大鼓书话》，选自《戏杂志》1922年第1期。

③傅惜华编：《子弟书总说》，选自《子弟书总目》，上海古典文学出版社1957年版，第6-7页。

④作品集均藏于国家图书馆。

⑤作品集均藏于国家图书馆。

⑥作品集均藏于国家图书馆。

⑦傅惜华编：《子弟书总目》，古典文学出版社1957年版。

⑧周中明、关德栋编：《子弟书丛钞》，上海古籍出版社1984年版。

⑨中国曲艺工作者协会辽宁分会编：《子弟书选》，中国曲艺工作者协会辽宁分会，1979年版。

⑩黄仕忠、关瑾华、李芳编：《子弟书全集》，社会科学文献出版社2012年版。

墨滴雨泪，小窗图写女英豪”。又，民初天津社会教育办事处铅印本，署“大兴韩小窗先生原本，天津艺剧研究社润色”。

（4）《长坂坡》（糜氏托孤二回）。结尾词句“闲笔墨小窗泪洒托孤事，写将来千古须眉愧玉容”。又，民国间天津社会教育办事处铅印本《子弟书三种》（署“北京韩小窗先生原本，天津艺剧研究社润色”）胡光平文《韩小窗作品及其生平考查记》载，沈阳曲艺老艺人文俊阁认可。

（5）《白帝城》（一回）。民国间天津社会教育办事处铅印本《子弟书三种》，收录《白帝城》，署“北京韩小窗先生原本，天津艺剧研究社润色”。《白帝城》有同名异本。韩小窗所撰者，卷首诗篇作“壮怀无可与天争，泪洒重衾病枕红。江左仇深空切齿，桃园义重苦叙事情。几要傲骨支床瘦，一点雄心至死明。闲笔墨小窗哭吊刘先主，写临危霜冷秋高在白帝城”。内嵌“小窗”二字。

（6）《骂王朗》（一回）。民国十年（1921）年钞本《晴雪梅花录》收录此篇，其开篇诗云“小窗氏偶读三国志，闲来时月下灯前写孔明”。

（7）《周西坡》（三回）。据卷首诗篇：“闲笔墨小窗窃拟松窗意，《降香》后写罗成乱箭一段缺文。”

（8）《骂城》（三回）。开篇诗云：“小窗氏在梨园观演《西唐传》，归来时闲笔灯前写《骂城》。”

（9）《千金全德》（全八回）。据结句“小窗氏墨痕闲写《全德报》，激励那千古的仁慈侠烈肠”。又，民初天津社会教育办事处铅印本，标“卫子弟书”，署“韩小窗先生著”，有天津林兆翰附识，谓“二十年前，吾乡有所谓子弟书者，人家有喜庆事，则召矇瞍奏之。其曲本多出自文人手笔，而以韩小窗氏为尤著。韩氏所撰，如《藏舟》《别女》《悲秋》之类，皆词句闲雅，音节苍凉，真有荡涤邪秽、消融渣滓之妙。今则此调几如《广陵散》矣”①。

（10）《访贤》（四回）。据篇末句“无事小窗闲笔墨，描写先臣定鼎方”。

（11）《得钞傲妻》（二回）。据卷首诗篇“闲笔墨小窗追补《冯商叹》，写一段《得钞嗷妻》世态文”；第二回结尾句“小窗是笔端怒震雷霆力，欲唤醒古今鸳鸯梦里人”。又，民国初天津社会教育办事处铅印本《常峙节傲妻》，署“北京韩小窗先生原本，天津艺剧研究社润色”。

---

①[清]韩小窗：《千金全德》林兆翰附识，天津社会教育办事处民国铅印本，日本早稻田演剧博物馆藏。

（12）《哭官哥》（四回）。开篇诗句“小窗春日览残篇，闲阅《金瓶》忆旧缘”又，文俊阁认可。

（13）《红梅阁》（三回）。据诗篇“细雨轻阴过小窗，闲将笔墨寄疏狂”。

（14）《草诏敲牙》（四回）。开篇诗句“欲写慈祥仁爱君，小窗笔墨也伤神”。此篇亦析作《落发焚宫》与《草诏敲牙》各二回传钞，均有钞本传世。胡光平认为该书分“焚官”“落发”“草诏”“敲牙”四回。关德栋目录误将“草诏敲牙”和“焚宫”分列，傅著《子弟书总目》亦误。①

（15）《下河南》（四回）。结尾句“小窗氏闲来偶演丹青笔，画一个樱桃树下的气虾蟆”。

（16）《宁武关》（五回）。光绪六年（1880）会文堂刻本二凌居士跋文云“《宁武关》系故友小窗氏愤慨之作”。又，开篇诗“小院闲窗泼墨迟，牢骚笔写断魂词”。

（17）《刺虎》（四回本）。开篇诗“小窗前闲墨表扬红粉志，写一段贞娥刺虎的节烈佳人”。另同前文（2）阿英语。又，别题“费宫人刺虎”，有民初天津排印本，署“北京韩小窗先生原本，天津艺剧研究社润色”。

（18）《一入荣国府》（四回）。开篇诗“小窗酣醉欲狂吟，忽见新籍伫案存”。

（19）《芙蓉诔传》（全六卷，每卷含若干回）。据第五卷诗篇“小窗笔写风流况，一段春娇画不成”。

（20）《露泪缘》。文内虽未嵌“小窗”二字，但学界基本认同为韩小窗之作，且视之为小窗红楼梦子弟书之代表作。全书包括《黛玉悲秋》共十三回，其余十二回作者依春夏秋冬来写。内容如下：

凤谋（孟春）	鹃啼（孟秋）
傻泄（仲春）	[不详]
痴对（季春）	黛玉魂游（季秋）
黛玉自叹（孟夏）	宝玉动情（孟冬）
黛玉焚稿（仲夏）	宝钗直言解疑（仲冬）
误喜（季夏）	宝玉魂游太虚境（季冬）

“魂游太虚境”结句点明全篇：“这宝玉言下大悟归了本性，把那些露泪

①胡光平：《韩小窗作品及其生平考查记》，选自《文学遗产》1963年第A12期，第96页。

姻缘历历清。从今后了却怡红相思愿，千古恨竟作阳台一梦中。”

2. 虽未署“小窗”字样，但今人考证为韩氏作品，经笔者考证补充证据判定为小窗作品者 8 种。

（1）《续钞借银》（二回）。《总目》第 101 页著录；《丛钞》据百本张钞本录入，均题韩小窗作。但句内并未嵌“小窗”等字样。百本张《子弟书目录》称“《得钞傲妻》，连《续钞借银》，四回”。据此，援前例，或许可证两篇实相连而出同一作者。又，倪斯霆认为，即使没有署名，但一般认为是韩小窗作品。

（2）《数罗汉》（一回）。胡光平《考查记》谓“据老艺人文俊阁、陈桂兰、袁希纯肯定是韩作”。对胡的说法虽存在质疑，认为东北艺人多有将子弟书附于韩小窗名下以高声价的情况，且本篇内并未嵌作者名字，但综合百本张《子弟书目录》著录，标作“入塔数罗汉”。郑振铎《世界文库》第四册收录，题韩小窗作。《总目》第 28、159 页著录，题韩小窗作。鹤侣氏《集锦书目》第四十一句，“拜《叹（了）武侯数罗汉》”。第四十五句“随步《入塔》前去《祭塔》”等各家见解，认为是韩小窗作品。

（3）《双玉听琴》（二回）。卷首有句云“绿窗朱户增离绪，画栋雕梁也断魂”，篇中虽未嵌“小窗”字样，但《子弟书选》收录，题韩小窗作；《红楼梦子弟书》从之，倪斯霆亦认为，即使没有署名，也应为韩小窗作品。

（4）《百花亭》（四回）。郑振铎《世界文库·西调选》，傅惜华《子弟书总目》归入罗松窗名下，然无内证。关德栋《现存罗松窗、韩小窗子弟书目》据篇首“几点姣云闲水墨，一轮丽月小纱窗”，疑实隐“小窗”二字，故判为韩小窗所作。从创作风格来看，应为韩氏作品。

（5）《官衔叹》（全一回）。本篇别题《官箴叹》。《车王府曲本编目》题“作者小雪窗”，陈锦钊亦谓“小雪窗”作，当据篇末句“闲笔墨小雪窗追写《官衔叹》，顺一顺一世窝心气不平”，《总目》第 60、61 页著录，谓作者无考。本论认为若从《宁武关》“小院闲窗泼墨迟，牢骚笔写断魂词”，《滚楼》“小轩窗静淡烟浮，笔墨消闲作《滚楼》”等韩小窗惯用笔法及上下句对偶格式来看，此处“小雪窗”中“雪”字或为衍字。故认为是韩氏作品。

（6）《票把儿上台》（一回）。《总目》第 109 页著录，谓作者无考。据前文阿英认为《叹子弟顽票》为韩小窗作品。不过金氏抄本子弟书十六种今失传。而车王府钞本有《票把儿上台》，篇首云“子弟消闲特好玩，出奇制胜效梨园。鼓旋铙钹多齐整，箱行彩切俱新鲜。虽分净旦生末丑，尽是兵民旗汉官”，篇末又云“奉劝诸公休取笑，玩票的不过如斯混着玩。……子弟班玩艺儿平平挑眼又大，请局的人何苦频频不惮烦”，从书文所述内容与行文风格看，疑《叹子弟顽票》为《票把儿上台》之别题同篇之作。

（7）《慧娘鬼辩》（一回）。此本别题《魂辩》。《总目》第145、155页著录，谓作者无考。百本张《子弟书目录》收录此篇，同时收录《红梅阁》四回本，注“连《魂辩》共四回”凡百本张所注某篇前后“连”“接”者，多出同一作者，据此则本篇亦应为韩小窗作。《现存罗松窗、韩小窗子弟书目》一文，于韩小窗《红梅阁》条下有注“另本第三回后附《魂辩》一回。据曲文，《魂辩》亦为韩作”，本论认为可信。

（8）《遣春梅》（四回，又名《不垂别泪》）、《旧院池馆》（四回，又名《春梅游旧院》）、《永福寺》（四回）。此三篇风格与韩小窗的《哭官哥》相同，同为四回；又，韩小窗的《得钞傲妻》与《续钞傲妻》相加亦为四回；则叙《金瓶梅》故事而以四回为一段落本或许是小窗的习惯了。《哭官哥》云：“小窗春日览残篇，闲阅《金瓶》忆旧缘。……打开旧卷添新笔，慢把西门故事言。”则本篇或是小窗的“残篇”“旧卷”之一。观文中语句，与此三篇多有相袭或相续者，或可证本为一人所作。黄仕忠等人认为“《旧院池馆》头回开头数句节选自《遣春梅》，显见承袭与渊源。所以此篇与《遣春梅》《永福寺》三篇应当出自同一作者，为连续之文。又，《哭官哥》及《得钞傲妻》都是韩小窗之作，而且《哭官哥》首句谓‘小窗春日览残篇，闲阅《金瓶》忆旧缘’。从‘残篇’‘旧缘’等字可知小窗所作非止一篇，疑此三篇各四回，实际上是小窗氏之组稿”。[①]傅惜华《曲艺论丛》136页赞《旧院池馆》为“杰作”，并谓“《遣春梅》《永福寺》与此曲，疑出一人之笔”，或可为上说之佐证。中国曲协辽宁分会编选的《子弟书选》收录此三篇，均题韩小窗作。

3. 经考证尚存疑者9种。

（1）《宫花报喜》（全三回）。故事出《彩楼记》，篇首有句“倚闲窗偶因小传添新墨，写一回宫花报喜夫贵妻荣”。若将“闲窗”与“小传”二词对看，或寓“闲”（韩）“小”“窗”字。崔蕴华认为该子弟书极有可能是韩小窗的作品。黄仕忠等编的《子弟书全集》“解题”部分标明“作者未详”。存疑。

①黄仕忠、关瑾华、李芳编：《子弟书全集》，社会科学文献出版社2012年版，第2042页。

（2）《吊绵山》（一回）。会文山房刻本封面题“临溟痴痴子作”，姓氏不详。奉天东都石印局20世纪40年代刊本《重耳走国》结尾有“小窗氏泪洒忠贤谱”等两句，经考证，其唱词与光绪年间永远堂刻本《吊绵山》相同，原本无最后两句。因此，结尾这两句当为后人所加①。

（3）《会玉摔玉》（二回）。卷首有句“《露泪缘》多少嗟叹句，怕凄凉反写当初艳热文”。据此，则此篇作于《露泪缘》之后；又据语意，似出同一作者。《露》篇为韩小窗作，则本篇也可能出于韩小窗之手。《总目》第138页著录，谓作者无考。存疑。

（4）《黛玉葬花》。《中国俗曲总目稿》第642页著录大鼓书，据北平铅印本，卷首有句：“闲暇小窗调笔墨，杜鹃声里吊余春。”同书页758著录作《林黛玉葬花》；可知韩小窗应有同题材子弟书。按：陈锦钊《子弟书之作家及其作品》亦述及，并引《稿》653著录之《贾宝玉探病》大鼓书，首句有“韩小窗无事遣幽情”，且查核史语所所藏各铅印本原书，谓“不知是韩氏在晚年曾作大鼓书？抑韩氏所作之子弟书，被改编写为大鼓书，而在大鼓书流行之后，原书竟因而失传？还是有人冒韩氏之名写作大鼓书？因资料缺乏，此姑存疑”。又，据民国初年北京中华印刷局排印本，见双红堂文库190唱本之第5札第2册，内有句云“闲效小窗调笔墨，杜鹃声里吊余春”。则此本或为仿小窗之作。

（5）《卖刀试刀》（二回）。百本张本有“小窗今日写英雄”句，故《总目》156页著录，《丛钞》据百本张钞本收录，均题韩小窗作；但车王府藏钞本此句作“芸窗今又写英雄”，则本篇可能出自芸窗之手。存争议。

（6）《梅屿恨》（四回）。《总目》第112页著录，《现存罗松窗、韩小窗子弟书目》《考查记》有考订，均题韩小窗作；他们所据的本子，篇末结句作“夏日长小窗偶阅《西湖志》，吊佳人小传题成遣素怀”。此二句车王府钞本作“度残春，芸窗偶阅《西湖志》；吊佳人，小传题成遣萦怀”。文气更顺。则作者可能是芸窗。

（7）《绿衣女》（二回）。头回内有句云“这些时竹窗春暖无一事，写一段《聊斋》的故事遣遣闲情”，别埜堂钞本同；然则作者应为“竹窗”。故《车王府曲本编目》题“作者竹窗”；关德栋、李万鹏《聊斋志异说唱集》《子弟书·绿衣女》亦署“竹窗”。但《丛钞》据别埜堂钞本收录，又据聚卷堂本此语作“小窗春暖无一事”，遂将此篇归于韩小窗名下。胡光平《考查记》

①耿瑛选编：《韩小窗子弟书》，沈阳出版社2015年版，第6页。

亦列入韩氏作品，《现存罗松窗、韩小窗子弟书目》同。按：有三种可能：一、竹窗为作者之名，但前人所记子弟书作家中，尚未有其他材料左证有“竹窗”其人；二、疑小窗、竹窗本为同一人，不过是其标志为有“竹”的“小窗”而已；三、竹窗即竹轩。

（8）《宝钗代绣》（一回）。其卷首有二“诗篇”；正文开篇则云：

偶步怡红小院西，　恰逢郎睡正浓时。
心痴易露忘情处，　技痒难防不自持。
自喜小窗依枕绣，　谁期隔户有人知。
此一回柔情醋意真难写，　笑老拙怎比《红楼》笔墨奇。

关德栋《现存罗松窗、韩小窗子弟书目》、胡光平《考查记》《红楼梦子弟书》、陈锦钊《子弟书之题材来源及其综合研究》及《子弟书之作家及其作品》均谓系韩小窗作。然此处若从文意理解，则“小窗”乃是指宝钗在小窗下代绣，是叙述中动作主体的特定位置而已，如果一定要将其视为作者自嵌的名号，未免有牵强之感。傅惜华《总目》178 页著录，谓作者无考，即存此意。至于陈氏多处据“老拙”一词，判断小窗有关《红楼梦》题材的子弟书为晚年创作，亦值得商榷。

（9）《全悲秋》（五回）。赵景深《大鼓研究》下编分论第一章“子弟书”内叙韩小窗作品“《贾宝玉问病》云‘韩小窗无事遣幽情’，但《林黛玉悲秋》末段与《贾宝玉问病》相同，因此推测《林黛玉悲秋》也是韩小窗所作的”。胡光平《考查记》据东北艺人口传而以为韩作，《中国大百科全书·戏曲曲艺卷》“韩小窗”条述及，亦同。《红楼梦子弟书》收录，注谓赵景深藏本第二回开头诗篇“小窗无事遣幽情，秋到重阳爽气增”，故以为韩小窗作。又据前文林兆翰附识，《子弟书选》161—169 页，《子弟书丛钞》97—109 页均收录，作者均署“韩小窗”。然而据前文会文山坊刻本跋文中，视韩小窗为“故友”的二凌居士也认为本篇“乃见焕乎非俗子，不知作者是何人”，因此，傅氏《总目》第 55 页著录此书，谓“作者无考”，亦当是慎重考虑后下笔的。

除此之外，尚有一些是否为韩小窗所作存在争议的曲文，如《走岭子》《祭塔》《合钵》《须子论》《十面埋伏》等。总体来看，因为前文所述子弟书作者有隐匿姓名的习惯，韩小窗亦不能例外，以致一些流传下来的篇目难以考证。不过从整体创作风格与特征上看，还是可以基本把握韩氏子弟书创作的情况的。

四、韩小窗子弟书创作特色

在基本厘清韩小窗子弟书创作情况前提下，本论将对代表清代子弟书创作最高水平的韩小窗子弟书作品，从文学价值和创作手法层面做出分析。

在子弟书作者群中，韩小窗以其词句雅丽、刻画细腻、感情充沛被公认为此中魁首，郑振铎认为他的东调作品“风骨嶙嶙，读之如啖哀家梨，爽快之至”，西调作品“不是嬉笑怒骂皆成文章，便是沉郁凄凉，若不胜情”。[①] 小窗子弟书作品题材广泛，除取材于当时流行的小说、戏曲之外，也有不少抨击现实的孤愤之作，所创真假糅合，精彩纷呈。小窗才思敏捷，笔耕不辍，相传创有五百余篇。其中的一些作品对封建统治者残酷暴虐的本性予以深刻的揭露。如《草诏敲牙》中写明成祖燕王朱棣篡位后，强迫前朝旧臣方孝孺为其草拟诏书，方孝孺当庭写下“燕贼反”三字，将永乐帝激怒得“面目焦黄龙袍乱抖”，最终将方孝孺“十族共灭祸及师生”，共斩首男女老幼“八百七十三名口”[②]。通过对这样血淋淋事件的描写，充分地揭露了封建统治者的暴虐无道。韩小窗作品中以婚姻爱情为题材的占有相当比重，但在这些作品中韩氏并未过多地将笔墨花在对男欢女爱、卿卿我我情节的描写上，而是着力反映婚姻爱情的感情基础及封建礼教的丑恶。如前文提到的《下河南》反映了封建社会包办婚姻，女性无法掌握自身命运的陈规陋习。再如《红梅阁》中描写李慧娘与书生裴舜卿的感情纠葛，并没有过多地写她对裴舜卿的相思眷恋之情，而是借其无辜冤死以暴露贾似道的凶残，并通过李慧娘与贾似道面对面的斗争，赞扬了她强烈的反抗精神。另外，从韩小窗的一些作品中还能看到纲纪森严的封建社会内部显露出零星的民主主义思想的萌芽。如在《访贤》中，他通过写宋太祖尊称老臣赵普为兄长，并表示“朕虽身贵为天子，手足的交情意更长”，赞扬宋太祖

---

①郑振铎：《中国俗文学史》，东方出版社1996年版，第561-563页。

②中国曲艺工作者协会辽宁分会编：《子弟书选》，中国曲艺工作者协会辽宁分会1979年版，第92页。

具有民主平等观念。这种思想同样反映在《白帝城》“刘备托孤”等场景中。韩小窗的有些作品则揭露和鞭笞了封建社会世道人心之险恶、伦理道德之沦丧。在《樊金定骂城》中写薛仁贵东征凯旋封王后，不认含辛茹苦20年的前妻樊金定和亲生儿子景山。樊金定在伤心绝望之际，痛骂薛仁贵把“父子夫妻人伦都丧尽”的卑劣行径，最终“全节尽义，自刎了咽喉”。这一人间悲剧无情地揭露了封建伦理道德的虚伪和残酷。而在《得钞傲妻》中，韩小窗假借《金瓶梅》中常峙节向西门庆借到银子回家傲妻一事，抨击了封建社会的世态炎凉。借常峙节之口感叹：“说骨肉的情肠全是假，夫妻的恩爱更非真。”入木三分地揭露了封建末世的炎凉世态。

通观韩小窗子弟书作品，有一个耐人寻味的细节值得我们关注，即在众多作品的开篇，韩小窗喜欢用“闲笔”一词引领书文开端，诸如“闲笔墨小窗追补冯商叹”（《得钞傲妻》）；“细雨轻阴过小窗，闲将笔墨寄疏狂”（《红梅阁》）；“小院闲窗泼墨迟，牢骚笔写断魂词”（《宁武关》）；“小窗氏在梨园观看西唐传，归来时闲笔灯前写骂城”（《骂城》）；“小窗无事闲泼墨，写段齐陈相骂酸匪嚼牙”（《齐陈相骂》）；“世态炎凉最警人，闲将笔墨点迷魂”（《续钞借银》）；“小窗春日览残篇，闲阅金瓶忆旧缘”（《哭官哥》），等等，固然中国古代如小说、诗词等其他文学形式中使用“闲笔”说法的情况并非罕见，但是像韩小窗子弟书创作中如此频繁和大量使用的情况却绝非寻常。那么，在韩小窗及其他子弟书作者笔下，为何会频繁使用“闲笔”这一说法，笔者从以下三方面进行阐释：

1. 此“闲”非彼“闲”。如前所述，从子弟书产生的历史及社会背景来看，其主要演出与流行场所，多为有钱有闲的八旗子弟宅邸，甚至“发烧友”级别的清朝贵族们还会亲自参与到子弟书的表演和创作当中去，对这个群体而言，子弟书是真正意义上的“闲”玩意儿。但是韩小窗则不同，从已知的生平遭际来看，韩小窗一生既未获取功名，与荣华富贵似乎也没有多大关系，用今天的话说属于“草根”一族。在当时的社会阶层中，像韩小窗这样疲于生计的布衣文人，主要的谋生手段除去写字卖文还能有什么呢？考虑到这一层，创作子弟书对于韩小窗而言，恐怕很难用“闲笔”来形容，非但如此，或许是重要的收入来源也未可知。再者如前文所说，韩小窗创作的子弟书差不多有五百篇，其中像《露泪缘》（近一万五千字）等篇幅不短，单纯从数量上说，这种规模的“闲笔”是不输给正业的。因此，在笔者看来，此处的“闲”

字并非真正意义上的“闲”。

2. 隐藏于“闲笔”背后的无奈与辛酸。既然事实上并非“闲笔”，为何偏偏以“闲笔”引题？细思之下，似乎能够品味出隐藏在“闲笔”背后的无奈与辛酸。首先，作为一种独特的曲艺形式，与封建社会的正业——诗文相比，子弟书从其兴起到消亡，始终被牢牢地定位为“闲笔”，这一文学属性，没有人愿意或者能够改变，所以即便韩小窗呕心沥血创作了数量众多、质量上乘的子弟书作品，仍然无法改变子弟书“闲”的属性预设。于是无论是否出于真心，韩小窗都只能将其作品设定为“闲笔”。另一方面，韩小窗对于自身所处的社会环境及个人的生存状态有着清醒的认识，对于子弟书这种曲艺形式在文学领域所处的地位有着清醒的认识，以“闲笔”的设定进行创作，看似有自降身价之嫌，实则能够以低调的姿态赢得更加广泛的来自民间的认同，最终收到“于无声处听惊雷”的效果。但是，无论是基于哪一种初衷，对于以韩小窗为代表的众多子弟书作者而言，注定不会获得与付出相等值的文学地位与经济回报，从这一层意义上考量，韩小窗的文学事业注定是“一把辛酸泪”。

3. 付出缘于热爱。不可否认，清中期两京之间一度掀起过子弟书热。一些社会名流也曾尝试创作子弟书以为娱兴之乐，比如与韩小窗同为“荟兰诗社”成员的沈阳名士缪润绂，就创作了广为流传的子弟书名作《锦水祠》。但是显而易见，像缪润绂这样的名士缙绅，求取功名始终是人生第一要务，写作子弟书最多不过是一时兴趣所至，注定不会花费太多时间和精力。与之相反，对于韩小窗之辈虽然也曾尝试科场却很难出头的“草根”文士而言，每每以自谦“闲笔”之名，却潜心创作了数量众多的子弟书作品，无论作者本人是否能够从创作中收获经济效益，单纯从需要花费大量时间与精力的创作行为本身来看，只有一种讲得通的解释——热爱。如果再结合那些鲜活生动、真挚深情的书文来看，就更能体会到创作者呕心沥血的创作实践，当你沉浸在那些瑰丽凄美、余音绕梁的书文中时，你会真切地感受到子弟书作者对自己作品的热爱，也正是缘于这些具有再创造魔力的热爱，才使得子弟书这种带有明显再创作特性的文艺形式葆有其独特的文学风采。

子弟书毕竟是民间艺术，它面对听众现场演唱的表现形式，与放置案头供阅读的原著有很大的差异。比如一般读者在阅读《红楼梦》原著时，往往对领会作品中频繁出现的诗词等高级文学样式有一定困难，这就需要读者的细心体味才能把握。韩小窗曾经说过“文章要有余不尽方为妙，越显得煞尾收场趣味别”[①]。这显示了他对《红楼梦》言近旨远、余韵悠长的艺术品位有良好的理解。但在子弟书中如何保持这一品位呢？韩小窗的创作实践对此提供了一个圆满的答案。我们以《露泪缘》为例说明。《露泪缘》取材于《红楼梦》第九十六回至第一百四零回，但实质上把贯穿于全书的宝黛爱情故事综合在一起进行集中叙述，演绎成十三回子弟书。作品头回以“凤谋”为题，写凤姐设计促成宝玉和宝钗的婚事。二回借傻大姐之口使密谋泄露，交代了全部故事情节展开的背景和各种矛盾。从第三回开始，通过黛玉探病、自叹、焚稿、诀婢、归天、宝玉灵前哭黛等一系列叙述展开对黛玉和宝玉的内在心理描写。其间把黛玉的痴情、不甘、绝望和宝玉的相思、痛悔、无奈刻画得淋漓尽致。如第三回《痴对》中写黛玉已知真相，面对宝玉时，作者用“似醉如痴笑嘻嘻”“无语低头惟落泪”“又像明白又像是痴”写出黛玉此刻爱、恨、怨、怜、悲、痛百感交集，无法理出头绪的情态。第四回《神伤》中，黛玉病体沉重，在绝望中辗转反侧，一夜无眠，思绪万端，其中有往事追忆，自伤身世，慨叹人情，有爱的倾诉，有怨詈之语，所有的这一切充分描摹了黛玉的无奈。应该说不仅是这些个别的地方，而且在整部的《露泪缘》中，作者对宝黛心理的展示也是全方位的。这种全方位的展示往往是反反复复、具体入微的。韩小窗正是通过这种铺排张扬的深度心理描写，将原著中不能骤然领会的细微深意扩大化，使听众得以心领神会。同时这种独有的表现方式也成就了子弟书作品的独特韵味。

纵观韩小窗的子弟书创作，在肯定其取得了巨大成就的同时，有必要对其文学创作特色加以梳理。以下从三个方面加以论述：

1. 书文创作突出一个“情”字。子弟书的一个重要特质就是基于既有作品的再创作。这一特质决定了子弟书作品在叙事情节上原创性的欠缺。换句话说，对于读者（听众）而言故事内容情节已了然于心，因此，如何能够吸引读者，抓住读者的心从某种程度上则显得更加困难。对于这一点，韩小窗应该有了充分的认识，反映到自己的创作中，就是在一个“情”字上下功夫。韩小窗的《红楼梦》子弟书创作全从一个“情”字入手。在浓郁的抒情中，完成了对原著的重新演绎与升华。韩小窗的作品与同时期其他作者，如罗松窗、鹤侣等人的作品相比，文辞流畅，用典自然，毫无艰深晦涩之感。既然在故事情节上难以出新，索性从一个“情”字上寻求突破。比如《长坂坡》。《三国演义》中长坂坡赵云救幼主一节可以说脍炙人口。韩小窗并没有过多地去描写赵子龙英勇鏖战曹

---

①胡文彬：《红楼梦子弟书》，春风文艺出版社1985年版，第284页。

兵的场景，而是着力刻画了身处绝境的糜夫人的处境，“寒烟压地衰草横空，尘埋翠袖湘裙冷，血染弓鞋透袜红”及其心理活动：“他君臣倘然都丧曹贼手，我一妇人无立锥之地抚养孤儿只怕不能”，“今日里我若全节儿必死，到黄泉怎见刘门祖共宗？”最后“烈贤人既然取义归天去，葬娥眉萧萧洛水冷冷西风。声价儿良玉精金言行并美，浩气儿青天红日忠义双明”。全篇书文通过对母子情、夫妻情以及君臣情的细腻刻画，展现出一个全新的《长坂坡》。选取角度的别出心裁，人物刻画的凄美细腻，无不令人拍案叫绝。

在近40篇《红楼梦》子弟书中，《悲秋》诞生于嘉庆十九年（1814）前，是诸种子弟书最为成功之作。得硕亭评论说“西韵《悲秋》书可听”，二凌居士也说“惟此《悲秋》一段可与欧阳赋共赏。描写传神，百读不厌”。这部作品是作者以《红楼梦》第二十七回“埋香冢飞燕泣残红”和第二十九回“多情女情重愈斟情”为基本“素材”，抓住黛玉多愁善感的性格，围绕着宝玉探病这一情节，在“情”字上尽情发挥。在第一回“黛玉悲秋”里，作者以细腻的笔触描写了黛玉寄人篱下的悲凉心绪和面对萧萧落红的秋景联想自己身世的伤感心境。如《悲秋》开篇：

大观万木起秋声，漏尽灯残梦不成。
多病只缘含热意，惜花常是抱痴情。
风从霞影窗前冷，月向潇湘馆内明。
透骨相思何日了？枕边惟有泪珠盈。
孤馆生寒夜色暝，秋声凄惨不堪听。
人间难觅相思药，天上应悬薄命星。
病久西风慢枕簟，梦回残月满窗棂。
玉人断肠三更后，漏永灯昏冷翠屏。

此开篇诗七言铺陈，隽永雅丽，“万木起秋声”句，化用杜子美七律名联，诉闺阁痴怨而有须眉气魄，言女儿情思而非无病呻吟，寥寥数语，意境全出。接下来写道“对月的佳人反把愁勾起，倚窗儿频频嗟叹望苍穹，……似我这幽齐寂寞秋窗冷，为什么偏向愁人特地明”，咏月以寄愁思，愁肠百转，问天当明心志，情思千回，读来令人不胜唏嘘。

第二回“宝玉探病”里，作者又形象地描写了黛玉病容和宝玉的真挚的关怀之情。词中写道：

这公子床头对面轻轻坐，悄悄儿细验病形容。
见佳人头边斜倚着绞朗枕，身上横搭着旧斗篷。
柔气儿一阵儿妓吁一阵儿咳，细声儿一会儿哎哟一会儿哼。
绣鞋儿一面儿遮藏一面儿露，纤手儿一只儿舒放一只儿横。
小枕儿一边垫起一边儿靠，书本儿一卷儿抛西一卷儿东。
乌云儿一半儿蓬松一半儿绕，孤拐儿一个儿白来一个儿红。

当黛玉睡醒来，宝玉劝她将养身体，先是问道：

“这几日午后的发烧可曾止，夜间咳嗽可曾轻声？
身躯儿可比从先强与弱？饮食儿或比先前减与增？
送来的药等服过了无有？拿来的燕窝吃过不曾？
配的那丸药可是那一料儿好？寻的那偏方儿到底是那样灵？”

当黛玉说到自己病重可能不久于人世时，宝玉又深情地劝解道：

“大势无妨何至如此？你把烦恼忧愁暂止停。
我劝你药也要吃病也要养，为什么自己熬煎把自己坑？
茶饭儿也要勉强着进，身体儿也须扎挣着行。
早些儿歇下休熬夜，厚些穿衣莫着风。
想吃什么说知琏二嫂，要什么东西告诉愚表兄。
园中的姐妹跟前常走走，散散闷强如睡卧在房中。
若是睡坏了脾胃多添了病，叫我心中岂不疼？

在这里，作者没有拘泥于原著的字句，而是尽量发挥“情”字的感染力。以悲写情，情中透悲，悲中有情，读后令人落泪。

2.市井俗语与文言雅句杂糅使用，平易高标，雅俗共赏。傅惜华曾说过：“至于《子弟书》的真实价值，本来不在它的音乐曲调，而是在它的丰富多彩的题材内容，高超纯熟的文学技巧上。……这部分优秀的作品词句多是浅易通俗的，语言也是生动活泼的，那恰好似王国维先生批评元人杂剧文学的价值是‘写情则沁人心脾，写景则在人耳目，述事则如出其口’的话一般，充分地显示了现实主义文学的精神。”① 以韩小窗为代表的子弟书创作当中北方方言、满语词汇及市井俗语的使用时有出现，而能够将市井俗语与文言雅句结合得最好的当非韩小窗莫属。韩小窗的作品，套用京韵大鼓《白妞说书》里面的一句唱词，堪称“曲词儿，雅俗共赏浅又深”。北方方言具有形象生动、生活气息浓郁的特色，将其巧妙地嵌入书文当中，不仅不会与文中的文言雅句格格不入，反而有效地缓冲了诗文的诘屈艰涩，从而形成了韩氏子弟书作品典雅富丽、雅俗共赏的艺术特色。如《卖刀试刀》中使用了大量的北方俚语“一溜歪斜”“半喇”“蚂螂”“楞葱”“扎煞”“生疼”等，再如《樊金定骂城》“你打那条不念夫妻之分”中“打那条”；《齐陈相骂》“猛觉得肩头一碰膀稍儿发麻”中“膀稍儿发麻”，“何况你这晚秧子膘桶要怎子嘎杂”中“嘎杂”等。至于像“他妈的”之类“粗口”虽有鄙陋之嫌终无伤大雅之虞。韩氏子弟书作品中也出现了夹杂使用满语词汇的情况，如《一入荣府》中“海龙”（满语 hai lun，“水獭皮”的借译词）、“趿拉”（满语 sara，“令伸展”借译词“拖拉”）、“打”（满语 da，“找到”）、“窖儿”（满语 jar，“众人喧哗争吵声”）；《得钞傲妻》中“佯里佯腔”（满语 yangsan，“少年多病”之意），等等。从韩小窗子弟书作品中满语词句的使用情况来看，按前文所述，当属于稍晚的汉语中夹杂满语的阶段，并且，韩氏主要的子弟书作品基本上全部由汉语创作完成，这也从一个侧面印证了前文关于韩小窗主要创作年代在道光、咸丰间的说法。像这样一些生活气息浓郁的世俗俚语尤其适于演唱，曲辞的感染力以及演出的现场效果得以加强。

然而韩小窗在子弟书创作过程中，即便经常使用口语化词汇，但仍然十分注意雅俗结合，既不能一味曲高，以致和寡；亦不可专事迎合，流于轻贱。即使是在像《卖刀试刀》这样偏重“动作类”的书文当中，韩小窗仍然运用了对仗工整的文句，如“你也曾头摇阵上三军惧，今落得光冷街前百姓轻”“只唬得金轮碾转车如水，只唬得玉辔连摇马似龙”。正是通过这样市井俗语与文言雅句的杂糅使用，韩小窗的子弟书创作鲜活生动而不失高雅，平白易懂而富丽优美。

3. 书文中喜用大段排比反复句式，铺陈渲染，一唱三叹，令人耳目一新。中国的古典文学样式，从风骚至汉赋、唐诗、宋词、元曲，或浪漫雄奇，或古

①傅惜华编：《子弟书总目》，上海文艺联合出版社1954年版，第11页。

朴厚重，或工整雅致，或灵动优美，或形散意聚，每一种样式都能凭借其独具之魅力引领时代风潮。诚然与上述划时代的文学样式相比，子弟书无论从内容规模还是思想高度都显出其局限性，但是这并不妨碍其形成自己鲜明的艺术特色——为配合乐曲演唱在词句上排比反复，一唱三叹，酣畅淋漓。而这一特色在韩小窗的作品中表现得尤为突出。如《悲秋》中著名写景句：

潇洒洒碧落天空云织锦，静荡荡云山雾敛雨初晴，
纤巍巍三径菊花开灿烂，碧森森千竿竹叶显菁葱，
韵铮铮隔院秋砧惊午梦，呼喇喇临窗老树起悲声，
枯干干荷盖翻披为败叶，软怯怯海棠憔悴剩残茎，
香馥馥芬芳尚有岩前桂，冷凄凄零落远留井上桐，
重叠叠山经秋雨十分翠，碧澄澄水共长天一色青，
急煎煎云外归鸦投远岫，乱纷纷亭前落叶舞西风，
寂寞寞往来哪有双飞蝶，静悄悄上下不闻百啭莺，
一阵阵天际惊寒穿旅雁，几处处空庭应候少秋虫，
细条条数棵衰柳无情绿，丛簇簇一片枫林作意红。

如此继古开新之文句，让人直呼神来之笔。文意工整而灵动，状物传神而脱俗。《芙蓉诔》则是这一表现手法的登峰造极之作。其中第三回“恸别”写晴雯遭谴被逐出怡红院一节，韩小窗一口气用了一百二十四个叠字排比的句式，诸如“战兢兢、羞惭惭……昏沉沉、虚飘飘……嫩生生、娇怯怯……悲凄凄、泪涟涟……惨淡淡、寂寞寞……朦胧胧、萧瑟瑟……寂寥寥、凄凉凉……”等，将纯真美丽的俏晴雯面对不幸时的哀伤与凄冷的情绪氛围渲染到无以复加，与前文对怡红院其乐融融的描写形成鲜明对比，从而为此后晴雯临终前大胆表白爱情和宝玉哭祭晴雯的抒情性祭文预作铺垫，似如此艺高胆大的修辞手法堪称奇文，令人叹为观止。再如《露泪缘》第十回写宝玉痛失所爱，其中连续用“我爱你”“我喜你”“我羡你”“我慕你”“我许你”“我重你”“我叹你”“我赏你”“我服你”“我愧你”“我听你”“我懂你”“我怜你”“我疼你”“我敬你”“我信你”十六句排比极力渲染宝玉心中对黛玉的深深爱恋。这是宝玉在黛玉已逝、人去楼空的情景中，面对物是人非，禁不住触景生情，悲怆盈胸，最终以“从今后我也醒了槐中梦，看破了无非镜中花，不久的夜台见面重相聚，

好和你地府成双胜似家。这段情直到地老天荒后，我的那怨种愁根永不拔”这一爱情誓言把作品推向抒情高潮。像这样的排比反复句式在韩小窗的作品中频繁出现，很好地证明了韩小窗文字功力的深厚，同时其他一些主要的子弟书作者如罗松窗、鹤侣等人的作品中，也能见到排比句式的使用，从而形成了子弟书创作的一大特色。

五、韩小窗子弟书创作对北方曲艺的贡献

子弟书至1900年左右已见衰歇，但是作品多被北方的各种大鼓书、牌子曲采为脚本演唱。曲调也保留着一定影响，如现在的东北大鼓，相传即是子弟书与东北流行的弦子书曲调结合形成的。在单弦中，吸收了西韵艺人石玉昆的部分唱腔，称为“石韵书”。另外，南城调、北城调也是单弦经常使用的曲牌。

文学巨著《红楼梦》问世以后，在北方诸多曲艺曲种中，子弟书最早取材于《红楼梦》，将这部罕世奇书介绍给广大下层社会。据周绍良《红楼梦书录》所列约有40篇，胡文彬收罗海内外藏本集成《红楼梦子弟书》，收27篇。《红楼梦子弟书》中收入韩小窗的作品计有《一入荣国府》《悲秋》《宝钗代绣》《芙蓉诔》《双玉听琴》《露泪缘》诸篇。这些作品的存在，为后人的系统研究提供了直接依据与重要文献资料。清人顾琳在《书词绪论》中说“无论缙绅先生，乐此不疲，即庸夫俗子，亦喜撮口而效”。子弟书的艺术成就与影响力在此可见一斑。同时，这些作品在全部《红楼梦》子弟书中占有非常重要的地位。之所以如此说主要有两方面原因：首先，从作品数量及其影响上看。韩小窗的创作不仅在篇目上约占现存作品的四分之一，而且在篇幅上则占近一半。虽然子弟书这种演唱形式已经不存在，但韩小窗的创作超出子弟书的范围之外，发生着广泛的影响。其子弟书作品有10余种至今仍在东北大鼓、京韵大鼓、东北二人转等北方民间说唱艺术中广泛传唱。另一方面，从艺术价值上看，固然子弟书的创作形式缺乏原创性（包括韩小窗在内），但是《红楼梦》子弟书同样达到了一定的思想高度，甚至在某些方面有超出原著之处，固然这与原作本身就具有极高的思想高度密不可分。至于子弟书以喜闻乐见的形式流播于民间，无形中对诸如《红楼梦》之类文学经典的普及和传播起到明显的促进作用，则可谓子弟书“善莫大焉”。

韩小窗所创作的子弟书，文学性很高，词藻华丽，引经据典，对仗、骈文应用自如。目前京韵大鼓最主要的三大流派——刘、白、骆，在各自的代表作里，韩小窗的作品都占有相当重要的地位，如刘派的《长坂坡》《白帝城》，白派的《黛玉焚稿》《宝玉娶亲》《宝玉哭黛玉》《绿衣女》，骆派的《剑阁闻铃》《红梅阁》。另外至今仍有一些东北大鼓演员能唱《忆真妃》《糜氏托孤》等著名的“子弟段”，并被列为省、市非物质文化遗产的组成部分。子弟书作品对北方曲艺诸如京韵大鼓、东北大鼓、东北二人转等始终产生着深远的影响。子弟书的成就从小处说是北方曲艺的造化，从大处说是中国古典文学的幸事。

及世幸登名宦传[①]——缪润绂

缪润绂像[②]

清朝末年，时局风雨飘摇，王室岌岌可危。绵延上千年的中国封建社会行将就木。然而延续了上千年的中国传统文化，却并未因为社会形态的变革而走向消亡，这是因为世代因袭的读书人仍然坚守他们与生俱来的文化素养，而这些承继自先贤的传统文化基因，并没有因为革命的冲击而发生变异。形成这种继承延续的，一方面来自中华传统文化自身强大的生命力；另一方面，则来自于躬身践行，执守弘扬家国文化的士人。沈阳世家缪润绂便是其中之一。

①[清]缪润绂著、魏鉴勋校注：《含光堂诗集》，沈阳历史文化丛书第四辑，沈阳出版社2015年版，第122页。

②初国卿：《名士情缘：金毓黻与缪润绂》，《沈阳日报》2009年7月27日。

一、缪润绂生涯

缪润绂（1851—1939），原名裕绂，汉军正白旗人，字麟甫，号东霖，别号哈溪钓叟、钓寒渔人、太素生、含光堂主人等。清中期沈阳著名诗人缪公恩的曾孙。清光绪元年（1875）举人，光绪十八年（1892）壬辰科进士，“翰林院庶吉士，改户部主事，山东临清直隶州知州”[①]。缪润绂的一生可以从考中进士从政开始，分为前后两部分，即从1851年出生到1892年考中进士，在沈阳度过了青壮年时期；而从考中进士授翰林院庶吉士，继之任户部主事开始到1939年逝世，主要生活在山东，具体来说1892年登进士开始在京为官到1899年，而从1900年赴山东任日照知县起，到1911年超过十年辗转山东各地为官，1912年随着清王朝最后一任皇帝宣统皇帝退位，辞官回济南，直到谢世一直生活在济南（1931年短暂回沈）。本文依据史料制作了缪润绂简历如下：

咸丰元年（1851）[②]，	出生于沈阳
同治十二年（1873），	千山龙泉寺读书[③]
光绪元年（1875），	举人
光绪三年（1877），	与韩小窗、喜晓峰等成立“荟兰诗社”[④]
光绪四年（1878），	刊刻《沈阳百咏》《陪京杂述》
光绪十二年（1886），	刊刻曾祖父缪公恩《题兰稿》并作序

①翟文选、臧式毅编纂：《奉天通志》卷154《选举一·进士（清）》1934年，第54页，http://read.nlc.cn/OutOpenBook/OpenObjectBook？aid=403&bid=103543.0。

②由徐光荣、孙丕任校注，沈阳出版社出版的“沈阳历史文化典籍丛书”第一辑《沈阳百咏》和第四辑《含光堂诗集》前言中均指出缪润绂出生于咸丰三年（1853），卒年是民国二十八年（1939），享年88岁。这是一个很明显的计算上的错误。如果卒年在1939年没有争议的话，则缪润绂的生年当是咸丰元年（1951），这一点从缪氏刊刻于光绪四年（1878）的《陪京杂述》中可知，“仆生沈阳二十有七年矣”，从这一记述可推断出缪氏的生年应为1851年。

③刘伟华：《千华山志》，辽宁民族出版社1999年版，第1页。缪润绂序文曰：“……同治壬申，始游龙泉。……既而癸酉试京兆失意，借西阁读，一灯荧然。”

④胡光平：《韩小窗生平及其作品考查记》，选自《文学遗产》1963年第A12期，第90-100页。

光绪十三年（1887），	重游千山①
光绪十七年（1891），	刊刻《含光堂试律》
光绪十八年（1892），	光绪壬辰科殿试，登进士②
同年五月，	改翰林院庶吉士③
光绪二十年（1894）四月，	散馆，著以知县即用④
同年七月，	户部奏七条
光绪二十四年（1898）八月初七、初九，	连上两折，参康有为等变法
光绪二十五年（1899），	赴官山东 首次登岱
光绪二十六年（1900），	日照知县⑤
光绪二十八年（1902），	濮州知州
光绪二十九年（1903），	宁海知县
同年十月，	阳信知县
光绪三十一年（1905），	郓城知县
光绪三十二年（1906），	齐河知县⑥
光绪三十四年（1908），	迁居历山门外顺城街
宣统元年（1909），	再任齐河知县
宣统三年（1911），	擢临清知州
民国元年（1912），	初春离开临清，回济南 再次登岱 于屏风岩建云在山庄
民国二年（1913）？，	三登泰山
民国三年（1914），	携陈兰淑四登泰山

①胡光平：《韩小窗生平及其作品考查记》，选自《文学遗产》1963年第A12期，第90-100页。序文曰“……越光绪丁亥，更偕景仰山、王聘之、韩纪五登第一峰仙人台”。

②朱保炯、谢沛霖编：《明清进士题名碑录索引（下）》，上海古籍出版社1963年版，第2852页。

③《大清德宗景皇帝实录》卷311，https：//www.zhonghuadiancang.com/lishizhuanji/daqingdezongjinghuangdishilu/99793.html。

④《大清德宗景皇帝实录》（卷339），https：//www.zhonghuadiancang.com/lishizhuanji/daqingdezongjinghuangdishilu/99821.html。

⑤杨士骧编纂：《山东通志·卷六十·国朝职官》，http：//read.nlc.cn/OutOpenBook/OpenObjectBook？aid=403&bid=68150.0。

⑥杨豫修：《齐河县志·职官志》卷21，http：//read.nlc.cn/OutOpenBook/OpenObjectBook？aid=403&bid=61352.0。

民国五年（1916），	赵尔萃访云在山庄
民国七年（1918），	结识王价藩于泰城
九月九，	携陈兰淑五登泰山
民国八年（1919），	六登泰山至扇子崖
民国十一年（1922），	重订《沈阳百咏》并为之序
民国十三年（1924），	应阳信县邀请，主持编修《阳信县志》
民国十五年（1926），	避居济南，于五莲泉畔购宅建“潜园”，从此寓居济南
民国十六年（1927），	刊刻曾祖父缪公恩《梦鹤轩楳澥诗钞》并作跋
民国十七年（1928），	子缪延禔染病去世
民国十八年（1929），	77 岁高龄，偕灵筠女士七登泰山
民国二十年（1931），	回到沈阳翰林府
同年，8 月 9 日，	辽宁省政府向缪润绂颁赠“重游泮水”匾额
同年夏，	重返济南
民国二十三年（1934），	为刘伟华《千华山志》作序
民国二十八年（1939），	于济南“潜园”谢世，享年 88 岁

由以上简历可知，缪润绂于光绪元年（1875）即中举人，可谓年少成名。青年时期的缪润绂，才华横溢，积极参与沈阳的文化事业与活动，并取得卓越的成就。无论是从事在中国文学史上独树一帜的“子弟书”创作，还是为弘扬地域文化创作的《沈阳百咏》《陪京杂述》等文艺作品，都成为近代沈阳文化事业的宝贵遗产。然而，缪润绂在中国旧文人最看重的科考取士的路途上，却并非一帆风顺，虽然早年中举，但是直到光绪十八年（1892），年逾不惑，才终于高中进士，被授予翰林院庶吉士。而当光绪二十年（1894）缪润绂进户部任职的时候，爆发甲午中日海战，一时间朝野动荡，作为朝廷命官，虽不能上阵杀敌，缪润绂也能恪尽职守，上呈奏折，积极进言献策：“一、振军威。宜申严令。一、讲踯攻。宜定主帅。一、裕饷源。宜广捐输。一、重根本。宜修防务。一、集乡兵。宜开矿政。一、备不虞。宜裁冗费。一、修内政。宜举贤才。得旨、裕绂条陈。请广捐输以裕饷源等语。着户部议奏。”①

①《大清德宗景皇帝实录》卷345，https：//www.zhonghuadiancang.com/lishizhuanji/daqingdezongjinghuangdishilu/99827.html。

从此次缪润绂上奏折的时机来看，正值国难当头之际；而从奏折的内容来看，不乏具有可操作性的强国之策，由此可以见出缪润绂通过清朝政府甲午战败，已经认识到朝廷孱弱、国家疲弊的现实，努力进言。从公的方面讲，尽人臣之责，责无旁贷；从私的方面讲，行匹夫之义，拳拳爱国之心，天地可鉴。

与上文奏事相比，缪润绂在光绪二十四年（1898）“戊戌变法”期间所上奏折，则更能反映出缪氏的家国情怀。二十四年八月初六，光绪帝颁旨“著严密查拿康有为事谕旨”，[①]八月初七、初九两日，缪润绂连上“前户部主事缪润绂为请诛康有为等以平内患事奏折”和“前户部主事缪润绂为特参康有为等欺君祸国盗权谋逆请悬赏拿问事奏折”两折，参康有为等变法。如果单纯从这两次上奏折的时机来看，皇上甫一颁旨，缪氏便紧跟弹劾，似有伺机而动、落井下石之嫌，然而事实上，在此二折之前，按照缪润绂所说“曾于七月内两次上封事，由都察院代递，为所抑格不报”[②]。可见在对待以康有为为代表的维新变法派方面，缪润绂的态度和主张是一以贯之的。此外，十月初三都察院左都御史臣怀塔布上呈了一份“都察院左都御史怀塔布为将前户部主事缪润绂条陈敬呈御览事奏折”[③]，这一份奏折是因为缪润绂官职低微，由都御史怀塔布代为上呈的。那么，加上被截留未能“达天听”的奏事，在“百日维新”期间，缪润绂至少上奏五次。也正是因为这些弹劾维新变法的奏折，缪润绂被打上了保守派的印记。在此，本论将通过对这一系列奏折加以梳理，对缪润绂是否是保守派，或者说缪润绂具有怎样的家国理念进行一番分析。

首先，作为世受皇恩的士族后裔，缪润绂与生俱来的忠君思想是封建士大夫的普世价值观。也正是因为这种根深蒂固的忠君思想及家国观念，才使得缪润绂对康有为的诸多主张拒不认同。八月初七的奏折中写道：“窃计自四月以来，新政繁兴，弋功名钓富贵之徒，揣摩迎合，益以扬波助焰，朝廷朝授一官，暮下一令，四民读邸钞者，皇皇无主；虑及失业，则人人自危，愁叹之声不绝

①赵增越编：《戊戌政变后清政府惩处康梁党人档案（上）》，选自《历史档案》2018年第2期，第35页。“奉旨：工部候补主事康有为现经降旨革职拿办，兹据步军统领衙门奏称，该革员业已出京，难免不由天津航海脱逃，著荣禄于火车到处及塘沽一带严密查拿，并著李希杰、蔡钧、明保于轮船到时立即捕获，毋任避匿租界为要。钦此。”

②赵增越编：《戊戌政变后清政府惩处康梁党人档案（上）》，选自《历史档案》2018年第2期，第37页。

③赵增越编：《戊戌政变后清政府惩处康梁党人档案（上）》，选自《历史档案》2018年第2期，第51页。

于路。有怨及左右之人亡辅导者，摇惑惊恐，诚有如诏旨所云，若复刊刻誊黄，遍行晓谕，恐纶音一降，率土惊惶，新政未行，先受变法之害。”① 客观来说，这一段文字指出施行变法后在整个国家引发“阵痛”，而从历史上看，但凡变法革新大多伴有对旧社会形态造成的冲击，因此，此处强调康梁变法使得百姓“皇皇无主”“人人自危”，的确反映出封建士大夫思想中遵循祖宗礼法保守的一面。“夫西国政教，善于何有？罗马教皇之权重矣，卒以激成兵祸，地为法日奥所据，而教寖衰；当同治九年，法于中方示强而已败于德；美尤多叛党，尝刺杀其总统林根，议院公举之弊，下挟私，上遍徇，此外祸乱相寻，迭强迭弱，不可纪极，亦何所取而思效之，以散中国之人心哉？此皆康有为之邪说诡词有以阶之厉也。”这一段话表明，缪氏在上奏折弹劾康有为学说之前，对于康氏主张推行的西方政治是有所了解的。对意、法、德、美诸列强的情况做出了评价，如果以一名 19 世纪末封建士大夫的见识来看，缪润绂对西方政治还是有一定程度认识的。也正因为缪氏看到康有为主张效法的西方政治，与其一贯执守的信仰截然相悖时，才引发了缪润绂对康有为倡导的维新变法的强烈拒斥。

其次，缪润绂反对康有为变法，主要集中在反对康有为“其所作《孔子改制考》《彼得变政纪》《新学伪经考》，尤为非理乱道，贻害无穷，应请查禁销毁”。即反对康有为“素王改制”创立孔教等政治主张，而对维新派推行的兴办新式学校，振兴工商业等一系列进步举措，并未表现出抵触。这一点在缪润绂所上奏折中有间接的体现，八月初七所上奏折结尾这样写道：“当此时也，奴才谓皇上宜懔懔危惧，敬天保民，时存朽索驭六马之思，诛康有为、梁启超、张荫桓，罢谭嗣同等参预新政，而召张之洞、崇绮、启秀、于荫霖、徐致祥预机务，起刘永福练兵，李秉衡、吴廷芬并加擢用，庶转否为泰，易危而安，内患可平，皇上九五之尊可以永保。”此处建议皇上杀康有为、梁启超、张荫桓，同时重用张之洞、刘永福等官员。张之洞是晚清“洋务运动”的领袖人物，创办自强学堂、汉阳铁厂等，在近代教育与重工业发展方面为国家做出了大贡献。对于张之洞的作为，缪润绂当然十分清楚，而建议皇上重用之，自然是肯定张氏的成就和赞同张氏的政治主张的。这也就解释了为什么缪润绂极力反对康梁变法，但在之后任职山东地方官时，却致力于兴办新式学堂、训练警备队伍。很显然，在很大程度上，缪润绂和以张之洞为代表的洋务派的主张是一致的，

①赵增越编：《戊戌政变后清政府惩处康梁党人档案（上）》，选自《历史档案》2018年第2期，第36页。

即张氏有名的观点“中学为体，西学为用”，而这种坚持以封建统治为核心，借鉴西学长处为己所用的洋务思想，与维新派要从根本上推翻帝制、实现共和的主张是完全相悖的。也就是说同张之洞一样，在耳濡目染中成长起来的封建士大夫缪润绂，可以接受西方先进的教育理念、工业技术，但是皇帝坐江山，臣子尽忠义这一传承千年的封建核心价值观是根深蒂固的。

由以上分析可知，作为自幼接受正统封建礼教教育的仕宦后裔，缪润绂的思想境界仍然停留在旧时代传统的道德高度上，如果将这种时代的局限性视为保守，亦并非言过其实。然而从其奏折中推崇洋务派的观念，以及后来在地方官任上大力推行新式学堂、训练安保警察等一系列政务举措来看，缪润绂在其忠君保皇的思想深处，仍然葆有积极接纳西方先进理念、师夷长技为己用的开明进取的一面。

光绪二十五年（1899），缪润绂赴山东任职，开始了辗转山东各地为官十数年的宦游生涯。在山东各地做知县期间，记述关于缪润绂政绩的史料极少，这对于一个职位低微的知县而言实属正常。虽然官方史料中记载不多，但是作为家学渊博的诗人，缪润绂在历次转职的过程中，都以赋诗抒怀的形式，留下了具有参考价值的宝贵文字。1902年，缪润绂授濮州知州，离任时作留别诗二首：

其一

瓜期已迫杏花辰，怅是难追汉吏循。
尘案幸无留积牍，蒲鞭惭未格顽民。
政求寡过常虚己，狱贵持平敢徇人。
料理轻装琴鹤去，一官生本耐清贫。

其二

早辞尘鞅出州城，辜负苍生奈此行。
强国需才方议学，连村伏莽待筹兵。
田输官价孱无力，河薄民堤壮有声。
墨绶纵归新令尹，忍言疴痒不关情。①

其一自谦虽然不如史上名吏，但是还是竭尽全力处理好任内公务，不欠债。

①[清]高士英：《知州缪润绂去濮留别诗》，选自《濮州志》卷七《诗类》1909年版，第109页。http：//read.nlc.cn/OutOpenBook/OpenObjectBook？aid=403&bid=75754.0。

表明自己从政的理念是低调行事，不扰民，但是同时办事务必公平，尾联“一官生本耐清贫”句，表明缪润绂自认一生清廉，做官以为民请命为理念，甘守清贫。其二则着重表白了自己推行兴办新学、训练兵勇的政务举措，是为了最大限度富国强民。尾联则呼应首联，极言自己能力有限，辜负了百姓对自己的期待，而任期短促，面对接任的新官，即便有许多话想说也只能保持沉默。

1903 年 10 月，缪润绂任阳信知县。适逢庚子国难后“清廷变法，令省府州县各建学堂，陶铸人才”[①]。然而革新变法谈何容易，一时间“士庶不察，群起非议”，缪润绂“乃毅然以革新自任”，同时时刻警醒自身不能够因为筹款建学而扰民，而是利用阳信县城永宁寺旧址创“建规模宏敞之高等小学一处，因公地与款，设初等小学若干处”，选博学通达之士做教师，通过考试选拔了百数十名成绩优秀的学生在校学习。而缪润绂常常于公务闲暇时“到校考校课程，就学生程度判教授优劣，以为奖叙”。在缪润绂的努力下，“全县人心鼓舞，学堂蔚起。一时学风丕变，人尽踊跃向上，举平素因循泄沓之积习，廓而清之”，并且从这些学校毕业的学生在进一步升学深造和为国家社会做贡献方面，也居于河北各县之首。《阳信县志》的这一段记载，高度赞扬了缪润绂在任知县期间大力兴办新式学校的功绩，不仅仅提高了阳信县民的受教育水平，甚至起到移风易俗的作用：“其所造就者宏，收效亦甚远矣。”缪氏在积极兴办新学的同时，还整顿县政府衙门，约束公务人员，加强保安措施，使得境内治安情况好转，处理公务，亲力亲为，显示出过人的精力。“每逢开审，士民环而观听者千数百人。任何呈词，无不遂收遂批，遂讯遂结。即多年积狱三木不事而尽得其情，人咸服其神断”，这一段则表明作为地方官缪润绂具备超强的处理地方事务的能力。缪润绂在卸任离开阳信县时赋诗二首以为留念，而正因为这些高尚的行为，“迄今几念年矣，士民追思不已，犹蜀人之思文翁也”。阳信县民在其离开近二十年之后，仍然想念他，就好像西汉时蜀地人民思念文翁一样。县志中提到缪润绂卸任离开阳信时所赋诗《去阳信留别二首》如下：

其一

骊歌一唱万人惊，薄宦真如敝屣轻。

为政那容追子产，化民终觉愧阳城。

①朱兰：《阳信县志》卷2《职官志》，1926年版，第69页，http：//read.nlc.cn/OutOpenBook/OpenObjectBook？aid=403&bid=75596.0。

小鲜奏绩曾何补，广厦储才幸有成。
期月匆匆棠爱少，扪心毕竟负苍生。

其二

话到时艰有泪垂，风尘肮脏一官卑。
不工献媚安才拙，枉冀图强奈局危。
国病日深当蓄艾，臣衷孰谅总倾葵。
攀辕父老休枨触，负耒横经幸勉为。

其一慨叹一介微官，身不由己，任期匆匆，被随意升擢转任。自谦在短暂的任期内，虽然也尝试推行利民惠民举措，在培养人才方面取得一些成绩，但是终究来去匆匆，未能做出更大的政绩，愧对阳信县民。其二则慨叹时局危难，国运堪忧，自己空有一身报国之志，奈何不会阿谀逢迎，官微职轻，不能为国发挥更大的作用。尾联“攀辕父老”句，生动展现了缪润绂主政阳信，深受百姓爱戴，离职告别之际，县民父老扶车相送，依依惜别之景。

1906 年，缪润绂任职齐河知县。赴任之际，作《赴齐河任》二首[①]：

其一

祝阿分治古齐州，惭愧书生作邑侯。
北上地疲当孔道，东来河悍据中游。
官卑志肯忘经济，省近神还苦应酬。
新政日繁民事剧，烹鲜小试又从头。

其二

敢从黄老学无为，治绩常思汉吏追。
枵腹幸留书味厚，直躬终虑宦途危。
牧民道要兼宽猛，应世情难不激随。
百废当前具待理，那容沈饮步萧规。

①[清]缪润绂：《赴齐河任》，选自《齐河县志》，济南中西美术印刷所1933年版。http：//www.bookinlife.net/book-39091-viewpic.html#page=36。

此二首诗表达了缪润绂辗转为官的复杂心理，既担心自己能力有限，不能胜任工作岗位；又怀抱为国效力，不辞辛劳的志愿。其一引用老子“治大国，若烹小鲜”名言，表现出诗人全心全意为民请命的高远志向。而关于缪氏在齐河任内之政绩，《齐河县志》载有较详尽记述：“光绪三十二年为初任。政尚宽大，凡所兴剔，毅然必为。时鸦片已悬禁令，某商公然售卖。乃调查属实，罚钱二万五千贯，存督扬钱局，生息以裕学款，修整高等学堂房舍，悉仿新式。创设农事试验场、警察训练所，划旧里为乡区，实行地方自治，庙地悉令纳租，庙树尽为变价，分作办学训警常款，复以民安。故习纺织而外，生机阙如，乃在城设草帽辫工厂，聘女技师数人，令各区出女工一名或二名来厂学习，学成后转教其他妇女。利益普济全境，用意至为深远。嗣以吏治优良，行擢直隶州知州。”[①]县志中记载了缪润绂任职齐河期间诸如查办贩卖鸦片的奸商，以罚款作为兴办高等学堂的经费，筹款训练警备，开办草编工厂，为县民提供就业等一系列为政举措。其中开办草编厂，算得上缪润绂在齐河任上的一大政绩，缪润绂曾赋诗记述开厂之缘起：“齐产麦莛甚良，愚民不解制造，开厂教之，因广此意作诗：中华务力田，西洋精机器。噫嘻居业微，国运随兴替。……粒固给饔飧，莛乃供编制。草冠蒨且轻，他族性所嗜。匠心具在人，物产实因地。肄习既非难，取携尤甚易。纤纤女手柔，弄之直游戏。温饱终岁资，货贿邱山集。……藏富必于民，牖民须顺势。开源大道存，所贵因利利……”[②]此诗清楚地交代了缪润绂开办草编厂的初衷与目的，充分地展示了缪氏对于西洋国家的了解，其发展近代工业、振兴经济的思想，与洋务派之主张不谋而合，很好地反映了缪润绂思想中开明进步的一面。而所取得的政绩也得到朝廷认可，得以升职为直隶州知州。

1911年，缪润绂升职离开齐河时作《擢牧临清去齐河留别》[③]诗四首如下（摘其中二首）：

其一

凫飞早践别离宴，载道遮留刺史鞭。

①杨豫修：《齐河县志·宦绩志》卷二十二，1933年版，第10页。http：//read.nlc.cn/OutOpenBook/OpenObjectBook？aid=403&bid=98497.0。

②[清]缪润绂：《齐河县志》，济南中西美术印刷所1933年版，http：//www.bookinlife.net/book-39091-viewpic.html#page=37。

③[清]缪润绂著、魏鉴勋校注：《含光堂诗集》，沈阳历史文化丛书第四辑，沈阳出版社2015年版，第84页。

亩有余粮欢在境，河能顺轨福邀天。
利谋工业欣登麦，花茂陂塘忆种莲。
未睹成功聊布化，来游两度已三年。

其三

羲轮红照祝阿坊，府檄晨催去马忙。
人有宽名惭魏霸，政无德化继仇香。
六房差幸清尘牍，五斗何烦叩宦囊。
分手前途殷寄语，但余闲土愿栽桑。

由于在齐河任上取得良好的政绩，此四首留别诗整体上格调明快，氛围愉悦。其一历数了在任期间推行的政举收到良好效果，正值各方面纷纷向好之时

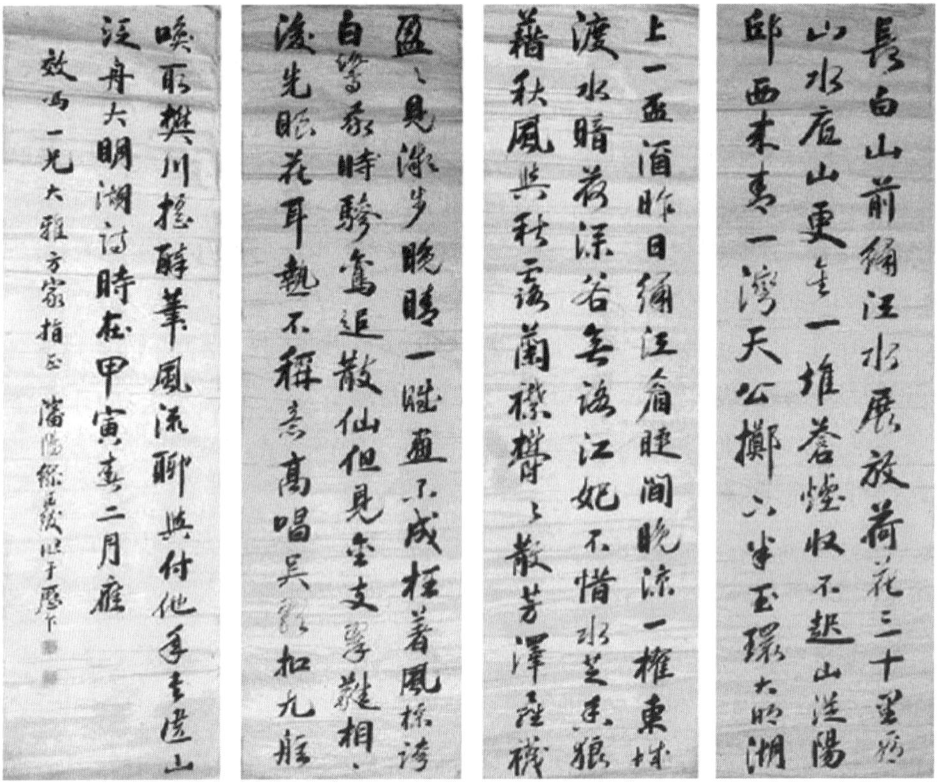

日照知县缪润绂书法墨宝①

①政协日照市委员会编：《日照举人录·东港卷》第一编，2011年版，第108页。

又要离职别任，感叹时光飞逝。其三表达了朝廷催促转任之际，依然惦念齐河百姓，仍然在反省自身做官与先贤们的差距，临别之际不忘殷勤寄语，鼓励人民发展生产。纵观缪润绂十数年的为官生涯，在齐河知县任上的经历，可以称得上是缪氏一生从政的高光时刻。

1911 年，缪润绂擢临清知州，据《临清县志》载："缪润黻（注："黻"，同"绂"）……于宣统三年六月知州事。风度端凝，正己率属。每听政，高坐堂皇，示人无私。无几何清帝逊位，袁世凯任总统，令知各地大小官吏以次署诺。润黻不署，遂辞官，拂衣竟去，州人饯送，咸依依惜别焉。"[①] 这一段简洁的人物传，文辞精练，记叙生动，记述缪润绂的形象是"风度端凝，正己率属"，描述其升堂办公的情形"每听政，高坐堂皇，示人无私"，并且说明缪润绂最终辞官的原因是因为清帝退位，袁世凯做了大总统，而这与缪润绂秉持的忠君思想不符，缪润绂不会在新政府做官，于是"拂衣竟去"。离别临清之际，缪润绂赋诗四首以志留念，现摘录其中二首如下：

留别州人诗四首[②]

其二

龙蛇起陆裂山河，大局更新倡共和。
论世已形皇极坠，谈兵翻怪将才多。
全归天命迁周鼎，竟解人心唱楚歌。
总抱愚衷葵向日，权轻其奈一州何。

其四

情殷祖帐送归轮，辞别沙邱倍怆神。
慷慨壮怀虚报国，是非公论且凭人。
行看地尽沦三辅，不信天真堕五伦。
杨柳依依今去也，忍抛名教对斯民。

①徐子尚编：《临清县志・秩官志・历代名宦传》，1934年版，第73页，http：//read.nlc.cn/OutOpenBook/OpenObjectBook? aid=403&bid=60430.0

②徐子尚编：《临清县志・艺文・诗词》，1934年版，第128页。http：//read.nlc.cn/allSearch/searchDetail? searchType=all&showType=1&indexName=data_403&fid=312001070517。

其二慨叹时局变换，清王朝已然穷途末路，国家已经进入共和时代，可是诗人仍然葆有一颗“愚忠”之心，无奈何官微职轻，无力回天。其四抒发了对临清人民的依依不舍之情。尽管一腔报国热忱化为泡影，但是相信对于自己的是非功过后世自有公论。

从光绪二十年（1894）入户部主事开始，直到宣统三年（1911）于临清知州任上解印辞官，缪润绂结束了自己十八年的宦游生涯。纵观缪润绂的仕途生涯，正处在中国由封建社会向半封建半殖民地社会过渡的激烈动荡时期，身为封建士族出身的低级官员，恪守忠君报国的封建礼教，竭力奉公，虽然也能清楚看到清王朝的腐朽没落，但是深入骨髓的“忠君”思想，促使缪润绂为清王朝贡献自己最后的力量。颇具讽刺意味的是，缪润绂作为中国封建社会最后一任地方官，亲眼见证了曾经盛极一时的清帝国的覆灭，可以想见，对于缪润绂这样一位典型的封建士大夫而言，如此剧烈的世事变幻，将对其世界观造成怎样巨大的冲击。

二、缪润绂与子弟书

由前文可知，缪润绂一生仕途并不顺利，并且“有幸”成为中国封建王朝最后一任地方官。与纠结不遇的仕途相比，作为一方名士，诗书世家，缪润绂在诗、子弟书及书法等文艺形式方面，都取得了令人赞叹的成就。

首先，我们来看作为“沈阳三才子”之一的缪润绂，对清代盛行于北京及沈阳的独特文艺形式——子弟书的贡献。关于子弟书的背景资料在本书《韩小窗》一文中有详细的论述，在此不再赘言。缪润绂于光绪元年（1875）中举人之后，正所谓春风得意马蹄疾，再加上沈阳缪氏家族的名望，俨然是名满盛京的倜傥公子。光绪三年（1877），缪润绂与韩小窗、喜晓峰等共同提议成立“荟兰诗社”。饶有兴味的是，缪润绂的曾祖父缪公恩曾于嘉庆十八年（1813）创立了“芝兰诗社”。“这个诗社是当时盛京将军晋昌所赞许的，并得到当时住在沈阳的裕瑞、程伟元的支持。诗社以会诗为本，间也从事一些子弟书段和灯谜小品创作。”① 据说缪公恩曾创作过《悲秋》等以《红楼梦》为题材的作品，不

①任光伟：《子弟书的产生及其在东北之发展》，选自《满族文学研究（创刊号）》1982年第1期，第77页。

过任光伟先生注释说这里所说的《悲秋》也可能是得硕亭所著《草珠一串》中提到的《悲秋》。作者存疑，因为子弟书创作，同一题材各写一篇或者几人同写一篇的情况屡见不鲜。即便缪公恩是否真的创作了子弟书作品尚不能确定，但是其创办“芝兰诗社”，积极参与子弟书创作活动一事应该属实。像这样，祖孙二代人以极大的热情投入到创办诗社的文艺活动中，并且“荟兰”有明显承袭“芝兰”的意图，从这一层意义上说，缪润绂继承发扬了缪氏祖辈开创的沈阳文学事业。

如果说缪公恩创作子弟书作品《悲秋》一事尚存疑的话，缪润绂创作子弟书作品《锦水祠》应该是无疑义的。首先，1979 年，中国曲艺工作者协会辽宁分会编制的《子弟书选》中，收录了署名哈溪钓叟（缪润绂）的《锦水祠》一篇。此外，关于《锦水祠》作者的问题，任光伟在《子弟书的产生及其在东北之发展》一文的注⑥中这样写道：“……文俊阁幼孤，十七岁（1892 年）以前由缪东麟抚养，住在缪家。缪一再讲喜（晓峰）为《忆真妃》作者，‘九一八’前一年，缪由山东归沈变卖房产，文又向缪对证，缪谈《忆真妃》为喜晓峰著，而《锦水祠》为缪自己所作。” 再有李振聚在文章中也指出“而缪东麟倒是撰有子弟书《锦水祠》，乃《忆真妃》之续篇”[①]。总而言之，对于一心求取功名的缪润绂来说，子弟书这种带有较强游戏意味，在当时绝算不上正途的文字创作，最多不过是一时兴之所至而为之的娱情之作罢了。不过即便如此，无论缪润绂创作《锦水祠》的动机如何，单纯从文本创作的角度来看，《锦水祠》一篇也完全称得上一流的子弟书作品。

蜀江水碧蜀山青，赢得朝朝暮暮情。
君王悔负当年誓，妃子犹留旧日容。
雕镂体态形原肖，供养香花志转诚。
梅檀莫谓无情种，情至能教木偶灵。

开篇诗化用白居易《长恨歌》诗句，点出故事主人公之间的感情渊源。书文从“唐明皇扰扰征尘山川跋涉，将到了成都地面驻行旌”到“这一日内侍跪奏说灵柯建妥，请陛下将娘娘圣像送往祠中”，叙述了唐王为贵妃建祠供奉塑像之原委。接下来使用六句排比句：

①李振聚：《子弟书〈忆真妃〉作者新考》，选自《文献季刊》2012年第4期，第196页。

再不能南苑寻春沉香晚眺，再不能西宫消夏花径携行，
再不能秋夜谈心七夕乞巧，再不能冬宵窗语午夜情浓，
再不能赐盒分钗定情结好，再不能选词制谱按徵移宫。

多句排比复唱是子弟书最具代表性的创作手法，这种高度适用于演唱的文本表现形式，对于渲染氛围、强化情感具有充分的效果。缪润绂深谙个中诀窍，这一段排比与子弟书大家韩小窗的子弟书作品中动辄十几、二十以上排比长句相比，虽然略显轻短，然而抒发情感之沉郁浓重却也堪称异曲同工。至于书文后半段从“妃子呀，你且领一炉浓香半杯冷酒”到“妃子呀，此庙宇暂留遗像；他日里，山陵重新葬玉容”则运用了子弟书创作中另一重要创作手法——人物内心活动描述，通过对唐王内心对贵妃思念之情的淋漓尽致的演绎，将整篇书文推向高潮。这一段文辞，堪称发自肺腑，凄美哀恸，展现出作者高超的文学技巧与对生活细节的天才把握。虽然总体上，缪润绂创作的子弟书数量不多，称其为“业余爱好”亦不为过，但是即便如此，《锦水祠》仍然能够在清代优秀子弟书作品中占有一席之地。

三、缪润绂的两山情结

如前文所述，生长于沈阳，终老于济南的缪润绂自幼便对山有着特殊的情感，辽、鲁境内的代表性山峰——千山和泰山，双双留下了缪氏深深的足迹。而这种特殊的情感，也许遗传自其曾祖缪公恩，之所以这样说，因为缪公恩终生都为未能亲登千山而抱憾。有诗为证：

读王瑶峰先生游千山诗[①]

梦想千华廿七年，未能曳屐访林泉。
却看字字波翻峡，似见峰峰剑倚天。
云起空濛晴作雨，瀑飞濽漫水成烟。
何时碑搨香岩寺，得结灵山翰墨缘。

①[清]缪公恩著、魏鉴勋等校注：《梦鹤轩楳澥诗钞·题兰稿》（中），沈阳出版社2018年版，第415页。

此诗首联，诗人直白表露二十七年来对千山魂牵梦绕，无奈只能从前辈大诗人王尔烈波澜壮丽的诗文中领略雄奇险峻的千山风景。想象中的山色空濛、飞瀑激流以及香岩寺的唐人碑刻，直教诗人心心念念，夙愿难酬。曾祖毕生对千山的向往，未酬之壮志，似冥冥中之感应，映射到缪润绂的心海。在《千华山志》序中缪润绂写道："余髫龀时，侍先大夫典辽阳仓，虽城居，目恒与山接，聆人谈岩壑胜，心则跃跃然。"[①] 这一段文字记录了缪润绂少年时，随父亲去辽阳公干，最初在城中远眺千山，并听人谈论千山雄伟的经历。那么缪润绂第一次登千山的感觉如何呢？"同治壬申，始游龙泉。松风谡谡中，泉韵泠然。与禅和子谈，不及朝市事，几疑神游天上。"1872 年，也就是缪润绂 21 岁这一年，他第一次登千山，到达龙泉寺。缪润绂记忆中的龙泉寺，松风簌簌，山泉清冷，与寺中僧人交谈，言谈中不惹尘埃，让人产生置身天上之感。正是基于这种对于千山飘然遗世的初次印象，才使得之后"试京兆失意"的缪润绂，决定"借西阁读，一灯荧然。先鸡唱而起，书声琅琅，与钟鱼梵唱相赠答"。缪润绂借读千山西阁，勤勉发奋。其间读书之余，更喜欢和好友登山远足，"时出没于烟岚查霭中，不自知其身为俗为僧也"。千山是美丽的，"山之妙尤在春雨、夏云、秋霜、冬雪，与夫斜照西罨，皓魄东升于高澹静穆中，具有空灵活泼之致，为画工所不能到，令人有终焉。托足想以撄尘网，卒不可能"。缪润绂笔下的千山，四季绝美，静穆空灵，超凡脱俗。千山龙泉寺苦读，终有所回报，两年后，缪润绂 24 岁考中举人。

当缪润绂携友重游千山，已经是 15 年后光绪十三年（1887）的事情了。这一次与友人重游千山，不仅登顶最高峰仙人台，包括大安寺、香岩寺、中会寺、冷洞、双井、无量观、五佛顶等主要景观也全部游遍，正是在这样痛快淋漓的畅游中，缪润绂题写了大量的诗作。据《千华山志》载缪润绂所作千山诗多达一百五十六首，是历代千山主题诗最高产者。这种深度游山，使得缪润绂总结出一套登山理论："窃尝论之，游山如力学然，要在居久而入深，不深则不能得其精，不久则不能窥其奥。"正因为缪润绂对千山长久而细致的登临游览，才使得其所作千山诗数量最多，质量上乘。缪氏所作数量可观千山诗中最令人拍案叫绝的是组诗《咏龙泉十六景》。事实上，此《咏龙泉十六景》组诗前后三易其稿，而弥足珍贵的是刘伟华在编撰《千华山志》时将先后三稿诗文悉数收录，使得我们能够完整拜读缪润绂于不同时期创作的三组同题诗文，得以感

①刘伟华著：《千华山志》，辽宁民族出版社1999年版，第1页。

受诗人不同时期的心境及日臻完美的诗文造诣。刘伟华如是记述："缪太史于清同治十一年壬申（西元一八七二）始游千山，十二年癸酉（西元一八七三）入千山，藏修于龙泉寺西阁有十六景之咏，书于图本。迨光绪十三年丁亥（西元一八八七），重游至寺，依其旧作各续题一章。荣甫于民国六年夏游山，获观诗册，乃钞存之。民国二十年夏，谒太史于沈阳，太史出其《含光堂诗钞》十六卷，语荣甫云：吾癸酉丁亥两番题龙泉十六景之诗，向已弃去。今录此诗钞中者，乃吾改作也，荣甫拜读之，知太史诗境与时俱进，为千山景物增色良多，钦佩何极。山灵有知，亦当点头也。至太史所未列入其诗钞诸什，今人亦莫能也。因并录之，以垂不朽云。"① 刘伟华所作这一段按语，清楚详尽地说明了其自作主张将缪润绂本已丢弃的前两稿，和缪氏在沈阳当面交给他的三稿一并收录的来龙去脉。在此，我们应该感谢刘伟华先生的良苦用心。

关于1887年所作初稿和修改稿的情况，在两次按语中缪润绂做出了说明。《再咏龙泉十六景》光绪丁亥初稿序云："同治癸酉冬，曾在千山龙泉寺西阁读书，得阅十六景图本，每一图后各附一诗。诗本不佳，又以雪爪鸿泥，过后已渺不记。忆昨到寺，索观诗字犹完好如初，唯缺《吐符应生》一章。想见老僧加意维持，不以覆浆糊壁，诗字遭际之幸，乃竟有如是者。披图再阅，无任低徊。十五年，特刹那顷耳。因续题十六绝。以志今夕之感，即以表诗境增益云耳。光绪丁亥花朝后二日。沈阳东林缪裕绂序并书。"读此序文，可知缪润绂再咏龙泉十六景之动机，所谓时过境迁，看到自己十几年前的诗作，总有粗浅鄙陋的感觉，诗人的性格是不愿意将幼稚的作品示人的，于是才有了"再咏"的冲动。似此对艺术的执着追求已然令人感慨敬佩，可是，缪润绂接下来的行动，就不得不令我辈五体投地了。当缪润绂准备将《咏龙泉十六景》组诗收入所著《含光堂诗钞》时，诗人竟对已经修改过一次的十六首绝句进行了第三次修改，其始末如下："龙泉十六咏并序 改旧作录入《含光堂诗钞》，千山山脉自长白发来，于辽左诸山独推幽秀。中建五寺，最著者曰'龙泉'。相传十六景，寺僧选工写图，装裱成册以待游山者之题咏。同治癸酉，余读书寺中，曾经留句，今十五年矣。狼藉涂鸦，墨痕犹在。而时方攻举业风雅未娴，旧册重披，一读一汗，读竟，用依原体再赋新章。昨固云非，今未必是，亦聊作后游之纪念云而。光绪丁亥二月既望。"从此两段序文落款的时间"光绪丁亥花朝后二日（应为农历二月四日）"和"光绪丁亥二月既望（应为农历二月十六日）"可知，

①刘伟华著：《千华山志》卷八，辽宁民族出版社1999年版，第346页。

这两次改稿间隔时间约为12天，在如此短的时间内，对自己的作品一改再改，足见缪润绂在诗文创作上精益求精、力求完美的可贵精神。

下面选择两组同题诗加以比对，尝试体味缪润绂人生不同时期的心境及文学创作特征。首先看《西阁客灯》：

（前作）

夕阳西下暮烟凝，人在危岩最上层。
酒力未消诗未稳，夜深无语对孤灯。

（后作）

评诗说剑客谈雄，窗外松涛动晚风。
苍翠全收山四合，破空飞出一灯红。

（三作）

客窗高出碧峰巅，一点灯光破暮烟。
我是孤檠旧知己，书声曾伴五更天。

此三首诗同题吟咏龙泉寺西阁，前作在描摹景物的基础上，末句充分渲染了冬夜中诗人面对孤灯苦读感到孤独寂寥的情绪，此时的缪润绂正处于发愤苦读时期，诗文隐约流露出作者对自己前途略有担忧的意味。而后作整体上颇具气势，诗人与友人们评诗说剑，高谈阔论，西阁明亮的灯火于沉沉夜色中破空而出。时过境迁，14年前孤灯苦读的儒生，今天已经是名满辽海的举人，诗文整体意气风发，却给人锋芒显露之感。三作明显意识到前两次诗作或过抑或过扬的瑕疵，诗文前半突出写西阁显著的地理位置，后半则抚今追昔，怀念旧年苦读时光，情景交融，浑然一体，诗文的整体意境与格调柔中带刚，艺术修养更进一层。

再看《龙泉演梵》一首：

（前作）

龙泉遥挂白云岑，注到僧厨意更深。
未有毒龙安所制，水流云散两无心。

（后作）

龙泉直划断峰青，中有何人诵梵经？

雨足深山清濑响，耳边犹作木鱼听。

（三作）

水到僧厨静趣生，钟鱼时在耳中清。

通灵谁信山泉活，流入空门也梵声。

此诗题看似描写龙泉水，实则重在反映古寺禅宗，故诗眼在“演梵”。前作写龙泉化用太白句，有落窠臼之嫌。后半演绎传说，未见毒龙是现实，叙述较直白，全诗意境稍逊。后作意境有提升，然前半问句有做作之感。至三作则意境实景相得益彰，前半即直入主题，突出龙泉水畔钟鱼长鸣，后半想象神来之笔，言龙泉之水亦为演梵而生，正所谓得其精髓。

缪润绂此组诗对龙泉十六处景观逐一吟咏，一唱三叹，诗文文辞意境渐臻完美，堪称缪润绂风景诗创作的最高典范。除此之外百余首千山诗中上乘诗作比比皆是。如“大安十六咏”“香岩十三咏”，对大安寺、香岩寺周边“保太晴岚”“唐峦拥翠”“金刚镇地”“仙人台”“观音阁”等多处景观赋诗歌咏，诗文可称磅礴娴雅，浓妆淡抹，气象万千。再如长歌《偕景仰山登海螺峰作歌》《偕景仰山、王聘之、韩纪五登五佛顶》等，恣意纵横，开阖畅快，不拘格律，长短句相杂，有太白遗风。纵观缪润绂千山诗，质量上乘，数量庞大，缪氏因隐修千山而获取功名，千山景物因缪诗而化成人文，可谓青山永在，诗赋长留，不得不说是辽海风物的一件瑰宝。

如果说缪润绂的前半生情系千山的话，则其后半生与泰山产生了不解之缘。如前所述，1899 年，48 岁的缪润绂赴官山东。而此次外放山左，了却了缪氏登临泰山的多年夙愿。首次登顶泰山，缪润绂赋《登岱》七绝四首（选二）：

其一

盘回石级踏云行，汉柏秦松夹道迎。

天亦助人游兴好，九秋风日正晴明。

其二

昔年曾作梦中游，岱顶今真放远眸。

齐鲁诸峰全退避，照人惟有日当头。

在人文历史传承这一层面上，千山与泰山相比差距是巨大的，缪润绂的泰山诗更强调泰山的人文历史特色是很自然的，并且这一差异反映在缪润绂所作的几乎全部泰山诗当中。此二首首登泰山诗，其一，在交代登山时令的基础上，“汉柏秦松”一句即高度概括了泰山悠久的历史文化传统。而其二首句作者自注云：“弱冠曾游梦泰山，历日观、天门，下至五大夫松，见日出而寤。”①此注语表明缪润绂20岁便怀有登岱梦想，直到30年后才得以实现，尽管经过漫长等待，然梦想终成真，亦称得上不枉此生。然而，继首次登岱，得偿夙愿之后，缪润绂便开始了其在山东界内辗转宦游的生涯，待到其辞官归野，再登泰山，已经是13年后的事情了。再次登岱，缪氏已年逾花甲，人情世事与多年前初次登岱又自不同，再次登岱缪润绂同样赋诗四首（选二）：

其二

阅遍名场滟滪堆，流梭抛掷浪花摧。

昂头更上云霄立，快足②来游第二回。

其三

早朝青帝说游踪，踏破凉云万万重。

心壮肯输年少客？置身终到最高峰。

十三年后（其二末句注：光绪己亥九秋，曾登绝顶，今十三年矣）再次登岱，缪润绂已经身历官场多年，堪称阅尽世间坎坷，然而可贵之处在于，诗人并未因仕途险阻而意志消沉，反而昂首登高，快足来游，虽已年逾花甲，热爱

①[清]缪润绂著、魏鉴勋校注：《含光堂诗集》，沈阳历史文化丛书第四辑，沈阳出版社2015版，第2页。

②魏鉴勋校注：《含光堂诗集》作“快是”，周郢博文《百年水逝云犹在：缪润绂与泰山云在山庄》http：//blog.sina.com.cn/s/blog_4c3e6ba401000ati.html中作“快足”，从前后文意看，后者应为正解。

生活之情丝毫未减。其三记述和友人及其孙子（注：保臣时年六十有八，文孙漱青公子随侍，余时年六十一）一同登山，一句“心壮肯输年少客”，豪气干云，身已老，心犹壮，一股不服输的精气神，实在令人赞叹不已。

是年缪润绂选址摩天岭下屏风岩筹建云在山庄，准备长居山左。关于云在山庄的地理形势及内部建构，周郢在其博文中介绍道：“缪润绂向韩家岭韩姓村民购买山场（人称北涝场），东至东大顶月牙地，西至玉皇洞、四阳庵，南至本户林地，北至屏风岩根，共约二万平方米之地，作为其山庄的基址。屏风岩峭石如屏而立，山半却现出半亩平畴，宜室可宅，乡人称之为‘神仙府’。仿佛天地留胜，待人经营。对造园别具慧心的缪润绂，便因势设置，断崖斩石，芟趾定基。院分东、中、西三进，西院虚置，中院为入庄院门户，立石镌刻‘云在’题名。东院置堂室数楹，为酬对宾客之所；西为书堂二间，为读书著述之地；又构小轩，作主人起居之处；曲折而北，汲引山泉，绕室而流；逶迤西上，疏林杂树间则置茅亭一区，亭为八柱八角檐式，上覆黄草，中设石桌石鼓，暇时闲坐吟啸，南可观松林，北可望悬瀑。庄门以外，铺设磴道，可达南村（韩家岭村）。在山庄以北，则遍植侧柏，用防水土流散，及阻挡山石滑落，人称为柏树洞子。山庄四周，置大、小二竹园，植以翠篁。自庄轩环视，岱麓诸山围之如扆，汶水数流萦回如练，长天平野，丹翠异色，世人所谓‘神仙府’，岂是虚言！”①通过以上叙述可见，缪润绂选址营建云在山庄，可谓独具慧眼，正如其在山庄落成之际喜赋《岱岳屏风岩半新置山庄喜赋》四首中所云（选二）：

其一

探囊未惜买山钱，来占层峰亦偶然。
小隐竟容专一壑，幽栖不止得三椽。
眼看沧海真如梦，身到桃源别有天。
与鹿豕游居木石，初衣今始遂归田。

其四

似代狂奴写性真，此中人语谢红尘。

①周郢博文：《百年水逝云犹在：缪润绂与泰山云在山庄》，http：//blog.sina.com.cn/s/blog_4c3e6ba401000ati.html。

栽花种树非无事，明月清风幸有邻。
闲话桑麻寻野老，不修边幅作山民。
衰翁自富烟霞癖，择地何尝为避秦。

其一叙述决定在泰山地界买地建宅，选址屏风岩有一定偶然性。屏风岩的独特地势，形成了独占一片沟壑的意外收获。在这一片远离尘嚣的世外桃源中，开始享受与世无争的田园生活。

其四则表达了诗人虽然归隐林泉，但是并非消极遁世的内心世界。而关于缪润绂隐居山林与当地山民交往的情形，周郢文中亦有记述："据三合村老人的回忆：'缪大人'躯体伟岸，长髯鹤发，气度不凡。但与山中贫民谈笑交往，绝无官宦之气。其人工于医术，尤善小儿斑疹，常为邻近村民义诊，救活小儿无算，深为乡里所爱重。'缪大人'还时常应请为乡里儿童取名，男童常名之'某官'，女童名之'某格'，使泰山荒村儿童名字，带上关东八旗的名字色彩。"此记述中关于缪润绂外貌的记载是在其他文献资料中未尝一见的，颇为珍贵。由此记述可以想见缪润绂气宇轩昂，亲和仁厚的长者风范。

自从购地建宅，隐居"云在"之后，曾经神牵梦萦的泰山成了近水楼台。于是，在其后的岁月中，缪润绂先后七次登岱（其中六次登顶），直到 77 岁高龄。试想彼时登山不能借助像汽车、索道之类任何现代化辅助工具，自山脚至山巅完全凭借双脚攀登，不用说古稀之年的老者，即便对精壮的青年而言，以泰山之雄峻，亦非等闲之事，如此想来，缪润绂强健的身体、旺盛的精力实在令人感佩。缪润绂每次登岱均赋诗以志纪念，如第三次登岱赋诗云：

偕马子传（心一）登岱顶

俯瞰空齐鲁，群山土乱堆。
左将沧海挹，上有日光陪。
危立风双袖，狂谈酒一杯。
苍苍真惠我，游到第三回。

诗人登顶远眺，临风独立，为能够再次登上岱顶而感谢上苍恩赐。1914、1918 年两次偕同侍妾陈兰淑登岱顶：

戊午重阳前一日挈陈姬兰淑步上岱顶饮酒作（二首）：

其一

石级盘云直入天，西风吹上岱宗巅。
眼前令节刚重九，脚底群峰茫万千。
此会名山须痛饮，同游侍女亦飞仙。
凭高敢作澄清想，极目吴门满暮烟。

其二

选胜何曾为避灾，乘风且博笑颜开。
七年病患谁求药，万古登封剩有台。
载酒兴豪忙蜡屐，题糕词窘愧诗才。
浮生幸获邀天福，岱顶公然五次来。
（己亥、壬子、甲寅春夏并今五登极顶。）

1918年，67岁的缪润绂第五次登顶泰山。登泰山之于晚年的缪润绂来说，每一次登顶，都是一种挑战自我，并于这种极限挑战中获得巨大成就感与自我突破的体验。民国十八年（1929），77岁高龄的缪润绂，偕同灵筠女士完成了他生命中最后一次登岱，留下题为《共和己巳四月十八日云在山人偕灵筠女士朝顶留题》七绝一首：

暂脱尘禨俗虑蠲，山游好趁麦黄天。
绿林遥指明如画，一角红楼耸万仙。

缪润绂年逾花甲来归山左，置地营宅，吟风啸月，数次登临岱顶，弱冠之梦成真，平生夙愿得偿，言上苍眷顾亦不为过。

缪润绂辞官归隐直到仙逝近30年的晚年生涯，在《含光堂诗集》中得到较全面反映。前文所述泰山诗，是《含光堂诗集》中记述其日常生活休闲游兴的部分。除此之外，如前文提到的《擢牧临清去齐河留别》，则是对过往宦绩的记录。作为中国最后封建社会的臣子遗老，缪润绂自幼熏染封建礼教形成的价值观，伴随其终生不曾改变。这一点从诗集中的一些诗篇中得到了反映。如《自题六十四岁小像（八首）》：

其一

陶潜三径归来，许由一瓢高挂。
预知此老行年，演变羲经全卦。

其二

乙亥秋榜早登，壬辰甲科报中。
骎骎四十年来，只抵黄粱一梦。

其三

医国愧无多术，养生敢诩专家。
不事安炉设鼎，瓣香私淑长沙。

此自题小像八首，可以看作是缪润绂晚年对自己一生的回顾与总结。其中提及自己虽然光绪乙亥中举，壬辰中进士，本应该求得功名为国效力，可是岁月蹉跎，40年弹指一挥间，可谓人生如梦。此生只恨能力有限，不能为国分忧，然而内心深处还是以先贤为榜样，祈祷国运昌盛。其余五首中诸如“事业勋名富贵，仰天一笑浮云”，表明诗人潇洒磊落、视功名富贵如粪土的高贵品格；再如“书生面目依然，留见江东父老”，尽管山河破碎，家国遭难，然而诗人一颗赤子之心，至死不渝。此八首小诗，高度概括了缪润绂求学、应试、做官、归隐、怀乡、哀民的一生遭际与情怀，坦荡旷达，沉郁低回，读来令人感佩不已。

作为养生专家的缪润绂，不仅年近古稀能够续弦再娶，而享齐人之福①，还在77岁高龄完成登顶泰山的壮举，这些都显示出缪润绂良好的健康保健以及热爱生活、积极进取的生活态度，在那样一个风雨飘摇的历史时期，能够坦荡坚忍、旷达倔强地走完一生，可以说既有幸运之神的眷顾，也是主观努力的回报。缪润绂生活的时代可以说是中国历史上最为动荡混乱的时期，清末朝廷腐朽，外强环伺，山河破碎，黎民涂炭，身为朝廷命官，位卑言轻，空怀一腔报国热血，壮志难酬，也正是因为仕途艰辛，世道离乱，才使得缪润绂被迫避世隐居，寄情山水。然而，虽然身居江湖之远，却从未中断过对国家命运的关注与牵挂，从未停止过对民生疾苦的关怀与诉求。这些集中体现在缪氏所作《九

①《含光堂诗集载再续》诗中有“风好吹开姊妹花”句，句下作者作注云“新娶为原配佟佳妹”。另《自题六十四岁小像》其三有句“一妻一妾齐人”，表明缪润绂晚年的情感生活是很充实的。

哀》组诗中。《九哀》组诗可以说是缪润绂一生忧国忧民的真实写照。题下作者有注："仰山老友感时伤世，用工部七歌体赋七哀诗。远自辽东函来见示。读之调高词隽，子建、仲宣而后，此其嗣音。按七哀解见《韵语阳秋》。曹、王作均属五言并非七什。不揣谫陋，辄就原作义有未尽者，赓续九章，语必求真，体则依旧，援老杜八哀之例，标其目曰九哀。"[①]此注交代了写作《九哀》诗的缘起。下面选其三略作评析：

其一

黄巾左道实乱萌，无端用与强邻争。
敌兵犯阙九庙震，白龙鱼服蒙尘行。
议款求成罄帑藏，依然粉饰夸承平。
噫吁嘻！
一歌起兮悲酣嬉，膏肓疾重无良医。

其三

周公分陕国盛昌，炳政何必无天潢。
懿亲当轴尽庸阘，揽权黩货丰贪囊。
祸召土崩出奇计，前门拒虎后进狼。
噫吁嘻！
三歌成兮弔春梦，一统舆图轻断送。

其六

推翻帝制国体变，崇重法权开议院。
筑室道谋讼盈庭，是李非牛争党见。
威惕利诱定一尊，挟瑟吹竽刍狗贱。
噫吁嘻！
六歌放兮当涂高，民群解散同吹毛。

据作者题注中说，此《九哀》诗参照杜甫七言歌行体，并因杜甫曾作《八哀》诗，故命题为《九哀》。从命题来看，便奠定了诗文以哀痛国殇、忧心黎庶为

①[清]缪润绂著、魏鉴勋校注：《含光堂诗集》，沈阳历史文化丛书第四辑，沈阳出版社2015年版，第70页。

诉求的基调。如其一开篇即指出朝廷懦弱，赔款求和，饱受列强凌辱，而面对国内百姓，还要粉饰太平，实在是病入膏肓，无药可救。其三主张皇帝不是不可以任用亲戚为大臣，但是当今的皇亲权贵却只知道中饱私囊，根本不具备守卫疆土的才能，结果就是国土沦丧。其六指出虽然推翻了帝制，实现了所谓共和，但是统治阶层依然是互相倾轧，党争不断，而黎民百姓艰难困苦的情况并未见好转。同样其七句云“贩夫走卒尽司牧，揣合逢迎进身巧。虎威狐假张爪牙，头会箕敛溪壑饱”。痛斥那些不学无术，靠投机钻营获得官位的小人，搜刮民脂民膏，假公济私。而面对“世道江河日趋下”的局面，高呼“扶危谁具回天手？”彼时的缪润绂“九歌毕兮心如焚，笠蓑孤抱南山云”。（其九）当然，作为封建王朝的旧臣遗老，即便缪润绂具有较为开明的进步思想，但是与生俱来的封建意识依然根深蒂固。比如其四中对新式教育的批判：“名词误拾人唾余，道德伦常轻敝屣。养成骄悍群反戈，教倡自由追祸始。”认为新式教育宣扬资产阶级民主革命是对传统道德伦常的叛逆，会导致人民发动革命，造成祸乱。这种对新式教育以及西方民主自由思想的拒斥，代表了大多数封建士大夫的价值观。与其说是缪润绂个人的局限，不如说是时代社会使然。

《含光堂诗集》主要反映缪润绂辞官归隐60岁以后的生活，因为隐居泰山侧近、登岱以及对泰山风光的吟咏，成为缪润绂退隐生活中一个主要内容。同时，虽然身居江湖，缪润绂却无时无刻不心系家国命运，关注世事变迁，并通过写作诗文的形式，发出自己的声音，正是这种执着与坚守，为缪氏赢得生前身后名。1931年，八十高龄的缪润绂回到沈阳，辽宁省政府向缪润绂颁赠“重游泮水”匾额，以表彰缪老翰林为地方文化所做的贡献。缪赋诗云：

白雪盈颠马首东，征轺飞出大关雄。
松楸快展先丘垄，芹藻重游旧泮宫。
及世幸登名宦传，还乡犹带秀才风。
自怜蒲柳吾衰甚，枉被人推矍铄翁。①

缪润绂以八十高龄，远渡关山，重返故里，获得政府奖掖，反映出缪润绂作为地方杰出文化名人生前就获得了高度的认可。

①[清]缪润绂著、魏鉴勋校注：《含光堂诗集》，沈阳历史文化丛书第四辑，沈阳出版社2015年版，第122页。

四、《沈阳百咏》与《陪京杂述》

缪润绂《八十自述》其二中有句“百咏足成详里俗”，是指自己青年时写作了《沈阳百咏》一书。光绪四年（1878），年仅27岁的缪润绂出版了《沈阳百咏》和《陪京杂述》两本书，“特别是《沈阳百咏》以其通俗生动的竹枝词形式久播人口，从而奠定了他在沈阳近代史上文化名人的地位”①。所谓竹枝词，是由古代民间民歌演变而来的一种诗体。在漫长的历史发展中，由于受到社会历史变迁及作者个人思想情调的影响，竹枝词作品大体衍生出三种类型：一类是由文人搜集整理保存下来的民间歌谣；二类是由文人吸收、融会竹枝词歌谣之精华而创作出的具有浓郁民歌色彩的诗歌；三类是文人借竹枝词格调创作的七言绝句，这一类作品虽然仍冠以“竹枝词”之名，事实上已经算得上是准文人诗了。那么，缪润绂所作《沈阳百咏》属于哪一类呢？首先我们来看一下《沈阳百咏》的两篇序文，或许可以得出结论。《亦云斋主人序》②开篇云：“夫沅湘变调，梦得谱为新词。巴峡征歌，少陵传其善唱。……盖莫不含思宛转，古意缠绵，有以绘人情之真，而补风土之略。然则吴声虽激，不妨兼采其谣，楚俗能移，可以任袭其故已。”唐诗人刘禹锡曾仿蜀地民歌创作《竹枝词》，杜甫都曾创作过大量反映蜀地风土人情的诗作。这些诗作“含思宛转，古意缠绵”，和浅白俚俗的民歌相比明显更具文人色彩。“沈阳为本朝发祥重地，用作陪都。……指文物衣冠之盛，士习著其醇良。入田蚕礼义之乡，民气征以刚健。……太平奚以溯厥源流，拓我闻见。然而通志之刻，既不书闾阎琐屑之情，备考之成，亦地载官府弛张之治。”沈阳作为陪都，城郭高大，民风刚建，通常地方的历史源流，都记载在官方修订的志书里面，但是志书往往只收录官府行政制度等内容，却不记录反映民生的市井生活。正因为此，缪润绂“以贤书高弟，旷世清才，握文笔于手中，罗智珠于胸次，抚时增感，一乡之曹好争传。随意拈毫，百首之新词竞诵。灵思抽处，好语穿来，辨土物以靡遗，操乡音而

①[清]缪润绂著、徐光荣等校注：《前言》，选自沈阳历史文化丛书第一辑之《沈阳百咏》，沈阳出版社2009年版，第1页。

②[清]缪润绂著、徐光荣等校注：《亦云斋主人序》，选自沈阳历史文化丛书第一辑之《沈阳百咏》，沈阳出版社2009年版，第1页。

宛若。和其声以鸣盛，可增东华旧录之光，就所见以生情，益陋北梦琐言之记。如斯佳咏，不等闲讴，既可瞻政教之隆污，又无伤诗人之忠厚。”缪润绂发挥自己的文采，创作了竹枝词《沈阳百咏》，这些诗作不仅文采飞扬，而且在记录沈阳风土人情、补充陪都史料方面也具有重要意义。虽然作者一再谦虚说这些诗作不过是游戏小品，“既无当于箴规鄙俚之词，更无关乎讽谕”。可是“不知宣圣述古，三百篇不废风谣。昭明选诗，十九首特加评赞”。就算是诗三百中也一样有民歌，萧统《文选》中也收有《古诗十九首》。更何况缪氏竹枝词作品“新奇妙悟，枨触吟怀，万叠千回，一唱三叹，诚使遍坤舆而流布，宜变贤妃贞妇之风。况夫列遒铎以宣扬，得备兴国显家之助。盖比诸梦得所拟，杜陵所云，李涉闲情，廉夫逸兴，其一种缠绵之意，宛转之思，殆尤过之无不及也”。尽管为人作序，难免有过誉之词，但是总体上还是比较中肯地评价了《沈阳百咏》的艺术特色与文献史料价值。而将《沈阳百咏》与刘禹锡、杜甫诗作相提并论，显然更倾向于《沈阳百咏》属于文人创作。

下面再看缪润绂的自序：“诗之所谓风者，多出于里巷歌谣之作。所谓男女相与咏歌，各言其情者也。而政之得失俗之盛衰，即于是乎系之。是以木铎有遒人之采，观风重太师之陈，三代以还由来尚矣。”指出风诗的重要性，虽然表面上看多为吟咏男女相爱的情诗，然而其中却往往反映了国政的得失和民俗的盛衰。这是为表明竹枝词之重要性打下伏笔。“沈阳为国朝发祥重地，士民杂处固已彬彬焉，臻上理而底休风。但其间制度互更，俗尚亦因之而易。虽通志所称醇良朴茂，衣冠文物之盛者，及今又阅数十年。而世情变迁，治道得失，闻政者苟非下采风谣，其又何以识是非而辨邪正乎。惟是祁寒暑雨，既难遍喻群情。而里谚村歌，又不免贻讥大雅。暇居无事，用敢摭拾旧闻，涉笔拈毫。窃以生居丰镐之乡，忝附缘饰沅湘之例，随时凑集，爰成竹枝百章。其耳目所未经者，不敢与为附会。至于方言土语，或不无采择兼资。良以丽事太文，反失本色。”这一段是序文的核心内容，陈述了作者写作《沈阳百咏》的动机与目的，作者认为沈阳作为国朝发祥地，物华天宝，人杰地灵，正史官志却未能记载沈阳市民的生活状况，而纯粹来自民间的民谣俗曲又太过粗鄙，因此动笔创作了反映沈阳民风世情的百首竹枝词，并且在创作过程中，对于所描述的内容一定要亲身验证，而不会停留在道听途说的层面上。在创作手法上，有意保留一些方言土语，避免出现文人诗创作中文过饰非的弊病。此外，缪润绂在1922 年，应沈阳友人之邀，重新修订了《沈阳百咏》，并再次作序，感叹岁月流逝，观早年作品，觉得有许多不满意之处，“悲夫问世之亟，而适以彰吾短也”①。然而又想到“既而思之李、杜、韩、白为唐一代大家，几乎人圭臬而俎豆，顾窥其全豹，不经意之作，为后人所指摘者，抑岂尟（音‘显’，指‘少’）哉！”像李白、杜甫、韩愈、白居易那样的大家，也会有为人诟病的作品，也就不会过于纠结了。况且“上而蕲之，《三百篇》思妇、劳人、里歌、巷谣、殆居半焉。论者且谓《颂》不如《雅》，《雅》不如《风》矣。‘竹枝’亦《风》之别裁，以雅言饰俗情藻盛，矧（音‘沈’，况且）在人口已历有年，毋宁存之，享此敝帚，特词肤意浅之是惧耳”。再次强调竹枝词属于“风”的一种形式，不过是用文雅的行文修饰市井勾栏的俗事罢了。由以上序文可知，缪润绂创作的《沈阳百咏》显然是属于第三类——文人借竹枝词格调创作的七言绝句。从这一层面上看，《沈阳百咏》既具有竹枝词轻快浅易的民间性，又兼有文人诗雅致隽永的艺术性。下面举《沈阳百咏》中一例，具体比较一下竹枝词与纯文人诗之差异：

暖炕②

（光绪本）	（民国本）
暖炕春从一夜生，	柴烘炕暖胜披裘，
阿侬有语诉轻轻。	宿火多还到晓留。
愿郎情比山柴火，	谁道塞寒衾似铁，
马粪相将热到明。	黑甜乡好更温柔。

如前所述缪润绂在民国修订本中对光绪本作品进行了较大的润色与改写，其中有13首完全进行了重新创作，上面《暖炕》一首便是其中之一。仅就两次创作的时间来看，前后相差44年，同样题材的作品，从创作层面来说，作者的人生阅历、心境、审美心理都会发生一定的变化，考虑到这些变化因素，或许可以理解前后创作呈现出的不同特色。光绪本具有较为浓郁的竹枝词色彩，语言生动活泼，充满生活情趣，让人能够感受到北方寒冷季节中暖炕生出的融

①[清]缪润绂著、雅俗轩校订：《重订〈沈阳百咏〉序》，选自《沈阳百咏》（上），《文化学刊》2006年第1期，第126页。

②[清]缪润绂著、雅俗轩校订：《重订〈沈阳百咏〉序》，选自《沈阳百咏》（上），《文化学刊》2006年第1期，第118页。

融暖意。民国本虽然仍保留一定的竹枝词韵味，但是明显更为含蓄柔和了一些，缺少前作火热泼辣的生活气息，固然暮年缪润绂的创作显现出沉稳温和的一面亦合乎情理，不过这种由浓墨重彩向蕴藉含蓄的转化，有损于竹枝词鲜活、接地气的艺术特色，是不争的事实。可是，缪润绂对自己青年时期作品的修订仍然坚持了竹枝词艺术表现的底线，这一点可以通过对比以下两首纯文人同题诗，加以印证：

暖炕①

袁枚

谁把春台作睡乡，
乌曹砖上不知霜。
恍疑故国眠焦土，
尚记新婚坐暖床。
梦惹敬儿通体热，
熏宜荀令几重香。
燕姬也像唐花样，
烘出精神觉胜常。

暖炕②

钱大昕

炽炭中央气四通，
先生真欲号冬烘。
未妨厝火仍安寝，
且耐薰心略御穷。
上座试安木居士，
炎官新守土司空。
江南有客酸寒甚，
伏枕偏愁内热攻。

作为前辈大诗人、大学者的袁枚和钱大昕都作过同题“暖炕”诗。二人所作两首七律，虽然内容上都是吟咏北方暖炕的，但是与缪润绂的作品相比，格律与写作技巧上明显具有文人诗的规范性。袁枚的诗遣词造句轻巧娴熟，用典高雅精致，展现出袁简斋高超的诗文造诣；钱大昕的作品则将饱学之士面对日常生活的试炼，表现出的尴尬与笨拙描摹得淋漓尽致。但是这两首作品却是地地道道的文人诗，通篇格律严谨，对仗工整，用典考究，不具备一定程度的文学修养，是无法领略其中妙处的。换句话说，它们不是写给市井里巷的老百姓看的。

正是因为缪润绂对以往诗作“特词肤意浅之是惧耳”的担忧，因此在修订

①[清]缪润绂著、雅俗轩校订：《重订〈沈阳百咏〉序》，选自《沈阳百咏》（上），《文化学刊》2006年第1期，第118页。

②[清]钱大昕：《潜研堂诗集》卷十，《清代诗文集汇编》364，上海古籍出版社2010年版，第592页。

过程中对前作中“词肤意浅”之处，进行了着意修饰。如下面一组诗：

两头大

（光绪本）	（民国本）
鼓乐声中老作郎，	绛烛高烧例拜堂，
花花成就野鸳鸯。	宾筵忙为女家光。
旧人含语新人笑，	是谁别构藏娇屋，
还羡专房羡对房。	新聘如花作对房。

这首表现民间“娶旁妻”热闹场面的作品，原作中“花花”“野鸳鸯”等词虽然是取自民间的原生态词语，然见诸楮墨，未免过于俚俗下品，且末句有语义不清之嫌，正是基于这样的考虑，缪润绂才对此诗进行了二次创作，民国本作品，虽然整体上失去了一些泥土味儿，仍然保持了略带戏谑调侃的轻快格调。除去十三首完全重写的作品之外，更多的是就个别词句进行改写润色，以期达到更好的艺术效果。比如下面一组：

高丽纸糊窗

（光绪本）	（民国本）
砧杵声多力不降，	衣捣寒砧女手双，
高丽纸薄快糊窗。	高丽纸白快糊窗。
秋田菜属秋菘好，	园田菜属秋菘好，
满趁西风著几缸。	满趁西风著几缸。

这首反映典型东北冬季生活样式的作品，初作在遣词造句上稍嫌草率，如首句“砧杵声多力不降”言女子劳作勤快，词句粗浅无味，改作改写为“衣捣寒砧女手双”读之始具有风骚韵味。而将“高丽纸薄”改为“白”显然是一个恰到好处的纠错，东北冬季寒冷，如果“薄”纸糊窗，会造成困惑。后句将“秋”改为“园”亦是顺理成章之所为。

《沈阳百咏》“按其内容大体可分为名胜古迹与岁时风俗。名胜类如万柳塘、万泉河、大十面、崇寿寺白塔、钟楼等。有些虽不属于古迹，但作为重要的城市景观或设施，亦可归入此类，如七十二泡等。岁时风俗类包括岁时节日民俗，如春节、清明、端午、中秋等。也有今日早已绝迹的节俗，如天齐庙会、药王庙会、印痞等。还有与百姓衣食住行有关的消费民俗，婚丧嫁娶方面的人生仪礼民俗。所余内容也可以归入信仰民俗、娱乐民俗等项内容”。[①] 关于《沈阳百咏》中各类代表性诗作，如名胜类的《万柳堂踏青》《大十面（辽石经幢）》《钟楼更钟》等，风俗类的《元宵秧歌》《龙灯狮子》，生活起居类的《暖炕》《玻璃窗冰花》《卖炭人》等均已有诸多详尽论述文章，本文不再赘述。

《陪京杂述》是同一时期缪润绂创作的另一部记述沈阳文化的著作。缪润绂在《陪京杂述》自序[②] 中写道：“《记》有之，衣服在躬而不知其名为妄。在衣服已有然矣。推而论之，耳目所渐摩，意气所交接，钓游之适，居处之安，苟未能指其物而道其详，与衣服在躬不知其名者何异？”开篇引用《礼记·少仪》的话，指出如果一个人身上穿着衣服但是却不知道穿衣服的意义何在，是无知愚蠢的。同样，如果我们身处自己熟知的环境中，却说不清楚身近的事物，一样是无知的。“仆生沈阳二十有七年矣。生于斯、长于斯，即托业于斯，斯之长与为缘者，诚所谓室家沈阳而乡里沈阳，于此而不知沈阳，其去衣服在躬，《记》所谓妄者，夫又何间哉？是知生为沈阳之人，即宜尽知沈阳之事。”接下来缪润绂说自己生在沈阳长在沈阳已经二十七年了。如果对于自己生长居住的沈阳一无所知的话，这和《礼记》所说的没有两样。所以说生为沈阳人，就应该十分了解熟悉沈阳的事情。“沈阳为古营州之域。战国时已隶入中国，迨辽金始建城池。我太祖肇基兴京，天命十年增修沈阳城，实因辽金旧治，定鼎燕京，而后留作陪都。其间典谟训诰之详，文物衣冠之盛，翰墨之事，闻见之端，诚有非他省所可同者。举业暇日，不揣固陋，自古迹迄旧闻，区为十类，笔之于书，颜曰‘陪京杂述’。”接下来讲述了沈阳城之历史由来，指出作为天朝陪都制度详尽，人物杰出，这些都是值得述诸翰墨，以广见闻的，所以利用准备科举的余暇，写成了《陪京杂述》一书。并且在自序最后说，不敢将这本书称作志，仅仅称之为述，是不想被人讥笑身在其中却不明所以。继而在“例言”中又做出进一步解释：“一　陪京记载之编如《盛京通志》典制备考诸书，已盈箱积轴。然务为博大者或略于细微，极乎精严者，每不囿于卑近，兹集特

①[清]缪润绂著、徐光荣等校注：《前言》，沈阳历史文化丛书第一辑之《沈阳百咏》，沈阳出版社2009年版，第2-3页。

②[清]缪润绂著：《陪京杂述·序》，http://read.nlc.cn/OutOpenBook/OpenObjectBook?aid=403&bid=10327.0。

不惮烦琐，于附都近处凡所闻见，悉笔之于书。非敢谓拾遗补阙也，亦略志不忘云而。”指出像《盛京通志》那样的典制巨著已经很多，不过那些架构宏伟的典籍通常不屑于收录一些细微的内容，这是自己写作此书的动机，有意记录一些市井见闻，以备后人所知。由此可见，缪润绂所作《陪京杂述》从某种意义上可以说是官修通志的一种补充，这一点对于全面反映清代沈阳风土人情无疑是具有重要意义的。

《陪京杂述》内容共十个部分，分别为古迹、盛典、官治、名翰、联语、胜境、厘市、杂艺、庶物、旧闻等。《陪京杂述》卷首便罗列了“沈阳八景”，即天柱排青（在城东二十里）、辉山晴雪（在城东北四十里）、浑河晚渡（在城南十里）、塔湾夕照（在城西二十里）、柳塘避暑（在城南五里）、花泊观莲（在城北十里）、万泉垂钓（在抚近门外）、黄寺鸣钟（在外攘关外）。[①]并且做出说明：“按俗传‘沈阳十景’如‘凤楼观塔’等类诸多未协。兹不揣固陋，谨题为八景，亦征实之意云而。”就是说，虽然过去有一些关于“沈阳十景”之类的传说，比如像其中有“凤楼观塔”，只是并没有实际验证过，所以本着确有其实的原则列举出“沈阳八景”。有关沈阳景观的由来确实有一番演绎。较早在康熙三十四年（1695），康乾间大学者陈梦雷在其所著《松鹤山房诗集》中提及“留都十六景”。陈梦雷笔下的“留都十六景”分别是天柱衡云、开城霁雪、东园泛菊、龙石观莲、实胜斜晖、浑河晚渡、御园春望、黄山秋猎、沈水春游、永安秋水、大堤踏月、塔湾落雁、景佑晓钟、天坛松月、南塔柳阴、望云列障。而这十六首景观是竟然是陈梦雷一晚上写就的，在诗题下注中陈氏写道：“留都诸君子以十六景倡和，从游有学步以质于余者，余为赋以示之。然一夕信笔，不足论工拙也。”[②]这段话解释了写作“留都十六景”诗的原因，所谓“一夕信笔，不足论工拙”，显然陈梦雷并没有太在意究竟这十六处景观是否都如实存在。

同治十二年（1873），沈阳问世了两本颇有渊源的志书——邸文裕著《陪都景略》和刘世英著《陪都纪略》。之所以说这两部沈阳历史上重要的志书颇有渊源，是因为这两部书的作者邸文裕和刘世英是十分熟识的文友，而刘世英

①[清]缪润绂著：《陪京杂述·序》，http：//read.nlc.cn/OutOpenBook/OpenObjectBook?aid=403&bid=10327.0。

②[清]陈梦雷：《松鹤山房诗集》卷之三，选自《清代诗文集汇编》179之《留都十六景》，上海古籍出版社2010年版，第68-69页。

在编撰《陪都纪略》时提及“友人艺圃言及伊有此志，但未成编。随示以数则载之卷中”[①]。说明其在编撰《陪都纪略》时采用了部分《陪都景略》的内容。而在这两部志书中都有写道“留都十景”，即凤楼观塔、御苑松涛、三台夕照、万泉垂钓、神碑幻影、福陵叠翠、陡山霁雪、浑河晚渡、柳塘春雨、道院秋风。与早期的“留都十六景”相比，不仅在数量上少了六景，而且两者完全相同的景观只有一处——浑河晚渡。陈梦雷《浑河晚渡》和“十景”中芸香主人瑞卿《浑河晚渡》分别如下：

陈梦雷

羁人当日暮，
最易起乡愁。
况值他乡客，
争喧古渡头。
飞飞林外鹊，
泛泛浪中鸥。
天地皆行旅，
何须问去留。

瑞卿

暮景河间系短蓬，
客旅无边渡口行。
但听钟声出晚寺，
归舟隐隐有无中。

陈梦雷诗后有得一道人评语：“旅人作此题应自有关情处。”[②]此评语应是想及作者平生遭际所写。芸香主人笔下是一幅浑河晚归图，水天茫茫，远寺钟声，归舟隐隐，足见浑河水势之大。事实上，康乾时代陈梦雷笔下“留都十六景”中的若干景观多无从征实，比如龙石观莲、御园春望、黄山秋猎等所述景观地点难以核实，而到了《景略》和《纪略》两志书中得到进一步精简的“留都十景”，基本上可以对应实际。正是在这些文献资料的基础上，缪润绂总结出的“沈阳八景”，逐一标注了景观所在地点，具有更明确的指向性。下面对比一下陈梦雷的“天柱衡云”和缪润绂的“天柱排青”：

①[清]刘世英著、王绵厚等校注：《陪都纪略·自序》，沈阳历史文化丛书第一辑，沈阳出版社2009年版，第1页。

②[清]陈梦雷：《松鹤山房诗集》卷之三，选自《清代诗文集汇编》179之《留都十六景》，上海古籍出版社2010年版，第68页。

天柱衡云

一柱开天秀，
居然岳镇宗。
如何有佳气，
五色尽从龙。
功德千秋盛，
蒸尝万国恭。
岐丰荒作后，
葱郁至今浓。
神气时往来，
天青日风雨。

天柱排青[①]

驱马城门东，
森然望天柱。
万松何苍苍，
拿空作龙舞。
群灵此呵护，
脉衍长白祖。
开卷感沧桑，
东牟话已古。

天柱山，原名东牟山，位于沈阳城东二十五里，因为闻名遐迩的“关外三陵”中的福陵位居山上，顺治八年（1651）被定名为“天柱山”。陈梦雷诗后得一道人评曰“起势突兀巍峨，允堪弁冕”。诚如斯言，陈诗极言天柱山在获得帝陵龙脉的加持后，颇有一柱开天之气势。缪润绂笔下之天柱山则突显其壮丽神奇。驱马出城东门就能望见掩映于万松丛中的天柱山，作为长白山之余脉，钟灵毓秀，历经沧桑，令人心潮起伏。缪润绂甄选“沈阳八景”中“辉山晴雪”一景颇有来由，一方面各种版本的盛京景观中几乎都有“辉山晴雪”；另一方面，缪润绂的曾祖缪公恩对于辉山景致亦是情有独钟。在此来看两位缪姓大诗人的辉山诗：

辉山[②]

晴烟一抹锁山腰，
万朵芙蓉落九霄。
柯烂石枰春草绿，
蝶飞云洞羽衣俏。

辉山晴雪

城居地无山，
尘俗不可耐。
谁开东北天，
突涌青螺黛。

①徐光荣选编、孙丕任等校注：《历代沈阳诗词汇编》，沈阳历史文化丛书第三辑，沈阳出版社2014年版，第322页。

②[清]缪公恩著、魏鉴勋等校注：《辉山》，选自《梦鹤轩楳澥诗钞·题兰稿》（中），沈阳出版社2018年版，第509-510页。

潺潺涧水流花影，
谡谡松风动海潮。
空自含辉藏宝气，
何时仙佩琢琼瑶。

妙从雪后看，
峭然玉峰在。
日薄清含辉，
烟明遥作态。
疑似古仙人①，
寒枰坐相对。

缪公恩虽不是最早吟咏辉山美景者，但是无论从质还是量的方面来看，缪公恩的辉山诗，都是最有成就与影响力的。缪公恩对辉山的热爱与歌颂，可谓泽被后世，造福沈阳。曾孙缪润绂将其选定为“沈阳八景”之一，即可看作是承继了先祖弘扬沈阳文化的遗志，同时也是对曾祖的一种致敬。

缪润绂的一生可以说是一部中国社会由封建帝制转向资本主义共和制的见证史。缪润绂凭借其充满激情、才华横溢的诗文，描绘了这部跌宕起伏、波澜壮阔的历史画卷。从这一意义上来讲，缪润绂是沈阳历史上最具才华的现实主义文学家。尽管终其一生未能摆脱封建礼教的桎梏，但是缪润绂高尚正直的品格、旷达洒脱的人生观、忧国忧民的德行，足以使其名垂辽鲁史册。其毕生为发扬光大沈阳（陪都）文化所做出的贡献，足以配得上沈阳文化代言人的称誉。

①徐光荣选编、孙丕任等校注《历代沈阳诗词汇编》作“古化人”，从语义看，不通。

参考文献

[1] [清] 赵尔巽等纂：《清史稿》，中华书局，1977 年。

[2] [清] 阿桂等主编：《盛京通志》，辽海出版社，1997 年。

[3] [清]《大清一统志》，《四部丛刊续编》，台湾商务印书馆，1975 年。

[4] [清]《世祖章皇帝实录》，《清实录》第 3 册，中华书局，1985 年。

[5] [清] 徐世昌编纂：《东三省政略》，吉林文史出版社，1989 年。

[6] [清] 福隆安等纂修:《钦定八旗通志》,《文渊阁四库全书》, 台湾商务印书馆，1983 年。

[7] [清] 杨镳：《辽阳州志》，《辽海丛书》，辽沈书社，1985 年。

[8] [清] 苗君稷著，姜念思校注：《焦冥集》，沈阳出版社，2017 年。

[9] [清] 释函可撰，杨辉校注：《千山诗集校注》，辽海出版社，2007 年。

[10] [清] 戴亨:《庆芝堂诗集》,《清代诗文集汇编》, 上海古籍出版社, 2010 年。

[11] [清] 纳兰常安著，肇乐群、张志强等校注：《沈水三春集》，沈阳出版社，2014 年。

[12] [清] 纳兰常安：《受宜堂集》，《清代诗文集汇编》，上海古籍出版社，2010 年。

[13] [清] 裕瑞著，孙丕任校注：《沈居集咏》，沈阳出版社，2018 年。

[14] [清] 陈梦雷：《松鹤山房诗集》，《清代诗文集汇编》，上海古籍出版社，2010 年。

[15] [清] 裕瑞:《樊学斋诗集》,《清代诗文集汇编》, 上海古籍出版社, 2010 年。

[16] [清] 裕瑞:《枣窗文续稿》,《清代诗文集汇编》, 上海古籍出版社, 2010 年。

[17] [清] 裕瑞《萋香轩吟草》,《清代诗文集汇编》, 上海古籍出版社, 2010 年。

[18] [清] 缪润绂著，魏鉴勋校注：《含光堂诗集》，沈阳出版社，2015 年。

[19] [清] 戴梓：《耕烟草堂诗钞》，《清代诗文集汇编》，上海古籍出版社，2010 年。
[20] [清] 韩小窗：《千金全德》，天津社会教育办事处民国铅印本，日本早稻田演剧博物馆藏。
[21] [清] 钱大昕：《潜研堂诗集》，《清代诗文集汇编》，上海古籍出版社，2010 年。
[22] [清] 朱彝尊:《曝书亭集》,《清代诗文集汇编》, 上海古籍出版社, 2010 年。
[23] [清] 王文治:《梦楼诗集》,《清代诗文集汇编》, 上海古籍出版社, 2010 年。
[24] [清] 张春华：《沪城岁时衢歌》，上海古籍出版社，1989 年。
[25] [清] 洪亮吉:《卷施阁集》,《清代诗文集汇编》, 上海古籍出版社, 2010 年。
[26] [清] 洪亮吉:《更生斋集诗余》,《清代诗文集汇编》, 上海古籍出版社, 2010 年。
[27] [清] 王士禛：《池北偶谈》，中华书局，1982 年。
[28] [清] 盛昱、杨钟羲辑：《雪桥诗话初集》，文海出版社，1975 年。
[29] [清] 魏源撰，韩锡铎、孙文良点校：《圣武记》，中华书局，1984 年。
[30] [清] 钱谦益：《列朝诗集小传》，上海古籍出版社，1983 年。
[31] [清] 吴伟业:《梅村家藏稿》,《四部丛刊初编》, 台湾商务印书馆, 1975 年。
[32] [清] 吴伟业著，吴翌凤注：《吴梅村诗集笺注》，世界书局，1936 年。
[33] [清] 黄鷟来：《友鸥堂集》，上海古籍出版社，1979 年。
[34] [清] 沈德潜:《清诗别裁》, 王云五总编《万有文库第一集》, 商务印书馆, 1930 年。
[35] [清] 杨钟羲:《八旗文经》,《中华文史丛书之九十》, 华文书局, 1969 年。
[36] [清] 铁保辑，赵志辉、马清福等校补：《熙朝雅颂集》，辽宁大学出版社，1992 年。
[37] [清] 全祖望:《鲒埼亭诗集》,《四部丛刊初编》, 台湾商务印书馆, 1975 年。
[38] [清] 龙顾山人纂，卞孝萱、姚松点校：《十朝诗乘》，福建人民出版社，2000 年。
[39] [清] 袁枚：《随园诗话》，人民文学出版社，1982 年。
[40] [清] 袁枚：《小仓山房诗文集》，上海古籍出版社，1988 年。
[41] [清] 魏夑均：《九梅村诗集》，《清代诗文集汇编》，上海古籍出版社，2010 年。
[42] [清] 震钧：《天咫偶闻》，北京古籍出版社，1982 年。

[43] [清] 缪东霖著，袁闾琨等校注：《陪京杂述》，沈阳出版社，2015 年。
[44] [清] 黄图珌：《看山阁集闲笔》，《清代诗文集汇编》，上海古籍出版社，2010 年。
[45] [清] 富察明义、裕瑞：《绿烟琐窗集·枣窗闲笔》，上海古籍出版社，1984 年。
[46] [清] 吴嵩梁：《香苏山馆古体诗钞》，《清代诗文集汇编》，上海古籍出版社，2010 年。
[47] [清] 缪润绂著，雅俗轩校订：《沈阳百咏》，沈阳出版社，2009 年。
[48] [清] 钱大昕：《潜研堂诗集》，《清代诗文集汇编》，上海古籍出版社，2010 年。
[49] [清] 刘世英著，王绵厚等校注：《陪都纪略》，沈阳出版社，2009 年。
[50] [清] 黄炳垕撰，王政尧点校：《黄宗羲年谱》，中华书局，1993 年。
[51] 赵恭寅监修：《沈阳县志》，奉天作新印刷局，1917 年。
[52] 王树楠、吴廷燮、金毓黼：《奉天通志》，沈阳古旧书店，1983 年。
[53] 钱仲联：《清诗纪事》，江苏古籍出版社，1987 年。
[54] 四库全书存目丛书编纂委员会编：《四库全书存目丛书》，齐鲁书社，1997 年。
[55] 周中明、关德栋编：《子弟书丛钞》，上海古籍出版社，1984 年。
[56] 中国曲艺工作者协会辽宁分会编：《子弟书选》，中国曲艺工作者协会辽宁分会，1979 年。
[57] 黄仕忠、关瑾华、李芳编：《子弟书全集》，社会科学文献出版社，2012 年。
[58] 政协日照市委员会编：《日照举人录》，中国文史出版社，2011 年。
[59] 汪宗衍：《明末剩人和尚年谱》，《新编中国名人年谱集成》，台湾商务印书馆，1986 年。
[60] 程郁缀编著：《徐灿词新释辑评》，中国书店，2003 年。
[61] 孙克强主编：《白雨斋词话全编》，中华书局，2013 年。
[62] 傅惜华编：《子弟书总目》，上海文艺联合出版社，1954 年。
[63] 梁乙真：《中国妇女文学史纲》，开明书店，1932 年。
[64] 钱实甫：《清代职官年表》，中华书局，1980 年。
[65] 刘伟华：《千华山志》，辽宁民族出版社，1999 年。
[66] 王一元：《辽左见闻录》，沈阳出版社，2013 年。
[67] 郝瑶甫：《东北地方志考略》，辽宁人民出版社，1984 年。

[68] 袁行云：《清人诗集叙录》，文化艺术出版社，1994 年。
[69] 高齐东主编：《千山大观》，沈阳出版社，1994 年。
[70] 耿瑛选编：《韩小窗子弟书》，沈阳出版社，2015 年。
[71] 胡文彬：《红楼梦子弟书》，春风文艺出版社，1985 年。
[72] 徐光荣选编，孙丕任校注：《历代沈阳诗词汇编》，沈阳出版社，2014 年。
[73] 赵志辉主编：《满族文学史》，辽宁大学出版社，2012 年。
[74] 崔蕴华：《书斋与书坊之间——清代子弟书研究》，北京大学出版社，2005 年。
[75] 郑振铎：《中国俗文学史》，东方出版社，1996 年。
[76] 赵景深：《曲艺丛谈》，中国曲艺出版社，1982 年。
[77] 孟瑶：《中国小说史》，传记文学出版社，1970 年。
[78] 张玉兴：《明清之际的探索》，社会科学文献出版社，2012 年。
[79] 逆旅过客：《都市丛谈》，北京古籍出版社，1995 年。
[80] 刘刚，李德山：《有关苗君稷几个基本问题的考证》，《西安电子科技大学学报（社会科学版）》，2013 年第 6 期。
[81] 刘刚，李德山：《孤本〈焦冥集〉的版本、内容及文献价值》，《古籍整理研究学刊》，2013 年第 6 期。
[82] 张杰：《清代“辽东三老”新论》，《社会科学辑刊》，2009 年第 3 期。
[83] 王丽：《沈阳故宫院藏清戴梓画人物像及历史价值》，《沈阳故宫博物院院刊》，2009 年第 7 辑。
[84] 王雁：《简述清代流人戴梓》，《学理论》，2016 年第 11 期。
[85] 王凤杰:《纳兰常安宦黔创作论》,《广西师范学院学报(哲学社会科学版)》,2014 年第 6 期。
[86] 安大伟：《纳兰常安与〈沈水三春集〉》，《兰台世界》，2016 年第 19 期。
[87] 张杰：《清代盛京满族名士缪公恩考论》，《满语研究》，2015 年第 1 期。
[88] 张一民：《纳兰丛考（四）》，《承德民族师专学报》，2008 年第 4 期。
[89] 赵增越:《嘉庆朝宗室移住盛京档案(上)》,《历史档案》, 2019 年第 2 期。
[90] 高树伟：《裕瑞〈枣窗闲笔〉新考》，《曹雪芹研究》，2015 年第 3 期。
[91] 杨勇军：《袁枚与裕瑞交往考略》，《中国典籍与文化》，2015 年第 2 期。
[92] 刘广定：《〈枣窗闲笔〉之真伪与成书时间》，《曹雪芹研究》，2017 年第 4 期。

[93] 刘广定：《焕明遂初堂诗与〈红楼梦〉研究》，《曹雪芹研究》，2019 年第 1 期。
[94] 胡光平:《韩小窗生平及其作品考查记》,《文学遗产》, 1963 年第 A12 期。
[95] 张政烺：《会文山房与韩小窗》，《社会科学战线》，1982 年第 2 期。
[96] 陈加：《关于子弟书作家韩小窗》，《社会科学战线》，1984 年第 3 期。
[97] 康保成：《子弟书作者鹤侣氏生平、家世考略》，《文献》，1999 第 4 期。
[98] 关德栋、周中明：《论子弟书》，《文史哲》，1980 年第 3 期。
[99] 佟悦：《清末沈阳子弟书》，《沈阳日报》，2007 年 3 月 8 日。
[100] 陈锦钊：《论子弟书的整理与研究》，《满族研究》，2003 年等 04 期。
[101] 赵志忠:《清代满族曲艺子弟书的语言特点》,《满族研究》, 1990 年第 1 期。
[102] 蒋寅：《一种更真实的人地关系与文学生态》，《中国文化研究》，2012 年秋之卷。
[103] 王美雨:《车王府藏子弟书满语词语研究》,《东方论坛》, 2013 年第 1 期。
[104] 沈彭年：《话说弹唱红楼梦》，《文艺研究》，1984 年第 6 期。
[105] 杨庆五：《大鼓书话》，《戏杂志》，1922 年第 1 期。
[106] 初国卿:《名士情缘: 金毓黻与缪润绂》,《沈阳日报》, 2009 年 7 月 27 日。
[107] 任光伟：《子弟书的产生及其在东北之发展》，《满族文学研究（创刊号）》，1982 年第 1 期。
[108] 李振聚：《子弟书〈忆真妃〉作者新考》，《文献季刊》，2012 年第 4 期。
[109] 胡光平:《韩小窗生平及其作品考查记》,《文学遗产》, 1963 年第 A12 期。

后记

过去的2020年，发生了席卷世界的新型冠状肺炎疫情，其给人类社会所造成的伤害与影响，注定使得21世纪第20个年头，成为人类历史发展进程中一个被铭记的年份。古人云“塞翁失马，焉知非福”，世间事大都兼有正负两方面效应。就像手中这部已经杀青的书稿，回过头看，如果不是因为这一整年在家中“封闭”，恐怕还需假以时日方能完工，从这层意义上说，2020年，于我们却是“幸运”的一年。

从历史上看，或者更准确地说从文学史上看，中国文学的原初形态——诗，发生在黄河流域。诗三百以降，无论其后的“建安风骨”，还是“唐宋八大家”，即便仍然可以归于大北方的范畴，可是最北基本未出山海关。而真正意义上的北方——山海关以东以北，似乎与风雅相去甚远。沧海桑田，当弯弓骑射的八旗铁骑横扫了汉家天子的江山，清文化的发祥地——沈阳，以留都的身份与山海关内的北京遥相呼应。这种呼应不仅仅是政治上的，更可贵的是文学艺术上的呼应与跟随。从此，同样系统接受中华传统文化洗礼的北方士人，开始展露他们“压倒三江”的文学天赋。

当我们翻检一册册诗文集的时候，清代沈阳城市的市井风情活灵活现地呈现在我们面前；当我们诵读清代沈阳诗人们创作的那些优美、哀怨、深情、壮丽的诗篇的时候，清代辽沈地区的自然景观以及诗人们或浪漫飘逸，或悲苦深沉的生涯写照，如一出出活剧在我们眼前上演，一种迫切为这些歌咏了一个时代的文学家们树碑立传的冲动，自心底油然而生。

然而当写作的冲动渐趋平静，摆在我们面前的，是撰写书稿必须面对的几个课题：

一、于众多文学家中确定人选的问题。既然题目设定为沈阳文学家，那么本人要么就是籍贯沈阳，生长于沈阳；要么就是籍贯并非沈阳，但在沈阳长期生活过的。为了一目了然十位作家的情况，作简表如下：

清代沈阳十大文学家简表

	籍贯	出生年份	来沈年份	离沈年份	在沈时间
苗君稷	北京	1620 年	1639 年	终老	约 50 年
函可	广东	1611 年	1648 年	终老	12 年
陈之遴（徐灿）	浙江	1605 年	1656 年	终老	9 年
陈梦雷	福建	1650 年	1682 年	1698 年	16 年
戴梓（戴亨）	浙江	1649 年	1691 年	终老	35 年
纳兰常安	北京	1681 年	1739 年	1741 年	3 年
裕瑞	北京	1771 年	1813 年	1828 年	15 年
韩小窗	沈阳	1800 年?		终老	56 年
缪公恩	沈阳	1756 年		终老	58 年
缪润绂	沈阳	1851 年		1899 年	48 年

由上表可见，最终确定的人选是十二人，那么为什么本书的书名还是要叫做《清代沈阳十大文学家评传》呢？为了打消读者的疑惑，在此做一简要说明：从本书构思人选时起，即确定写十大文学家，虽然最终呈现在读者面前的确实是十二人（单纯从人数上说），但是在这十二人中陈之遴和徐灿是夫妇，且徐灿虽然在诗词上同样取得不小的成就，但是她一生的遭际是与丈夫陈之遴紧密相伴的，如果执意将她单独作传，则写作内容难免不够充实，正是出于以上考虑，最终才将陈徐夫妇二人合写，也不违人之常情。同样的情况也适用于戴梓、戴亨父子，戴亨虽然在诗文成就上不逊于乃父，但在人生际遇方面却远不如父亲戴梓起伏跌宕。故而将二人合写，以父亲戴梓为主，儿子戴亨为辅。十二位文学家当中有三人生长于沈阳：缪公恩、缪润绂、韩小窗；另外戴梓的儿子戴亨虽出生在北京，却是在襁褓中来到沈阳的，也完全可以算作生长在沈阳；纳兰常安属于赴任盛京；苗君稷属于被掳掠至盛京；另外六人陈梦雷、陈之遴、徐灿、函可、戴梓、裕瑞都是被清政府流放到沈阳的流人。鉴于此，本书中诸位作家的排列顺序也是依据各自来沈时间先后设定的。这里关于作家与籍贯的问题，有必要进行一下阐述，如果单纯从作家身份隶属的层面上看，自然籍贯

（这里主要指出生地）属于哪里，就应当被当作是哪里的人士，然而，假使一个人出生在某地，但是很早就离开，并且终其一生取得的成就都是在另一地，那么，另一地将其视作当地的杰出人物，应当无可厚非。正如蒋寅先生所说：“毫无疑问，相对籍贯而言，流寓乃是人与地域一种更真实的关系。而从文学的角度看，这种关系就愈是文学史研究应予关注的问题，也是地域文学史不可或缺的内容。……依我看来，地域文学史区别于文学通史的特性，不在于只论述出生于某个地域的作家，而在于说明文学在某个地域的发生和发展，说明历代文学活动与这个地域的关系，以此呈现文学史生态的多样性和区域特色。在这个意义上，流寓文学对于地域文学史的意义，可能远比长年在外的本地作家的创作为重要，更不要说郑虔之于台州、柳宗元之于柳州、苏东坡之于儋州所具有的人文始祖的意义了。”本书中选入的六位流寓文学家，陈梦雷籍贯福建；函可籍贯广东；陈之遴、徐灿夫妇和戴梓、戴亨父子籍贯浙江；苗君稷、裕瑞籍贯北京。虽然以上诸位籍贯都非沈阳，但是因不同原因触犯朝廷被流放沈阳后，都在沈阳生活多年，其中陈之遴、戴梓、苗君稷终老沈阳，即便中途回京者，在沈阳也寓居多年。以人之常情来看，一个人在某一地生活久了，对这个地方产生感情是极其自然的事情，甚至这种源自真实生活的情感，在不经意间已经深入斯人心灵深处。就如被顺治帝流放宁古塔的吴兆骞，后虽得友人全力相救辗转归乡，临终前却对儿子说：“吾欲与汝射雉白山之麓，钓尺鲤松花江，挈归供膳，付汝母作羹，以佐晚餐，岂可得耶？”听其言，可知居一方久，纵白山黑水亦有乡愁。试想今日之黑龙江，若以吴兆骞为本邦名士，岂有不可之理？本书所选诸位流人文学家，正因为他们在沈阳所经历的流寓生活，才促成其创作出更加深情真挚的文学作品，这一点完全可以成为将他们视作沈阳文学家的一个重要理由。

二、参考文献的版本问题。作品无疑是最能反映一个作家身世、人品以及风格的媒介。与现代作家的一些纯虚构作品不同，古代作家的诗文，往往都是作者本人生活的真实记录，从这一点来说，古代作家的作品集是研究作者最直接和最重要的文献资料。本书写作涉及的主要参考资料包括“沈阳历史文化典籍丛书”（沈阳出版社），《清代诗文集汇编》（上海古籍出版社），国家数字图书馆影印古籍资源（https://sso1.nlc.cn）等，除去传统的纸质书籍文献外，还利用了网络资源。在这里，有必要就网络资源利用谈一点心得。近年坊间兴起“E考据”，主要就是着眼于利用网络可以对海量古籍文本进行检索的强大功能。这一颠覆性的资源共享，为今天的古籍研究者带来巨大的便利，关于这一点，通过此次写作本书，笔者可谓深有体会。像国家数字图书馆这样资源丰富、检索便利的网络平台，带给使用者近乎完美的体验。不过本书的写作过程中，并未太介意检索功能，因为很多时候对作家的作品集需通篇浏览，故而并不过分依赖检索。除此之外，还有一点应该是专业古籍研究者的共识，即古籍原本是研究者唯一可以信赖的资源，因为由今人校注的版本，往往存在瑕疵。比如有些纸质参考文献从出版策划到组织编纂，再到付梓刊印，初衷与成果都可能是意义重大的，但是，如果注者识见修养存在差异，校注文质量参差不齐，此种情形对于校注古籍来讲，固然难以避免，但是如果简单照搬，而不对照原本进行甄别，未免会以讹传讹。考虑到这一层，就更增加了以网络原版扫描资料为基准、以纸质校注版本为参考的必要性。

本书写作过程中，得到多位师友的鼎力支持：原辽宁大学副校长顾奎相教授不仅为本书作序，而且从本书的选题策划到具体的内容选材，都给予宝贵的建议与极大的关注；辽海知名学者初国卿先生欣然为本书作序，真知灼见，金玉良言，为本书增色匪浅；原辽海出版社副总编王申女史数度出借宝贵的藏书，为本书能够顺利完成写作提供了极大帮助；本书的责任编辑辽宁人民出版社的祁雪芬女士，在本书付梓的整个过程中，投入巨大的精力与热情，无疑是本书能够顺利出版的保障。除此之外，沈阳市哲学社会科学规划办为本书的出版提供了经费支持，同时，本人所在单位东北大学文法学院也为本书的出版提供了部分资助。在此，谨向以上诸位及机构深表谢意。

本书的写作，占用了我和妻子袁绣柏过去一年日常工作以外大部分的业余时间，寒来暑往，灯下案头，个中甘苦，如人饮水，唯当面对累牍成文，内心方有一丝欣慰之感。奈何学力不逮，拙文纰漏破绽之处，势所难免，望寓目方家赐教。

2021 年 3 月 20 日
于沈北霭云轩